MAX PRINET

L'INDUSTRIE DU SEL

EN FRANCHE-COMTÉ

AVANT LA CONQUÊTE FRANÇAISE

BESANÇON
TYPOGRAPHIE ET LITHOGRAPHIE DODIVERS
87, Grande-Rue, et rue Moncey, 8 bis

1900

affecté à la Bibliothèque

A conserver

L'INDUSTRIE DU SEL

EN FRANCHE-COMTÉ

AVANT LA CONQUÊTE FRANÇAISE

MAX PRINET

L'INDUSTRIE DU SEL
EN FRANCHE-COMTÉ

AVANT LA CONQUÊTE FRANÇAISE

BESANÇON

TYPOGRAPHIE ET LITHOGRAPHIE DODIVERS

87, Grande-Rue, et rue Moncey, 8 *bis*

1900

L'INDUSTRIE DU SEL

EN FRANCHE-COMTÉ

AVANT LA CONQUÊTE FRANÇAISE

INTRODUCTION

Aucun des auteurs qui ont traité de l'histoire de la Franche-Comté en général, depuis Gilbert Cousin (1) jusqu'à M. du Bled (2), n'a manqué de consacrer quelques pages ou quelques lignes aux salines de cette province. Les historiens des villes dont les territoires renfermaient ces usines, — comme Lons-le-Saunier, Salins, Saint-Hippolyte — se sont préoccupés d'en étudier le sort. Quelques notices sur les sauneries franc-comtoises, parfois d'une étendue considérable, se rencontrent dans des ouvrages de polygraphes, dans le *Dictionnaire* de La Martinière, dans la *Description* de Piganiol de la Force, dans l'*Encyclopédie* du XVIIIe siècle, etc.

Mais personne n'a tenté, jusqu'ici, de réunir en un ouvrage spécial, les renseignements qui peuvent servir à établir la suite des phases de l'industrie du sel en Franche-Comté.

---

(1) *Brevis ac dilucida Burgundiæ superioris, quæ Comitatus nomine censetur, descriptio* per Gilbertum Cognatum. Bâle, 1552, in-8°.
(2) Victor du Bled, *La Franche-Comté*, § III : *Les Industries* (Revue des Deux Mondes, 1er octobre 1893.)

Il est vrai que M. Jules Finot, dans la seconde partie de son *Essai historique sur les origines de la Gabelle et sur l'exploitation des salines de Lons-le-Saunier et de Salins, jusqu'au XIVe siècle*, a consacré une trentaine de pages à l'étude des sauneries du Comté de Bourgogne. Mais, outre que cet historien ne s'est occupé que des premiers siècles de leur existence, il a composé son ouvrage d'après un nombre trop restreint de documents (1) pour qu'on puisse considérer ce travail comme une étude d'ensemble sur les salines franc-comtoises (2).

J'ai voulu entreprendre de combler cette lacune, m'attachant non à écrire une série de monographies parallèles sur chacune des usines, mais à grouper, autant que possible, en un ensemble, les péripéties diverses de leur existence, des droits de propriété auxquels elles ont donné naissance, des procédés d'exploitation qui y ont été en usage, du trafic dont le sel a été l'objet.

Je m'arrêterai dans cette étude à la conquête de Louis XIV. L'originalité des salines du Comté de Bourgogne résidait dans leurs liens avec l'autonomie provinciale. A partir de la conquête française, les institutions qui les régissent sont profondément modifiées. Les salines comtoises ne constituent plus que l'un des nombreux centres de production saline de la France, soumis aux mêmes règlements que les autres usines du royaume.

---

(1) Comme sources manuscrites : à la Bibliothèque nationale, les n°s 8551, 11629 et 11630 du fonds français et les n°s 79 à 81 de la collection de Bourgogne ; — aux archives municipales de Luxeuil, une charte du comte Etienne de Bourgogne.

(2) Mirabeau, au château de Joux, avait entrepris un Mémoire sur les salines de la Franche-Comté, qu'il n'a pas achevé. (Loménie : *les Mirabeau*, t. III, p. 162.)

I° Sources manuscrites

Parmi les documents manuscrits que j'ai consultés, les plus importants sont ceux qui nous restent des archives anciennes de l'administration des salines. Ils forment une fraction considérable de la série A, aux Archives du Jura et deux groupes importants de la série B, aux Archives du Doubs : l'un dans le fonds de la Chambre des Comptes de Dole, l'autre dans celui du Parlement. J'ai consulté aussi les nombreux registres de comptes qui détaillent les recettes et dépenses des sauneries domaniales, et qui sont conservés aux Archives de la Côte-d'Or, avec quantité de pièces s'y rapportant (B 1053 et s., B 1388 et s., B 5951 et s., B 11175 et s., B 11393 et s.) Les fonds Montbéliard, aux Archives nationales (série K) et aux Archives de la Haute-Saône (série E) m'ont fourni maintes indications sur l'exploitation de la saunerie de Saulnot, qui appartenait au comte de Montbéliard. La Bibliothèque nationale conserve en copies ou en originaux un certain nombre de documents précieux pour l'histoire de l'administration des salines comtoises (ainsi dans les n°s 1 et 2 des 182 Colbert, 937 et 938 du fonds Clairambault, 11629 et 11630 du fonds français, dans plusieurs registres de la collection Moreau, etc., etc.). J'ai emprunté aux Archives du Pas-de-Calais le plus ancien règlement de la grande saunerie de Salins qui nous soit parvenu.

Beaucoup plus nombreux sont les documents qui ne se rapportent qu'indirectement aux salines comtoises et qui font connaître accidentellement les destinées de l'industrie du sel aux divers siècles. Tels sont : les chartes renfermées dans les fonds ecclésiastiques des Archives des trois départements franc-comtois et du département de la Côte-d'Or (1); les car-

---

(1) J'aurais été plus certain de ne rien omettre d'important à ce point de vue si les Inventaires des séries G et H des Archives de la Côte-d'Or, du Doubs et du Jura avaient été publiés.

tulaires copiés par Droz au siècle dernier et qui font partie de la collection Moreau à la Bibliothèque nationale, divers cartulaires qui reposent à la Bibliothèque de Besançon, et, entre autres, le cartulaire du comte Jean de Chalon [1] auquel j'ai fait de très nombreux emprunts, nombre de chartes de la collection Joursanvault, à la Bibliothèque Nationale. J'y ai ajouté quelques documents tirés des archives particulières de M. le comte de Laubespin et de certaines archives municipales, comme celles de Salins.

J'ai mis également à profit quelques mémoires manuscrits qui renseignent sur l'état des salines aux époques où ils ont été rédigés, et que j'ai consultés tant à la Bibliothèque nationale qu'à la Bibliothèque de Besançon (Collections Chifflet et Duvernoy).

II° Bibliographie

Les principaux ouvrages imprimés dont je me suis servi au cours de mon travail sont les suivants :

AGRICOLA (Georgius). *De re metallica libri XII*. Bâle, 1657, in-fol.

AUBERT (Ed.). *Le Trésor de l'abbaye de Saint-Maurice d'Agaune*. Paris, 1873, in-4°.

BÉCHET. *Recherches historiques sur la ville de Salins*. Besançon, 1828-1830, 2 vol. in-12.

BENOIT (Dom). *Histoire de l'abbaye et de la terre de Saint-Claude*. Montreuil-sur-Mer, 1890-92, 2 vol. gr. in-8°.

BERTHERAND (Dr E.). *Recherches historiques sur l'état du commerce, de l'industrie, des lettres et des beaux-arts à Poligny depuis les temps les plus reculés jusqu'à nos jours*. Poligny, 1860, in-8°.

BINDING (Carl) : *Geschichte des Burgundisch-Romanischen Kœnigreichs*. Leipzig, 1868, in-8°.

---

(1) Mss. Chifflet, n° provisoire 47.

Briguet (Le P. Sébastien). *Concilium Epaunense.* Sion, 1741, in-8º.

Brune (L'abbé P.). *Diplômes de l'abbaye de Saint-Claude.* Montreuil-sur-Mer, 1890, gr. in-8º.

Chevalier (François-Félix). *Mémoires historiques sur la ville de Poligny.* Lons-le-Saunier, 1767-69, 2 vol. in-4º.

Chifflet (Jean-Jacques). *Vesontio, civitas imperialis libera, Sequanorum metropolis, illustrata.* Lyon, 1618, in-4º.

Chifflet (Jules). *Mémoires* publiés par l'Académie de Besançon dans les *Documents inédits sur l'histoire de la Franche-Comté,* t. V et VI, 1867-68.

Chifflet (Pierre-François). *Histoire de l'abbaye et de la ville de Tournus.* Dijon, 1664, in-4º.

— *Lettre touchant Béatrix, comtesse de Chalon.* Dijon, 1656, in-4º.

Christin (Ch.-Gab.-Fr.). *Dissertation sur l'établissement de l'abbaye de Saint-Claude, ses chroniques, ses légendes, ses chartes, ses usurpations et sur les droits des habitants de cette terre.* S. l., 1772, in-8º.

Chronique de l'abbaye de S. Bénigne de Dijon, suivie de la Chronique de S. Pierre de Bèze. Éd. Bougaud et Garnier (Analecta Divionensia, t. IX. Dijon, 1876, in-8º).

Clerc (Edouard). *Essai sur l'histoire de la Franche-Comté.* 1re éd. Besançon, 1840-1845, 2 vol. gr. in-8º.

— *La Franche-Comté à l'époque romaine représentée par ses ruines.* Besançon, 1847, in-8º.

— *Histoire des Etats généraux et des libertés publiques en Franche-Comté.* Besançon, 1882, 2 vol. in-8º.

Cohn (Max). *Zum rœmischen Vereinsrecht.* Berlin, 1873, in-8º.

Correspondance de l'empereur Maximilien et de Marguerite d'Autriche, publiée par M. Le Glay (Société de l'Histoire de France). Paris, 1839, 2 vol. in-8º.

Cousin (Gilbert). *Brevis ac dilucida Burgundiæ supe-*

rioris quæ Comitatus nomine censetur, descriptio. Bâle, 1552, in-8°.

David de Saint-Georges. *Recherches sur les antiquités celtiques et romaines des arrondissements de Poligny et de Saint-Claude.* Arbois, an XII, in-8°.

Dunod (F.-J). Tome I. *Histoire des Séquanois et de la province Séquanoise.* Dijon, 1737, in-4°. — Tome II. *Histoire du 2° royaume de Bourgogne, du Comté de Bourgogne,* etc. Dijon, 1737, in-4°.

— *Histoire de l'église, ville et diocèse de Besançon.* Besançon, 1750, 2 vol. in-4°.

Duvernoy (Charles). *Ephémérides du comté de Montbéliard.* Montbéliard, 1832, in-8°.

C. D. [Charles Duvernoy]. *Les villages ruinés du Comté de Montbéliard avec quelques autres d'origine moderne.* Arbois, 1847, in-8°.

Fenouillot de Falbaire. *Sur les Salines de Franche-Comté.* T. I des Œuvres de M. de Falbaire de Quingey. Paris, 1787, in-8°. — *Encyclopédie méthodique. Arts et métiers.* Tome VII (p. 130 et s). Paris, 1790, in-4°.

Ferroul Montgaillard (L'abbé de). *Histoire de l'abbaye de Saint-Claude depuis sa fondation jusqu'à son érection en évêché.* Lons-le-Saunier, 1854-1855, 2 vol. in-8°.

Finot (Jules). *Compte original des revenus de la saunerie de Salins en 1308.* Lons-le-Saunier, 1865, in-8°.

— *Essai historique sur les origines de la gabelle et sur l'exploitation des salines de Lons-le-Saunier et de Salins jusqu'au XIV° siècle.* Lons-le-Saunier, 1866, in-8°.

— *Dissertation sur l'authenticité de la charte attribuée à Charlemagne.* Lons-le-Saunier, 1870, in-8°.

— *Étude de géographie historique sur la Saône, ses principaux affluents et le rôle qu'elle a joué comme frontière dans l'antiquité et au moyen âge.* Vesoul, 1878, in-8°.

Fleury (C.). *Francs-Comtois et Suisses.* Besançon, 1869, in-16.

Fœrstemann (Dr Ernst). *Altdeutsches Namenbuch.* Nordhausen, 1856-1859, 2 vol. in-4°.

Franche-Comté (La). Besançon et la vallée du Doubs. Besançon, 1874, in-fol.

Gaspard (B.). *Histoire de Gigny, de sa noble abbaye et de Saint Taurin son patron.* Lons-le-Saunier, 1843 et *Supplément,* 1858, in-8°.

Gauthier (Jules). *Un voyageur allemand en Franche-Comté,* dans les *Mémoires de l'Académie de Besançon, année 1886.* Besançon, 1887, in-8°.

Gollut (Louis). *Les Mémoires historiques de la République séquanoise et des princes de la Franche-Comté de Bourgougne.* Dole, 1595, in-fol. et Arbois, 1846, in-4°.

Grapin (D. Philippe). *Histoire abrégée du comté de Bourgogne et de ses souverains, jusqu'au règne de Louis XV.* Besançon, 1780, in-12.

— *Recherches sur les anciennes monnaies, poids et mesures du comté de Bourgogne.* Besançon, 1782, in-8°.

Gremaud (L'abbé). *Origines de l'abbaye de Saint-Maurice d'Agaune* dans le *Mémorial de Fribourg,* 1re année, n° de novembre 1857.

Guichard (L'abbé B.) *Notes sur l'état actuel de l'Archéologie, et quelques découvertes récentes dans le département du Jura (Société d'Emulation du Jura,* année 1890. Lons-le-Saunier, 1890, in-8°).

Guichenon (Samuel). *Histoire de Bresse et Bugey.* Lyon, 1650, in-folio.

— *Bibliotheca Sebusiana.* Lyon, 1660, in-4°.

Guillaume (L'abbé J.-B.). *Histoire généalogique des sires de Salins.* Besançon, s. d., 2 vol. in-4°.

Jahn (Alb.). *Geschichte der Burgundionen und Burgundiens.* Halle, 1874, 2 vol. in-8°.

Junca. *Lettres inédites de Granvelle (Travaux de la Société d'Emulation du Jura pendant l'année 1864.* Lons-le-Saunier, 1864, in-8°).

Labbey de Billy. *Histoire de l'Université du comté de Bourgogne et des différents sujets qui l'ont honorée.* Besançon, 1814-1815, 2 vol. in-4°.

Lanciani (Rodolfo) : *Il « Campus Salinarum romanarum. »* (Boll. della Commiss. archeologica di Roma. Rome, 1887, in-8°).

La Teyssonnière (A.-Ch.-Nic. de). *Recherches historiques sur le département de l'Ain.* Bourg, 1838-1845, 5 vol. in-8°.

Le Laboureur. *Les Masures de l'abbaye royale de l'Isle-Barbe-les-Lyon.* Lyon, 1655, in-4°, et Paris, 1681, 2 vol. in-4°.

[Le Riche]. *Mémoires et consultations pour servir à l'histoire de l'abbaye de Château-Chalon.* Lons-le-Saunier, 1765, gr. in-8°.

L'Isle (Dom Joseph de). *Défense de la vérité du martyre de la légion thébéenne : réponse au ministre Dubourdieu.* Nancy, 1737, in-8°.

Loye (L'abbé). *Histoire du comté de La Roche et de Saint-Hippolyte sa capitale.* Montbéliard, 1888, in-12.

Marlet. *Episodes de la guerre de Dix ans.* Besançon, 1856, in-8°.

Marrier. *Bibliotheca Cluniacensis.* Paris, 1614, in-fol.

Meglinger (Joseph). *Descriptio itineris cisterciensis* (Migne : Patrologie latine. T. CLXXXV, col. 1565 et s.).

Mémoire sur les salines de Lorraine, Trois-Evêchés et Franche-Comté. S. l. n. d., in-12.

Mennessier. *De la ferme des impôts et des sociétés vectigaliennes* (thèse de doctorat soutenue à la Faculté de droit de Nancy). Nancy, 1888, in-8°.

Mommsen (Th.) et Marquardt (Joach.). *Manuel des antiquités romaines.* T. X : *De l'organisation financière chez les Romains,* trad. Vigié. Paris, 1888, in-8°.

Monnier (Désiré). *Annuaires du département du Jura.* Lons-le-Saunier, 1844-1860, in-8°.

Montigny. *Mémoire sur les salines de Franche-Comté,*

sur les défauts des sels en pains qui s'y débitent et sur les moyens de les corriger (Mémoires de l'Académie des sciences, 1762. Paris, 1764, in-4°; p. 102-131).

Moreau de Beaumont. *Mémoires concernant les impositions et les droits en Europe*, 2e édit. Paris, 1787; 5 vol. in-4°.

Muehlbacher. *Die Datirung der Urkunden Lothars I* (Extrait des *Sitzungsberichte Akad. Wissenschaft. Wien*. T. LXXXV). Vienne, 1877, in-8°.

Munster (Sébastien). *Cosmographei*. Bâle, 1598, in-fol.

Ogérien (Le frère). *Histoire naturelle du Jura*. Paris, 1863-1867, 3 vol. in-8°.

Pérard (Etienne). *Recueil de plusieurs pièces curieuses servant à l'histoire de Bourgogne*. Paris, 1664, in-fol.

Perrin (J.-B.). *Notes historiques sur la ville de Lons-le-Saunier*. Lons-le-Saunier, 1850, in-18.

Pétremand (Jean). *Recueil des ordonnances et édictz de la Franche-Comté de Bourgongne*. Dole, 1619, in-fol.

Piganiol de la Force. *Nouvelle description de la France*. Paris, 1752, 15 vol. in-8°.

Plancher (Dom U.). *Histoire générale et particulière de Bourgogne*. Dijon, 1739-1781, 4 vol. in-fol.

Prost (Bernard). *Essai historique sur les origines d l'abbaye de Baume-les-Moines*. Lons-le-Saunier, 1872, in-8°.

— *La tapisserie de Saint-Anatoile de Salins* (Gazette des Beaux-Arts, 1892, 2e semestre, p. 496 et s.).

Recueil des Chartes de l'abbaye de Cluny, formé par Aug. Bernard, complété, revisé et publié par Al. Bruel. Paris, 1876-1894, 5 vol. in-4°.

Recueil des édits et déclarations du Roi, lettres patentes, arrêts du conseil de Sa Majesté vérifiés, publiés et enregistrés au parlement de Besançon. Besançon, 1771, 5 vol. in-fol.

Résal (H.). *Statistique géologique, minéralogique et minéralurgique des départements du Doubs et du Jura*. Besançon, 1864, in-8°.

RICHARD (L'abbé). *Histoire des diocèses de Besançon et de Saint-Claude.* Besançon, 1847-1851, 2 vol. in-8°.

— *Monographie de Saint-Hippolyte-sur-le-Doubs.* Besançon, 1856, in-8°.

RIVAZ (P. de). *Eclaircissements sur le martyre de la légion thébéenne.* Paris, 1779, in-8°.

ROBERT (Ulysse). *Chronique de Saint-Claude* (Bibl. de l'Ecole des Chartes, t. XLI, 1880, pp. 501 et s.).

ROUSSET (A.). *Dictionnaire géographique, historique et statistique des communes de la Franche-Comté et des hameaux qui en dépendent, classés par département, avec la collaboration de Frédéric Moreau.* Lons-le-Saunier et Besançon, 1853-1858, 6 vol. in-8°.

RYMON (Em.-Ph.) *Traité des pays et comté de Charrollois.* Paris, 1619, in-8°.

SAINT-MAURICE (V.-P.-F. Sigismond de). *Histoire du glorieux saint Sigismond, martyr, roy de Bourgogne, fondateur du célèbre monastère de Saint-Maurice.* Sion, 1666, in-4°.

SAUNOIS (L'abbé). *Une excursion en Franche-Comté en 1667* (Annales franc-comtoises. 1re série, t. IV; Besançon, 1865, pp. 321 et s.).

SAURIA (Ch.). *Le Jura pittoresque.* Paris, 1858, in-fol.

SCHOEPFLIN. *Alsatia diplomatica.* Manheim, 1772-1775, 2 vol. in-fol.

STUMPF. *Die Reichskanzler, vornehmlich des X. XI. und XII. Jahrh.* Innsbruck, 1865-1883, 3 vol. in-8°.

SUCHAUX (Louis). *Annuaire du département de la Haute-Saône pour 1835.* Vesoul, 1835, in-8°.

— *La Haute-Saône, dictionnaire historique, topographique et statistique des communes du département.* Vesoul, 1867, 2 vol. in-8°.

THIRRIA (Ed.). *Manuel à l'usage de l'habitant de la Haute-Saône.* Vesoul, 1859, in-8°.

TROUILLAT (J.). *Monuments de l'histoire de l'ancien évêché de Bâle.* Porrentruy, 1855-1867, 5 vol. in-8°.

TUEFFERD (P.-E.). *Histoire des comtes souverains de Montbéliard.* Montbéliard, 1877, in-8°.

VIELLARD (Léon). *Documents et mémoire pour servir à l'histoire du territoire de Belfort (Haut-Rhin français).* Besançon, 1884, gr. in-8° (1).

---

(1) Je tiens à témoigner ici ma gratitude à toutes les personnes qui ont bien voulu faciliter mes recherches ; je prie, en particulier, M. B. Prost, Inspecteur général des Bibliothèques et des Archives, M. J. Gauthier, Archiviste du Doubs, et M. H. Libois, Archiviste du Jura, d'agréer mes remerciments bien sincères.

PREMIÈRE PARTIE

HISTOIRE

CHAPITRE PREMIER

ORIGINES

§ 1

L'ensemble des gisements salifères connus dans l'étendue de la Franche-Comté peut se répartir en trois groupes principaux. Le plus important est celui qui s'étend au pied du premier plateau du Jura, de la « Montagne Palatine », comme on disait au Moyen Age. C'est de lui que dépendent les sources salines de Tourmont, de Grozon, de Salins, de La Muire, de Brainans, de Saint-Lothain, de Lons-le-Saunier, de Montmorot. Aujourd'hui il est encore exploité à Poligny, à Grozon, à Salins, à Lons-le-Saunier et à Montmorot : dans chacune de ces localités, on en a tiré parti pour créer des salines ou des établissements de bains salins.

Un second groupe se trouve dans l'ancienne seigneurie de Granges (1), aux confins des départements du Doubs et de la Haute-Saône. Dès le Moyen Age on y exploitait des sources salées à Saulnot (2) ; à la fin du XVIe siècle, le duc Frédéric

---

(1) Granges-le-Bourg (Haute-Saône, arrondissement de Lure, canton de Villersexel).
(2) Saulnot (Haute-Saône, arrondissement de Lure, canton d'Héricourt).

de Wurtemberg, comté de Montbéliard, en fit rechercher d'autres à Couthenans (1); son œuvre fut reprise au xviiie siècle par le baron de Gemmingen, gouverneur du comté de Montbéliard (2). C'est sur les ordres de Gemmingen, que le physicien Berdot dirigea des fouilles sur le territoire de Couthenans, en 1749, et réussit à découvrir trois sources salines. Au commencement du xviiie siècle, on avait trouvé également, au village voisin de Chenebier (3) une source d'eau salée (4). Sur le territoire de l'ancien village de Valoreille (5), entre Sainte-Marie et Montenois (6), existe aussi une fontaine légèrement saumâtre. Enfin, des sondages opérés dans la première moitié de notre siècle, ont amené la découverte de sel gemme à Gouhenans (7), à Melecey, à Fallon (8), à Etroitefontaine (9).

Un dernier groupe de sources salifères a été reconnu dans le comté de la Roche, (auj. canton de Saint-Hippolyte-sur-le-Doubs, département du Doubs); de celles de Soulce et de Saint-Hippolyte connues et exploitées au Moyen Age, il ne reste plus que la fontaine de Soulce (10).

---

(1) Couthenans (Haute-Saône, arrondissement de Lure, canton d'Héricourt).

(2) Bibliothèque de Besançon. Collection Duvernoy : Description du Comté de Montbéliard. Tome II, n° 5.

(3) Chenebier (Haute-Saône, arrondissement de Lure, canton d'Héricourt).

(4) Description du Comté de Montbéliard, n° 7.

(5) C. D. [Charles Duvernoy]. *Les Villages ruinés du Comté de Montbéliard*, pp. 34-35.

(6) Sainte-Marie, arrondissement et canton de Montbéliard; Montenois, arrondissement de Baume-les-Dames, canton de l'Isle-sur-le-Doubs.

(7) Thirria : *Manuel de l'habitant de la Haute-Saône*, pp. 191-193.

(8) Thirria, op. cit., pp. 191-193.

(9) L. Suchaux : *Annuaire de la Haute-Saône*, ann. 1835, p. 129. — Gouhenans, Melecey, Fallon et Etroitefontaine sont situés dans le département de la Haute-Saône, arrondissement de Lure, canton de Villersexel.

(10) H. Résal : *Statistique géologique, minéralogique et minéralurgique des départements du Doubs et du Jura*, p. 72.

En dehors de ces bassins, on rencontre quelques sources d'eau salée sur des territoires éloignés les uns des autres, sans rapport hydrographique apparent. Telles sont les fontaines de Luxeuil, celles de Scey-sur-Saône et des Nans (1) que l'on connaît depuis des siècles, celles d'Avanne (2) et de Montferrand, de Châtillon-le-Duc et de Miserey, aux environs de Besançon.

Les noms de lieux démontrent que les anciens habitants du Comté de Bourgogne avaient pris garde à ceux de ces gisements que des sources, issues des terrains salifères, pouvaient leur faire connaître.

Parmi ces vocables, les uns ne font que signaler l'existence d'une source saline, tandis que d'autres rappellent les établissements industriels destinés à fabriquer le sel.

A la première de ces deux catégories appartiendrait, s'il fallait en croire certains des historiens locaux (3), le nom de Lons. Il indiquerait, d'une manière indirecte, la présence d'une source salée. Le thème etymologique *Ledo* serait d'origine celtique et signifierait, d'après eux, le flux de la mer. Ce nom aurait été donné au chef-lieu actuel du département du Jura parce que son territoire renfermait une source intermittente d'eau salée, qui, par ce double caractère, aurait mérité d'être comparée à la marée de l'Océan.

Cette opinion n'est malheureusement corroborée par aucun texte et ne se soutient qu'à l'aide du Celtique de Bullet. Les formes latines du nom de Lons (qui ne sont pas fort anciennes, et ne nous sont données, pour la plupart, que par

---

(1) Le territoire des Nans (Jura, arrondissement de Poligny, canton de Nozeroy) présente cette particularité qu'on y retrouve à fleur de terre, à une altitude très élevée, un terrain d'étage très inférieur : le terrain liasokeupérien.

(2) H. Résal, *op. cit.*, p. 87.

(3) D. Monnier : *Annuaire du Jura*, an. 1844, p. 267.

— 15 —

des copies), Ledo (1) ou Legdo (2), Ledonum (3), Ledonium (4), pas plus que les formes françaises Laons (5), Leons (6) ne mettent sur la voie d'une étymologie plausible.

Un nom de source salée dont le sens n'est pas douteux est celui du village de La Muire (7), sur le territoire duquel on trouve encore une source légèrement saline (8). C'est le nom même de l'eau chargée de sel en dissolution, que l'on appelait en latin *Muria* et en français *Muire* (9).

On appelle « la Saline », un canton du finage de Luxeuil où sourd l'une des fontaines salées, nombreuses sur le territoire de cette ville. Ailleurs se trouvent des Fontaines salées (10), un Champ salé (11), etc.

---

(1) *Ledo*, orthographié parfois *Laedo*, est la forme latine la plus fréquente. On la trouve dans un très grand nombre d'actes des XIIe et XIIIe siècles, comme aussi l'adjectif *Ledonensis* qui peut être formé sur elle ou sur la variante *Ledonum*.

(2) *In puteo Legdonis*, 1197 (Béat. de Chalon, p. 132); 1237 (B. N. Moreau 870, f° 639). — *Legdonensis*, 1213 (Guillaume, *Hist. de Salins*, t. I, pr., p. 113); 1236 (B. N. Bourgogne 38, p. 206).

(3) Vers 1170 (B. N. Latin, 5683, f° 2 v°); 1173 (Béat. de Chalon, p. 134); 1188 (Béat. de Chalon, p. 83); 1252 (Mémoires pour servir à l'histoire du Comté de Bourgogne, t. VI, f° 74).

(4) 1170 (B. N. Latin 5683, f° 26 ; 1173 (Béat. de Chalon, p. 134; B. N. Baluze 144, n° 111) ; 1196 (orig. Arch. Haute-Saône, H 46) ; 1208 (B. N. Moreau 870, f° 432); 1230 (Arch. Côte-d'Or, Cartulaire de Citeaux, t. I, f° 133 v°); 1231 (B. N. Moreau 870, f° 642); etc.

(5) 1200 (B. N. Moreau 871, f° 93 v°); 1205, 1212 (B. N. Moreau 870, ff. 632 v°, 635, 637 v°, 640 v°); 1259 (Guillaume : *Salins*, t. I, pr., p. 176); 1276 (Moreau 891, f° 163, etc.

(6) Orig. Arch. Doubs, B 311.

(7) La Muire, Jura, arrondissement de Lons-le-Saunier, canton de Voiteur, commune de Domblans.

(8) Bib. de Besançon : Notes topographiques de E. Droz. Rousset ; *Dictionnaire*, t. III, p. 2.

(9) Pline, *Hist. Nat.*, l. XXXI, c. XL. — Le mot « muria » qui appartient au latin classique a été employé dans les chartes pour désigner l'eau salée; de même le mot français « muire ». Je ne sais pourquoi M. Monnier dans ses *Annuaires* a imprimé souvent « murie », forme qui n'a jamais été en usage.

(10) Une « Fontaine salée » existe à Brainans (Jura, arrondissement et canton de Poligny); un « Pré de la Fontaine salée » à Couthenans.

(11) Champ salé ou Champ Salat, à Gouhenans.

A côté de ces appellations d'origine romane, je crois pouvoir placer le nom de Soulce (1) porté par un village du département du Doubs où une saline a été exploitée pendant le Moyen Age. La forme latine usitée au XIIᵉ siècle pour désigner ce territoire est *Sulcea* (2). Il me semble que l'on doit rapprocher ce nom, qui se rencontre dans une région où l'influence germanique a été assez forte pour laisser de nombreuses traces dans l'onomastique, des noms que l'on retrouve dans les pays de langue allemande sous la forme simple Sultz ou sous des formes composées telles que Sultzbach, Sultzberg, Sultzfeld, Sultzthal, etc., etc. Je crois devoir admettre que le mot actuel Soulce est une forme francisée du haut allemand Sulza, au sens de source salée (3).

Ces noms n'ont pas un grand intérêt historique, au point de vue qui nous occupe, les sources qu'ils désignent existant encore aujourd'hui. Mais il n'en est pas de même de ceux qui rappellent des établissements industriels destinés à la fabrication du sel.

Le nom de Salins désigne la ville de Franche-Comté la plus célèbre par ses salines. La seule forme latine de ce mot est *Salinæ*; on ne lit « *Salinum* » que dans un diplôme faux du roi Sigismond. Salinæ est le mot latin (4) le plus usité pour signifier une usine où se fabrique le sel; sa forme oblique *Salinis* peut expliquer philologiquement le vocable de Salins.

C'est sans doute un Salins primitif, distingué dès une époque ancienne, à l'aide d'une terminaison diminutive de

---

(1) Soulce ou Soulce-Cernay, arrondissement de Montbéliard, canton de Saint-Hippolyte.

(2) « Salinas de Sulcea » 1179, 1180. (Trouillat : *Mon. de l'histoire de l'ancien évêché de Bâle*, tome I, pp. 375-381.) Cf. la forme Sulcia, donnée par les *Traditiones Wisenburgenses*, pour désigner un Sultz alsacien.

(3) Fœrstemann : *Altdeutsches Namenbuch*, tome II, col. 1327 et s.

(4) On a eu l'idée bizarre de donner au mot Salins une étymologie celtique. (D. Monnier, *Ann. du Jura* 1855, p. 124; 1860, p. 112.)

son homonyme plus important (1), que l'on trouve sous le nom actuel de Saulnot. Ce village, où une saline a été exploitée jusqu'au commencement de notre siècle, n'est mentionné dans les chartes du Moyen Age que sous des vocables romans qui diffèrent peu du nom actuel : Sanas, en 1149 (2), Saunez, en 1179 (3), Salnes, vers 1190 (4), Salnat et Sanat (5), dans les siècles suivants. Il n'est pas sans intérêt de constater que, il y a quatre siècles, les habitants du pays se rendaient compte de l'étymologie de ce nom. Un des co-seigneurs de Saulnot, Philibert de Monrost, qui vivait à la fin du XV° siècle, dans un mémoire présenté au comte de Montbéliard, fait allusion au sens du vocable porté par ce village (6).

Le nom très usité au Moyen Age pour désigner l'usine où se faisait le sel, de *la Saunerie*, est porté par des lieux dits des

---

(1) Duvernoy y avait vu un nom composé de deux termes : sal=sel, et nat=net. (Charles Duvernoy, *Recherches étymologiques sur les noms de lieux du pays de Montbéliard*; Montbéliard, 1834, p. 11). Salnot (Salnat ou Salnet) devenu par vocalisation Saunot, est un diminutif de Salin, dans lequel l'i intertonique est tombé.

(2) Charte de Raut de Scey, 18 février 1149. (L. Viellard : *Documents et Mém. pour servir à l'hist. du territ. de Belfort*, p. 258.)

(3) Bulle d'Alexandre III en faveur du prieuré de Lanthenans (Trouillat, t. I, p. 360.)

(4) Salnat, en 1346 (Contrat de mariage de Jean de Montbis et d'Agnès de Vellechevreux, Arch. Nat. K 2284), en 1385 (Dénombrement de Guillaume de Grammont, Arch. Nat. K 2283), en 1386 (Dénombrement d'Odat de Velle-le-Châtel, Arch. Nat. K 2290), etc. Sanat en 1379 (Dénombrement de Vauthier de Gouhenans, Arch. Nat. K 2285), en 1385 (Dénombrement de Jean Morelat de Cheveney, Arch. Nat. K 2289), en 1407 (Dénombrement de Guyot de Grammont, Arch. Nat. K 2283), etc.

(5) Salnes (transcrit à tort Salves dans la copie de la collection Moreau), dans une donation de Girard de Montjustin à l'abbaye de Lieucroissant (vers 1190). (B. N. Moreau, 874, f° 270 v°).

(6) « Primier que ce que led. Philibert de Montrost tient à cause dud. feu Nicolas de Bere descend et provyent de damoiselle Symonate de Sanaz, femme jaidis de feu Messire Symon de Salnat, à son vivant chevalier, que au present se dénomme Salnat à cause de la Saulnerie, et est le tout en la seignorie de Granges » (S. d.). Arch. Nat. K 2281.

territoires de Grozon et de Soulce. Dans ce dernier exemple, les habitants des environs ont travesti ce nom en celui de « La Sonnerie » et prétendent que cette appellation provient de cloches merveilleuses dont, à certains jours, on entend le son dans ces parages (1).

Enfin le mot « Berne », qui désignait, dans notre pays, la petite construction à l'abri de laquelle on faisait évaporer l'eau salée, vit encore dans le nom d'un canton du territoire des Nans qui s'appelle le *Château de la Berne* (2). Je crois y voir l'indication unique d'une exploitation industrielle de la source salée qui jaillit en ce lieu, et dont la mise en œuvre n'a laissé aucune trace dans les documents écrits. C'est le même sens qu'il faut attribuer au mot Berne dans le nom des rues des Bernes et de la Berne, situées à Lons-le-Saunier et à Montmorot.

§ 2

A quelle époque peut-on faire remonter l'utilisation industrielle des sources salées franc-comtoises ? Cette question a été maintes fois agitée et a donné naissance à plusieurs systèmes différents. La plupart des historiens comtois ont été désireux de faire remonter l'exploitation de leurs salines à la plus haute antiquité.

Pour le démontrer, ils ont employé cet argument *a priori* que, les sources existant, les habitants ne pouvaient faire autrement que de s'en apercevoir, et, s'en étant aperçus, ne pouvaient manquer de tirer parti de cet avantage naturel (3).

---

(1) C'est bien l'emplacement de l'ancienne saline de Soulce qui porte aujourd'hui le nom de « la Sonnerie ». Il se trouve au delà du cours du Doubs. V. aux Arch. nat. un plan du XVIe siècle (K 2251, liasse 2).

(2) Rousset : *Dictionnaire*, tome IV, p. 459.

(3) « On attribue la découverte des salines soit au bétail qui se portait vers les sources salées, soit au hasard qui a fait rencontrer des filets d'eau salée quand on cherchait de l'or. Mais cette opinion ne s'appuie guère

Cela est fort probable, mais du domaine des choses que les investigations scientifiques ne peuvent ni établir ni infirmer.

D'autres érudits ont voulu prouver scientifiquement que les sources salées avaient été l'objet d'une industrie dans le pays des Séquanes, avant la conquête Romaine.

Désiré Monnier, qui s'est occupé à diverses reprises des origines de l'industrie du sel en Franche-Comté, a soutenu successivement plusieurs théories sur l'antiquité des salines du Jura, tantôt les faisant remonter à l'époque celtique, tantôt en attribuant la création aux Grecs ou aux Toscans (1).

Cette idée de voir dans les Toscans les créateurs de notre industrie saline reparaît dans d'autres ouvrages. Ainsi, M. Rousset prétend que ce sont les religieux d'Agaune qui, au VI° siècle, ont envoyé à Salins des sauniers toscans (2). Peut être ces opinions sont elles un reste de la tradition qui attribuait également à des Italiens, aux Lombards de la famille des Asiniers, la construction des bâtiments des sauneries de Salins (3).

Toutes ces prétendues origines de l'industrie du sel en Franche-Comté sont aussi fabuleuses les unes que les autres, et, si l'on se reporte aux textes écrits pour chercher les traces de son existence dans l'antiquité, on ne rencontre que bien peu de renseignements.

Le plus ancien document écrit qui puisse être invoqué en

---

que sur le nom de Mons Aureus donné à la montagne de Salins par l'auteur de la Vie de saint Anatoile » (B. N. Moreau 910. Mémoire pour servir à l'histoire de la Franche-Comté, f° 82, Commencement du XVIII° siècle).

(1). V. *Annuaires du Jura*, 1854, 1855, 1859, 1860.

(2) Il est curieux de voir M. Monnier demander à M. Rousset où il « a lu que l'abbé de Saint-Maurice d'Agaune avait fait venir des salinateurs toscans, au VI° siècle, pour exploiter les salines de Salins ». (D. Monnier. Ann. du Jura, 1854, pp. 293-294).

(3) Gollut : *Mémoires*, l. II, ch. XXIV, éd. Duvernoy, col. 142. En réalité, la famille des financiers lombards que l'on appelait en Bourgogne les Asiniers a eu un rôle dans l'administration des sauneries; ils géraient la Trésorerie de la grande saline au commencement du XIV° siècle (B. N. Français 8551, passim.).

faveur de l'ancienneté des salines comtoises est un passage de Strabon auquel tous les auteurs qui ont traité de ce sujet ont fait allusion, et qui affirme que c'était du pays des Séquanes que les Romains faisaient venir leurs meilleures salaisons [1]. Ce texte semble indiquer que les Séquanes savaient tirer un parti industriel de leurs sources salées, et l'on ne peut guère supposer que ce peuple ait eu dans son territoire d'autres salines que celles de Franche-Comté. Je ne crois pas, en effet, comme M. Finot, que l'on puisse appliquer ce texte aux salines lorraines [2], car les plus méridionales de ces salines sont fort au Nord de la frontière de la Séquanie que l'on a toujours fixée, de ce côté, à la chaîne dite des Faucilles.

Je pense que ce passage est le seul qui dénote l'existence des salines séquanaises avant une époque assez basse du Moyen-Age. On a mis en avant, comme preuves de leur exploitation dans l'antiquité, un texte de Pline qui ne s'applique à aucune région spéciale des Gaules et de la Germanie [3], et un passage d'Ammien Marcellin qui se réfère, à coup sûr, à des salines d'Allemagne [4].

Mais il y aurait peut-être d'autres arguments à faire valoir en faveur de l'ancienneté de nos salines. Les recherches archéologiques que l'on a faites jusqu'à ce jour aux emplace-

---

[1] « Ὅθεν αἱ κάλλισται ταριχεῖαι τῶν ὑείων κρεῶν εἰς τὴν Ῥώμην κατακομίζονται. », Strabon : *Géogr.*, livre IV, ch. III, éd. Didot; Paris, 1853, p. 159-160.

[2] Il est certain, en revanche, comme l'a dit M. Finot, qu'on n'a aucune raison d'attribuer ce texte aux salines de Salins en particulier.

[3] Pline, *Hist. nat.*, l. XXXI, c. XXXIX « Galliae Germaniaeque ardentibus lignis aquam salsam infundunt. »

[4] Amm. Marcell., l. XVIII, c. 6, parlant des Bourguignons et des Alamans, dit : « Salinarum finiumque causa sæpe jurgabant ». A cette époque (vers 370), les Bourguignons n'étaient pas encore entrés en Gaule. — Albert Jahn : *Geschichte des Burgundionen und Burgundiens*, tome I, pp. 50-52. — C. Binding : *Geschichte des Burgundisch-Romanischen Kœnigreichs*, p. 36, etc. — Béchet : *Recherches historiques sur Salins*, tome I, pp. 10-13. — *Contra* : Bullet : *Mém. sur la langue celtique*, t. I, p. 183 — Bruzen de la Martinière : *Dict.* v° *Salins*.

ments des anciennes sauneries ont été conduites avec trop peu de méthode pour que leurs résultats puissent être d'un grand intérêt. Cependant, on peut constater qu'à Grozon (1), à Lons-le-Saunier (2), à Montmorot (3), à Salins (4), il s'est retrouvé une assez grande quantité d'objets divers d'une antiquité indéniable, pour prouver que ces localités renfermaient déjà, au temps de l'occupation romaine, d'importantes agglomérations d'habitants. On peut supposer que c'est à leurs richesses minérales que ces localités devaient leurs populations. Il y a une présomption de même ordre à tirer de la quantité de voies romaines dont les archéologues ont constaté le rayonnement autour des mêmes centres sauniers (4).

---

(1) On a retrouvé à Grozon des monnaies de Philippe de Macédoine, — M. Monnier ne manque pas d'y voir une nouvelle preuve de l'immigration des « salinateurs » grecs, — des débris de statues et autres menus objets — que le même auteur attribue à l'art grec. — (*Ann. du Jura* 1855 p. 163 ; 1860 p. 114-115). Des recherches plus récentes y ont amené la découverte de débris de bâtiments antiques, de colonnes, de bas-reliefs (Guichard : *Notes sur l'état actuel de l'Archéologie et quelques découvertes récentes dans le département du Jura.* Soc. d'Emulation du Jura, 1890, p. 426. — Séance de l'Acad. des Insc. et B. L. du 30 octobre 1891.) — V. aussi : E. Clerc : *La Franche-Comté à l'époque romaine*, p. 98 ; Chevalier : *Mémoire hist. sur Poligny*, t. II, p. 227.

(2) On y a trouvé des médailles et monnaies impériales d'Auguste à Constantin, des vases antiques. (D. Monnier : *Ann.* 1840, pp. 79-87 ; E. Clerc : *Franche-Comté à l'époque romaine*, p. 103.)

(3) Les médailles grecques et romaines et autres objets retrouvés à Montmorot sont énumérés par M. Rousset (*Dict.*, t. V, pp. 341-343.) A propos du nom de Clarianus, il fait une erreur d'interprétation : ce ne sont pas des noms d'architectes qui se trouvent sur les briques romaines.

(4) On n'a pas retrouvé de constructions romaines à Salins, mais des monnaies dont les plus anciennes datent du règne de Tibère, des statuettes, des lampes, des armes, des tuileaux romains. (David de Saint-Georges : *Rech. sur les antiq. celt. et rom. des arr. de Poligny et de Saint-Claude.* E. Clerc : *Fr. C. à l'ép. rom.*, p. 147. D. Monnier : *Ann.* 1855, p. 187. Piganiol de la Force : *Descrip. de la France*, t. XIII, p. 255, etc.)

(5) M. Monnier en compte cinq aboutissant à Salins, six à Grozon, sep à Lons-le-Saunier et Montmorot (*Ann.* 1844 et 1855.) — La vie de saint Anatoile mentionne la vallée de Salins en ces termes : « Vallis romano itineri pervia ubi nunc Salinarum locus. » La chronique de Saint-Bénigne

Un genre de fouilles qui, bien conduites, ne manqueraient pas de donner des résultats intéressants, seraient celles qui pénétreraient dans les énormes amas de cendres qui, à Grozon (1) et à Lons-le-Saunier (2), marquent les anciens emplaplacements des salines. Il est à regretter que les travaux opérés, au point de vue industriel, dans celui de Lons-le-Saunier n'aient pas été suivis plus exactement par les archéologues. Ils auraient pu se rendre compte de la situation où ont été trouvés les objets antiques assez nombreux que l'on a alors mis à la lumière. Les cendres de Grozon méritent une semblable exploitation, et il est vraisemblable qu'on y rencontrerait, à divers étages, de menus objets qui permettraient de dater les couches successives qui se sont accumulées durant de longs siècles.

Un texte hagiographique d'une antiquité fort douteuse, la vie de saint Oyan (3), abbé du monastère appelé alors « Condatisco (4) » et plus tard Saint-Claude, rapporte que les moines de Condatisco auraient eu coutume de tirer leur sel d'une région qu'il appelle le pays voisin des Hériens, « de vicinis Heriensium locis (5) ». Or, le nom de « Herienses » n'est

---

dit : « Petregium super Lupam juxta burgum Salinis... euntibus Romam quondam fuit iter. »

(1) V. G. Schlumberger : Découverte d'une relique faisant partie des dépouilles de Constantinople, apportées en Occident à la suite de la Croisade de 1204. (*Congrès Archéologique de France* ; 58e session, p. 347.)

(2) En dehors des cendres accumulées à Lons-le-Saunier, on a retrouvé en 1772, près de cette ville, un amas considérable de bois fossile que l'on croit avoir été jadis destiné à la cuite des muires. (Bib. de Besançon, Mss. Dunand, n° 12, f° 207.)

(3) En latin « Eugendus », mort en 510. La forme française de ce nom a toujours été Oyan (avec diverses variantes orthographiques). Eugende est un calque de la graphie latine, imaginé je ne sais pourquoi par les auteurs modernes.

(4) Je me refuse à employer la forme inexacte « Condat » qui est actuellement admise par presque tous les auteurs.

(5) « Quadam namque vice, dum diros metuunt ac vicinos Alemannorum incursus, qui inopinatis viantibus non congressione in cominus sedritu superventuque solerent irruere bestiali, ad mortem aut suspicionem mor-

connu que comme désignant une population fort éloignée du Jura : les insulaires de Noirmoutier.

La distance qui sépare cette région du monastère de Saint-Claude ne permettait pas aux religieux de cette abbaye de la traiter de voisine[1]. On a cherché, dans les environs, une localité à laquelle pût se rapporter le passage de l'hagiographe. Tous les auteurs qui se sont occupés de cette question ont pensé que c'était dans les régions de Franche-Comté pourvues de sources salines qu'il était possible de la trouver. Les uns ont voulu qu'il s'agit de Salins [2] et en ont donné des raisons insuffisantes, comme la présence d'un

---

tis penitus evitandam, quæ crebro timoris jaculo toties interimit quoties timetur, e limite Tyrrheni maris potius quam de vicinis Heriensium locis coctile decernunt petere sal. Sed hoc totum ut fieret et consilium et ordinatio beati viri persuaserat. Cumque, emenso bimestri tempore, nullum darent proprii adventus indicium, vertitur in sanctum imputatio fratrum quod, aliis e vicino quod timuerant sospitibus jam reversis, non tam destinatis fratribus exilium quam peregrinam [mortem] propria persuasione dedisset. » Mabillon : *Acta SS ordinis S. Ben.* in app. Saec. I, p. 574. — D. Bouquet, t. III, p. 396 ; — Bolland. : *Act. SS.*, t. I januar, p. 53.

Voir, sur cette vie de saint Oyan, B. Krusch : *Les falsifications des vies des saints burgondes*, dans les *Mélanges Julien Havet*, pp. 39 et s.

(1) C'est bien d'une région voisine de Condatisco qu'entend parler le biographe de saint Oyan. Il est vrai que l'expression « vicini Heriensium loci » pourrait sembler désigner un pays voisin de celui des Hériens. Mais le contexte ne laisse aucun doute à cet égard lorsque, plus loin, il relate les accusations portées contre le saint abbé qui avait envoyé au loin ses moines, tandis que d'autres revenaient sains et saufs de ce pays voisin où l'on n'avait osé aller s'approvisionner.

(2) Dom Grapin (*Hist. abrégée du comté de Bourgogne*, p. 140) et La Teyssonnière (*Recherches historiques sur le département de l'Ain*, t. I, p. 148), ont basé sur cette identité du pays des « Herienses » avec Salins, un raisonnement tendant à démontrer que les salines de Lons-le-Saunier n'existaient pas au VIe siècle. Si, en effet, pensaient-ils, les sources de Lons avaient été exploitées, les moines de Condatisco auraient pu y aller faire leur provision de sel au lieu de se rendre jusqu'en Italie. On pourrait répondre à cet argument que les raisons qui empêchaient les religieux de Saint-Claude de communiquer avec Salins pouvaient également leur interdire tout commerce avec Lons-le-Saunier. — V. Rousset : *Dict.*, t. III, p. 641.

village nommé Pont-d'Héry, au val de Salins (1). D'autres ont étendu, par un singulier raisonnement, l'appellation de « Heriensium loci » à tous les lieux du département du Jura où il y a eu des salines (2). En réalité, aucun autre texte ne parlant de ces *Herienses*, voisins de Condastico, on en est sur ce point réduit aux conjectures. Peut-être y a-t-il dans ce mot une faute de lecture très ancienne que l'on aurait partout recopiée (3). Dans le doute où nous restons, ce passage de la vie de saint Oyan ne peut soutenir aucune théorie. Tout au plus prouverait-il que dans des contrées peu éloignées de Saint-Claude, l'industrie du sel était connue vers l'an 500. Mais comment limiter la zône à laquelle peut convenir la qualification de *voisine de Condastico* ? D'ailleurs, l'ancienneté de cette vie de saint Oyan est trop suspecte pour qu'il y ait lieu de rien conclure de la teneur d'un de ses passages.

§ 3

En descendant le cours du Moyen-Age, nous rencontrons successivement dans les textes les noms des diverses salines comtoises.

---

(1) Béchet : *Rech. hist. sur Salins*, t. I, p. 25 — Rousset (*Dict.* v° *Salins*) prétend que Pont d'Hery s'appelait en latin du Moyen Age « Eviriacum ». Il n'en soutient pas moins que « Herienses » était l'ethnique de la population dont ce village aurait gardé le nom. C'est une contradiction évidente. M. Gaspard (*Histoire de Gigny*, pp. 426-427) affirme que les religieux du prieuré de Château-sur-Salins étaient nommés « Monachi Herienses. » Il n'en donne aucune preuve, et d'autres, après lui, se sont évertués en vain à rechercher des textes portant ce nom. (D. Monnier, *Ann. du Jura* 1860, pp. 96-97). M. Sauria, dans un article sur Salins qui fait partie du recueil appelé le « Jura pittoresque » déclare simplement que Salins s'est jadis appelé Héry. L'identification des « Herienses » avec les habitants de Salins est encore admise par M. Krusch (*Monumenta Germ. hist.* in-4°. *Script. rer. Merov.* T. III, p. 161).

(2) D. Monnier : *Ann. du Jura*, 1854, p. 145; 1855, p. 163, d'après Roget de Belloguet.

(3) Tous les manuscrits de la Vie de saint Oyan qui sont conservés à la Bibliothèque nationale portent : « Heriensium. »

La ville de Salins, avec son nom caractéristique, est mentionnée dans un acte célèbre, celui que l'on appelle la charte de fondation de l'abbaye d'Agaune et qui est attribué au roi Sigismond de Bourgogne. L'original en a disparu, mais les archives du monastère de Saint-Maurice en Valais en ont conservé plusieurs copies dont la plus ancienne date de la fin du XIIe, ou du commencement du XIIIe siècle (1). Elles diffèrent assez sensiblement les unes des autres. M. l'abbé Gremaud, a publié, en ce siècle, une de ces copies (2) qui avait déjà été éditée en tout ou en partie par l'abbé Guillaume (3) et Bréquigny (4); d'autres textes sont donnés par le Gallia Christiana (5), par Le Laboureur (6), par Labbe et Cossart (7), par le P. Sigismond de Saint-Maurice (8), par Briguet (9), par les Bollandistes (10), par Fr. Petri (11) et par Fürrer (12).

Ce document renferme une énumération de biens concédés à l'abbaye d'Agaune par la faveur royale. Parmi ces biens figure, dans certaines copies, la ville de Salins avec d'autres terres aux alentours; un texte — celui qu'a publié Le Laboureur — ne mentionne pas cette ville et se contente de faire allusion à des terres « in pago Bisuntinensi » qu'il ne pré-

---

(1) Gremaud : *Origines de l'abbaye de Saint-Maurice d'Agaune*, pp. 337 etc. — J. de L'Isle : *Défense de la vérité du martyre de la légion thébéenne*, p. 43 — P. de Rivaz : *Eclaircissements*, p. 127.

(2) *Op. cit.*

(3) Guillaume : *Hist. de Salins*, t. II, preuves, p. 1.

(4) Bréquigny : *Diplom.*, t. I, p. 22.

(5) 1e éd., t. IV, p. 12 — Ed. des Bénéd., t. XIII, inst., p. 421.

(6) Le Laboureur : *Les Masures de l'abbaye royale de l'Isle-Barbe-les-Lyon*, p. 32.

(7) *Sacrosancta Concilia*, t. IV, p. 1557.

(8) *Histoire du glorieux saint Sigismond, martyr, roi de Bourgogne*, par le V. P. Fr. Sigismond de Saint-Maurice, p. 375.

(9) *Concilium Epaunense*, p. 71.

(10) *Act. SS.*, t. IV sept., p. 353.

(11) Franc. Petri : *Germania canonico-augustiniana*, au tome III, p. 69 de la « Collectio scriptorum rerum historico-monastico-ecclesiasticarum va-riorum religiosorum ordinum », de Kuen.

(12) *Urkunden welche Bezug haben auf Wallis*, p. 20.

cise pas. La copie utilisée par les Bollandistes mentionne « in pago Bisunticensi, Saliumno cum castro de Bracon, wallemo de Mièges »; enfin, les autres éditions portent « Salinum cum castro de Bracon, Miegens. »

La plupart des auteurs ont cru ce diplôme authentique (1), et on s'en est servi pour pour prouver l'antiquité de l'exploitation des salines (2). Certains historiens ont même discuté sur le point de savoir si le singulier « Salinum » indiquait qu'il n'y eût alors qu'une seule usine à Salins.

On a daté ce document de 515 et de 523 (3). Lecointe, Bréquigny et Guérard (4) jugent qu'il est fortement interpolé sinon complètement faux. Je crois, avec eux, qu'il n'est pas possible de tenir compte de son texte. En effet, d'une part, la forme en est tout-à-fait anormale : le début est celui des actes de concile et, tout à coup, au cours de la rédaction, le roi Sigismond prend la parole et termine l'acte comme un diplôme royal. D'un autre côté, si on le compare aux actes du concile d'Agaune qui sont conservés et qui semblent bien authentiques, on voit que le prétendu diplôme de Sigismond n'est qu'une autre rédaction de ces actes, enrichie de clauses nouvelles, spécifiant des biens qu'elle attribue au monastère de Saint-Maurice. Les diverses copies que nous avons, participent toutes plus ou moins du même caractère. Il n'est donc pas permis de s'appuyer sur une ligne spéciale de ce document pour établir qu'au temps du roi Sigismond, des salines étaient exploitées à Salins (5).

---

(1) Mabillon : *Ann. Bened.*, t. I, p. 28 — *Vie des saints de Franche-Comté*, t. I, p. 45.
(2) Béchet : *Rech. sur Salins*, t. I, p. 154. — Finot : *Essai sur la Gabelle*, pp. 42, etc.
(3) Guérard : *Polypt. de S. Germ. des Prés*, t. I, p. 107.
(4) Guérard : *Polypt. d'Irm.*, t. I, p. 107. — Bréquigny-Pardessus : *Dipl. chart.*, t. I, proleg, pp. 24-25. — Lecointe : *Annales*, t. I, p. 534.
(5) M. Finot (*Essai sur l'orig. de la Gabelle*, p. 42) reconnait ce diplôme comme interpolé, mais en conclut, contre toute attente, que l'on peut se baser sur sa teneur pour prouver l'existence des salines au VI⁰ siècle.

On a prétendu que le diplôme de Sigismond devait être fort ancien puisqu'il était mentionné dans une bulle du pape Adrien Ier (1), de l'an 773 (2). Malheureusement, cette bulle elle-même est fausse (3).

Le fait de la possession par l'abbaye de Saint-Maurice de droits sur Salins est cependant indéniable. Il existe une charte de précaire par laquelle Menier, prévôt de ce monastère, cède au comte Aubry et à ses deux fils Humbert et Liétaud, pour la durée de leurs vies, Bracon, c'est-à-dire le château dont relevait la ville haute de Salins, avec ses dépendances. Il n'y a pas, je pense, de raisons pour suspecter l'authenticité de cet acte qui date de 941 ou 943 (4). On a conservé, de plus, bon nombre de reprises de fief par lesquelles les seigneurs de Salins reconnaissaient la suzeraineté de l'abbaye de Saint-Maurice d'Agaune. Depuis l'hommage rendu à l'abbé Burchard par Gaucher III de Salins, vers l'an 1168 (5), on trouve celui de Gaucher IV prêté à l'abbé Gunther, en 1199 (6), une mention de celui de Renard de Choiseul et d'Alix de Dreux sa femme envers l'abbé Nanthelme, en janvier 1224-25, du comte Jean de Chalon envers le même prélat, le 5 octobre 1246 (7), un autre du même Jean (8) en

---

(1) Béchet : *Rech. sur Salins*, t. I, pp. 15-17. Finot : *Essai sur la Gabelle*, p. 41.

(2) *Mémorial de Fribourg*, t. IV, p. 350 — *Gall. christ.*, t. XII, inst. p. 424. — Guichenon : *Bibliotheca sebusiana*, p. 322.

(3) V. dans Ed. Aubert (*Trésor de l'abbaye de Saint-Maurice*, p. 209) l'opinion de M. L. Delisle qui considère cette bulle comme fausse.

(4) Dunod : *Hist. des Sequan.*, t. II, preuves, p. 596. Guillaume : *Hist. de Salins*, t. I, preuves, p. 5.

(5) Guillaume : *Hist. de Salins*, t. I, pr., p. 25. Guillaume attribue à tort cet acte à Gaucher I. Les témoins qui y figurent vivaient au temps de Gaucher III, comme l'a fait observer Béchet (*Rech. sur Salins*, t. I, p. 100)

(6) Guillaume : *Hist. de Salins*, pr., p. 91.

(7) Dunod, t. II, pr., p. 597.

(8) En mars 1258-59, Jean de Chalon, recevant certains droits de l'abbaye de Saint-Maurice, déclare que ces biens lui ont été conférés en augmentation de fief, « que feoda in augmentationem feodorum que ab ipsis tenemus, nobis contulerunt. » (Cart. de Jean de Chalon, n° 148.)

1260, d'autres du comte Otton IV en 1271, 1278, 1288 et 1293, de la comtesse Mahaut d'Artois sa veuve en 1303 et 1319 (1). Lors des préliminaires du mariage de sa fille avec le comte de Poitiers (2), Otton IV, énumérant les droits qui lui appartenaient au comté de Bourgogne, reconnaissait tenir Bracon de l'abbaye de Saint-Maurice. A partir des premières années du XIV⁰ siècle, on ne trouve plus de semblables reconnaissances de vassalité. Sans doute, la puissance des souverains du comté de Bourgogne leur a permis alors de négliger une formalité qu'ils pouvaient juger humiliante.

A en croire Mabillon (3), il se pourrait tirer une indication relative aux salines comtoises d'un passage de la Vie de saint Colomban par Jonas de Bobbio (4). Il y est raconté que certain abbé nommé Caramtocus, averti en songe de la détresse où se trouvait le couvent d'Anegray (5), envoya un de ses religieux y porter des vivres. L'abbaye que gouvernait Caramtocus est appelée par Jonas « Monasterium cui Salicis nomen est ». Mabillon a proposé d'y voir le nom du monastère de Château-sur-Salins (6). Mais l'identité des noms Salicis et Salins ne me paraît pas admissible et la distance qui séparait Salins d'Anegray rend peu probables les relations des monastères situés dans chacune de ces localités. Je ne veux pas ici rechercher quel peut être le monastère désigné par Jonas : la question a été fort débattue (7).

---

(1) Bib. de Besançon, Ms. 826, f° 92. V. Guillaume : *Salins*, t. II, pr., p. 5 et s.

(2) Jeanne de Bourgogne, fille d'Othon IV et de Mahaut d'Artois, épousa Philippe de France, comte de Poitiers, en 1306.

(3) *Acta SS. ord. S. Ben.*, sæc. II, p. 8.

(4) S. Colomban mourut en 615 ; Jonas de Bobbio, son biographe, était son disciple.

(5) S. Colomban était alors dans son couvent d'Anegray (auj. hameau de la commune de La Voivre, canton de Faucogney, arrondissement de Lure, Haute-Saône).

(6) « Nullum hoc nomine monasterium amplius illis in partibus superest, nisi forte Salicis vocabulum tribuas Castro Salinensi in quo est prioratus Monasterio Cluniacensi subjectus. » (Mabillon : *Act. SS.*, saec II, p. 9).

(7) M. Pfister a récemment émis l'opinion qu'il s'agissait d'un monastère

Un texte fort ancien qui me paraît être le premier document diplomatique mentionnant les salines de Franche-Comté est le testament de Widradus, abbé de Flavigny (1). Cet acte dont la teneur est en accord avec la formule de Marculfe intitulée « Qualiter in unum volumine testamento persone condatur (2) », est tellement semblable à une autre formule publiée par M. de Rozière et intitulée « ad testamentum fatiendum » (3), que cette dernière semble calquée sur le testament de Widradus (4). D'après Mabillon, un manuscrit de ce document remonterait au IX⁰ siècle environ (5).

La date est conçue en ces termes : « Die Kal. Feb. XV. anno Domni Theodorici Regis primo. » Certains auteurs ont interprété cette indication par le 18 janvier 606. Ils ont en cela suivi l'opinion d'Hugues de Flavigny qui pensait que le roi en question était Thierry II, dont il fixait la première année de règne à l'an 606 (6). D'autres historiens sont venus

---

situé sur le territoire de Moyenvic, en Lorraine, appelé depuis Saint-Pient. (*Revue historique*, numéro de septembre-octobre 1892, p. 62). Les raisons très ingénieuses qu'il en donne sont loin de me convaincre, et je préférerais m'en tenir à l'opinion de D. Grapin et des auteurs de la *Vie des Saints de Franche-Comté*, qui placent le « Monasterium Salicis » à Saulx (chef-lieu de canton du département de la Haute-Saône, arrondissement de Vesoul), village dont le nom et la situation me semblent concorder avec les exigences du texte de l'hagiographe. (V. *Vie des saints de Franche-Comté* par les professeurs du collège Saint-François-Xavier de Besançon, t. II, p. 19, note).

(1) D. Plancher, t. I, pr., p. II. — Mabillon : *Act. SS.* (1672), saec. III, t. I, p. 685.

(2) Zeumer : *Formulæ Merowingici et Karolini ævi*, p. 86. *Mom. Germ. historica. Legum sectio V. Formulæ.*

(3) E. de Rozière : *Recueil gén. de formules usitées dans l'Empire des Francs*, t. I, p. 159.

(4) C'est l'opinion de M. Havet (*Questions mérov.* II⁰ série : les Découvertes de Jérôme Vignier. *Bibl. Ec. des Chartes*, t. XLVI, 1885, p. 214, note).

(5) V. Mabillon : *Acta Sanct. ord. S. Ben.*, saec. III, t. I, pp. 682-693.

(6) Hugues de Flavigny, Livre I. (*Monum. Germ. hist. Scriptores*, t. VIII, pp. 322-325) : « Anno primo Theodorici Regis, qui erat ab Incarnatione Domini 606, Focae vero Imperatoris 3, idem domnus Theodericus testa-

ensuite qui, par une faute de lecture ou d'impression, ont donné la date de 906, et bon nombre d'écrivains ont répété qu'il existait une charte de 906 émanant d'un seigneur bourguignon nommé « Vidrude » (1).

En fait, cette pièce ne peut être datée que de l'an premier du règne de Thierry de Chelles. En effet, l'abbaye de Flavigny y est désignée sous le vocable de saint Prix. Or saint Prix n'est mort que vers 674. L'année de la rédaction peut être 721 ou 722 ; on ne connaît pas en effet très exactement la date initiale du règne de Thierry ; on sait seulement qu'il a commencé à régner au début de 721.

Parmi les libéralités que Widradus accorde par ce testament à diverses églises, il est fait mention d' « areas in salinis crausone et vigris ». Le mot « area » a souvent le sens d'emplacement de salines, et ici son rapprochement des mots « Salinis » et « Crausone » tendrait à faire admettre cette interprétation ; mais ce mot peut, d'autre part, signifier un terrain vague, une place quelconque, et les mots qui suivent : « areas in Augustodunum civitate » feraient incliner vers ce dernier sens (2). De plus « Salinis » indique-t-il ici la ville de *Salins* ou les *salines* de Grozon et de « Vigris » (3) ? Entre toutes ces hypothèses, la plus vraisemblable me semble qu'il s'agit de places quelconques sises à Salins et à Grozon. En tous cas — et c'est ici ce qui importe — ce passage du testament de Widradus prouve l'existence, avant 722, des salines comtoises : soit directement, si le mot « area » indique formellement, par lui-même, une place dans des

---

mentum domni Widradi, de castro seu cœnobio Flaviniacensi, sigillo suo confirmavit factum et corroboravit, apud Sinemurum, secundo post transitum sancti Gregorii anno, primo scilicet papatus Saviniani, præsidente Lugdunensi ecclesiæ Secundino archiepiscoo. »

(1) Chevalier : *Mém. sur Poligny*, t. II, p. 228. Rousset : *Dictionnaire du Jura*, t. III, p. 287. Bertherand : *Recherches hist. sur l'état du commerce, de l'industrie, des lettres et des beaux-arts à Poligny*, pp. 9-10.

(2) V. Ducange, v° *Area*.

(3) « Vigris » m'est tout à fait inconnu.

salines, ou si le mot « salinis » a le sens de *salines*, soit indirectement, si ce même nom doit être pris au sens de « Salins ».

Deux documents diplomatiques qui mentionnent Salins reposent aujourd'hui en original aux Archives départementales du Jura, après avoir fait partie des archives de l'abbaye de Saint-Claude. Leur authenticité a été l'objet de vives discussions entre les savants de la fin du dernier siècle, et, de nos jours encore, ils ont soulevé quelques polémiques. Par suite de singuliers procédés de critique, leur valeur a été rejetée par tous les adversaires des religieux de Saint-Claude et des institutions monacales en général, tandis qu'elle a été défendue avec énergie par les partisans des moines.

Au siècle dernier, la question du droit de mainmorte que l'abbaye de Saint-Claude exerçait sur ses sujets donnait un intérêt actuel à la discussion des plus anciens titres de propriété de ce monastère. Christin, l'ami de Voltaire, a critiqué dans un travail spécial, les chartes sur lesquelles se basaient les privilèges des chanoines de Saint-Claude et a nié en bloc l'authenticité de tous ces documents [1]. Dunod n'avait pas soupçonné la difficulté [2]. De notre temps, MM. Monnier [3], Richard, Rousset, de Ferroul-Montgaillard [4], Finot [5], tous les historiens comtois de notre époque, ont tenu pour authentiques les diplômes de Saint-Claude. Enfin, récemment, dom Benoit, dans son Histoire de Saint-Claude [6], a entrepris

---

[1] Christin : *Dissertation sur l'établissement de l'abbaye de Saint-Claude* (1772).

[2] Dunod : *Hist. du comté de Bourgogne*, t. I, preuves, p. LXVI.

[3] *Ann. du Jura*, 1859.

[4] Abbé de Ferroul-Montgaillard : *Histoire de l'abbaye de Saint-Claude*, 2 vol.

[5] M. Finot admet, dans son *Essai sur l'origine de la Gabelle*, l'authencité des diplômes de Saint-Claude dont il a à parler. Mais dans une étude spéciale il considère comme interpolée l'une de ces chartes — (J. Finot : *Dissertation sur l'authenticité de la charte attribuée à Charlemagne*. Lons-le-Saunier, 1870, in-8°).

[6] T. I, pp. 363-371.

pour les soutenir un travail de critique qu'a continué et complété M. l'abbé Brune (1).

La solution définitive de la question ne serait possible que fondée non seulement sur une étude comparative de tous les anciens diplômes de Saint-Claude, mais encore sur une connaissance approfondie de l'histoire des premiers siècles de ce célèbre monastère.

Le plus ancien de ces diplômes est attribué à l'empereur Lothaire Ier (2). Il mentionne, entre autres biens concédés au monastère de Saint-Oyan de Joux (depuis Saint-Claude), des propriétés ainsi énumérées : « necnon et Cursiacum et Protonacum villas, que ad portam deserviunt, Salinas et que sunt circa Salinas ». J'estime qu'il faut séparer, dans la lecture, « salinas » du mot « deserviunt » qui précède et voir dans les mots « villas que ad portam deserviunt » une apposition aux noms de « Cursiacum et Protonacum ». Faute d'avoir ponctué de cette manière, des historiens ont déclaré — avec raison — que ces expressions présentaient beaucoup d'obscurité (3). Ils écrivaient, après Dunod (4), « Cursiacum et Protonacum, villas que ad portam deserviunt salinas, et quæ sunt circa salinas » et traduisaient, tant bien que mal : « *Cursiacum* et Crotenay, les villages qui sont à la porte et dans les environs de Salins (5) », ou bien encore : « Cursia et Crotenay ou Courtine, villages qui desservent les salines et sont aux environs de ces établissements (6) ». Je pense que l'on doit traduire : « Cursiacum et Protonacum, villages qui

---

(1) P. Brune : *Diplômes de l'abbaye de Saint-Claude*. Montreuil-sur-Mer, 1890, gr. in-8°.

(2) Arch. du Jura. Série H, fonds Saint-Claude.

(3) D. Monnier : *Annuaire du Jura*, 1859, pp. 138-139.

(4) Dunod : *Hist. du Comté*, t. I, preuves, p. LXVII — La copie de Dunod est, du reste, d'une exactitude suffisante.

(5) D. Benoît : *Hist. de l'abbaye et de la terre de Saint-Claude*, t. I, p. 365.

(6) Monnier : *Annuaire* 1859, p. 138.

sont affectés à l'office de la Porte (du monastère), Salins et ce qui entoure Salins. »

Ce titre a été daté diversement par les critiques. L'acte porte : « Datum XI. Kal. octob. anno, Christo propitio, imperii donni Hlotharii, pii Imperatoris, in Italia xxxv, et in Francia xv. Indicione xi. » Christin traduit par le 21 septembre 855 (1), M. Brune (2) et D. Benoit (3) par l'année 852. Mais Mühlbacher qui a fait une étude spéciale de la chronologie des diplômes de Lothaire (4) fixe l'année 854 (5).

Ce diplôme qui nous est parvenu en original est dans un état de conservation parfait. Il mesure 0^{m}52/0^{m}52. A la place que devait occuper le sceau, une incision en forme de croix est pratiquée dans le parchemin. Les formules des protocoles initial et final sont en parfaite concordance avec les usages alors adoptés par la chancellerie de Lothaire. L'aspect paléographique n'a rien d'anormal, sauf peut-être quelques signes abréviatifs d'apparence un peu moderne. Mais la teneur du diplôme renferme des clauses qui semblent anachroniques ou anormales : telle est la mention d'une redevance due par le monastère de Saint-Oyan à la cour de Rome (6), intercalée

---

(1) Christin : *Dissertation*, pp. 40-41.
(2) M. Brune a donné une reproduction phototypique de ce diplôme dans son étude intitulée : *Diplômes de l'abbaye de Saint-Claude, publiés dans l'histoire de l'abbaye et de la terre ds Saint-Claude par D. P. Benoit*. Pl. IV. La transcription qu'il a mise en regard est bonne sauf quelques erreurs paléographiques très légères, sans importance historique.
(3) D. Benoit : *Hist. de l'abb. de Saint-Claude*, t. I, pp. 363-371.
(4) Entre 840 et 855, l'Empereur fait commencer son règne au 20 juin 840. La 15e année commence donc le 20 juin 854. Dans notre texte comme dans plusieurs diplômes du même prince, la date du règne en Italie est comptée à partir de 820. L'indiction est fausse, ce devrait être la 3e et non la 11e. C'est, sans doute, ce qui a fait penser à M. Brune que le diplôme était de 852, comme aussi la concordance entre cette année et la 35e à partir de la mort de Bernard d'Italie. (V. Mühlbacher : *Die Datirung der Urkunden Lothars I*, dans les *Sitzungsberichte Akad. Wissenschaft*. Wien, 1877). — Béchet (*Rech. sur Salins*, t. I, p. 36) datait déjà cet acte de 854.
(5) Bœhmer-Mühlbacher : *Reg. Imp*., t. I, p. 434.
(6) « Sed Romane igitur ecclesie Urbis duas uncias cere per cartarum

au milieu de l'acte on ne sait pourquoi (1) ; tels sont d'autres passages renfermant des narrations bizarres et inusitées comme celles des remords et de la confusion de l'avoué infidèle (2), des cris des religieux dépossédés (3).

Sans prétendre trancher ici une question si fortement débattue, je ne crois pas pouvoir, en présence de ces anomalies, étayer une opinion historique de l'autorité de ce diplôme qui me semble constituer un faux *matériel* (4).

Je ne ferai pas les mêmes difficultés pour admettre l'authenticité d'un autre des diplômes de Saint-Claude qui fait aussi mention de Salins. Il renferme un passage à peu près identique à celui du titre que nous venons d'étudier, relatif à Salins : « cum Salinis et quæ sunt circa Salinas ».

Cet acte est émané d'un roi du nom de Louis. Grâce au mauvais état de l'original (5), des difficultés se sont présentées quand il s'est agi de déterminer quel souverain en était l'auteur. On a hésité entre deux princes qui au Xe siècle portaient le nom de Louis : Louis l'Aveugle et Louis d'Outremer.

Ce diplôme peut-il être attribué à Louis d'Outremer, comme l'ont cru les plus récents critiques ? Je ne le crois

---

instrumentis, singulis annis, cognovimus tantum debere. » (V. Paul Fabre : *Etude sur le Liber censuum eccl. Rom.*, pp. 26, etc.).

(1) Je ne prétends pas que le « cens apostolique » n'ait pas existé avant 854. Mais sa rareté avant cette époque, comme la façon bizarre dont la mention est intercalée dans notre texte me font penser qu'il n'y a ici qu'une phrase postérieure à la prétendue date du diplôme. Or, ce diplôme, comme on le constate par l'inspection de l'original, a été écrit d'une même main et en un seul temps. Il ne peut être interpolé ; il doit donc être totalement faux.

(2) « Itaque vero, nimio rubore oppressus, querelas monasterii prorsus reliquid et quidquid male egerat veniam petiit. »

(3) « Ulterius non volens ferre clamorem tante multitudinis clericorum vel monachorum ».

(4) Mühlbacher ne le croit qu'interpolé.

(5) Archives du Jura. Série H. Fonds Saint-Claude. Publié en fac-similé par M. Brune : *Diplômes de l'abbaye de Saint-Claude*.

pas. Il est souscrit d'un notaire Arnoul inconnu sous ce prince. Il est donné « in c... Torinensi » et le roi Louis d'Outremer n'a jamais eu de droits sur Turin. La formule : « Actum est hoc preceptum » qui précède la date de lieu est inconnue dans la chancellerie de ce roi.

Je crois au contraire qu'on peut l'attribuer à Louis l'Aveugle. Ce prince a régné sur Turin depuis octobre 900. Il a eu un chancelier nommé Arnoul [1]. Toutes les formules qui figurent dans ce diplôme se retrouvent dans ceux de Louis l'Aveugle [2]. Ce roi avait pour vassal et lieutenant le comte Hugues de Provence — le futur roi — qui est mentionné dans l'acte.

Quant à la date de ce document, il faut la placer entre le moment où Louis a conquis l'Italie et celui où il est devenu Empereur, c'est à dire entre le mois d'octobre 900 et le 15 février 901. Nous avons un autre diplôme émané de Louis l'Aveugle dans cet intervalle de temps. C'est la confirmation des possessions d'un couvent de religieuses de Plaisance [3], datée du 14 des calendes de Février 901 (ou 19 janvier.) Il y prend dans la souscription le titre de « Gloriosissimus Rex » que l'on ne trouve que dans cet acte et dans notre diplôme de Saint-Claude.

Christin a déclaré ce titre aussi faux que tous les autres anciens diplômes de Saint-Claude. Et, comme raison il a fourni celle-ci : Louis l'Aveugle n'a pas régné sur le comté de Bourgogne. D. Benoit, tout en combattant la conclusion de Christin, admet ce fait, et essaie d'établir l'authenticité du diplôme en l'attribuant à Louis d'Outremer. Mais il est si peu prouvé que Louis l'Aveugle n'ait pas eu d'autorité dans notre pays, qu'en 898, l'abbaye de Baume-les-Moines, située au

---

[1] La souscription du chancelier porte, encore lisibles, les mots : « Arnulphus notarius... »

[2] Voir dans D. Bouquet, (Tome IX, pp. 674 et s.) les diplômes de Louis l'Aveugle.

[3] Muratori : *Antiq. Italiae*, dissertatio XXI. tome II, col. 205-208.

nord de Saint-Claude, reconnaissait sa souveraineté (1). Ce n'est qu'en 903 que l'on trouve Rodolphe I, roi de Bourgogne, exerçant son autorité sur cette région (2). Au reste, dans le désordre des frontières qui régnait à cette époque, il a fort bien pu se faire que les abbayes aient eu soin de se ménager des confirmations de leurs possessions de la part des souverains rivaux.

Quelque difficulté semble résulter de la présence à la tête du monastère de Saint-Oyan, lors de la rédaction du diplôme, d'un certain abbé Gippérius. Une petite chronique de Saint-Claude qui remonte au XIII° siècle (3) nous apprend en effet que cet abbé Gippérius gouvernait entre les années 921 ou 922 et 948 ou 949 (4). D'un autre côté, elle le montre aussi vivant pendant les années 1re, 4e et 9e de l'empereur Louis. Pour concilier ces dates il faut admettre qu'il ait eu un bien long abbatiat. Il est vrai que la chronique ajoute une mention qui semblerait indiquer qu'il était seulement prévôt au temps de ce souverain (5). Mais le sens de ces dates est peu facile à saisir. Le manuscrit actuellement conservé renferme des erreurs évidentes. Ainsi, pour ne parler que du

---

(1) Guichenon : *Bib. Sebusiana*, inst. n° 26.
(2) D. Bouquet, t. IX, p. 692.
(3) Publiée par M. U. Robert dans la *Bib. de l'Ec. des Chartes* (T. XLI, 1880, pp. 561 et s.), elle a été reproduite en fac similé dans l'*Album paléographique de l'Ecole des Chartes*.
(4) « Gipperius abbas. Hic fuit anno I° et VIIII (prepositus tantum) Ludovici Imperatoris et VIIII° ejusdem, id est ab Incarnatione DCCCC° XL° VI°, indictione XIIII° et XII° Gonradi regis filli Rodulfi. Hujus tempore invenitur Bernardus comes et Ermengardis uxor. Item primo anno Ludovici scribit Benedictus papa ei de electione abbatis ; et IIII° Ludovici abbas tantum. Item ab incarnatione DCCCC° XX° VIII°, indictione I° ; III° anno regni sui, scribit ei Hugo rex Francorum. Item X° Rodulfi filii Rodulfi. » (U. Robert : *Chronique de Saint-Claude. Bib. Ec. des Ch.*, 1880, p. 567).
(5) Il y a contradiction dans ce paragraphe de la chronique de Saint-Claude, entre le passage où Gipperius est dit « prepositus tantum » l'an 9° de l'Empereur Louis et celui où il est dit « abbas tantum » l'an 4° du même prince.

paragraphe consacré à Gippérius, il traduit l'an 9 du règne de l'empereur Louis par l'an de l'Incarnation 946. Quant au commencement de son abbatiat, il faut sans doute le placer à la mort de Mannon qui ne fut que prévôt, mais qui eut probablement à exercer les fonctions d'abbé après la mort d'un certain Quelto. Or ce Quelto mourut en 880, d'après la Chronique (1). Mannon vivait encore en 893. On peut donc supposer que l'abbatiat de Gippérius a commencé entre cette date et 901. Et il n'est pas inadmissible qu'il ait duré un demi-siècle.

En résumé, je ne crois pas qu'il faille s'arrêter à l'expression de « prepositus tantum » que la Chronique accole au nom de Gippérius à la date de notre diplôme. C'est une nouvelle inexactitude dans un texte qui en contient d'autres. J'estime que le titre de Saint-Claude est authentique, qu'il émane de Louis l'Aveugle et qu'il doit être daté d'une époque intermédiaire entre octobre 900 et le 15 février 901.

Un texte de la même époque que les diplômes dont il vient d'être question, fait aussi mention de la ville de Salins sous son appellation caractéristique. C'est un passage des Miracles de saint Urbain (2), rédigés à la fin du IXe siècle. L'auteur, un moine d'Auxerre du nom de Héricus (3), racontant la translation des reliques de ce saint de Rome à Auxerre, décrit leur passage à travers la haute Bourgogne par Orbe, Pontarlier, Boujailles, et il ajoute : « hinc ad Salinas ventum ». Il rapporte ensuite un miracle qui se produisit à Salins, en l'église Saint-Jean-Baptiste (4).

---

(1) M. Robert, dans sa transcription, a eu le tort d'attribuer le chronogramme : « Hic obiit anno ab Incarnatione Domini DCCC° LXXX°, indictione XIIIe, » à Manno. Le fac simile du manuscrit montre qu'il s'agit de Quelto. Du reste, la Chronique fait vivre encore Manno en 893. (*Bib. Ec. des Ch.*, 1880, p. 567).

(2) Dans le livre II des Actes de saint Germain.

(3) L'auteur mourut en 880.

(4) Bol : *Acta Sanct.*, t. VI maii, p. 17; t. IV junii, p. 830. — V. Béchet : *Rech. sur Salins*, t. I, pp. 35-44.

Depuis cette époque il faut descendre jusqu'au xi⁽ᵉ⁾ siècle pour trouver des mentions expresses de l'exploitation des salines de Salins. A cette date — vers 1026 — elles deviennent fréquentes dans les chartes octroyées par les rois et comtes de Bourgogne et par les empereurs aux monastères et aux églises.

C'est également de ce siècle, ou du siècle suivant, que date une vie de saint Anatoile, communiquée aux Bollandistes par Pierre-François Chifflet. Elle fait mention de Salins et de ses usines, ainsi que du fait que cette ville tirait son nom de la fabrication du sel (1).

Les plus anciens des titres sur lesquels on a voulu fonder l'antiquité des salines de Lons-le-Saunier, me paraissent moins probants qu'on ne l'a prétendu.

Plusieurs savants ont avancé qu'un diplôme de Lothaire II en faveur d'Arduicus, archevêque de Besançon, donné l'an 869 (2), contenait au profit de ce prélat la concession de certain bien appelé « salarium Laedonis ». Les auteurs qui l'ont affirmé ont interprété inexactement (3) un passage du *Vesontio* de J.-J. Chifflet (4), qui porte que l'Archevêque Arduicus acquit pour l'église Saint-Etienne de Besançon, de Lothaire certain « salarium Ledonis ». Chifflet dit avoir tiré ce renseignement d'un manuscrit de Saint-Etienne. Nous n'avons aucune preuve de ce fait. Mais il est bien certain que cette

---

(1) Bolland. *Acta Sanct.*, éd. 1658, t. I ebr , p. 359 : « In archiepiscopatu Bisunticensi, qui et Chrysopolitanus appellatur, est quædam regio nomine Scodinga in qua est vallis romano itineri pervia quæ Salinis bene suo sibi nomine dicitur, eo quod sal ibi sufficienter conficiatur. »

(2) Rousset : *Dict.*, tome III, p. 492. — Richard: *Hist. des Dioc. de Besançon et de Saint-Claude*, t. I, p. 167.

(3) On voit par le texte de Chifflet qu'il pensait que cette donation était émanée de Lothaire II neveu (nepos) de Charles le Chauve.

(4) « Arduicus pietati et augendis ecclesiæ opibus intentus acquisivit ecclesiæ S. Steph. ad luminaria concinnanda, salarium Ledonis, de manu Clotharii nepotis Karoli Regis (nempe Calvi), ms. codex S. Steph. » (J. J. Chifflet : *Vesontio, civitas imperialis libera*, pars II, p. 179.)

donation, si elle a été faite, n'est pas contenue dans le diplôme bien connu de 869 (1).

Certains auteurs ont daté cette prétendue libéralité d'avant 855 (2). Ils ont voulu interpréter l'indication de Chifflet qui l'attribue à un Lothaire « nepos » de Charles. Lothaire, petit-fils de Charlemagne, c'est à dire Lothaire Ier est mort, en effet, en 855. Mais M. Finot a fixé à tort cet octroi à l'année 855 (3).

Le document souvent cité sous le nom de Testament de saint Bernon a été considéré comme le plus ancien titre anthentique mentionnant les salines de Lons. C'est l'acte par lequel Bernon, abbé de Cluny et fondateur de Gigny, règle la façon dont, après sa mort, devront être administrés ses monastères (4). Il y déclare donner à Cluny le quart de ses chaudières de Lons (5). Ce titre porte la date,

---

(1) Cf. ce diplôme publié dans la *Gallian Christiana,* t. XV, inst., col. 4; — par Dunod (*Hist. du comté de Bourg.*, t. II, p. 584) ; — par M. Prost (*Essai historique sur les origines de l'abbaye de Baume-les-Moines,* p. 85) ; — par M. Viellard (*Doc. et Mém.*, pp. 66-67). V. Boehmer-Mühlbacher : *Die regesten des Kaiserreichs unter den Karolingern,* p. 505. *Mémoires et consultations pour servir à l'histoire de l'abbaye de Château-Chalon.* Lons-le-Saunier, 1765, p. 13. — P. F. Chifflet : *Illustrationes Claudianæ* apud Bolland. *Acta SS.*, t. I junii, pp. 692-693.

(2) Ed. Clerc. D. Monnier (*Ann. du Jura* 1841, p. 127). Gaspard : *Hist. de Gigny,* p. 19, note.

(3) « La première mention formelle des salines de Lons-le-Saunier est de 855. C'est une donation faite par l'Empereur Lothaire en faveur d'Arduic archevêque de Besançon. » (J. Finot : *Orig. de la Gabelle*, p. 43), et M. Finot cite Roussel qui en réalité ne donne pas cette date de 855. (V. Rousset: *Dict.*, t. III, p. 492.)

(4) « Quartam partem caldariarum que sunt site in loco qui dicitur Leodonis. » — Voir cet acte dans la *Bibliotheca Cluniacensis,* col. 9 et s. — Mabillon : *Acta SS. ord. S. Ben.,* Saec V, p 86. — D. Bouquet, t. IX, p. 718. — Gaspard : *Hist. de Gigny,* p. 628, etc.

(5) M. Finot (*Orig. de la Gabelle*, p. 46) a donné un soi-disant passage de ce testament ainsi conçu : « Quartam partem de caldariis Ledonis Cluniaco sub annuo censu Gignacensibus persolvendo ». Ce n'est qu'une analyse qu'il a tirée des *Annales Bened.* (Tome III, p. 387.)

de l'an quatrième du règne de Raoul qui correspond à l'année 926 de notre ère.

Ce testament me semble renfermer quelques contradictions qui me le rendent suspect (1). Ainsi, pourquoi, sans qu'il se soit agi auparavant de « pagus », trouve-t-on, au cours d'une énumération de biens, ces expressions : « res quasdam quæ fuerunt domni Sansonis in *eodem pago* consistentes » ?

On a donné comme preuve de l'authenticité de cet acte, la bulle de Jean X confirmant les libéralités de Bernon envers Cluny (2). Cette bulle indique en effet que Bernon a légué certains biens à cette abbaye. Mais elle constitue un argument (négatif) contre l'authenticité du titre que l'on prétend avoir été le testament de Bernon. En effet, il est à remarquer : 1° qu'elle ne fait aucune mention de Lons-le-Saunier parmi les localités dont elle confirme la possession aux religieux ; 2° que — étant adressée aux évêques dans les diocèses desquels ces biens étaient compris (3) — elle ne fait pas mention de l'archevêque de Besançon, quoique Lons-le-Saunier fût compris dans les limites de son diocèse (4).

Au siècle suivant les salines de Lons sont mentionnées dans la Vie de saint Odilon, abbé de Cluny, rédigée vers 1030 par le moine Jossaut (5). Les textes qui font connaître cette usine deviennent nombreux à partir du XII° siècle.

---

(1) Les manuscrits de la Bib. de Cluny qui renferment ce texte sont de la fin du XI° ou du commencement du XII° s.

(2) Cette bulle est publiée par Mabillon, D. Bouquet (T. IX, p 217), le *Bullarium Cluniacense* (p. 2.), Gaspard (*Hist. de Gigny*, p. 22). Voir : Jaffé-Wattenbach : *Reg. Pont. Rom*, t. I, p. 452.

(3) Elle est adressée aux archevêque de Lyon et évêques de Chalon et de Mâcon.

(4) Les chaudières de Lons ne figurent pas non plus dans l'acte par lequel Guy, abbé de Gigny, remit à l'abbaye de Cluny certains biens distraits des propriétés de ce monastère en 928. (Gaspard : *Hist. de Gigny*, p. 22).

(5) D. Bouquet, t. X, p. 374. — Finot : *Orig. de la Gabelle*, p. 46.

La saunerie de Grozon semble des plus anciennes d'après la quantité d'objets antiques que l'on a découvert dans ses décombres. Elle paraît désignée dans l'acte de 721 ou 722 que j'ai examiné plus haut. Mais il faut ensuite descendre jusqu'au commencement du XIe siècle pour en trouver des traces dans les diplômes. Ceux de Rodolphe III, en 1029, et de Henri II (1), en 1049, une bulle de Léon IX (2), en 1049, une charte de Hugues, archevêque de Besançon, en 1032 (3), commencent la longue série des titres qui font connaître la saline de Grozon du XIe au XIVe siècle.

Les salines du comté de la Roche-en-Montagne, ne sont pas mentionnées dans les chartes avant le XIIe siècle. Leur plus ancienne apparition était constatée dans un acte de l'an 1147, par lequel l'archevêque de Besançon Humbert confirmait la cession faite par Sibylle, abbesse de Baume-les-Dames, d'une redevance en sel dans la terre de Saint-Hippolyte. C'est une analyse de Dunod (4) qui nous l'apprend; quant au titre lui-même, on n'a pu le retrouver. Les premières mentions que nous en ayons sont contenues dans deux bulles d'Alexandre III en faveur de l'abbaye de Lucelle, données l'une le 11 novembre 1179, l'autre le 21 juin 1180 (5). Le Pape, en confirmant les biens de ce monastère, y énumère « Salinas de Sulcea, de Sancto Ypolito, de Aurea Valle cum pertinentiis suis. » On est d'accord sur le sens des mots « Sulcea » et « Sancto Ypolito » qui désignent les salines de Soulce et de Saint-Hippolyte: ce qui prouve qu'il y avait des usines dans chacun de ces deux villages et non seulement sur

---

(1) P. F. Chifflet: *Hist. de Tournus*, Pr., p. 366. — Dunod, *Egl. de Bes.*, t. I, Pr., p. 42.
(2) P. F. Chifflet: *Hist. de Tournus*, Pr., p. 369.
(3) *Chartes de Cluny*, t. IV, p. 88.
(4) *Egl. de Besançon*, t. I, p. 154.
(5) Trouillat: *Mon. de l'hist. de l'ancien évêché de Bâle*, t. I, pp. 375 et 381.

le territoire de Soulce comme on l'a dit. Quant aux mots « de Aurea Valle », on a cru qu'ils rappelaient la région où se trouvaient à la fois Soulce et Saint-Hippolyte (1). Mais le texte paraît trop nettement faire une énumération, pour qu'on ne cherche pas à appliquer le nom d' « Aurea Vallis » à une troisième saline. Trouillat a proposé (2) d'identifier ce nom avec celui de Valoreille. Cette indication serait la seule qui nous resterait d'une saline sise en ce village. Nous savons au contraire, par maintes preuves, que les sauneries de Soulce et de Saint-Hippolyte ont subsisté dans la suite.

C'est dans une charte de l'archevêque Humbert de Besançon, datée du 8 janvier 1147-48, que se rencontre la première allusion aux salines de Saulnot. Ce prélat, confirmant les biens du prieuré de Lanthenans, mentionne une « caldariam de Saunez (3) ». Le titre que nous en avons ne peut être considéré comme un original. Il y existe des ratures ; le dernier trait de la date d'année — primitivement écrite MC.XLVIII — a été gratté. Ce doit être une copie faite peu de temps après la rédaction de l'original. Le prieur qui y était mentionné vivait bien à cette époque. Tous les biens qui y sont énumérés figurent dans une bulle de 1177 (4).

Une charte de deux ans postérieure contient l'abandon par Raut de Scey, au profit du même monastère de Lanthenans, de ses droits sur une chaudière à faire le sel, sise à Saulnot, que Humbert et Hugues de Granges avaient donnée

---

(1) Richard : *Monog. de Saint-Hippolyte-sur-le-Doubs*, pp. 4-5. « Ces salines enrichissaient les habitants de ces lieux, si toutefois on ne doit pas attribuer le nom de *Vallée d'or* aux paillettes de ce métal entraînées par les eaux du Doubs. »
(2) Trouillat : *Mon. de l'hist. de l'anc. év. de Bâle*, t. I, p. 375 (note).
(3) Trouillat : *Mon.*, t. V, p. 301 — Viellard : *Doc. et Mém.*, p. 248.
(4) Voir dans les *Doc. et Mémoire* de M. Viellard les raisons dont il soutient l'authenticité de cette charte, p. 249.

à ce prieuré (1). Une bulle d'Alexandre III, du 5 mai 1177 (2), confirme les possessions de Lanthenans et, entre autres, la chaudière de Saulnot que Hugues de Granges avait donnée à cette église (3). Quelques années plus tard, vers 1190, Girard de Montjustin, confirmant les libéralités d'un sien oncle en faveur de l'abbaye de Lieucroissant, y ajoute entre autres choses le droit de récolter dans la forêt de Saulnot le bois nécessaire pour faire chauffer une chaudière (4).

La saunerie de Scey-sur-Saône apparaît vers le même temps dans les chartes. Ce sont des libéralités du comte Etienne de Bourgogne envers les abbayes qui en fournissent les plus anciennes mentions. Par l'un de ces actes, le comte Etienne donne à l'abbaye de Cherlieu, en 1170, deux chaudières situées à Scey (5); par un autre, le même prince accorde un droit analogue, en 1173, à l'abbaye de Clairefontaine (6).

Quant aux sauneries de Tourmont et de Montmorot, ce

---

(1) Raut de Scey abandonne à Lanthenans divers biens : « Rursus, apud Sanas quandam calderiam ad sal conficiendum quam domnus Humbertus de Grangis et Hugo frater ejus, pro animabus suis et suorum ante potestatem contulerant ecclesiæ, eidem adjunxerat calumpniæ. » (Viellard : *Doc. et Mém.*, p. 258, d'après une copie de 1750, aux Arch. Nat., K 2159).

(2) Schœpflin : *Als. diplomat.*, t. I, p. 262 — Trouillat : *Mon.*, t. I, p. 360. — Viellard : *Doc. et Mém.*, p. 309. — V. Jaffe-Wattenbach : *Reg. Pont. Rom.*, t. II, p. 306.

(3) « Caldariam de Saunez quam Hugo de Granges dedit ecclesiæ Lantenensi. »

(4) « Girardus de Montjustin concessit eclesie Loci Crescentis quidquid avunculus ejus dederat et quidquid habebat in Senargens,... et in nemore de Salves (lege *Salnes*) concessit, omni tempore accipienda, ligna ad faciendum ignem subtus calduriam (lege *Caldariam*). » (B. N. Moreau, 874, f° 270 v°. Cartulaire de Lieucroissant).

(5) « Stephanus, comes Burgundie, dedit fratribus Cariloci duas caldarias quas vulgus Monterias appellat et sedes earum ad faciendum sal apud Seyth. » (Cartulaire de Cherlieu. B. N. Latin 10973, f° 27 v°).

(6) Chifflet : *Béatrix de Chalon*, p. 135 : « Apud Scet, duas caldarias salinarias. »

n'est que fort tard que nous trouvons des documents écrits qui nous en révèlent l'existence. Cependant, il est bien certain que Montmorot avait possédé une saline bien avant que l'archiduchesse Marguerite y eût fait construire une usine au commencement du XVIe siècle. En effet, à ce moment, on appelait encore la « Berne », la source salée qui y existait. A la fin du XVe siècle on conservait la tradition d'une saunerie jadis élevée en cet endroit (1).

Lorsque l'on fit des fouilles, en 1448, pour étudier le moyen de tirer parti de la source salée de Tourmont, récemment découverte, les ouvriers rencontrèrent, enterrées à cinq pieds dans le sol, deux auges de bois de chêne qui n'étaient sans doute que les restes d'une exploitation antérieure (2).

D'après quelques auteurs, il faudrait ajouter à cette énumération de salines, la saunerie de Montmahoux. L'abbé Guillaume, dans ses Preuves de l'Histoire de Salins a donné plusieurs pièces concernant ce village (3) où il plaçait un puits à muire. « Philippe de Ceys, dit-il, vendit, l'an 1262, à Jean comte de Bourgogne, pour 40 fr., la part qu'il avait dans le puits de Montmahou, qui comprenait la seizième partie de l'eau salée de cette source (4) ». En fait, il n'y a.

---

(1) Mandement de Philippe le Bon aux gens de son Conseil à Dijon, de Bruxelles, le 7 mai 1460, mentionnant « certainne sorce en la terre et chastellenie de Montmorot où il souloit avoir une berne qui depuis estoit ruyneuse et démolye. » (B. N. Nouv. acq. Franc. 6348, f° 16).

(2) 9 avril 1448. Procès-verbal de la visite de la source de Tourmont : « Item en creusant ladicte doiz, ont esté trouvez et veuz de l'un des costez devers Occident, deux pièces de bois de chaigne à la façon de deux auges, et, au costé desdiz deux auges, a deux chevilles de bois boutées dedens, et a l'on veu ung pié desdictes deux pièces de bois, qui sont assises l'une sur l'autre, es quelles l'on n'a point touchié plus avant ; et sont en parfond dedens terre environ cinq piez à main, excepté que l'on voit bien qu'elles sont creuses et pouries. » (Arch. de la Côte-d'Or, B 11199).

(3) Tome I, Preuves, pp. 161, 170, 171, 173.

(4) Guillaume : *Hist. de Salins*, tome I, p. 216 (note).

jamais eu de source salée à Montmahoux. La méprise de l'abbé Guillaume provient d'une mauvaise interprétation du mot « puy » qui se trouve dans les chartes qu'il connaissait. Il a cru qu'il s'agissait d'un « puits à muire » quand ce mot indiquait tout simplement une montagne (*Podium*). On peut constater la présence de ces « puys » dans toute la Province ; pour n'en citer que quelques-uns, on en trouve à Jougne (1), à Molpré (2), à Châtillon-le-Duc (3, à Goumoens (4). Ce qui a contribué sans doute à faire tomber l'abbé Guillaume dans cette erreur c'est que le « puy » en question paraît, dans les titres, divisé entre divers propriétaires « par ansi com. il giète aigue » du côté de tel ou tel village, c'est à dire d'après la ligne de partage des eaux. Guillaume avait compris qu'il s'agissait de l'eau salée produite par le puits.

Malgré la facilité qu'il y a de constater l'erreur de l'abbé Guillaume, son affirmation a trouvé créance. L'imagination aidant, un auteur récent fait une description fort pittoresque de la route suivie par « les marchands et les bourgeois de Besançon qui allaient s'approvisionner de sel au puits de Montmaour (5) ».

A en croire un mémoire du milieu du XVIII° siècle, il aurait existé une saline à Couthenans. Le docteur Berdot, de

---

(1) Le 16 avril 1266, Perrin, sire de Vaumarcus vend à Jean de Chalon « Joigne et le Puys dessus Joigne » (Chevalier : *Mém. hist. sur Poligny*, t. II, p. 608).

(2) Guyot de Navilley tient en 1282 « le Puil de Morpré » (B. N. Moreau, 889, p. 36).

(3) En 1255, Amey de Montfaucon cède au comte Hugues de Bourgogne « tote sa raison et tot lo droit que il avoit en Chastoillon, nostre chastel de lez Boisençon, et ou Puy et es appendisses. » (B. N. Moreau, 891, f° 28 v°).

(4) En 1305, déposition de Vuillemin de la Chassagne dans une enquête au sujet des droits de Vauthier de Montfaucon à Goumoens : « liquelx Vautiers encommença fermer le chastel sus le devant dit Puy que il avoit fait cerner au mois de février devant dit par ledit Vuillemin, liquelx Puys est appellez li Roiche des Croc... » (B. N. Moreau, 891, f° 387 v°).

(5) Marquis Terrier de Loray : *Le château de Cléron*, dans *Besançon et la Vallée du Doubs*, (recueil de notices).

Montbéliard, auteur de ce mémoire, chargé de rechercher les sources salifères qui pouvaient se trouver sur ce territoire, avait cru y découvrir les restes d'une ancienne usine destinée à la fabrication du sel. Duvernoy a démontré que ce n'étaient que les ruines d'un moulin (1).

En résumé, parmi les sources salées dont je crois avoir démontré l'exploitation dans le Comté de Bourgogne, il en est dont on ne connait que le nom : telle est celle des Nans et celle de Valoreille, peut être ; d'autres au contraire ont une histoire et ce sont les vicissitudes de leur existence que je me propose d'étudier dans les pages qui vont suivre : telles sont les salines de Salins, de Lons-le-Saunier, de Montmorot, de Grozon, de Tourmont, de Soulce, de Saint-Hippolyte, de Saulnot et de Scey-sur-Saône.

---

(1) Biblioth. de Besançon : Mss. Duvernoy : Description du Comté de Montbéliard, tome II, n°s 5 et 6.

(2) Les Nans (près Chasnan-Jurac) - Source dans la vallée des petits Nans. Sel & Ra pierre - Château de la Ferme (en Roussel)

CHAPITRE II

LIBRE EXPLOITATION DES SALINES

§ 1

Nous avons vu à quelles époques on pouvait faire remonter historiquement l'exploitation de chacune de nos salines franc-comtoises. Mais quel a été leur sort à travers les âges ; de quels droits ont-elles été l'objet ; à qui ont-elles appartenu ? C'est ce que je vais essayer d'établir.

Si l'on veut étudier l'histoire de la propriété des sauneries à une époque ancienne du Moyen Age [1], il faut distin-

---

[1] On a beaucoup discuté sur le point de savoir dans quelle mesure la propriété et l'exploitation des sources salées avaient été considérées, dans l'antiquité et dans le haut moyen âge, comme droits régaliens. N'ayant rencontré aucun document qui pût contribuer à la solution de ce problème, je n'en reprendrai pas ici la discussion.
Voir les diverses hypothèses qui ont été émises à ce sujet, dans les ouvrages suivants :
Ad. Arndt : *Zur Geschichte und Theorie des Bergregals und der Bergbaufreiheit*, 1879, in-8°.
Bœhlau : *De regalium notione et de salinarum jure regali*, 1855 in-4°.
Brunner : *Deutsche Rechtsgeschichte*, t. II, p. 75.
Cagnat : *Etude historique sur les impôts indirects chez les Romains*.
Clamageran : *Histoire de l'impôt en France*, t. I, p. 75.
Max Cohn : *Zum rœmischen Vereinsrecht*, 1873, in-8°.
Inama-Sternegg : *Zur Verfassungsgeschichte der deutschen Salinen*, dans les *Sitzungsberichte der kaiserl. Akademie der Wissenschaften*, de Vienne, t. CXI, p. 569.
Inama-Sternegg : *Wirthschaftsgeschischte*, p. 426.
Lanciani : *Il « Campus salinarum Romanarum, »* dans le *Bollettino della Commissione archeol. di Roma*, 1888, p. 85.
Mennessier : *De la ferme des impôts et des sociétés vectigaliennes*. 1888, in-8°.

guer entre la propriété des puits, des sources salées elles-mêmes, d'une part, et celle des établissements destinés à la confection du sel, d'autre part. Les propriétaires d'une source salée ont nécessairement construit auprès d'elle, pour en tirer parti, des bâtiments industriels servant d'abri aux divers engins de fabrication. Mais ils ont aussi concédé à nombre d'églises et de particuliers l'autorisation d'élever autour du puits des constructions analogues, en leur octroyant le droit de puiser une certaine quantité de muire. Il nous est resté maintes chartes portant de semblables donations. Ainsi, de très bonne heure, les puits se sont trouvés environnés de très petites usines, appelées *meix ou bernes*, qui pouvaient appartenir à d'autres propriétaires que les sources elles mêmes. Par exemple, à Grozon, tandis que le prince était seul propriétaire du puits, les abbayes voisines de Rosières, de Balerne, etc., avaient des bernes situées auprès de ce puits et dans l'enceinte même qui protégeait l'ensemble des salines. Il en a été de même à la Grande-Saunerie de Salins, à Lons-le-Saunier, à Saulnot, à Scey et partout, sauf, peut-être, dans le comté de la Roche, où le peu d'importance des sources ne permettait guère l'établissement de plusieurs bâtiments, et au Puits-à-Muire de Salins, où les propriétaires des diverses bernes étaient en même temps co-propriétaires de la source.

J'étudierai donc ici, séparément, d'abord l'histoire de la propriété des sources salées et ensuite l'histoire de celle des bernes.

On ne peut entrer dans l'étude du sort des sources de Sa-

Mommsen et Marquardt : *Manuel des antiquités romaines*, t. X. *De l'organisation financière chez les Romains*. (Trad. Vigié.)
Parieu : *Traité des impôts*, t. II, p. 97.
Schleiden : *Das Salz*.
Shrœder : *Franken und ihr Recht*, p. 80.
Waitz : *Deutsche Verfassungsgeschichte* (1878), t. VIII, p. 272.

lins sans établir d'abord leur identité, que certains auteurs ont parfois méconnue. Leur erreur sur ce point provient d'une connaissance incomplète de l'ancienne topographie de la ville de Salins. Tous les érudits qui se sont occupés de l'histoire de cette ville ont admis avec raison qu'elle se divisait au Moyen Age en deux bourgs : le *Bourg-Dessus* et le *Bourg-Dessous*. Mais quelques modernes ont eu l'idée malencontreuse d'intercaler, entre ces deux portions de la ville, un troisième bourg, le *Bourg-Commun* [1], qui n'a jamais existé. Le nom de *Bourg-Commun*, que l'on rencontre, en effet, dans les chartes, n'est qu'une autre appellation de ce que l'on nommait ordinairement le Bourg-Dessus ou le Bourg-le-Sire. Lorsque Jean de Chalon eut laissé à ses enfants, en indivis, cette partie de Salins, elle devint le « Bourg commun aux héritiers de Jean de Chalon. » Dans une certaine quantité de chartes de la fin du xiiie et du xive siècles, la Grande-Saunerie de Salins est dite située dans le Bourg commun ou communal [2]. Or, il est bien certain que cette

---

(1) Perrin : *Notes hist. sur les villes du Jura*, pp. 163, 164 ; Béchet : *Rech. hist. sur Salins*, t. I, p. 66, t. II, p. 63.

(2) En juillet 1262, Guillaume Millet et sa femme donnent à l'église Saint-Anatoile de Salins, leur maison sise au bourg franc du sire de Salins, devant la saunerie : « domum nostram sitam in Burgo libero domini salinensis, ante saneriam. » (Cartulaire de Saint-Anatoile. Bib. de Besançon, n° provisoire 906, f° 20.)

Le 23 novembre 1279, un acte est passé sous le sceau « Theobaldi, tunc temporis prepositi salinensis, Burgi heredum Johannis, quondam comitis Burgundie. » (Ibid., f° 13.)

Le 30 décembre 1282, Otton, chanoine de Saint-Anatoile, et Isabelle, sa sœur, donnent au même chapitre 44 sous de rente annuelle, payables sur leurs revenus « minutorum censuum dictorum Nigridolorum, in salaria salinensi, Burgi heredum comitis quondam Burgundie et domini salinensis ». (Ibid., f° 23.)

Le 23 juin 1283, Hugues Châtelain, chanoine de Saint-Anatoile, vend au chapitre de cette église 16 sous de rente annuelle : « supra medietatem cujusdam quarterii de manso de la Chauderete, quam nunc tenet dominus Bauduinus dictus Engarranz, miles salinensis, et supra totam partem suam dicti mansi, siti Salinis, in Burgo heredum nobilis viri Johannis

usine a toujours été enclavée dans le Bourg-Dessus.

Il ne faut donc considérer la ville de Salins que comme divisée en deux bourgs : le Bourg-Dessus, que l'on a appelé aussi Bourg-le-Sire et Bourg commun ou communal, d'une part ; le Bourg-Dessous, dit aussi Bourg-le-Comte, d'autre part. L'espace compris entre eux ne formait pas un troisième bourg (1).

Dans chacun des deux bourgs se trouvait une saline : la Grande-Saunerie dans le Bourg-Dessus, le Puits-à-Muire dans le Bourg-Dessous.

---

quondam comitis Burgundie et domini Salinarum. » (Ibid., f° 10, v°.)

En février 1289-90, Guillaume, abbé de Buillon, donne à Jean de Chalon, seigneur d'Arlay, ses droits sur le val de Migette en échange de 20 liv. de rente, « super redditus suos salnerie salinensis, Burgi communis. » (B. N., Moreau, 890, f° 62.)

En 1314, Jean de Chalon, seigneur d'Arlay, donne à l'hôpital du Saint-Esprit de Besançon 10 liv. de rente « sus ses rentes de la salnerie de Salins ou pois qui est ou Bourt communal des seignours. » (B. N., Moreau, 890, f° 116, v°.)

Le 20 mars 1363-4, Hugues de Chalon, seigneur d'Arlay, vend « es seigneur communal de la salnerie de Salins, » une maison dite la Salle des seigneurs de Chalon « seant ou Bourg communal de Salins. » (Arch. du Doubs, B 238.) — Béchet y a voulu voir les rentiers de la Chauderette de Rosières (Rech. hist. sur Salins t. I, pp. XLIV-XLV.)

En 1298, au 18 février, l'obituaire de Saint-Anatoile enregistre le décès de Guillaume Rougete qui a fait don à cette église d'un cens sur « domum que fuit Yolens dicte Guieguete, sitam in Burgo communi, juxta Salneriam. » (Bib. Besançon, n° provisoire 1125, f° 26.)

On lit dans un Rentier de l'église de Besançon qui ne porte pas de date, mais doit être du XIV° siècle : « C'est ce que l'on doit chascun an aud. chapitre de Besançon ou Bourc communal franc de Salins, en la grant Salnerie et en la grant Chauderate doudit Bourg. » (B. N., Moreau 864, f° 515.)

(1) L'union des deux bourgs en une seule ville remonte à 1480 ; il n'est pas surprenant que la mémoire exacte de leurs limites se soit perdue. — Par esprit de système, on a voulu qu'il y ait eu trois bourgs comme trois sauneries et trois puits. Il y avait un puits et une saline au Bourg-Dessous, on a voulu qu'il y eût de même un puits et une saline au Bourg-Dessus (le Puits-d'Amont et la Grande-Saunerie). Restaient un puits, le Puits-à-Grés, et une saline, la Chauderette de Rosières : on a créé, pour les loger, un troisième bourg, le Bourg communal, enlevant ainsi le Puits-à-Grés à la Grande-Saunerie et la Chauderette au Bourg-Dessus.

Nous avons vu que, bien que la donation de Sigismond en faveur du monastère d'Agaune ne puisse se prouver par le titre bizarre qui nous en reste, il n'en est pas moins certain que l'abbaye de Saint-Maurice en Valais a eu un droit de suzeraineté sur le château de Bracon et ses dépendances, c'est-à-dire le Bourg-Dessus de Salins. Les hommages qu'en ont fait les sires de Salins aux abbés d'Agaune ne permettent pas de doute à cet égard. Le fondement de cette vassalité a été cherché dans l'acte par lequel Ménier, prévôt de ce monastère, transféra la propriété de Bracon et de ses dépendances à Aubry et à ses fils, pour la durée de leurs vies [1]. Mais cet acte n'est pas une « inféodation », comme on l'a dit; c'est une charte de précaire, dont l'effet est limité à deux générations et qui n'explique pas la transmission de Bracon entre les mains de tant de seigneurs successifs. Il faut, ou que les sires de Salins aient abusé de la concession temporaire qui leur avait été faite, pour se rendre maîtres héréditaires de la seigneurie, ou qu'un autre traité soit intervenu entre l'abbaye de Saint-Maurice et la maison de Salins.

Quant à la seigneurie du Bourg-Dessous, son origine est encore plus obscure. Les systèmes mis en avant pour en expliquer la possession par les comtes de Bourgogne, que l'on constate au XIe siècle, ne reposent que sur des hypothèses généalogiques [2].

Il est impossible de déterminer à laquelle des deux salines se rapportent les textes les plus anciens qui mentionnent l'exploitation du sel à Salins. Ceux que nous avons passés en revue sont insuffisamment explicites. Il en sera de

---

[1] Cette charte, publiée par Guillaume (*Hist. de Salins*, t. I, pr., p. 5) et datée par lui et par D. Monnier (*Ann. du Jura*, 1860, p. 200) de 941, est placée par Rousset à l'année 943. (A. Rousset : *Hist. de Salins, Ann. du Jura*, 1850, p. 155.)

[2] En particulier sur la généalogie des fils d'Aubry, qui est assez mal connue.

même des chartes et des chroniques jusque vers le commencement du XIIe siècle.

Au début du XIe siècle, nous voyons les princes octroyer aux établissements religieux divers avantages sur les salines de Salins. Le monastère de Saint-Bénigne reçut du comte de Bourgogne, Otte-Guillaume, l'emplacement d'une chaudière à Salins (1) ; il acquit, plus tard, une seconde chaudière de la veuve et du fils de ce prince, à ce que nous apprend le chroniqueur de Saint-Bénigne (2). Le père de cet auteur lui-même donna à cette abbaye un autre meix, vers l'an 1026. Le roi de Bourgogne, Rodolphe III, par un diplôme du 13 juillet 1026, confirme les donations du comte Otte-Guillaume et de son fils Renaud, faites, au profit de Saint-Bénigne, sur les salines de Salins (3). En 1029, le même souverain approuve la dotation du chapitre de Saint-Anatoile, fondé par Hugues de Salins, et, dans l'énumération des biens qui ont été attribués aux chanoines, il mentionne une chaudière de fer et son emplacement (4). En 1037, le comte Renaud de Bourgogne donne à l'abbaye de Flavigny une berne sise à Salins (5). Le 11 juillet 1049, l'empereur Henri III mentionne quatre chaudières situées à Salins, dans la confirmation qu'il fait des biens de l'Eglise de Besançon (6). Dans un diplôme du même prince en faveur de l'abbaye de Saint-Paul de Besançon, figurent également deux chaudières (7) ; une autre chaudière à

---

(1) *Spicil. Acher.*, t. II, p. 387. — Rien ne prouve que cette chaudière ait été située au Puits-à-Muire, comme l'affirme Béchet. (*Rech. hist.*, t. II, p. 74.)

(2) *Chronique de Saint-Bénigne*, éd. Bougaud-Garnier, pp. 162, 193, 194.

(3) D. Bouquet : t. XI, pp. 549, 550 — Béchet : t. I, p. 74.

(4) D. Monnier (*Ann. du Jura*, pp. 275-277) : « privilegium unius caldariæ ferreæ cum situ sessionis propriæ. » — Béchet, t. II, p. 82.

(5) Chifflet : *Béatrix de Chalon* p. 203.

(6) Dunod : *Égl. de Besançon*, t. I, preuves, p. 42. — Stumpf : *Die Reichskanzler*, t. II, p. 195. — Chifflet, : *Hist. de Tournus*, p. 363. — *Acta Sanct. I Junii*. p. 693.

(7) Dunod : *Égl. de Besançon*, t. I, pr., p. 52. — Stumpf : *Die Reichskanzler*, t. II, p. 188.

Salins se trouve citée dans une bulle de Calixte II mentionnant les possessions de l'église Saint-Jean de Besançon (1). Mais il ne se peut reconnaître à laquelle des usines salinoises on doit attribuer chacune de ces mentions.

Il est, cependant, certain que l'exploitation simultanée de la Saunerie et du Puits-à-Muire remonte à une époque ancienne (2). Sans doute, elle est bien antérieure à la première mention que nous ayons de cette coexistence, et qui paraît se trouver dans une charte de 1115, par laquelle le comte de Bourgogne, Renaud, confirme les donations faites par ses ancêtres au prieuré de Vaux-sur-Poligny (3). Il y dénomme deux « miches », c'est-à-dire deux petites usines destinées à la fabrication du sel, existant à Salins, l'un dans le Bourg qui lui appartient et l'autre dans le Bourg de Gaucher de Salins. L'impératrice Béatrix de Bourgogne faisant une confirmation analogue, en 1183, reproduit les mêmes termes (4).

A laquelle des deux salines faut-il attribuer chacune des dénominations contenues dans ces chartes ? Il semble bien que le bourg que le comte Renaud appelle « Burgus meus », est le Bourg-Dessous, et le puits qui y est contenu, le Puits-à-Muire, tandis que le « Burgus Domini Gualcherii de Salinis » paraît être le Bourg-Dessus, le Bourg-le-Sire et la saline qui s'y trouve doit être la Grande-Saunerie.

Mais si l'identité est ici reconnaissable, il n'en va pas de

---

(1) Dunod : *Égl. de Besançon*, t. I, pr., p. 61. — P. F. Chifflet, *Hist. de Tournus*, pr., p. 380. — En 1067, une autre confirmation des biens de Saint-Paul mentionne : « *apud Salinas, caldarias duas.* » (Stumpf : *Die Reichskanzler*, t. III, p. 76.)

(2) On ne peut toutefois inférer cette pluralité des sauneries du pluriel *Salinæ* employé pour désigner la ville de Salins dès l'époque la plus ancienne. V. *contra* Béchet : t. I, p. 52.

(3) Chevalier : *Mém. hist. de Poligny*, t. I, p. 318. « In Salinis..., in eadem villa, duos micos cum muria sua : unum in burgo meo, qui est retro puteum, et alium in burgo domini Gualcherii de Salinis. »

(4) Chevalier : *Mém. hist. sur Poligny*, t. I, p. 327.

même pour tous les textes qui mentionnent l'une ou l'autre des salines. Ce qui rend extrêmement difficile la distinction entre les deux sauneries dans les documents anciens, c'est non seulement le peu de précision des chartes, mais encore ce fait que les mêmes personnages avaient à la fois des droits sur l'une et l'autre des salines de Salins.

Parfois, les noms des bernes peuvent fournir un criterium; mais, outre qu'elles ne sont pas toujours mentionnées, il se présente encore cette difficulté que nous ne connaissons pas toutes celles de chacune des salines.

On a pensé, non sans quelque raison, que le Puits-à-Muire avait dû être le plus anciennement utilisé. Il est, en effet, probable que s'il a reçu un nom exempt de toute épithète distinctive, ce n'est que parce qu'il était jadis le seul puits à muire du pays [1]. Les autres, ceux de la Grande-Saunerie, ont été appelés Puits-d'Amont, Puits-d'Aval, Grand-Puits, Puits-à-Grés, pour les distinguer du puits ancien, préalablement existant, le Puits-à-Muire. Mais cette raison est la seule que l'on puisse faire valoir pour établir l'antériorité d'une des salines sur l'autre. Quant aux dates, nous ne savons rien.

Deux puits salés seulement existaient à Salins au temps de Guillaume le Breton, si nous en croyons un passage de sa Philippide [2]. Aucun doute que les deux puits dont parle ce poète n'aient été le Puits-à-Muire et le Puits-d'Amont de la Grande-Saunerie. En effet, le Puits-d'Amont ou Grand-Puits de la Saunerie est le plus ancien de ceux de cette usine. Une charte de Jean de Chalon, de l'an 1248, l'appelle « son plus grand et ancien puits [3] ». Cette charte nous fait connaître en même temps que, au moment de sa ré-

---

[1] Gollut.
[2] Livre X, vers 511-514, éd. de M. H.-F. Delaborde, t. II, p. 303.
[3] Charte en faveur de l'abbaye d'Aulps (de Alpibus). M. Béchet, qui a connu cet acte, traduit « de Alpibus » par « une abbaye des Alpes ». (T. I, f° 58.) (V. Cartulaire de Jean de Chalon, n° 166.)

daction, il existait dans la saunerie du comte Jean un second puits. C'est ce dernier que l'on a appelé le Puits-à-Grés. Ce serait donc entre la date de la rédaction de la Philippide 1224 environ) et l'année 1248 qu'il faudrait placer la création du puits que l'on a appelé « à Grés », probablement à cause des marches d'escalier qui y conduisaient (1). Dans un hommage que Jean, seigneur de Trichâtel, rend à Jean de Chalon, en avril 1252 (2), il est question de la rente de 60 livres estevenans que le sire de Trichâtel a reçue du comte Jean « es rentes de ses poys de Salins (3) » ; de même, en 1281, le comte Otton assigne une rente au couvent de Cîteaux « an nostre partie et an nostre droit des puis de la sanerie de Salins (4). A ces dates, il est donc certain que la Saunerie renfermait déjà plusieurs puits.

En revanche, il faut se garder de conclure du fait que la Saunerie n'est désignée que par le singulier « Puteus » ou « le Puits », qu'elle ne comprenait qu'un seul puits au moment où se rencontre cette expression. On la trouve, en effet, mentionnée de cette façon au XIVe siècle (5), c'est-à-dire à une époque où, sans aucun doute, ses deux puits existaient côte à côte. En ce cas, le mot puits est synonyme de saline.

Outre le nom de Puits du Bourg-le-Sire, qui a été conservé longtemps, on voit la saline de Bourg-Dessus recevoir le nom de Saunerie, sans adjonction de déterminatif, dès le milieu du XIIIe siècle. En 1240, il est question du « poys de

---

(1) L'enquête de 1448 sur la source de Tourmont l'appelle « Puis à degrez ». (Arch. Côte-d'Or, B 11199.) Un mémoire du XVIIe siècle affirme qu'il était appelé Puits-à-Grés, « propter gradus ».

(2) Guillaume : *Salins*, I, pr., p. 154.

(3) Une charte des comtes Hugues et Alix, de janvier 1264-5, mentionne le « sel des puis de Salins nostre dit père. » (B. N. Moreau, 890, f° 120, v°.)

(4) Bibliothèque de Besançon. Cartulaire de Cîteaux.

(5) En 1314, dans une charte de Jean de Chalon-Arlay pour le Saint-Esprit de Besançon. (B. N. Moreau 890, f° 116, v°.).

la salnerie de Salins ; nous avons vu qu'en 1281, le comte Otton parlait des « rentes des puis de la sanerie de Salins (1) ». Dès le commencement du XIVe siècle, on la nommait aussi la Grande-Saunerie (2).

La propriété de cette saline suivit le sort de celle du château de Bracon, dont elle dépendait. Les sires de Salins en restèrent possesseurs, sous la suzeraineté de l'abbaye de Saint-Maurice d'Agaune, jusqu'à l'extinction de leur race. Maurette de Salins, héritière de la branche aînée de sa maison, porta la seigneurie dans la famille de Vienne, par son mariage avec le comte Girard de Vienne. Son fils Gaucher, — qui porta le nom de Salins, — la tint ensuite, et, après lui, Marguerite, sa fille, mariée en premières noces à Guillaume de Sabran, comte de Forcalquier, et en secondes noces à Josserand le Gros, sire de Brancion (3). Josserand de Brancion céda Salins au duc Hugues de Bourgogne (4), qui ne le garda pas longtemps. Dès le 15 juin 1237, il l'abandonna à Jean de Bourgogne, comte de Chalon, en échange du comté de Chalon et de la terre d'Auxonne (5). Les héritiers de la branche cadette de la maison de Salins, Gaucher de Commercy et ses enfants, consentirent à cette aliénation que ratifièrent

---

(1) Bibl. de Besançon : Cartulaire de Jean de Chalon, n° 48. — Guillaume : *Hist. de Salins*, t. I, Preuves, p. 132. — En 1275 « Polliana quondam filia Renaudi dicti Nerduel, burgensis salinensis, » vend à l'abbaye de Goaille cinq sous de rente sur sa part « de redditibus dictis es Nerduel, in minutis censibus, in salneria salinensi. » (Bibl. de Besançon, fonds Goaille, non classé, original.)

(2) Jeudi après Oculi (6 mars) 1303-4, Otton Girard, chanoine de Saint-Anatoile, donne à l'abbaye de Goaille trente sols de rente annuelle que, dit-il, « assignavi et assigno annuatim percipere super sale et minutis censibus quos habeo, habere possum aut debeo, in majori salneria salinensi. » (Bib. Besançon, fonds Goaille, non classé.)

(3) Pour ces transmissions, v. Guillaume, *Hist. de Salins*, t. I, *passim*, Béchet, Dunod.

(4) Guillaume, t. I, preuves, p. 102. — V. Béchet : *Rech. sur Salins*, t. I, p. 119.

(5) Em. Phil. de Rymon : *Traicté des Pays et Comté de Charrollois*, f° 52. — *Béatrix de Chalon*, p. 50.

aussi Jacques de Brancion et Marguerite de Salins, en juin 1239 (1). Le fils issu du mariage de Marguerite avec le comte de Forcalquier, Guillaume de Sabran, vendit également, en octobre 1240, ses droits sur la baronnie de Salins et ses dépendances, au comte Jean de Chalon (2). De cette façon, la maison de Bourgogne-Chalon devint maîtresse du Bourg-Dessus de Salins et de la Grande-Saunerie, qui ne devaient être arrachés des mains de ses descendants que par la conquête de Louis XIV.

Jean de Chalon, qui paraît avoir attaché une grande importance au gouvernement de ses salines, a voulu que ce trésor profitât à tous ses fils. De chacun de ses trois mariages avec Mahaut de Bourgogne, Isabelle de Courtenay et Laure de Commercy, étaient issus des enfants mâles : du premier, était né Hugues de Chalon ; du second, Jean, Etienne et Perrin, et du troisième, un autre Jean et un second Hugues qui fut d'église et devint, par la suite, archevêque de Besançon. Le comte Jean paraît avoir subi successivement les influences les plus diverses dans la rédaction des différents partages qu'il fit entre ses fils et dont nous avons encore les textes (3). Tantôt il avantage les fils de sa troisième femme, tantôt il augmente la part de l'aîné de ses enfants. Ces fluctuations sont le reflet des dissensions que nous savons avoir existé au sein de la famille de Chalon. En outre, les dots qu'il relâchait à ses filles lors de leurs mariages, le forçaient à revenir sur ses anciennes décisions, pour rétablir, dans le partage de ses biens, la proportion qu'il jugeait devoir exister entre les parts de chacun. C'est pour ces raisons que le premier partage, daté du 2 janvier 1260-1, fut suivi d'un autre le 12 avril 1262-3, et celui-ci, modifié par des clauses additionnelles le 11 septembre 1263, en

---

(1) Guillaume : *Hist. de Salins*, t. I, pr., p. 110.
(2) Bib. Nat. Moreau 889, f° 406, v°.
(3) Guillaume : *Hist. de Salins*, t. I, pr., pp. 179 et s.

janvier 1263-4 et le 21 décembre 1266 (1). Hugues de Chalon, qui était devenu comte palatin de Bourgogne par son mariage avec Alix de Méranie, fille du comte Otton III, mourut avant son père, laissant pour héritier son fils, le comte Otton IV. A la mort de Jean de Chalon, le 30 septembre 1267, le partage de ses biens s'opéra suivant les dispositions prises de son vivant. Le comte Otton, représentant son père Hugues, eut Bracon, le tiers de Salins et la suzeraineté sur les parts de ses cohéritiers ; Jean, Perrin et Etienne eurent un second tiers avec le château de Châtel-Belin ; Jean, seigneur d'Arlay, le troisième tiers avec Châtel-Guyon. Perrin de Chalon, dit le Bouvier, mourut le 20 janvier 1272 et sa succession se divisa entre ses deux frères germains Jean et Etienne. Ainsi prirent naissance les droits des « Parçonniers » de la Grande-Saunerie.

Quant à la saline dite du Puits-à-Muire, les documents qui me semblent la désigner clairement ne remontent pas au-delà du commencement du XIIe siècle. Les historiens de Salins ont voulu que les donations de chaudières sises à Salins faites au profit de diverses abbayes par les premiers comtes de Bourgogne, Otte-Guillaume (2), Renaud I, etc., aient été établies sur l'usine du Bourg-Dessous. C'est une opinion probable, car il ne paraît pas que nos anciens comtes aient eu des droits sur d'autres puits que celui qui s'est appelé le Puits du Bourg-le-Comte (3). Mais rien ne le prouve absolument.

---

(1) Guillaume : *Hist. de Salins*, t. I, pr. pp. 179 et s.
(2) Béchet (t. I, p. 75) dit : « Otton avait gratifié les religieux de Saint-Bénigne d'une place dans les salines du Bourg-le-Comte et d'une chaudière pour y fabriquer le sel à leur usage. » Or, le texte de la chronique de Saint-Bénigne porte seulement : « In Salinis burgo sedem unius caldarie, » sans plus ample désignation. (*Spicil.*, t. II, p. 387.)
(3) Les comtes de Bourgogne, tout en n'ayant jamais été propriétaires de la saline du Bourg-Dessus, ont pu y acquérir des bernes, des rentes, dont ils auraient ensuite disposé à leur gré.

L'identification avec le Puits-à-Muire paraît vraisemblable quand le comte déclare formellement qu'il s'agit d'un puits lui appartenant. C'est ce que l'on trouve pour la première fois dans une donation faite par Guillaume, comte de Bourgogne, du consentement de ses fils Renaud et Raymond, au profit de l'abbaye de Cluny (1). Cette charte est sans date, mais, étant souscrite par Hugues de Bourgogne, archevêque de Besançon, doit être attribuée à une époque limitée entre 1085, année de l'élection de Hugues au siège archiépiscopal, et le 11 novembre 1087, jour de la mort du comte Guillaume. La charte du comte Renaud, donnée en 1115 en faveur du Prieuré de Vaux-sur-Poligny (2), indique clairement, pour la première fois, le Puits-à-Muire dans la mention qu'elle fait d'un « miche » que le comte déclare situé dans son bourg, derrière le Puits. Dès lors nous voyons le Bourg-Dessous appelé Bourg-le-Comte, et Bourg-l'Empereur, quand le comté était possédé par Frédéric Barberousse (3). Quant au puits, il reçoit les noms de « Puits du Bourg le Comte, Puits du Bourg Madame la Comtesse » et autres analogues. L'expression « Puits du Comte de Bourgogne » est tout à fait exceptionnelle (4).

Jusqu'à la fin du xive siècle, ce sont les mêmes expressions que l'on rencontre. A partir du commencement du xve siècle, l'expression de « Puits du Bourg-Dessous » domine. Celle de Puits-à-Muire ne se rencontre pas dans les chartes avant

---

(1) *Chartes de Cluny*, t. IV. p. 777 : « Dono etiam aquam salsam de puteo meo ad unam caldariam. »

(2) Chevalier : Mém. hist. sur Poligny, t. I, p. 318.

(3) Guichenon (*Bibliotheca sebusiana*. Cent. 1. cap. 2) : « In Burgo videlicet Imperatoris. » — En 1374-5, il est dit le « Bourg Madame la comtesse de Bourgogne, appellez le Bourg-Dessoubz de Salins. » (Jugement rendu par le prévôt du Bourg-Dessous, le lundi après Reminiscere 1374-5. B. N. Joursanvault 85, f° 5.)

(4) Elle se rencontre dans le *Nécrologe de Besançon* (B. N. Moreau 864.) et dans un document du Cartulaire de Saint-Anatoile. (Bib. Besançon, n° provisoire 906, f° 6.)

cette même époque, ce qui ne veut pas dire qu'elle n'a pas été employée auparavant dans le langage courant. Quant au nom de « Petite-Saline », il est tout moderne.

Si ce puits a jamais appartenu directement aux seigneurs du bourg où il se trouvait, comme semblent l'indiquer les expressions dont sont se servis, pour le désigner, les premiers comtes de Bourgogne, il est certain qu'il a passé en d'autres mains. Les seigneurs du Bourg-Dessus de Salins y ont eu, à coup sûr, des droits importants. Ainsi, je trouve, dans le diplôme de Guillaume de Bourgogne dont j'ai parlé plus haut, et qui date de 1085 à 1087, mention du droit qu'y possédait le sire de Salins, alors vivant, Gaucher (1). Plus tard, les seigneurs de Salins y paraissent comme co-propriétaires avec une quantité de personnes tant d'église que laïques, tant nobles que roturières, que l'on appelle les *Rentiers du Puits-à-Muire*.

Comment ces particuliers ont-ils acquis le Puits-à-Muire ? C'est une question qu'ont agitée tous les historiens qui se sont intéressés à nos salines, et que nul d'entre eux n'est arrivé à résoudre. Ils n'ont pu que se livrer à des hypothèses.

On a pensé qu'un certain nombre d'habitants de Salins s'étaient associés, à une époque fort ancienne, pour tirer parti de sources découvertes au Bourg-Dessous, et avaient été les auteurs de ces nombreux co-propriétaires (2). Cette

---

(1) Guillaume : *Hist. de Salins*, t. I, pp. 25 et s.

(2) *Mémoire du Parlement de Dole* (1645) : « Quand au Puys-à-Muyrs, qui est dans un autre bourg dud. Salins, appelé le Bourg-Dessoubs, il se recognoit par les anciens titres que ce bourg qui appartenoit d'anciennété à d'autres particuliers seigneurs de la maison de Salins, mesme à un comte Girard et Vauchier son fils, fut acquis par Madame Alix et ses successeurs souverains dud. comté, et quoy qu'on ne sache pas certainement l'origine dud. puys, on trouve par des Mémoire anciennes que certains marchands et banquiers italiens en entreprindre la découverte et la recherche des sources, à quoy contribuèrent plusieurs seigneurs, prélats, ecclésiastiques et séculiers qui eurent part au proffit à mesure des deniers qu'ils avoient

supposition est admissible ; d'autres le seraient également. On pourrait, par exemple, supposer tous les Rentiers issus, ou ayant droit d'un unique propriétaire primitif. Ce serait un pendant de ce qui s'est passé à la Grande-Saunerie, à partir du XIII° siècle.

Tout cela n'est qu'hypothèses. Ce qui semble les combattre, c'est l'appellation même des portions de muire distribuées entre les Rentiers. L'unité se nomme « seille (1) » (*celour* ou *soillot*, selon les époques). Or, la seille était, dans le Comté de Bourgogne, une mesure fixe d'eau salée. C'est à ce titre qu'elle était en usage à Lons-le-Saunier et à Salins même. Cette constatation me porte à penser que les Rentiers ne sont devenus co-propriétaires par indivis de leur Puits, qu'après avoir été les simples crédi-rentiers d'un revenu fixe, payable en muire.

On pourrait supposer que, d'abord créanciers de rentes de valeur déterminée assises sur le Puits-à-Muire, ils se sont, ensuite, entendus avec leur débiteur, et ont convenu avec lui qu'ils tireraient tous, en commun, tout le profit possible du Puits et en répartiraient entre eux le bénéfice au pro-rata de leurs anciens droits. Les droits du propriétaire du Puits auraient été changés en parts de co-propriété. Les Rentiers d'*obligataires* se seraient transformés en *actionnaires*. Il a pu se faire que, en certaines circonstances, il ait été de l'intérêt même du propriétaire d'accéder à un semblable traité (2).

Quelle qu'ait été l'origine de leurs droits de co-propriété, il faut admettre, ce me semble, que, les Rentiers primitifs ont aliéné, à un titre quelconque, certains droits sur le Puits à des étrangers. Non seulement ils ont vendu, échangé, cédé

---

contribué, à raison de quoy led. puys fut réparty en quatre cent vingt quartiers ou peu moins. (B. N. Moreau 912, f° 104, v°.)

(1) La seille était le 30° du quartier et le 120° du meix.

(2) On pourrait, peut-être, supposer aussi qu'il y avait là une trace de propriété collective primitive, et admettre que les Rentiers ne furent que les héritiers des anciens habitants du pays.

leurs actions, mais, pour employer un langage tout moderne, ils ont dû faire de *nouvelles émissions*.

Je constate, en effet, que le nom qui indique au Puits-à-Muire la plus haute fraction de propriété, — le meix (1), — ne désigne pas autre chose qu'une berne, c'est-à-dire la petite usine où se fabrique le sel. Ainsi, le meix est une ancienne usine dépendant du Puits-à-Muire, ou le droit correspondant à une berne distincte. Mais ces meix étaient au nombre d'au moins une centaine (2). Il est bien peu admissible que la source du Bourg-Dessous ait jamais été entourée d'un pareil nombre d'édifices séparés, destinés à la fabrication du sel. Ne vaut-il pas mieux penser que, d'un commun accord, les Rentiers ont pu accorder, à titre gratuit ou à titre onéreux, sur les muires du Puits, à des personnes jusque-là étrangères à leur Société, une part égale à celle que percevait l'un d'eux pour le droit de tel meix dont il était propriétaire (3), — meix peut-être déjà disparu matériellement, en tant que construction? Il est bien certain que par rapport à la grande quantité de meix entre lesquels se partageait la muire du Puits au XVe siècle, il n'existait qu'un nombre fort restreint de bernes réelles à la saline du Bourg-Dessous, — une dizaine seulement (4), — et leur nombre est toujours allé, depuis, en diminuant (5).

---

(1) Le meix était composé de quatre quartiers, et le quartier de trente seilles, sauf quelques exceptions insignifiantes. Toute la muire du puits était répartie en 418 quartiers 20 seilles, ce qui fait quelque 104 meix (*Mémoires sur les procès entre le duc et les rentiers, de 1424-1443*. Arch. du Jura, A 20.)

(2) Voir la note précédente.

(3) En 1190, Gaucher de Salins donnant un demi-meix à l'abbaye de Rosières le désigne de cette façon : « tantum de muria quantum medietas unius mansi refundere consuevit. » (Guillaume, t. I, p. 86. — *Béatrix de Chalon*, p. 157.

(4) Archives du Doubs, B 271. — Vers 1443 *Mémoire pour les rentiers du Puits-à-Muire* : « li aucuns desd. quartiers sont fournis de meix et de berne, parquoy valent mieux et sont plus chers. » (Arch. du Jura, A 20.)

(5) En 1229, les Meix de Saint-Maurice et de Voiteur étaient encore

Ces bernes appartenaient à certains Rentiers, dont quelques-uns étaient en même temps Moutiers, c'est à dire amodiateurs de parts de muire appartenant à d'autres. Ceux qui ne possédaient pas de bernes faisaient bouillir leurs portions dans les chaudières de leurs voisins, moyennant une redevance : c'est ce que l'on appelait *Quartiers volages* (1). De là une très grande complication, un enchevêtrement de droits, de cens, de redevances.

Quels étaient les Rentiers du Puits-à-Muire? Nous en avons plusieurs listes, mais de dates assez modernes. Celle que donne Gollut (2), ne comprend que les Rentiers ecclésiastiques. Un inventaire des archives de l'abbaye de Saint-Vincent de Besançon en fait connaître une autre, postérieure, mais où sont mentionnés les Rentiers laïcs. Elle date du commencement du XVIIe siècle (ainsi qu'on peut le reconnaître par les noms des personnes qui y figurent), c'est-à-dire d'une époque à laquelle le Roi avait entrepris de racheter les droits des Rentiers. Elle est, par suite, beaucoup plus courte que celle de Gollut (3). M. Finot a cru en découvrir une autre, du

---

pourvus de berne, puisqu'on pouvait désigner leur emplacement. (Charte par laquelle l'abbaye de Rosières vend à celle de Cîteaux la moitié du meix de Paluel situé entre ceux de Saint-Maurice et de Voiteur.) (B. N. Latin 9129, n° 5 *bis*.) Au XVe siècle ils n'en ont plus. De même pour le Meix d'Ardouin « dou Bées » qui était encore muni d'une berne en 1229. (*Gallia Christ.* t. XV. *Inst. col.*, 72.)

(1) *Mémoire de 1443* : « Pluseurs fois advient que ung moutier n'a point de meix pour cuire sa muyre, et quant il va buillir sa part et portion de la muyre qu'il meine, en la berne de l'un des autres moutiers et par louhaige. » (Arch. Jura, A 20.)

(2) Gollut : L. II, c. XXXII, éd. Duvernoy, p. 179.

(3) « *Rentiers ecclésiastiques* :
Le curé de Saint-Alye (sic).
L'abbé de Saint-Vincent, pour deux quartiers quatorze celles de muire.
Les Pères Cordeliers de Besançon.
L'hôpital de Bracon.
L'abbé de la Charité.
Le chapitre de l'église N.-D de Conson (sic).
L'abbé de Corneul.

commencement du xiv⁰ siècle (1). Mais ici, comme dans tout le cours de son travail sur les *Origines de la Gabelle et l'exploitation des salines de Salins et de Lons-le-Saunier*, il n'a pas distingué le Puits à-Muire de la Grande-Saunerie. La liste qu'il donne est une énumération des personnes et des communautés qui avaient droit à des rentes sur la portion de la Grande-Saunerie comprise dans le douaire de Mahaut d'Artois, comtesse de Bourgogne (2).

En dehors de ces listes, on rencontre quelques noms de Rentiers dispersés dans les documents. A côté des comtes de Bourgogne, des établissements religieux, on y trouve surtout des gentilshommes de Salins et des environs et des bourgeois de cette ville.

Beaucoup des noms des anciens possesseurs de meix ont

Le Prieur et Pidancier de Gigny.
L'abbé d'Igny.
L'abbé de Montbenoit.
Le collège de Mortau.
L'abbé d'Ougny.
Le chapelain de S. Pierre-le-Martyr.
Le chapitre et les Pères Jacobins de Poligny.
L'hôpital de Saint-Bernard.
Le chapitre de Saint-Michel et le chapitre de Sainte-Anne de Salins.
Rentiers laïcs :
Le duc et comte de Bourgogne.
Mess. d'Andelot, Alpy, de Boutot, docteur Chapuis, de Chauvirey, Galet, de Germigney, docteur Guay, Maire, Henri Masson, docteur Maton, Merceret, de Montmarlon, de Pontamongeard, la ville de Salins, Vauldry, Vernier, secrétaire. » (B. N. Moreau 877, f⁰ 420).

Cette liste est assez mal copiée.

(1) B. N. Français 8551.

(2) M. Finot croyait qu'il s'agissait de la comtesse Jeanne, reine de France. Mais il aurait pu constater, dans des passages de comptes analogues renfermés dans le même manuscrit et datés de 1310-1311, que la comtesse en question était alors *veuve*, ce qui n'était pas vrai de Jeanne de Bourgogne, reine de France. (B. N. Français 8551, *passim*.)

En copiant la liste de Rentiers qu'il donne, M. Finot a omis par inadvertance de transcrire les noms du comte de Montbéliard, de Hugues de Bourgogne, du Temple de Salins, de Jean Février, etc. (J. Finot : *Compte original des revenus de la saunerie de Salins*, en 1308, pp. 5-7.)

été conservés dans les appellations de ces meix. Une liste, sans doute partielle, des meix du Puits-à-Muire qui date de 1269, nous en donne 55 noms (1). Il est évident, à l'inspection de cette liste, que certains de ces vocables ne sont autres que les noms des propriétaires. Il en est ainsi pour le Meix du Temple, le Meix de l'Hôpital, le Meix de Citeaux, le Meix de Saint-Paul. Nous voyons naître ce dernier dans la charte de donation de Gaucher II de Salins, confirmée en 1133, par son petit fils Gaucher III (2). Quant à ceux qui portent des noms de personnes, il est bien probable qu'ils rappellent d'anciens possesseurs, mais on ne peut dire avec certitude s'il s'agit de Rentiers ou de simples amodiateurs, de Moutiers. Le meix que l'on appelait, aux XIII° et XIV° siècles, « le meix Dam Vion Chevrey » est nommé en 1145 « caldaria quam tenet Guido Caprarius (3). » Etait-ce là un Rentier ou un Moutier ? Nous ne le savons pas. Il en est de même pour les meix de Monseigneur Renaud de Salins, de dame Meline, de dame Renaude et bien d'autres (4).

L'ensemble des Rentiers du Puits-à-Muire. appelés par les comtes de Bourgogne eux-mêmes « Seigneurs Rentiers du Puits (5) », formait une corporation respectée et puissante. Ils avaient été trouvés de trop haut parage pour relever des tribunaux ordinaires, et leurs causes s'évoquaient au tribunal

---

(1) Arch. du Doubs, B 186.
(2) Guillaume : *Salins*, t. I, pr., p. 44.
(3. B. N. Moreau 866, f° 497. *Bulle d'Eugène IV en faveur de Saint-Étienne de Besançon* : « Apud Salinas, duas caldarias ad sal conficiendum in Burgo Comitis, quæ dedit Facia; in caldaria quam tenet Boso, singulis annis, viginti solidos; in caldaria quam tenet Guido Caprarius, quadraginta et quinque solidos ; in alia caldaria, septem denarios singulis septimanis; potestatem quam tenuit Arpinus; in Burgo qui dicitur Dous (*lege* : Domini), caldariam quam dedit Guichardus de Navilleris, et quæ habetis in territorio salinensi in caldariis, in silvis, pratis, vineis, molendinis et aquarum decursibus. » (28 avril 1145.)
(4) Arch. du Doubs, B 186.
(5) Entre autres exemples, voir aux Preuves la Charte de Marguerite de France, du 25 juin 1369.

du Prince : Conseil ou Parlement [1]. A partir de la fin du XVIᵉ siècle, les rois d'Espagne attaquèrent leur société par l'efficace dissolvant de l'argent et réduisirent peu à peu leur nombre, par l'acquisition de leurs droits. Mais, en 1624, les Rentiers formaient encore un véritable parti en Franche-Comté et osaient lutter contre le Souverain. On accusait même les Etats de la Province de favoriser de leurs vœux et de soutenir de leurs deniers les Rentiers contre le Prince [2]. Peu de temps après, le rachat de toutes les Rentes par le Domaine mit fin à l'association des Rentiers.

§ 2

Bien que le territoire de Lons-le-Saunier ait renfermé plusieurs sources salées [3], il ne paraît pas qu'on en ait mis d'autres en exploitation que celle, dite le Puits-Salé, qui est encore aujourd'hui productive.

La terre de Lons-le-Saunier étant restée toute entière entre les mains des comtes de Bourgogne, jusqu'au XIIᵉ siècle, il semble que pendant cette période le Prince a possédé sans partage la source salée qui y jaillissait. Mais au milieu de ce siècle, la seigneurie de Lons fut distraite des biens domaniaux pour être attribuée à une branche cadette de la maison comtale. Le comte Etienne ayant laissé deux fils, Renaud et Guillaume [4], le premier reçut le comté de Bourgogne; le

---

[1] *Mémoire de 1558.* (Arch. Jura, A 33.)

[2] On considérait alors l'existence de leurs droits comme une garantie des privilèges du pays quant aux prix du sel. — Philippe IV se plaint, par une lettre du 22 juin 1624, au Parlement de Dole, de ce que les États ont prêté aux Rentiers une somme considérable pour les aider à soutenir un procès contre lui. (B. N. Moreau 901, fº 174, vº.)

[3] Fr. Ogérien : *Hist. nat. du Jura. Géologie*, 1ᵉʳ fascicule, p. 275.

[4] J.-D. Perrin (*Notes historiques sur la ville de Lons-le-Saunier*) attribue à ce Guillaume de Bourgogne la création de la saunerie de Lons. Nous avons vu que, vers l'an 1030, l'existence de cette saline est certaine. — D. Monnier se contente de le considérer comme le restaurateur de la saunerie. (*Ann. du Jura*, 1841, p. 129.)

second obtint divers domaines, entre autres Lons-le-Saunier. Cette terre paraît s'être divisée elle-même, à la mort de Guillaume pour former, d'une part, la seigneurie dite du Bourg de Lons qui échut à Etienne, fils aîné de Guillaume, et, d'autre part, la seigneurie du Bourg Saint-Désiré, possédée par Girard, son fils puiné, qui fut aussi comte de Mâcon et de Vienne (1).

Quant au Puits-Salé, qui était topographiquement compris dans la seigneurie de Bourg de Lons, et aurait dû en faire partie, il resta indivis entre les deux frères. Leurs postérités ont continué, pendant deux siècles environ, à en avoir la propriété commune. C'est le même système d'indivision que nous verrons s'établir, à Salins, entre les descendants de Jean de Chalon. Ainsi, la part de Girard, dans le Puits-Salé, échut tour à tour à son fils le comte Guillaume de Vienne et de Mâcon, à ses petits fils Girard, Henri et Guillaume, de 1165 à 1233 (2). Le comte Guillaume de Vienne, arrière-petit-fils de Girard de Bourgogne, étant mort sans postérité, son héritage et sa part du Puits de Lons passa à son neveu Hugues d'Antigny, fils de Béatrix de Vienne. La maison d'Antigny prit alors (vers 1250) les noms et armes de Vienne. Philippe de Vienne (3) et Hugues de Vienne, fils et petit fils de Hugues

---

(1) Rousset : *Dictionnaire*, t. III, verbo Lons-le-Saunier, p. 499-500. — M. Rousset paraît avoir hésité sur le sort du Puits-Salé dans ces partages. Après avoir dit (p. 499) : « Le bourg de Lons (burgus Ledonis) appartint à l'aîné ; il renfermait le Puits-à-Muire, » il déclare (p. 500) que « le puits à muire resta en partie la propriété du comte supérieur de Bourgogne. »

(2) La possession de la saline de Lons-le-Saunier par ces seigneurs ressort d'un grand nombre de chartes portant diverses libéralités au profit d'abbayes (B N. Bourgogne 81, fos 260, 277, 279, 280, 282 ; Latin 17104, no 45 ; Baluze 144, no 45, 86 ; Moreau 870, fo 638 ; Latin 5083, fo 2, vo, fo 29, vo. Nouv. acq. Lat. 1208, p. 83. — Arch. de la Côte-d'Or, *Cartulaire de Cîteaux*, t. I, fo 133-133 vo. — Collection de M. le comte de Laubespin : *Mémoires pour servir à l'histoire du comté de Bourgogne*, par l'abbé Guillaume, t. III, pp. 407, 408, 404, 405. — Biblioth. Sebusiana, IIe cent., ch. VIII. — *Béatrix de Chalon*, p. 104, etc.

(3) En 1283.

d'Antigny, furent les derniers propriétaires de la part du Puits-Salé qui était échue au XIIe siècle à Girard, comte de Vienne et de Mâcon. C'est sans doute du vivant de Hugues de Vienne que fut détruite la saline de Lons-le-Saunier.

Quant à Etienne de Bourgogne, sire de Traves, on le trouve en possession d'une part du Puits de Lons, en 1170 et 1173 (1). Son fils, appelé aussi Etienne, lui succéda. Il a laissé un grand nombre de chartes qui prouvent ses droits sur le Puits, entre les années 1188 et 1224. Le comte Jean de Chalon, fils de cet Etienne, réunit à sa part de la saline de Lons-le-Saunier, la Grande-Saunerie de Salins. Par acte de 1262 (2), ce prince disposa de ses droits sur le bourg de Lons en faveur de son fils Hugues, comte palatin de Bourgogne. Ce dernier, étant mort en 1266, le comte Jean réserva les mêmes biens aux enfants du défunt (9 janvier 1267). Otton IV, comte de Bourgogne, fils aîné de Hugues paraît avoir d'abord tenu Lons et la saunerie (3), puis les avoir cédés à son frère Renaud, comte de Montbéliard, qui les possédait au commencement du XIVe siècle (4) et à l'époque de la suppression de cette usine.

---

(1) Arch. de la Côte-d'Or, *Cartulaire de Cîteaux*, t. I, f° 133. — Arch. Jura, *Cîteaux*, CXIII. — Bib. Nat. Latin 5683, f° 26. — Nouv. acq. Lat. 1208, p. 83. — Baluze 144, n° 111. — Bourgogne 38, p. 204-208; Moreau 870, f° 632, v°, 633-638; 873, f° 4, 287. — Arch. Haute-Saône, H 192. — *Béatrix de Chalon*, p. 134-135.

(2) Guillaume : *Salins*, t. I, pr., p. 183.

(3) En mars 1266-7, le comte Otton IV assigne à l'abbaye de Cherlieu les 20 livres de rente que son père, le comte Hugues, a laissées par testament à ce monastère, sur sa part du puits de Lons. (Collection Laubespin : *Mém. pour servir à l'histoire du comté de Bourgogne*, t. VI, f° 101 v°.) En 1270, il accorde en douaire à sa mère, Alix de Méranie, des droits sur Lons. (Chevalier. *Mém. hist. sur Poligny*, t. I, p. 358.)

(4) A partir de 1287, Renaud de Bourgogne paraît co-propriétaire, avec Hugues de Vienne, de la saline de Lons. (Arch. du Doubs, B 311. — Arch. du Jura, *Cîteaux*, XCVII et CXXI, etc.).

Vers 1300, la déclaration des fiefs relevant du comté de Bourgogne porte : « Item le coens de Montbéliard tient du comte de Bourgogne...., de

On a prétendu que les bourgeois de Lons-le-Saunier possédaient à côté de la saline seigneuriale, une usine alimentée par une seconde source salée, située derrière l'abbaye de Sainte-Claire, au lieu dit le Pré de Chaudon (1). M. Rousset raconte même que les prud'hommes de la ville firent réparer le Puits en 1171, et que, en 1477, la comtesse Marie de Bourgogne obtint, moyennant une rente assignée sur Salins, la destruction de cette petite saline. Je n'ai vu nulle part de textes mentionnant cette usine. Peut-être Rousset l'a-t-il confondue avec la saunerie de Montmorot. Il prétend, en effet, que les habitants devaient au seigneur une mesure de froment et une geline, pour le droit de puiser de la muire à cette source. C'est justement la redevance que l'on payait à Montmorot, pour le privilège de se servir de l'eau salée de la source qui se trouvait en ce village (2). Quant à la rente sur la saunerie de Salins, l'auteur me semble avoir fait confusion avec celle qui fut servie aux habitants de Lons-le-Saunier à cause de la destruction de la saline du Puits-Salé.

En effet, les bourgeois de Lons avaient, sur cette saline, des droits que nous ne pouvons déterminer, mais dont l'existence est indéniable. En février 1277-8, les comtes Jean de Chalon et Hugues de Vienne ne prennent la liberté d'autoriser Amé de Montfaucon à avoir une chaudière au Puits-Salé que « per la voluntez espresse et per le consentement esprès de noz borgoys et des gens de nostre tainte de Montagu, de Montmoret et de Leons (3). »

Aucun texte contemporain ne nous renseigne sur l'existence de la saline de Montmorot au Moyen Age. Il faut se

---

part son partage, Montaigu et le puis de Laons, Saillière, Puismorain, Tremolay, Le Pin et Binant et Monfleur qui vallent bien 1,000 liv. de rente. » (B. N. Moreau 960, f° 234.)

(1) Rousset : *Dictionnaire*, t. III, p. 642.
(2) Bib. Nat., Colbert-Flandres, t. C, f° 7.
(3) Arch. du Doubs, B 311. — D. Monnier : *Ann. de 1841*, p. 137.

contenter de savoir qu'aux XVᵉ (1) et XVIᵉ (2) siècles, on conservait à Montmorot le souvenir d'une *berne*, dès longtemps démolie, dont le nom était demeuré à l'emplacement qu'elle avait jadis occupé. Ce nom se retrouve encore aujourd'hui (3). L'opinion de D. Monnier qui place la suppression de cet établissement aux environs de 1230 (4), me semble tout à fait gratuite. Nous ne savons rien sur l'existence ni sur la destruction de cet usine, à plus forte raison, ne connaissons nous pas ses possesseurs. Sans doute, elle aura subi la loi la plus commune et aura appartenu aux propriétaires successifs de la seigneurie de Montmorot, c'est-à-dire aux deux maisons de Vienne (Vienne-Bourgogne et Vienne-Antigny).

Comme la terre de Poligny où elle se trouvait enclavée, la source de Grozon paraît avoir appartenu dès les temps les plus reculés, à la maison comtale de Bourgogne. Nous savons expressément que du milieu du XIIIᵉ siècle (5) à la fin du XIVᵉ, le Comte a été seul et pour le tout propriétaire du puits de Grozon. Il paraît que dès 1069, le comte Guillaume (6) et, en 1115 (7), le comte Renaud étaient déjà en possession de cette usine. Le comte Hugues de Chalon semble avoir pris un soin particulier de réunir à son Domaine

---

(1) « Certaine sorce en la terre et chastellenie de Montmorot, où il souloit avoir une berne qui depuis estoit ruyneuse et démolye. » *Lettres de Philippe le Bon*, du 7 mai 1460 (B. N. Nouv. acq. Fr. 6348, f° 16.)

(2) *État de la seigneurie de Montmorot*, en 1520 : « Dehors et auprès ledit bourg de Montmorot, outre la rivière de Valières, prez le grand chemin tirant à Courbozon, est assis le puits de muyre appelé Berne saline, qui dès long temps est demeuré en ruyne. » (B. N. Colbert-Flandres, t. C. f° 7.)

(3) Rousset : *Dictionnaire*, t. V, p. 360.

(4) D. Monnier : *Ann. du Jura 1848*, pp. 328, 329. — *1841*, p. 134.

(5) Amodiations de Grozon de 1255 et de 1366 (aux pièces justificatives).

(6) Charte du comte Guillaume de Bourgogne en faveur de Vaux-sur-Poligny. (Chevalier : *Mém. hist. sur Poligny*, t. I, p. 317.)

(7) Charte du comte Renaud pour le même prieuré. (*Ibid.*, t, I, p. 318.)

tous les droits assis sur cette saunerie qui avaient passé en des mains étrangères. Il racheta des abbayes de Balerne et de Rosières et de Jean de Chalon, son père divers « meix de bernes » et droits *en muire* (1).

Les salines de Soulce et de Saint-Hippolyte situées dans le comté de la Roche, ont cessé quelque temps de faire partie du domaine des propriétaires de cette terre. Sans doute, les comtes de la Roche en ont été les premiers possesseurs. On affirme que l'abbaye de Lucelle reçut, au milieu du XIIe siècle, les salines de Saint-Hippolyte et de Soulce de la libéralité d'Eudes I, comte de la Roche (2). Ce qu'il y a de certain, c'est que ce monastère les possédait en 1179 et 1180, comme nous l'apprennent deux bulles du pape Alexandre III (3). Au siècle suivant, l'abbaye continue à demeurer en possession de ces deux usines. Une charte de juin 1239 nous montre le comte Eudes de la Roche abandonnant, du consentement de sa mère et de sa femme, à l'abbé de Lucelle, Tiémon, le cens que l'abbaye lui devait annuellement pour ces salines, sans y retenir quoi que ce soit (4). Cette propriété ne devait pas rester longtemps entre les mains de ses possesseurs ecclésiastiques. Au dire des historiens de Saint-Hippolyte, ce fut ce même abbé Tiémon qui

---

(1) Arch. du Doubs, B 308. — B. N. Bourgogne 102, pp. 47-51. — Moreau 877, pp. 92-93 v°.

(2) Richard : *Monographie de Saint-Hippolyte-sur-le-Doubs*, p. 6.

(3) Trouillat ; *Mon. de l'hist. de l'anc. évêché de Bâle*, t. I, pp. 375-381.

(4) Il décharge l'abbaye de Lucelle « de censu annuali quo singulis annis nobis reddere tenebantur de salino de Sulce, qui talis fuit : tempore coctionis dabantur duæ quartæ salis, et tempore non coctionis sola tantum ; et de salino Sancti-Ypoliti concambium amicabilis compositionis fecimus tali modo ; et quicquid juris habuimus in eisdem puteis salinarum, de voluntate et consensu matris nostræ, comitisse de Rocha, et uxoris nostræ et liberorum nostrorum, in manus venerabilis abbatis de Lucela et sui conventus libere et absolute resignavimus. » (Trouillat : *Mon. de l'év. de Bâle*, t. I, p. 552.)

vendit les salines au comte de la Roche, un an après s'en être ainsi fait confirmer la pleine propriété (1). En tous cas, elles étaient rentrées dans le patrimoine de la maison de la Roche en 1265. A cette date, le comte Guillaume de la Roche reprend en fief lige d'Amé de Montbéliard, seigneur de Montfaucon, « les puys et salins de Suce et de Saint-Hipolite et les apartenances et les usemens desditz lieux, quant que il y peut et doit avoir, et deçai l'aigue et delai. et tot le sel que peut venir es devant diz leux (2). » Cinq ans plus tard, le même seigneur fait une reprise analogue (3). Ses successeurs ont été en possession de ces sources et ont tiré profit des salines qu'ils y ont maintenues, malgré les prohibitions des souverains, jusqu'au XVIIe siècle.

La mouvance de la saline de Soulce (4) était mal assurée. Tandis que les comtes de Bourgogne estimaient que cette usine était située dans un pays dépendant de leur souveraineté, le comte de Montbéliard avait des prétentions sur le même canton (5), et, aux moments critiques, faisait placer ses panonceaux et « asseoir sa main » sur la saunerie. Au sujet de cette même mouvance, il est curieux de constater l'idée surnaturelle que se faisaient nos pères de la production du sel.

Si nous en croyons un témoignage qui ne paraît pas devoir être suspecté, les seigneurs de la Roche se seraient ima-

---

(1) C. D. [Charles Duvernoy] : *Les villages ruinés du comté de Montbéliard*, p. 13. — Richard : *Monog. de Saint-Hippolyte*, p. 6.

(2) Bibl. de Besançon : Notes de E. Droz, d'après un *Cartulaire de Montfaucon*. — B. N. Latin 9932, f° 264.

(3) Ibidem.

(4) Dans les chartes des XIIe et XIIIe siècles, on trouve mentionnés, en même temps, le puits de Soulce et celui de Saint-Hippolyte. Au XVe siècle, on ne rencontre plus de mention que de la saline de Soulce.

(5) En 1265, en 1270, en 1312, les comtes de la Roche font hommage pour Soulce aux comtes de Montbéliard ou à des princes de leur maison (V. plus haut et Trouillat, t. III, p. 693.)

En 1490, le comte de Montbéliard fait placer un panonceau sur la saline de Soulce. (A. Doubs. Ch. des Comptes. *Sauneries.*)

giné tenir à cens leur saline *du Diable*. Voici en effet la déposition faite dans une enquête, en 1490 (1), pa un personnage fort grave, sans doute, « vénérable et discrette personne maistre Guillaume Veillet, bachelier en Décret, seelleur de Besançon, aaigé de soixante ans ». « Bien, dit-il, avoir oy dire à plusieurs que, long temps a, un seigneur de Varembon fut en la guerre d'Ongrie avec le duc de Bourgoingne qu'estoit lors, en laquelle guerre il morut ; et pour ce que n'y avoit aultre du lynaige habille à succéder que ung nommé Robert, lequel estoit aux estudes en lointain pays et le vouloit l'on faire homme d'église, il fut envoyé querre pour tenir les seigneuries dud. Varembon, et, luy estant seigneur, fut rendu certain compte par son receveur dud. Saint-Ypolite (2), auquel, entre autres, estoit contenu ung article de despense disant : « Item ung denier mis sur la Roiche, doné chascun an au Dyable, à cause de la saulnerie ». Quoy veant par ledit seigneur, que luy deposant, en son enffance, dit avoir veu, et l'appeloit l'on le comte Robert, se esmerveilla disant qu'il ne vouloit point païer cense pour lad. saulnerie à Dyable et aimeroit mieulx qu'elle demoura en ruyne et déservition ; et n'a, luy déposant, sceu ne oy dire aultre cause d'icelle désertion qu'il dit. »

Ainsi, d'après le témoignage de maître Guillaume Veillet, ce serait un pieux scrupule qui aurait amené les sires de la Roche à sacrifier une richesse qu'il leur fallait payer d'un acte de soumission au Diable. Cet abandon eut lieu vers le commencement du XVe siècle (3). En effet, le comte qui renonça à cet avantage était entré en possession de la terre de la Roche après la « guerre d'Ongrie », c'est-à-dire la croisade de Nicopolis (1396). De plus Guillaume Veillet, qui avait soixante ans en 1490, avait, « dans son enffance », connu ce même sei-

---

(1 Arch. du Doubs. Parlement. *Sauneries*.
(2) Saint-Hippolyte-sur-le-Doubs était le chef-lieu du comté de la Roche.
(3) La saline resta inactive jusque vers la fin du siècle.

gneur. Donc il avait dû posséder Saint-Hippolyte depuis 1396 jusqu'à une époque de quelques années postérieures à 1430. Mais il n'a pas existé, à cette époque, de comte Robert de la Roche. Il faut admettre que le brave ecclésiastique a confondu deux prénoms assez semblables, et attribuer à un comte Humbert, l'histoire de l'abandon de la saline. Cet Humbert de la Roche vivait à cette époque, et Guillaume Veillet avait pu le connaître puisqu'il vécut jusqu'en 1438. Fils puîné du comte Henri de la Roche, qui mourut, en effet, à la guerre de Nicopolis, il n'était pas destiné à hériter du comté. Mais son frère aîné, Guillaume, étant mort avant Henri, il devint l'héritier des biens de sa maison (1). C'est par erreur et par suite de l'habitude où l'on était de confondre les noms de la Roche et de Varambon, terres toutes deux possédées en 1490 par le seigneur de la Palud, que Guillaume Veillet qualifie Henri de la Roche de « seigneur de Varembon »; il appartenait à la maison de Villersexel, issue des sires de Faucogney.

Les puits de Saulnot étaient au nombre de deux au XIVe siècle. Les plus anciens renseignements que nous ayons sur ces salines, depuis les chartes du XIIe siècle que j'ai mentionnées plus haut, ne datent que de cette époque. Il y avait alors un Grand-Puits qui était utilisé par six bernes et un Petit-Puits qui servait à trois bernes (2). Le Grand-Puits, qui était situé à l'intérieur du village même de Saulnot, disparut à l'extrême fin du XIVe siècle ou dans les premières an-

---

(1) Il y a, dans cette succession, un exemple de la non existence du droit de représentation. En effet, quand le comte Henri mourut, il laissait un fils cadet, Humbert, et un petit-fils, issu de son fils aîné. C'est son fils qui hérita de lui, quoique cadet.

(2) Arrêt du Parlement de Bourgogne du 14 juillet 1441 : « une saulnerie en laquelle souloit avoir deux puits qui servoient à neuf barnes, c'est àscavoir l'un des puis à six barnes et l'autre à trois. Lequel puis à six barnes, puis certain temps, avoit été meslé avec eau douce et à cette cause, estoit venu en ruine. » (Arch. de la Haute-Saône, E 202).

nées du xvᵉ. Il semble avoir été encore exploité en 1385 (1) ; avant 1424 (2), il avait été envahi par des infiltrations d'eau douce et, par suite, abandonné ; ses bernes étaient tombées en ruines. Le Petit-Puits subsista seul dès lors. En 1547, la situation était la même (3). A la suite, sans doute, de la dévastation de la saunerie de Saulnot par l'armée des Guises, en 1587, on eut l'idée de chercher une nouvelle source. C'est en effet aux dernières années du xvıᵉ siècle, qu'il faut rapporter la construction d'un nouveau puits. Duvernoy donne la date 1593 (4) ; dans un compte de cette année (5) se trouve mentionné le « sel tiré du nouveau puits ». En 1614, on recreusa l'ancien puits (6). Peut-être une seconde ruine de la saunerie, au cours des guerres de 1639 (7), amena-t-elle en-

---

(1) C'est, du moins, ce qui me semble résulter de l'expression « Petit-Puits » employée pour désigner celle des salines de Saulnot qui continuera à être exploitée jusqu'à notre siècle. Si ce puits avait été unique à cette époque, le qualificatif « petit » n'aurait pas eu de raison d'être. (Contrat de mariage de Jean de Montbis avec Agnès de Vellechevreux, 8 juillet 1346. Arch. Nat. K 2284. — Vente par Jean de Saulnot, chanoine de Montbéliard, à Étienne, comte de Montbéliard, de ses droits sur le Petit-Puits (1ᵉʳ avril 1367). (Arch. Haute-Saône, E 220). — Reprise de fief du comte Étienne de Montbéliard par Jean Morelat de Cheveney, du 8 avril 1385. (Arch. Nat., K 2289.)

(2) 15 septembre 1424. Dénombrement de la comtesse Henriette de Montbéliard : « Item j'ay et tien, en ma chastellenie de Granges, une ville nommée Saulnot, en laquelle j'ay une fort maison en laquelle appartient deux puis, l'ung de mehuere et l'autre qu'est en désert et en aigue doulce. » (Arch. Haute-Saône, E 196.)

(3) Dénombrement du duc Ulrich de Würtemberg, 28 décembre 1547 : « Item avons et tenons une ville nommée Saulnot, en laquelle ville avons une saunerie et nous appartiennent deux puits, l'ung de muire en ladite saunerie et l'autre est en la ville et en eaue doulce. » (Arch. Haute-Saône, E 196.)

(4) Bibl. de Besançon. Mss. Duvernoy.

(5) Compte d'Antoine Morelot. (Arch. Haute-Saône, E 210.)

(6) 16 juillet 1614. Lettres de Jean-Frédéric, duc de Wurtemberg, instituant un commis à l'administration de la saline (Arch. Haute-Saône, E 206).

(7) Duvernoy : *Éphémérides du comté de Montbéliard*, p. 155.

core une fois l'abandon de ce Vieux-Puits. En 1670 (1), il était inexploité, mais le fermier de la saline était obligé de le faire vider deux fois l'an, pour en assurer la conservation.

Les sources de Saulnot paraissent avoir passé aux comtes de Montbéliard avec la terre de Granges où elles étaient situées. On n'a pu encore déterminer l'époque à laquelle cette acquisition a été faite. Le soi-disant mariage d'une Alix de Granges, héritière de la branche aînée de la maison de ce nom, avec le comte de Montbéliard, Richard de Montfaucon, est une fantaisie accréditée par Dunod et Guillaume (2). Richard de Montfaucon a épousé, en réalité, Agnès de Bourgogne (3). La série des dénombrements présentés aux comtes de Bourgogne par les comtes de Montbéliard, pour leurs terres sises en Franche-Comté, montre que les puits de Saulnot n'ont pas cessé d'appartenir au Domaine de Montbéliard, au moins depuis le temps de la comtesse Henriette jusqu'à la conquête de Louis XIV.

Il a existé longtemps à Scey-sur-Saône deux sources salées : l'une, appelée la Duhel, a disparu par suite des inondations de la Saône; l'autre, située devant le château, subsiste encore (4). Toutes deux ont été jadis recueillies dans des puits et ont fait l'objet d'une exploitation. L'un de ces puits a été construit par le comte Etienne de Bourgogne (5), avant l'année

---

(1) Amodiation de la saunerie à Christin Magnin et Nicolas Jacquottin, du 15 octobre 1670. (Archives Haute-Saône, E 202.)

(2) Dunod : *Histoire du comté de Bourgogne*, t. II, p. 264. — Guillaume : *Hist. de Salins*, t. I, p. 102, note.

(3) Tuefferd : *Histoire des comtes de Montbéliard*, p. 45.

(4) Suchaux : *Dictionnaire des communes de la Haute-Saône*, t. II, pp. 240-241. — E. Thirria : *Statistique de la Haute-Saône*, p. 41. — E. Thirria : *Manuel de l'habitant de la Haute-Saône*, p. 48.

(5) Au mois d'août 1241, Alix de Dreux, dame de Choiseul et de Traves, donne à l'abbaye de Cherlieu tel droit sur son puits de Scey « quale debent habere et habent in alio puteo quem fecit fieri bonæ memoriæ comes Stephanus. » (Guillaume : *Hist. de Salins*, t. I, pr., p. 104.)

1170 (1). Ce prince, cadet de la maison souveraine, avait succédé dans la possession des salines de Scey à la maison de Traves, dont il était héritier par sa mère, Poncette de Traves. Son petit fils, le comte Jean, céda Scey et les salines, avec la terre de Traves tout entière, à Renard de Choiseul et à Alix de Dreux, sa femme, en 1237, en échange des prétentions que cette dame pouvait élever sur Salins comme douairière de Gaucher, sire de Salins, son premier mari (2). L'un des Puits, la Duhel, fut vendu, dit M. Suchaux (3), par Alix de Dreux à Harteman de Scey, dit Lochard ; l'autre passa, avec le château, à la maison de Bauffremont par le mariage de Marguerite de Choiseul-Traves avec Liébaud de Bauffremont.

§ 3

Pour tirer parti de l'eau salée qui leur appartenait, les propriétaires des puits et les créanciers de rentes payables en muire firent construire, à proximité, des bâtiments abritant les chaudières dans lesquelles on faisait bouillir et réduire en sel, par évaporation, la muire extraite des puits.

Ce sont ces constructions que l'on appelle *bernes* (en latin du Moyen Age, *bagerna, baderna, baerna*). Du nom de l'engin principal qu'elles contenaient, elles ont été souvent désignées par le mot de *chaudières*. Le mot *meix* (mansus) désigne, à proprement parler, l'ensemble des constructions servant à l'industrie du sel : la berne, et les chambres destinées à la conservation du sel et à sa manipulation (4) (l'étuaille et l'ouvroir). Mais, dans l'usage, les noms de meix,

---

(1) En 1170, le comte Etienne de Bourgogne donne aux moines de Cherlieu deux chaudières à Scey. (*Cartulaire de Cherlieu*. B. N. Latin 10973, f° 27 v°.)

(2) Guillaume : *Hist. de Salins*, t. I, pr., p. 103.

(3) Suchaux : *Dictionnaire de la Haute-Saône*, t. II, p. 240.

(4) En 1220, Marguerite de Salins cède à Etienne de Bourgogne : « unam caldariam in qua fit saul cum appendiciis suis et domum in qua manet. » (Guillaume, t. I, pr., p. 107.)

berne et chaudière sont continuellement pris l'un pour l'autre (1).

Un autre vocable a servi, à une époque ancienne, à désigner ces bâtiments, c'est le mot *miche* (2), que l'on ne trouve plus en usage après les premières années du XIII° siècle. De même, dans les textes rédigés en latin, on s'est servi du terme *monteria* (3), soit seul, soit accolé aux divers noms

---

(1) Cette confusion est ancienne. Le 23 décembre 1037, le comte Renaud de Bourgogne donne à Flavigny « apud Salinam villam, aream unam cum caldaria quæ alio nomine bagerna vocatur, ut ibi fieret sal.. » (*Béatrix de Chalon*, p. 203.)

(2) En 1044, fondation de l'abbaye de Saint-Paul de Besançon par l'archevêque Hugues I : « Caldariam unam cum eo quod vulgo dicitur miches. » (Guillaume : *Salins*, t. I, pr., p. 16.)

16 novembre 1049. Confirmation par Léon IX des biens de Saint-Etienne de Besançon : « Caldarias quatuor ad sal conficiendum cum propriis sedibus quæ vulgo mitchæ vocantur. » (P.-F. Chifflet : *Hist. de Tournus*, pr., p. 369.) — Mêmes expressions dans la confirmation des mêmes biens par l'empereur Henri. (*Ibid.*, p. 365.) — 1084. Donation par Gaucher de Salins à Romainmôtier : « Casam desertam salinariæ caldariæ quam vulgus aperte michonen vocat. » (Guillaume : *Salins*, t. I, pr., p. 31.) — 1087. Donation à Saint-Etienne de Besançon par l'archidiacre Guichard : « Michem unum cum caldaria. » (Guillaume : *Salins*, t. I, pr., p. 23.)

La synonymie des deux mots miche et meix est prouvée par deux actes sans date. L'un est une donation par laquelle « Arduinius del Beiz, salinensis, dedit Sanctæ Mariæ de Roseriis in elemosinam dimidium michium Salinis » (B. N. Moreau, 871, f° 351 v°.), et l'autre un abandon par « Nalbona, » femme d'Ardouin le Roux, de ses prétentions « in dimidio manso quod Ardius (sic) del Beiz dedit Sanctæ Mariæ de Roseriis. » (*Ibid.*, f° 361, v°.)

D. Carpentier a cru à tort que le mot michium désignait un puits. (Du Cange : *Glossarium*, v° Michium.)

(3) Guillaume, comte de Mâcon, donne à Cluny, en 1146, « possessionem quamdam cum appendiciis in Burgo Ledonis, quæ vulgo Bærna Monteria dicitur, uæ erat Aimonis præpositi Ledonis, dato ei concambio, alia scilicet Bærna Monteria. » (B. N. Bourgogne 80, p. 211. Latin 5459, p. 133. — *Béatrix de Chalon*, p. 125.)

En 1170, « Stephanus, comes Burgundie, dedit fratribus Cariloci duas caldarias quas vulgus monterias appellat » (*Cart. de Chertieu*. B. N., Latin 10973, f° 27, v°.)

En 1209, « Caldariam quam monteriam vulgus appellat et sedem ejus ad faciendum sal apud Seith. » (*Ibid.*, f° 41, v°.)

de la berne. Il faut admettre la synonymie de ces termes.

Quant aux expressions qui indiquent qu'une chaudière est accompagnée d'un emplacement (*cum sessione propria...*, *cum sede proprio...*, *cum situ sessionis*, etc.), il faut souvent les entendre autant de la construction où la chaudière est enfermée, que du lopin de terre sur lequel elle est établie (1).

A côté des bernes appartenant aux propriétaires des Puits se sont élevées de très bonne heure, nous l'avons vu, des constructions analogues établies par des particuliers ou des établissements religieux. Les personnes à qui appartenaient les sources salées ont souvent distrait de leur patrimoine une quantité plus ou moins considérable de muire qu'ils permettaient à d'autres de prendre périodiquement dans leurs Puits : tous les ans, à certaines fêtes, toutes les semaines, etc. La plupart du temps, c'était par des actes de pure libéralité que ces rentes en muire étaient établies ; mais parfois ces aliénations se sont faites à titre d'échange ou moyennant finance.

De semblables avantages ne profitaient à leurs bénéficiaires que si le moyen était donné de réduire en sel la muire concédée. Les crédi-rentiers de revenus payables en eau salée pouvaient avoir reçu le droit de faire cuire cette eau dans des chaudières existantes : c'est ce que l'on appelait les

---

Sentence arbitrale rendue l'an 1237, entre Jean de Chalon et Guillemette, abbesse de Château-Chalon : « Assignet idem comes quadraginta solidos stephaniensium quolibet anno persolvendos in perpetuum in calderia quæ vocatur Monteria Comitis apud Lædonem. » ([Leriche] : *Mém. pour servir à l'histoire de l'abbaye de Château-Chalon*, p. 159.)

(1) Confirmation par le roi Rodolphe III des donations du comte Renaud de Bourgogne et d'Hugues de Salins en faveur de Saint-Anatoile : « Privilegium unius caldariæ ferreæ cum situ sessionis propriæ. » (1029). (Guillaume : *Salins*, t. I, pr., p. 13).

Donation, non datée, faite par Hugues d'Argençay à Saint-Paul de Besançon : « Sedem unius caldariæ quod vulgo dicitur miches. » (B. N. Moreau 868, f° 11.)

« *Bouillons en fer et en muire* (1) »; ou ils pouvaient acquérir, moyennant une redevance, l'autorisation de la faire évaporer dans telle ou telle berne : ils possédaient alors des « *Bouillons volages* »; enfin ils pouvaient construire de nouvelles bernes (2). C'est grâce à ce dernier procédé, que se sont élevées, parfois en nombre très considérable, autour du puits, des bâtiments formant chacun une officine distincte.

Il n'y a guère que les très petites salines, comme celle de Soulce, ou celles dont l'existence a été de peu de durée, comme celles de Tourmont, de Montmorot, qui n'ont été formées que d'une seule berne. Toutes les autres étaient composées de plusieurs de ces constructions. A Saulnot (3), au XIVe siècle, il y avait six bernes autour du Grand-Puits et trois autour du Petit. Nous ne savons au juste de quel nombre elles ont été dans les autres sauneries, du moins pour une époque ancienne. J'ai dit qu'elles avaient dû être fort nombreuses au Puits-à-Muire : dans cette saline, il y en avait encore dix en 1473 ; au XVIIIe siècle, il n'en restait plus que trois. Celles de la Grande-Saunerie, après avoir été probablement très nombreuses, étaient réduites à huit vers l'an 1600, à sept à la fin du XVIIIe siècle ; il en subsistait cinq en 1805. A Lons-le-Saunier, à Grozon, à Scey-sur-Saône, il en a existé également un certain nombre.

La plupart de ces bernes portaient le nom de leurs propriétaires. Le seigneur à qui appartenait le Puits avait les siennes dont le vocable rappelait le fait de cette possession.

---

(1) En 1200 : « Fratres Roseriarum usum ferri ad faciendum bullionem unum, singulis annis, quindecim diebus ante festum Sancti Johannis-Baptistæ vel quindecim post, canonicis Sancti-Anatholii, in caldaria sua Salinis, in perpetuum concesserunt, » en échange d'autres droits. (Notes du P. André pour le *Gall. Christ.*)

(2) Mémoire pour les Rentiers du Puits-à-Muire (milieu du XVe siècle) : « Item que oudit Bourg-Dessoubz, il est loisible à chascun de y avoir et faire berne de nouvel, et y en fait l'on chascun jour. » (Arch. du Jura, A 20).

(3) V. plus haut, § 2.

A Lons-le-Saunier, il y avait une *Chaudière du Comte* (1) ; à Salins une berne ou chaudière de *la Demaine*, c'est-à-dire du Domaine (2), appelée aussi « vers le Pont (4) ». La plupart des autres bernes portent un nom dérivé de celui des personnes qui les tiennent. Ainsi, celle des bernes du Puits-à-Muire qui appartenait à la famille de Falletans était nommée *la Morouse* — et par coruption *l'Amoureuse*, — ce nom lui venait d'un des membres de la famille de Falletans dont le prénom était Moroux (4). Quelquefois elles portent un nom rappelant leur destination, comme la Berne des Aumônes à Lons-le-Saunier. Assez souvent, leur vocable est tiré de leur situation : la Berne « du Creux » au Puits-à-Muire, les Bernes de « Grand-Bief » et de « Petit-Bief » à la Grande-Saunerie, la Berne d' « Emmey » ou du Milieu, à Saulnot, sont dans ce cas.

Primitivement, et pendant longtemps, chaque berne est une unité ; elle existe par elle-même en dehors des bernes voisines. Elle a sa comptabilité à part ; et, quand les seigneurs font des donations de muire, ils ont soin de déterminer celle de leurs bernes sur laquelle ils entendent les assigner. Ce régime paraît avoir duré jusqu'à la seconde moitié du XIIIᵉ siècle. Vers ce moment, on voit, du moins au Bourg-Dessus de

---

(1) « Calderia quæ vocatur Monteria Comitis », en 1237.

(2) En latin *Caldaria dominica*. — En 1149, donation par Gaucher de Salins à Rosières de 3 bouillons de rente « in sua dominica caldaria quæ ante Pontem sita est. » (Guillaume : *Salins*, t. I, pr., p. 47.)

(3) 30 décembre 1185. Confirmation par Urbain III des possessions de Saint-Etienne de Besançon : « Caldaria juxta Pontem. » (Coll. Laubespin : *Mém. pour servir à l'hist. du comté de Bourgogne*, t. III, p. 230.)

Obituaire de Saint-Etienne de Besançon : « 16. kl. octob., Gerardus Viennensis comes.... Gualterus, dominus salinensis, ejusdem comitis filius, dedit pro eodem viginti solidos singulis hebdomadibus, caldariis bullientibus, in caldaria juxta Pontem, pro quibus debet ecclesia centum solidos. » (Ibid., t. III, p. 6-12.)

On a dit aussi : « ante Pontem » et « prope Pontem. »

(4) « Moroux de Falletens, escuier, » était, en 1374-5, prévôt du Bourg de la comtesse de Bourgogne, à Salins. (B. N. Joussanvault 85, fº 5.)

Salins, toutes les bernes s'unifier, se fondre dans la Saunerie ; les rentes ne sont plus constituées que sur l'ensemble de la saline. Sans aucun doute, ce fait a suivi la réunion de toutes les bernes entre les mains d'un même propriétaire. Il semble que c'est Jean de Chalon qui a opéré cette transformation.

Toutefois, l'une des bernes de la Grande-Saunerie a échappé à cette unification, c'est la berne de Rosières. Elle a continué à former une usine spéciale, et me paraît avoir gardé jusqu'au XVII° siècle, les caractères qui devaient être autrefois communs à toutes les bernes.

La berne de l'abbaye des Rosières était située dans le Bourg-Dessus de Salins (1), à l'extrémité de l'enceinte de la grande saline, auprès du Pont Saint-Nicolas. On l'appelait la « Chauderette ». Les religieux de Rosières en avaient accordé la moitié à ceux de Citeaux. Le comte Jean de Chalon l'acquit (2), sans doute dans le but d'y concentrer les rentes en muire qui grevaient ses autres bernes. Le fait est que, dès lors, toute la muire revenant à la berne de Rosières se trouva partagée en soixante-quatre quartiers. A la différence des quartiers usités au Puits-à-Muire, ceux-ci représentaient chacun une quantité fixe de muire : vingt-deux seilles (3).

---

(1) Et non dans l'espace intermédiaire entre les deux Bourgs, comme le voulait Béchet. Le Cartulaire de Citeaux porte qu'elle est située. « in Burgo salinensi de dominio Braconis. » (Bibl. de Bes, Chifflet 40, f° 64.) En 1281, reprise de fief par Guillaume de Salins envers Jean de Chalon-Arlay, pour droits « in loco dicto Carderata existente Salinis, in Burgo heredum bonæ memorie Johannis quondam comitis Burgundie et domini salinensis. » (B. N. Moreau, f° 68, v°.)

(2) En décembre 1248, l'abbé Humbert et les religieux de Rosières accordent à Citeaux la moitié de l'une de leurs bernes en place de la moitié de la berne « quæ dicitur li Chauderate, » berne que le comte Jean avait acquise d'eux par voie d'échange. (Bib. de Besançon, Mss. Chifflet, n° 40, f° 14. Cart. de Citeaux.)

(3) Les 64 quartiers revenaient à 60 lons, le lon étant de 24 muids. (Moreau de Beaumont : *Mémoire conc. les impositions et les droits*, t. III, p. 196.) — Censier de Citeaux pour Salins (1299) : « Chacuns quar-

Cette eau était envoyée, par des canaux, du Puits d'Amont de la Saunerie dans la chaudière de Rosières.

Ces soixante-quatre quartiers appartenaient à un certain nombre de Rentiers tant laïcs qu'ecclésiastiques [1] qui faisaient bouillir en commun leur eau salée et avaient une organisation administrative analogue à celle du Puits-à-Muire. M. Béchet a supposé à tort que c'étaient ces Rentiers qui étaient appelés *Seigneurs communaux de la Saunerie de Salins*, dans un acte du 20 mars 1363/4, par lequel Hugues de Chalon vend aux personnes ainsi désignées une maison dite la Salle des Seigneurs de Chalon. Il s'agit dans cette charte des « Parçonniers » de la Grande-Saunerie qui étaient, *en commun*, propriétaires de la saline [2].

---

tier vaul oudit lieu XXII celles, et a partout en ladite Chauderete, que appartienent à tous les rentiers d'icelle, LXIIII quartiés de muire, que se paie et prant chascun an ou Puis-Dessus de la Grant-Salnerie, et en fait l'on le sel en communlz, et se vent en communl au profit de tous les rentiers d'icelle Chauderete. » (Arch. du Jura, A 991.) - Lettre de J. de Ville, receveur des rentiers de la Chauderette (vers 1630-1640) : « Noter que le quartier de muyre en ladite Chauderette n'a que vingt-deux seilles. » (B. N, Joussanvault 87, f° 262, v°.)

(1) En novembre 1268, Jean de Scey reprend de la comtesse Laure « un quartier et demi de muyre en la Chaderette de Salins. » (B. Prost : Cartul. de Hugues de Chalon, p. 76.)

Obituaire de Saint-Anatoile. 5 octobre 1275 : « Obit dominus Joannes dictus Enguarrant, miles, assignat 12 denarios super muriam suam de la Chauderette. » (Bib. de Besançon, Ms. 826, f° 162.)

En 1281, Guillaume de Salins tient un demi-quartier « in loco dicto Carderata. » (B. N. Moreau 887, f° 58, v°.)

Le 17 janvier 1293, Etevenin, fils de feu Hugonet, fils « Dam Viot », vend à Cîteaux un quartier et demi de muire, « laquel muire l'an a acustumez mener de la sagnerie es hoirs le conte de Chalon à leu qui est appelez Chaderete. » (Cart. de Cîteaux. (Bib. de Besançon, Chifflet, 40, f° 22.) — Le 22 septembre 1294, le même Etevenin vend à Cîteaux quatre seilles un quart de muire au même lieu. (Ibid., f° 24.)

En 1368, Jean Porcelet possède un quartier de muire « in Gallice es Chauderates de Rosères, in dicta villa de Salinis, » qu'il a acquis de Guillaume et Jean d'Estavayer. (Obituaire de Besançon. Moreau 864, f°ˢ 429 et 430, v°.)

(2) Béchet : *Rech. sur Salins*. t. I, pp. 44-45. Voir l'original aux Arch. du Doubs, B 238.

Comme celles du Puits-à-Muire, les rentes de la Chauderette devaient être rachetées par Philippe II, Albert et Isabelle et Philippe IV (1).

En dehors de ces droits attachés à la possession d'immeubles, — puits ou bernes, — on constate dans les salines l'existence d'une foule de rentes payables en argent ou en nature par les détenteurs de ces immeubles.

Les rentes en muire possédées par des personnes qui n'avaient pas de bernes, sont nombreuses. En ce cas, l'eau salée devait être hébergée par quelque possesseur de berne, sous peine de rester inutile. Ordinairement, l'acte de constitution de pareils droits ménageait au bénéficiaire l'usage d'une chaudière. Ces quantités d'eau sont appelées *bouillons* ou *montées* (2).

Le *bouillon*, c'est à dire, à proprement parler, le volume de muire bouilli en une fois dans une chaudière, consiste en deux longs environ, c'est-à-dire de quarante-huit à cinquante muids. Mais cette quantité a un peu augmenté vers le XVᵉ siècle : elle s'élève alors à soixante muids. Cette mesure a été conservée jusqu'à la fin du dernier siècle.

Le mot *montée* paraît un synonyme de bouillon, employé particulièrement à Lons-le-Saunier et à Scey. La montée et le bouillon se divisent en *seilles*, dont il faut ordinairement soixante pour former une montée. Ces seilles paraissent avoir eu le même volume à Salins et à Lons-le-Saunier.

Il faut noter ici, pour l'intelligence des chartes si nombreuses portant donations ou ventes de rentes en muire, que les expressions « montée de muire, bouillon, seille » doivent s'entendre d'une rente annuelle de chacune de ces quan-

---

(1) En 1645, il y avait encore 25 rentiers dont le Roi n'avait pu acquérir les parts ; elles montaient à 13 quartiers. (*Mémoire du Parlement de Dole*, en 1645. B. N. Moreau 912, fᵒ 102.)

(2) Quelquefois le mot *chaudière* a le même sens. En 1234, dans une donation du comte Étienne à Cherlieu, on lit : « unam chaldariam scilicet monteam sufficientem chaldariæ. » (B. N. Latin 10973, fᵒ 67, vᵒ.)

tités d'eau salée, et non de pareil volume une fois donné.

Le système des constitutions de rentes en muire présentait des difficultés. On semble y avoir renoncé au xiii° siècle [1]. Il était plus simple de procurer aux personnes que l'on voulait gratifier d'une certaine quantité de sel, ce sel tout produit, tout formé. C'est une idée de simplification qui transforma les rentes en muire en rentes payables en sel. Elles consistaient en un nombre déterminé de *charges* de sel. On appelait *charge* l'ensemble de quatre *benates* ou paniers d'osier contenant chacun douze pains de sel. C'est surtout en faveur des monastères, où une grande quantité de sel avait son emploi, que de pareilles rentes ont été constituées. Quelquefois, la rente était soldée non en pains de sel, mais en sel « *trié* », c'est-à-dire en grains; on le mesurait alors au bichet [2] ou au rasier [3].

Parfois, en plus de certaine quantité de sel, les débiteurs des rentes devaient fournir la nourriture des animaux envoyés pour le chercher [4]. Les seigneurs qui octroyaient des libéralités de ce genre avaient soin de dispenser leurs bénéficiaires des péages qui pouvaient se rencontrer sur la route que devaient suivre les convois [5].

---

(1) Les dernières de ces donations de bouillons sont émanées du comte Jean de Chalon. La plus récente est une concession d'un demi bouillon octroyée par ce prince à Hugues, châtelain de Bracon, en récompense de ses services. Elle est datée du lundi avant la Saint-Valentin (13 février) 1262-3. (Cart. de Jean de Chalon, n° 1.)

(2) En novembre 1250, Jean de Chalon donne à N.-D. de Mouthe six charges de grand sel en échange de 60 bichets de sel trié qu'elle avait reçus de Josserand de Brancion. (Cart. de Jean de Chalon, n° 29.)

(3) Gaucher, sire de Bourbon et de Salins, confirmant les libéralités de son aïeul Gaucher en faveur de Balerne, mentionne « sex rasarios salis in carderiis suis singulis septimanis persolvendos, ad usus coquine de Balerna. » (Cart. de Jean de Chalon, n° 119.)

(4) Donation faite par Gaucher de Salins à Cluny (vers 1100). (Guillaume : *Salins*, t. I, pr., p. 34.)

(5) En janvier 1244-5, Jean de Chalon donne à Lugny dix charges de sel : « et omnes qui dictum sal venient recepturi, et omnia animalia ipsum sal deferentia, de nobis et de omnibus amicis nostris, in nostro et salvo

De telles donations en nature n'ont guère pris naissance qu'à une époque ancienne. On en trouve encore un assez grand nombre parmi les libéralités du comte Jean de Chalon (1). A partir du XIVe siècle, on ne constitue plus que des rentes en argent, et les rentes en nature existantes tendent à se transformer en prestations pécuniaires.

Ces rentes en argent, — analogues à nos obligations modernes, — se sont multipliées à l'infini, en Franche-Comté, à partir du XIIIe siècle. Dans les testaments, les partages d'hoiries, les contrats de mariage qui nous sont restés, figurent, à chaque instant, des rentes perpétuelles assignées sur les salines de Salins. C'est une valeur sûre que l'on donne en gage, en dot, sur laquelle on établit de nouvelles rentes. Le Prince lui-même était devenu créancier de semblables rentes. Par le partage de la succession de Jean de Chalon, le comte de Bourgogne prenait, d'avantage, deux mille livres par an (2) sur les revenus de la Saunerie ; il y perçut plus tard, en outre, les trois cents livres dues par suite du traité qui prescrivit la démolition de Grozon (3). Les filles de la maison comtale reçurent très souvent en mariage une rente sur la Saunerie ; de même les veuves y eurent une part de leur douaire (4) ; les cadets, des revenus (5).

Quant aux avantages de ce genre concédés à des particuliers, le comte Jean en a créé un très grand nombre. Il a véritablement prodigué ce moyen de récompense à l'égard des

---

conductu et guiagio, eundo et redeundo, recepimus et habemus. » (Cart. de Jean de Chalon, n° 6.).

(1) Voir dans le Cartulaire de Jean de Chalon une quantité de donations de charges de sel aux églises, entre les années 1242 et 1262.

(2) V. partages de Jean de Chalon, dans Guillaume : *Salins*, t. I, pr., pp. 79 et s.

(3) Voir aux pièces justificatives la charte de 1369 réglant les conditions de la démolition de la saline de Grozon.

(4) Il en a été ainsi pour Mahaut d'Artois, veuve d'Otton IV.

(5) Jean et Henri de Bourgogne, fils du comte Hugues, percevaient des rentes sur la Saunerie, au commencement du XIVe siècle. (B. N. Franç. 8551. Compte du douaire de Mahaut d'Artois.)

laïcs comme en faveur des monastères. Il existe un cartulaire de plus de deux cents chartes émanées de ce prince, qui ne renferme que des constitutions de rentes sur la Grande-Saunerie (1). Ces rentes, comme celles qui devaient être payées en muire, étaient le plus souvent perpétuelles ; cependant, il en a été créé quelques-unes à titre viager (2).

Ces revenus étaient tenus en fief par leurs bénéficiaires, du seigneur dans le domaine duquel la Saunerie était comprise. Mais ce genre de fiefs pouvait être possédé par des roturiers, sans permission spéciale, tandis que, dans le reste de la Province, les fiefs ne pouvaient être tenus que par des nobles ou des roturiers qui en avaient reçu l'autorisation par lettres. De cette façon, les donateurs de rentes se créaient des vassaux qui leur rendaient hommage. C'était s'attacher de nouveaux serviteurs ; et il semble bien que le comte Jean n'ait poursuivi d'autre but, par ses nombreuses libéralités, que de se procurer des alliés parmi les personnages marquants de la Province, comme il se ménageait la bienveillance des autorités ecclésiastiques, en distribuant des faveurs analogues aux gens d'église et aux communautés religieuses.

Après la mort de Jean de Chalon, ses descendants continuèrent à asseoir des rentes en argent sur les revenus de la Saunerie. Chacun greva ainsi le « Partage » qui lui était échu. Mais les dons de ce genre sont alors beaucoup moins nombreux que du vivant du comte Jean, et même, les propriétaires de la Saunerie commencent à racheter les rentes, pour un capital une fois payé. Cette réaction ne se produisit pas tout d'un coup. Peu à peu, on voit s'affirmer la tendance à la pro-

---

(1) Cartulaire de Jean de Chalon, à la Bib. de Besançon. Mss. Chifflet, n° 47.

(2) Telles sont celles concédées par Jean de Chalon à Raoul de Monnet, physicien, en 1249 (Cart. de J. de Ch. n° 51), à Béatrix de Bourgogne, dame de Marnay, en mai 1256 (ibid. n° 447), à Hugues de Fouvent, official de Besançon, en décembre 1256 (ibid. n° 161), à Olivier de Jussey, en 1258 (ibid n° 3), à Eudes d'Eternoz, en 1259 (ibid. n° 155), à l'abbesse de Battant, en 1261 (ibid. n° 162).

priété exclusive de la Saunerie, recherchée par les souverains.

Les bernes avaient perdu leur individualité, au temps de Jean de Chalon, pour former une unique Saunerie ; les rentes en muire ne sont plus payées, ensuite, qu'en sel ; les rentes en sel se transforment aussi et deviennent des rentes en argent ; les rentes en argent elles-mêmes sont enfin rachetées par le Prince. Otton IV, la reine Jeanne, Marguerite de France ont réduit de cette façon le nombre des charges imposées à la Saunerie par les largesses de leurs prédécesseurs. Leur œuvre sera d'abord poursuivie par les rois d'Espagne ; mais elle verra son accomplissement indéfiniment retardé par la constitution de nouvelles rentes en deniers, pour le rachat des quartiers du Puits-à-Muire et de la Chauderette de Rosières.

CHAPITRE III

MONOPOLE DE LA FABRICATION DU SEL

§ 1

Aussitôt qu'ils furent devenus maîtres de la Grande-Saunerie, les princes de la maison de Chalon jetèrent les yeux sur le Puits-à-Muire, et, sentant là une concurrence à éteindre, s'efforcèrent de le réunir à leur saline. Dès le mois de décembre 1290, le comte palatin de Bourgogne, Otton IV, s'associe à ses oncles, co-propriétaires, avec lui, de la Saunerie, Jean de Chalon, comte d'Auxerre, Etienne de Chalon, sire de Vignory, et Jean de Chalon, sire d'Arlay, pour acquérir « le puis et la muire qui est à Salins, ou Borc le conte de Bourgoingne, » à telle condition que toutes les acquisitions que chacun d'eux pourra y faire, seront réparties entre tous selon la manière dont la Saunerie leur a été partagée ; c'est-à-dire que le comte de Bourgogne doit en avoir un tiers, le comte d'Auxerre et le sire de Vignory, ensemble, un second tiers, et le seigneur d'Arlay le troisième [1].

Cette association ne réussit pas dans ses projets et, au XIVe siècle, la maison comtale ne possédait qu'une part minime dans la propriété du Puits-à-Muire.

La plupart des historiens s'accordent à admettre que c'est à une mesure administrative qu'est due la suppression de la saline de Lons-le-Saunier [2]. Peut-être l'analogie de la

---

[1] Arch. du Doubs, B 201. — Inv. des arch. de Saint-Vincent de Besançon. B. N. Moreau 867, f° 421. — Moreau 889, f° 402, et 877, f° 483 (copies).

[2] Dans une requête présentée en 1650 au Conseil des finances du roi d'Espagne, la ville de Lons-le-Saunier exposa que ses salines avaient été

disparition de cette usine avec la démolition de celle de Grozon, qui eut lieu au même siècle, a-t-elle influé sur l'esprit de ceux qui ont attribué à ces deux événements une cause semblable. En réalité, nous n'avons aucun renseignement précis sur les raisons ni sur les circonstances de ce fait. La découverte de matériaux calcinés qui ont été mis au jour lorsqu'on a voulu, au XVIII⁰ siècle, rétablir la saunerie de Lons (1), est le seul indice qui fasse penser que l'ancienne saunerie a péri par le feu. Cet incendie a-t-il été accidentel ou volontaire ? On l'ignore. Cependant, ce qui semblerait bien corroborer l'opinion qui suppose volontaire la destruction de la saline, c'est que les habitants de Lons-le-Saunier ont reçu une indemnité pour les dédommager de la perte qu'ils avaient faite. C'était une prestation annuelle de cinquante charges de sel qui leur était accordée sur Salins ; elle fut convertie, plus tard, en une rente de mille livres (1651) (2).

A en croire un mémoire, présenté en 1650 par la ville de Lons-le-Saunier au Conseil des finances du roi d'Espagne, la saline aurait été détruite en 1290 (3). Un ouvrage manuscrit de M. Courbe sur Lons-le-Saunier, donne l'année

détruites, en 1290, pour mettre celles de Salins en plus grande valeur. (Fenouillot de Falbaire, dans l'*Encycl. méth. Arts et Métiers*, t. VII, p. 139.)

V. Moreau de Beaumont : *Mém. sur les Impos. et les Droits*, t. III, p. 204.

« Il paraît même qu'on démolit les bâtiments pour favoriser la saline de Salins plus productive. » (J.-B. Perrin : *Not. hist. sur la ville de Lons-le-Saunier*, p. 241.)

D. Monnier : *Annuaire du Jura* 1841, pp. 137-139 ; 1844, p. 272.

(1) « On a trouvé dans les creusages qui ont été faits, une grande quantité de rouages d'arbres de roue à demi brûlés, et l'on peut conjecturer de là que ces salines périrent par le feu. » (Fenouillot de Falbaire : *Enc. méth. Arts et Mét.*, t. VII, p. 139.)

(2) Moreau de Beaumont : *Mém. sur les Impos. et les Droits*, t. III, p. 204.

Fenouillot de Falbaire : *Encycl. méth. Arts et Mét.*, t. VII, p. 139.

(3) V. p. précédente, note 2.

1292 (1). Ces deux dates sont inadmissibles. J'ai vu des chartes de 1290, 1294, 1295, 1311 (2), M. Monnier en cite de 1313 et 1314 (3) qui prouvent que l'usine était alors encore en activité (4). A partir de 1314, je ne connais plus de traces de son existence. On a dit que sa destruction avait eu lieu en 1318 (5); c'est bien possible, mais ce n'est pas prouvé (6).

---

(1) *Histoire manuscrite de Lons-le-Saunier*, citée par D. Monnier (*Ann. du Jura* 1841, p. 137.)

(2) En 1290, Hugues de Vienne donne aux Frères Mineurs de Lons une berne sise près le Puits dudit lieu. (B. N. Bourgogne 38, p. 141.)

En janvier 1293-4, Renaud de Bourgogne et Hugues de Vienne donnent quittance à l'abbé du Miroir pour 48 liv. est. qu'il leur devait « por la cause et por la fayture dou Poys de Lons et por doze montées de muire fraînches, lesquex il hont et doivent havoir oudit Pois de Lons. » (Arch. du Jura, série H. Citeaux XCVII). Quittance analogue donnée par les mêmes aux abbés de Bellevaux et de Rosières, en février suivant. (B.N. Moreau 870, f° 645, v°.).

En 1295, Jean de Chalon affranchit au profit de son frère Étienne trois montées de muire « ou Pois de Laon. » (*Béatrix de Chalon*, p. 116.)

En 1303, Perrenin de « Recons » possède en fief 20 livres de rente sur les sauneries de Lons (*Mém. pour servir à l'histoire du comté de Bourgogne*, par l'abbé Guillaume, t. V, f° 140, v°.) (Collect. de M. de Laubespin.)

En février 1310-11, Perrenin, fils d'Henri Fèvre, reprend en fief du comte Renaud « ung mon fonz de berne assis ou porpris dou Pois de Laon lou Sanier... et toutes les rantes de forgée que j'ay oudit Poys de Laon. » (Arch. du Doubs, B 311.)

(3) Emonin et Jean d'Orgelet reprennent en fief de Hugues de Vienne quarante montées de muire à Lons (1313). — Renaud de Bourgogne, par son codicile de 1314, lègue des rentes assises sur le Puits de Lons. (D. Monnier : *Ann. du Jura* 1841, p, 138.)

(4) M. Rousset (*Dictionnaire*, t. III, p. 642) prétend que la destruction eut lieu entre les années 1317 et 1320, sans donner les raisons qu'il a d'adopter ces dates.

(5) D. Monnier: *Annuaire du Jura*, 1844, p. 272. — Ch. Duvernoy (Gollut, nouv. éd., notes, col. 1736) place cet événement entre 1314 et 1320, sans autrement en fixer la date. Il est à remarquer, en effet, que le comte Renaud, en cette dernière année, constitue en dot à sa fille des rentes sur les sauneries de Salins et de Grozon, sans parler de celles de Lons, dans lesquelles il avait eu cependant des droits [plus importants qu'à Salins et à Grozon. (Chevalier : *Mém. sur Poligny*, t. I, p. 403.)

(6) M. Perrin (*Notes historiques sur la ville de Lons-le-Saunier*, p. 141) suppose que la saline a subsisté jusqu'à une époque postérieure à la

On pense que la reine Jeanne aura alors passé un traité avec le comte de Montbéliard, Renaud de Bourgogne, pour supprimer un établissement concurrent de ses usines de Salins et de Grozon. Le comte Renaud et les habitants de Lons auraient été indemnisés par des rentes sur les sauneries de la comtesse de Bourgogne. Il faut penser que les seigneurs de la maison de Vienne, qui étaient co-propriétaires de la saunerie avec le comte de Montbéliard, ont pris part à ce traité, au même titre que lui, et ont été dédommagés d'une façon analogue [1].

Peut-être la disette de bois aux alentours de Lons-le-Saunier, dont une trop longue exploitation des sauneries avait dénudé les environs, a-t-elle influé sur la suppression de la saline.

Peut-être une cause matérielle analogue a-t-elle aussi déterminé, un demi-siècle plus tard, la destruction de la saunerie de Grozon.

Le fait est que cette usine, située dans un lieu bas et marécageux, — les étymologistes ont voulu trouver dans cette position l'origine du nom de Grozon [2], — était exposée à des inondations dangereuses. Ainsi, au milieu du XIVe siècle, des pluies abondantes avaient réduit à néant la fabrication du sel. Un état des biens de l'hôpital du Saint-Esprit de Dole, dressé en mai 1342, nous fait connaître que les rentes établies sur Grozon dont était pourvu cet établissement cha-

---

fin du XIVe siècle. M. J. Gauthier écrit qu'elle était en pleine activité à la fin du XVIe siècle. (*Un voyageur allemand en Franche-Comté au XVIe siècle*, dans *Mém. de l'Acad. de Besançon*, année 1886, Besançon, 1887, p. 48.) Mais le silence des chartes à partir du premier quart du XIVe siècle, ne permet pas de croire que la saunerie de Lons ait subsisté aussi longtemps.

(1) Monnier (*Annuaire du Jura*, 1844, p. 272) semble avoir oublié l'existence des Vienne et de leurs droits sur Lons-le-Saunier.

(2) Chevalier fait venir ce nom de Gronna. Il suppose que de l'adjectif *Gronnosus* on aura fait, par métathèse, *Grosonus*. C'est une étymologie fantaisiste qui a eu un certain succès. (Chevalier : *Mém. hist. sur Poligny*, t. II, p. 229.)

ritable, étaient devenues, par le fait, illusoires. « Item à Groson, dit le rédacteur, es vint jours de la Nativité Nostre-Seignour, une charge de seel, et en sumes bien sacellez, et si en est on paihiez à grant painnes, quar, essez de temps, li puis ne fait riens, pour les pluiges (1). »

C'est, sans doute, en considération du peu de profit qu'elle en tirait, que la comtesse de Bourgogne, Marguerite de France, sacrifia la saunerie de Grozon, dont elle était seule propriétaire, à celle de Salins, dont elle ne possédait qu'une partie. Elle passa avec ses « Parçonniers de Salins un traité par lequel elle promettait de la détruire et de donner cours au sel des trois établissements salinois, dans les limites où s'était auparavant vendu le sel de Grozon. En revanche, les Parçonniers de la Grande-Saunerie lui promettaient une rente de trois cents livres par an ; le Puits-à-Muire devait lui en payer deux cents et les Rentiers de la Chauderette, cent. Les rentes et charges établies sur Grozon étaient transportées sur la Grande-Saunerie. Les conseillers de Marguerite avaient passé un contrat sur ces bases en mai 1369 (2) ; il fut ratifié par la princesse, à Gand, le 25 juin suivant (3). En conséquence, la saunerie de Grozon fut démolie ; elle avait cessé de produire vers la saint Jean-Baptiste 1369 (4). Les amodiateurs en cours de bail furent indemnisés.

---

(1) Arch. de l'hôpital de Besançon, I 3 *b*.

(2) Ce traité est indiqué par l'Inventaire des Archives du Doubs, sous la cote B 308.

(3) Voir ce document aux pièces justificatives.

(4) Le 24 juin 1369, lettre des conseillers de la comtesse Marguerite réglant l'indemnité que l'on devait aux fermiers de la saunerie de Grozon qu' « il hont tenu dois led. XIII jour de janvier M. CCC. LXVI, que sont deux ans entiers, et dès lors jusqu'à dit jour M. CCC. LXVIII, jusques environ le jour de feste saint Jehan-Baptiste suivant que ladicte saunerie de Groson vauqua et cessa de cuyre sel, pour ce que alors commença et pendant ce terme fust fait le traictez de eschangier ladicte salnerie de Groson es seigneurs et rentiers de la Grant-Saunerie de Salins, de la Chauderete de Rousières et du Puis du Bourg-Desoubz, et icelle saunerie de Groson mettre à néant à perpétuité. » (Arch. du Doubs, B 308.)

Les gens du conseil de Marguerite semblent avoir poursuivi un projet de monopole de la production du sel en faveur de la Grande-Saunerie de Salins. Après la suppression de Grozon, ils proposèrent à leur souveraine de détruire le Puits-à-Muire. Mais les scrupules de la comtesse firent avorter leur projet ; elle répondit en défendant toute tentative de ce genre, d'autant, ajoutait-elle, qu'elle ne voulait donner son âme pour aucun profit.

Les tendances anti-féodales qui se firent sentir au XVe siècle, étayées par la mode du droit romain, devaient mettre en grand péril l'existence des salines des particuliers. En y déployant beaucoup de bonne volonté, les conseillers très dévoués des ducs de Bourgogne trouvèrent dans l'arsenal des lois romaines des textes qui supposaient plus ou moins que les salines étaient « res fisci » et que leur propriété était comprise au nombre des droits régaliens [1]. Ils se hâtèrent d'en conclure que les sauneries devaient ou appartenir au souverain, ou ne pas être [2]. Forte de ces principes, l'administration n'eut qu'à choisir, selon les circonstances, entre la confiscation et la suppression. Les propriétaires menacés eurent beau invoquer l'ancienneté de leurs droits [3] : auprès des juristes d'alors, les faits avaient peu de crédit quand la Loi écrite avait parlé.

---

[1] V. ch. II, § 1, *initio*.
[2] *Mémoire du procureur du duc de Bourgogne contre les Rentiers*, en 1442. (Arch. du Jura, A 11.) « Droit de salines est droit de régale et appartenant au prince et à nul autre. »
[3] En 1442, *Mémoire pour les Rentiers du Puits contre le procureur général* : « Item que semblablement plusieurs églises, nobles et autres, sous la souveraineté et ressort de mondit seigneur tiennent et possident plusieurs droiz que par constitutions nouvelles sont appelés droiz de Régalie, comme Madame de Montbéliard, Monseigneur le prince d'Orenges, le conte de la Roche, Monseigneur de Fouvens, qui tiennent saulnerie au comté de Bourgoigne, ouquel plusieurs autres seigneurs et dames possident et tiennent parts et partaiges et ont fait de grande anciennetté, soubz la souveraineté de mondit seigneur, et qui est une partie de leur chevance et d'aucuns l'une des grans d'icelle. » (Arch. Jura, A 20.)

Le Puits-à-Muire fut le premier en butte aux attaques des agents ducaux. En 1423, les Rentiers avaient jugé à propos de modifier le prix de leur sel. Les officiers de la Grande-Saunerie protestèrent, prétendant que les intérêts du duc en étaient lésés. Le procureur général averti déclara que les salines constituant, suivant le droit écrit, un bien régalien, le souverain seul était propriétaire du Puits-à-Muire, que les Rentiers ne pouvaient être que les créanciers de rentes assignées sur l'usine; que dès lors le duc seul pouvait régler le prix du sel, sa chose (1).

La question de propriété ainsi posée, les Rentiers s'émurent et obtinrent qu'une commission fût chargée d'enquérir sur leurs droits.

Les commissaires choisis par le Duc étaient : Jacques de la Viéville, bailli de Dijon, Drève Mareschal, maître des comptes, et Guy Gelenier, conseiller du Duc (1). Ces enquêteurs se rendirent à Salins, et, après avoir procédé à une longue information de quatre mois (de septembre à décembre 1424, inclus), déclarèrent, par provision, le Puits « mis en la main de Monseigneur (3). »

---

(1) Les commissaires, « estans audit Salins, firent appeler pardevant eulx lesd. Moutiers, à la requête du procureur de mondit seigneur, lequel proposa contre iceulx Moutiers entr'aultres choses et requist qu'il fust déclairié eulx estre amendables envers mondit seigneur pour ce qu'ilz avoient mis pris en leurs selz, et les vendoient à lour voulentez et ainsi qu'ilz povoient. » (Déposition de Guy Gelenier. Arch. du Doubs, B 202, f° 397 v°.)

(2) Arrêt de février 1424-5. (Arch. du Jura, A 18.) — Déposition de Guy Gelenier dans une enquête de 1443 (Arch. du Doubs, B 202, f° 307.) « Dit savoir que en l'an mil CCCC. XXIII, Messire Jaqués de la Viesville, lors bailli de Dijon, luy qui parle, et feu Maistre Drève Mareschal, maistre des comptes de mondit seigneur à Dijon, furent commis d'icellui seigneur pour faire certaine refformation à l'encontre des Rentiers et Moutiers du Puys du Bourg-Dessoubz à Salins. »

(3) Même arrêt : « Et tellement ilz ont procéder nosd. commissaires; par plusieurs et diverses journées et intervalles, es mois de septembre, octobre, novembre et décembre continuellement ensuyvans et nouvellement passés. » (Arch. du Jura, A 18.)

Déposition de Guy Gelenier : « Dit que lesdiz autres commissaires et

Les Rentiers ne perdirent point de temps, et aussitôt se transportèrent à Chalon, puis à Dijon, auprès du Duc « jusques au nombre d'environ VIII^{xx} chevals ». Cette imposante ambassade avait pour chefs l'archevêque de Besançon, Thiébaud de Rougemont, et l'évêque de Paris, Jean de Nant (1); elle fit tous ses efforts pour persuader au Duc et à ses gens le bien-fondé des droits des Rentiers.

D'un autre côté, les Rentiers agissaient clandestinement auprès des commissaires eux-mêmes (2). Un Moutier du

---

lui estans audit Salins, en leur dicte commission, mirent en la main de mondit seigneur ledit Puis du Bourg-Dessoubz ensemble les muires d'icellui, pour ce que leur sembloit que mondit seigneur avoit droit oudit Puis et de mettre pris es selz d'icellui. » (Arch. Doubs, B 202, f° 307, v°.)

(1) Arrêt de février 1424-5 : « Se sont tirez pardevers nous en ceste nostre ville de Dijon, oudit mois de décembre dernièrement passé, révérends pères en Dieu l'arcevesque de Besançon et l'évesque de Paris, natifs et issuz de noble lignée et nativité de nostre dit comté de Bourgoingne et avec eulx plusieurs abbéz, prieurs, doyens, chanoines, curez, hospitaliers et aultres gens d'église, et aussi plusieurs chevaliers, escuiers et bourgeois de nostre dit pays de Bourgoingne, eulx disans seigneurs Rentiers desd. Puys et Fontaine salée et de la maison d'iceulx, et mesmement une grant partie desdiz facteurs, moutiers et officiers pour eulx en iceulx Puys et Fontaine salée et en la vendition de tous les selz que l'on en fait chascun jour et chascun an, en eulx deullans et très griefvement complaignans lesd. exploiz et nouvelletez. » (Arch. Jura, A 18.)

Mémoire pour les Rentiers et Moutiers, lors de l'enquête de 1443 : « Item que pour y pourvoir par justice, pluseurs desdiz Rentiers, prélas, nobles et autres, jusques au nombre de environ VIII^{xx} chevalx, se transpourtèrent par devers mondit seigneur à Chalon et à Dijon, acompaigniés de pluseurs notables conseilliers et autres gens, lesquelx, pour y avoir remède, y vacquèrent environ quarante journées ou plus et ou nombre desdictes personnes et chevaulx et fourniz de leurdiz conseilliers, qui nécessité leur estoit. » (Arch. Jura, A 20).

(2) Déposition de Guy Gelenier : « Et scet bien lui qui parle que depuis, par grant importunité et poursuite et a tres grans fraiz, lesdiz Rentiers et Moutiers obtindrent de mon dit seigneur certaine sentence sur le fait dudit Puis et, pour icelle obtenir, firent de grans dons et firent faire de la vaisselle d'argent au lieu de Salins, pour donner à aucuns par le moyen desquelx ilz entendoient venir à leurs fins, et lesquelx lui qui parle n'ose nommer. » (Arch. Doubs, B 202, f° 308.)

Puits-à-Muire, Jean de Montaigu (1), était en relations avec un certain Raoul de Machy, qui occupait, à Salins, une situation importante : maître de l'hôpital de Bracon et chanoine de Saint-Anatoile, il était en même temps trésorier de la Grande-Saunerie et commis à la recette de Bracon (2). Machy se laissa persuader de servir d'intermédiaire entre Montaigu et l'un des commissaires ducaux, Jacques de la Viéville ; il fit accepter à ce dernier, des intéressés au Puits-à-Muire, quelque cinq cents francs ou saluts (3).

---

(1) Ce Jean de Montaigu fonda plus tard les hôpitaux de Salins et de Montaigu. On a pensé que ces fondations avaient été faites en exécution d'une sentence qui aurait condamné Jean de Montaigu à réparer, de la sorte, ses méfaits. Rousset (*Dict.*, t. VI, p. 534) suppose à tort que ce personnage avait corrompu les commissaires ducaux chargés de vérifier sa comptabilité.

(2) Voir les comptes de Raoul (Raoulin ou Rolin) de Machy (Arch. Côte-d'Or, B 3360 et s.) comme trésorier de la saunerie et commis à la recette de Bracon, pour les années 1422 à 1427.

(3) Enquête de 1443, déposition de Bernard Noiseux : « Et depuis a oy dire à feu Messire Raoul de Machy, jadiz son maistre, environ deux ans avant son trespas, qu'il faisoit grant conscience et se tenoit bien coulpable et chargié de ce qu'il avoit esté moien, à la poursuite de Jehan de Montagu, Moutier dudit Puis, pour attraire ledit Messire Jaques de la Viezville pour conduire le fait desdiz Rentiers et Moutiers envers mondit seigneur, pour obtenir ladicte sentence, auquel Messire Jaques lesdiz Moutiers avoient donné pour ceste cause V^c escuz d'or. Parquoy, depuis, ledit Messire Jaques avoit juré en la présence de mon dit seigneur sur sainctes reliques, que mon dit seigneur n'avoit aucun droit audit Puis, fors tant seulement ceulx qu'il se réservoit par ladicte sentence, et qu'il faisoit grant péchié et grant tort ausdiz Rentiers et Moutiers de les molester ou fait dudit Puis. Et en oultre dist ledit de Machy à lui qui parle qu'il ne savoit pas que mondit seigneur y deust avoir si grant dommaige, et qu'il voudroit bien que sa conscience en feust deschargié et examiné avant sa mort. » (Arch. du Doubs B 202, f° 329.)

Déposition de Michel Garnier, secrétaire du Duc : « Dit qu'il a oy dire que pour obtenir icelle sentence de la partie desdiz Rentiers et Moutiers, avoit esté donné à plusieurs personnes plusieurs sommes et parties d'or, d'argent et de vaisselle d'argent, mesmement audit Jaques de la Viesville, V^c frans ou V^c saluz. » (Ibid., f° 306, v°.)

Déposition de Pierre Pleurre, écuyer, clerc des Rôles de la Saunerie : « Et a oy dire aussi que feu Messire Raoul de Machy, à son vivant

Du reste, Jacques de la Viéville n'avait pas été seul en butte aux offres des Rentiers et Moutiers. Guy Gelenier, au cours d'une enquête où il paraît comme témoin, reconnaît avoir reçu l'offre de vaisselle d'argent, que l'on avait fait faire exprès (1). Il déclare, il est vrai, « qu'il ne la voulut prendre, ni recevoir. » Ce serait, paraît-il, un autre Moutier, Jean de Germigney, qui se serait efforcé de corrompre Gelenier (2).

Le fait est que ces mêmes enquêteurs, qui avaient déclaré à qui voulait les entendre que le Puits devait être la propriété du souverain (3), et qui avaient rendu, à Salins, une sentence conforme à cet avis, revinrent sur leur opinion. Par un retour inattendu, ils jurèrent devant le Duc, sur les saintes reliques, que le souverain n'avait d'autres droits sur le Puits-à-Muire que les six quartiers et dix seilles qu'il y percevait annuellement, avec une rente de deux cents livres qu'il y touchait, à cause de la démolition de Grozon, sans plus y avoir de droits de propriété que les autres Ren-

---

maistre de l'ospital de Bracon, avoit dit qu'il faisoit grant conscience de ce qu'il avoit esté moyen de faire donner certaine somme d'environ cinq cens salus, frans ou escus par lesdiz Rentiers et Moutiers à Messire Jaques de la Viezville, lors bailli de Dijon, pour le fait de lad. sentence obtenue par lesdiz Rentiers et Moutiers. » (Ibid., f° 207.)

(1) Déposition de Guy Gelenier. Parlant de la vaisselle d'argent que les Rentiers et Moutiers firent faire à Salins, il ajoute : « Et mesmement en firent présenter lesdiz Rentiers et Moutiers à lui qui parle, qui ne la voult prendre ni recevoir, par aucuns qu'il nommera autre fois. »

(2) Déposition de Michel Garnier : « Et aussi a oy dire audit maistre Guy Gelenier que pour et afin qu'il ne nuysist à donner lad. sentence, il avoit refusé grant somme et valeur d'or, d'argent et vaisselle que l'on lui avoit présenté, dont Jehan de Germigny sauroit bien parler. » (Arch. du Doubs, B 202, f° 306, v°.)

(3 « Or est vray que mesdiz seigneurs les commissaires, après les choses dessus dictes enssin par eulx faictes, ont dit et publiquement magnifesté que le Puis du Bourg devoit estre et appartenir à Monseigneur de Borgoingne et que c'estoit son propre héritaige, à lui appartenant par droit de Régaule. » (*Mémoire pour les Rentiers*, 1443. Arch. Jura, A 18.)

tiers (1). En conséquence, un arrêt du Parlement de Dijon fut expédié, le 6 février 1425, qui fixait définitivement sur ces bases la propriété du Puits-à-Muire (2).

Mais les soupçons de corruption qui planaient sur les commissaires de 1424, provoquèrent une nouvelle enquête, qui eut lieu en 1443 (3). A ce moment, Jacques de la Viéville et Drève Mareschal étaient morts. Aucun résultat ne semble avoir été produit par cette tentative de révision.

Le Prince, dans la suite, paraît avoir renoncé à ses prétentions sur la propriété du Puits-à-Muire. Mais il n'en rappelait pas moins, de temps en temps, son fameux droit de Régale pour entraver la liberté d'action des Rentiers et Moutiers, quand il la sentait dangereuse à sa Saunerie.

Ainsi, très souvent, nous voyons le souverain intervenir pour empêcher le sel de Bourg-Dessous de s'abaisser à un prix qui pût nuire à la vente de celui de la Grande-Saunerie.

---

(1) Voir ci-dessus la déposition de Guy Gelenier.

(2) Cet arrêt (Arch. Jura, A 18) déclare « lesdiz puys, maison et fontaine salée en quelque valeur grandeur et habondance de muyre qu'ilz soient et puissent estre et qu'ilz rendent et gettent par an, et en quelque temps et saison que ce soit, compéter et appartenir de plein droit loyalement et du tout en tout ausdiz seigneurs Rentiers tant gens d'église, chevaliers, escuiers, bourgeois, bourgeoises, pupilles comme aultres gens de quelque estat ou condition qu'ilz soient, comme seigneurs Rentiers d'iceulx puis, maison et fontaine salée, et sans ce que à nous, pour nous et nosdiz hoirs, successeurs, contes et contesse de Bourgoingne y compete et appartienne aucune chose, fors que tant seulement nostredite portion et droit des devant diz six quartiers et dix selles de lad. muyre, en laquelle portion à nous appartenant, nous avons telle seigneurie et droit comme chascun desdiz autres Rentiers a, prent et doit avoir en sa part et portion, et aussi à nous les deux cens livres estevenans par an que à nous, et aux doyen et chappitre de l'église Notre-Dame d'Arbois sont deues et compétent sur lesdiz Puys et fontaine salée, pour le fait et à cause de lad. saulnerie de Grozon. »

(3) C'est l'enquête pratiquée à cette époque qui nous a donné les renseignements ci-dessus sur l'affaire de Jacques de la Viéville.

M. Ed. Clerc (*Essai sur l'histoire de la Franche-Comté*, t. II, p. 398.) en donne un résumé assez exact. Les quelques erreurs de détail qu'il y commet, sont rectifiées au cours de ce que je viens de dire.

Les difficultés qui survenaient à chaque instant, à ce sujet, amenèrent une convention entre la Saunerie, le Puits-à-Muire et la Chauderette, par laquelle il fut décidé que la hausse ou la baisse des prix du sel ne se ferait plus que du consentement des officiers de ces trois établissements. Par un traité passé à Tournay, le 2 mai 1586, le roi Philippe II promet de ne jamais vendre le sel de sa saline plus cher que celui du Puits-à-Muire; en revanche, le Puits-à-Muire doit vendre le sien d'un cinquième plus cher que celui de la Grande-Saunerie, parce que ses pains sont d'un cinquième plus gros [1].

Lorsque, au XVIe siècle, la coutume s'établit de pratiquer sur le sel ce que l'on appelait des *haussements*, c'est-à-dire d'enchérir, par ordre du roi, le prix des pains, afin de parer, par le gain ainsi réalisé, à quelque dépense extraordinaire du budget de la Province, le Puits-à-Muire dut encore subir cette obligation.

Pour la lui faire accepter, le prince de Parme passa avec le procureur des Rentiers, le 14 juillet 1582, un traité par lequel il était octroyé aux Rentiers les trois quarts des haussements, tandis que le roi n'en prélèverait qu'un quart [2].

Le souverain prétendit aussi imposer au Puits-à-Muire l'obligation de fournir à la Grande-Saunerie le sel qui pouvait lui manquer pour remplir les obligations de ses traités avec les marchands des pays voisins. Nous avons, en ce sens, des

---

(1) 1624. Inventaire de pièces pour les Rentiers du Puits-à-Muire.

« Item le traicté faict et passé à Tornay entre S. M. catholique, Philippe second, d'immortelle mémoire, d'une part, et lesd. sieurs Rentiers, d'autre, par lequel appart que le pris de tous les selz qui se reforment aud. Puitz appartient entièrement auxd. sieurs Rentiers en corps sans en rien excepter et que Sa Majesté ne peut vendre son sel en la Saulnerie à plus haut pris que celluy desd. sieurs Rentiers, lesquels ont droict de pouvoir vendre leurs selz ung cinquième plus hault, pour ce qu'il est plus gros d'ung cinquième, et ce sans faire supplication ny requeste. » (Arch. Jura, A 35.)

(2) Ce traité fut ratifié par Philippe II, le 2 mai 1586. (Arch. du Jura, A 38.)

mandements de Marguerite d'Autriche de 1514 et de 1524 (1).

De même, on soumit la vente du sel du Puits à la surveillance des officiers de la Saunerie (2). Si les Rentiers et Moutiers vendent du sel en grains, il faut qu'un officier de la Saunerie le voie mesurer ; si on veut le transporter hors du Comté, on ne peut le faire sans un billet de la même Saunerie (3).

§ 2

Le principe de la Régale des salines avait subi un échec dans l'affaire du Puits-à-Muire. Mais les souverains ne continuèrent pas moins de l'affirmer dans toutes les occasions. En réalité, ils le modifièrent dans les applications. Ce ne fut plus le monopole en faveur des usines ducales ou royales

---

(1) Mandement de Marguerite d'Autriche du 5 juin 1514. (B. N. Moreau, 1046 f° 110.)

Autre du 2 avril 1524. (B. N., Nouv. acq. Fr. 6348, f° 55, v°.)

Mémoires adressés à la même princesse par les officiers de la Saunerie et les Rentiers du Puits, pour et contre cette obligation. (B. N. Moreau 946, f° 145.)

(2) Toutes ces difficultés amenaient de continuels conflits entre les deux sauneries. Un mémoire rédigé vers 1640 porte que : « La plus grosse despense (à la charge de la Grande-Saunerie) estoit en la poursuitte des procès contre le Puis-à-Muyre, lesquelz estoient en si grand nombre et les fraiz si grandz que ceux du Puis, par le moyen de telle despense, ont veu leurs quartiers de muyre reduitz à trente francz par an, desquelz à ceste heure Son Altesse leur donne près de cent francz; lequel revenu du Puis, plus ne moins qu'il s'en alloit en fraiz de procès, ainsi foisoit celluy de la Saulnerie. » (Bib. Besançon, fonds Salins, non classé.)

(3) Mémoire du procureur général de l'archiduchesse Marguerite contre les Rentiers (1524).

« Jaçoit que ne leur fut loisible vendre ny distribuer aud. puys du Bourg-Dessoubz aucune quantité de sel tryé que n'y eust ung officier de lad. Saulnerie présent à la veoir mesuré, et que ceulx qu'ilz achargent pour la mener hors du conté de Bourgoingne, n'eussent ung billeton ou passe-porte de l'ung des officiers de lad. Saulnerie pour le délivrer au commis que doit estre au Pont de Roide pour recevoir iceulx billetons et les rapporter et en rendre compte aux officiers de lad. Saulnerie. » (Arch. Jura, A 158.)

que l'on réclama; ce fut le monopole au profit des usines de Salins. C'était poursuivre le système adopté déjà par Marguerite de France lorsqu'elle déclarait, en supprimant sa saline de Grozon, que nul sel autre que de Salins n'avait cours en l'archevêché de Besançon (1).

D'après ce principe, toutes les salines de Franche-Comté, à l'exception de celles de Salins, devaient avoir le sort de Grozon. Mais sa mise en pratique offrait maintes difficultés, et la maison d'Autriche devait perdre la Comté avant d'avoir pu réserver aux seules usines de Salins la production du sel!

La comtesse de Montbéliard, Henriette de Montfaucon, possédait dans sa terre de Granges, relevant du comté de Bourgogne, le puits de Saulnot. Elle le faisait exploiter à son profit et le sel se vendait tant dans son comté indépendant de Montbéliard que dans la seigneurie de Granges. Le procureur général près le Parlement de Dole requit la suppression de cette usine, qui offensait les droits régaliens du duc de Bourgogne. L'affaire ne fut pas résolue à Dole et le duc nomma des commissaires pour en juger. Mais la comtesse de Montbéliard était trop puissante pour que le duc osât la traiter comme une vassale ordinaire. Il fut réglé, par un arrêt provisionnel du Parlement de Dijon, commis à cet effet, du 14 juillet 1441, que Henriette continuerait à posséder son usine comme par le passé et pourrait en faire vendre le sel tant au comté de Montbéliard qu'en la terre de Granges (2).

Ainsi fut sauvée la saline de Saulnot. Mais, dans la suite, les officiers du comté de Bourgogne eurent toujours l'œil ouvert à ce que la tolérance qu'on avait dû montrer, par égard pour un puissant voisin, ne dégénérât pas en abus. Dès 1461, un arrêt du Parlement de Dole enlève à Eberhard de Wurtemberg, comte de Montbéliard, le droit de vendre son sel

---

(1) Voir la charte de la démolition de Grozon aux Pièces justificatives.
(2) Arch. de la Haute-Saône, E 219.

dans les contrées relevant du comté de Bourgogne, pour le punir d'une concurrence déloyale qu'il aurait faite au sel de Salins (1) ; mais, en 1465, on lui rend tous les droits que comportait l'arrêt de 1441 (2). Au xviie siècle, des réclamations de même genre se produisent de la part du procureur général de Dole. En 1616, il se plaint de ce que le duc de Wurtemberg a, depuis vingt ans environ, fait rechercher de nouvelles sources pour donner de l'accroissement à son industrie ; les mêmes reproches se renouvellent en 1632. En 1650, on intente un procès aux amodiateurs de Saulnot pour avoir vendu de leur sel en Franche-Comté (3).

Il faut reconnaître que la contrebande était très facile pour une saline située dans le comté de Bourgogne même, en plein pays soumis au cours du sel de Salins. Aussi les souverains de la Franche-Comté n'ont-ils jamais renoncé à anéantir ce reste d'un état de choses disparu. Pour leur complaire, on en cherchait les moyens. Un sujet du comte de Montbéliard, intéressé lui-même à la conservation de la saline de Saulnot, où il avait des rentes, le sieur de la Verne, écrit de Bruxelles, le 1er juin 1615, au chancelier de Montbéliard « qu'un certain, qui doibt estre le jeune Voirin, procu-

(1) Arrêt du Parlement de Dole du 16 mai 1641 : « Mesmement estoit vray que led. comte de Montbéliard ou ses gens et officiers, pour rebouter et anéantir le sel de nostre saulnerie de Salins, ayant cours par les seigneuries de Granges, Saulnot et autres villes et villages appartenant aud. comte de Montbéliard, estant assises et situées notoirement en nostre comté de Bourgoingne, avoient vendu baillé et distribué le sel de la saulnerie audit Saulnot et es lieux adjugés aud. comte deffendeur par lad. provision (c.-à-d. l'arrêt de 1441), pour moindre pris et à meilleur marchef qu'ils ne faisoient ne avoient accoûtumé de faire par avant l'adjudication de lad. provision. » (Arch. Haute-Saône, E 219.)

(2) Le 27 avril 1465, Philippe le Bon lui restitue les droits accordés à Henriette en 1441, « pourveu qu'il souffrira et laissera et par sesdits officiers, serviteurs et subgets fera souffrir et laisser passer, estre et séjourner en la ville de Montbéliard, en maisons et dehors, nostre sel de Salins, tant le sel tryé que celui en salignons, pour le vendre, en la manière accoustumée et le mener et conduire au pays d'Allemaigne. » (Arch. Haute-Saône, E 219.)

(3) Arch. Haute-Saône, E 219.

reur de Lisle, poursuivant un estat à Bruxelles, se doibt estre parouffert de ruiner la saulnerie de Saulnot ou de donner les moyens de le faire (1). »

Malgré tout, la saline de Saulnot a eu une existence ininterrompue jusqu'à la réunion du pays de Montbéliard à la France, et même jusqu'en notre siècle.

D'autres usines purent, sinon obtenir en leur faveur une exception aussi complète, du moins profiter des circonstances pour se relever de temps en temps de l'état de chômage auquel les ordonnances les condamnaient.

Ainsi, c'est, sans doute, à son éloignement de tout centre administratif, à sa situation dans une région peu accessible et sur une double frontière (celle de la Suisse et celle du comté de Montbéliard), que la saline de Soulce dut l'exploitation intermittente dont elle a été l'objet entre la fin du XVe et le XVIIe siècle.

Cet établissement était délaissé, depuis le commencement du XVe siècle environ, quand, en 1489, vers la saint Michel (29 septembre), le seigneur de Varambon, comte de la Roche, eut l'idée de le faire restaurer. Son procureur de Saint-Hippolyte et son maire de Damprichard demandèrent aide aux sujets du comte pour décombrer la place, et on y construisit une petite berne, d'outillage fort élémentaire (2). Elle entrait à peine en activité que, de trois côtés, son propriétaire se vit menacé d'en être dessaisi. Les officiers du comte de Bourgogne déclarèrent qu'elle était du ressort de la Franche-Comté et devait être confisquée ou détruite; le comte de Montbéliard prétendit qu'elle mouvait de son fief et y fit placer ses panonceaux en signe de main-mise (3); enfin les

---

(1) Antide de la Verne au chancelier de Montbéliard. (Arch. Haute-Saône, E. 219.)

(2) Enquête au sujet de la restauration de la saunerie de Soulce, par les officiers du comte de Bourgogne, en 1490. (A. Doubs, Ch. des Comptes. Sauneries. Soulce.)

(3) En 1490. (Ibid.)

Suisses résolurent de s'en emparer de quelque façon que ce fût (1).

Quand le Parlement de Dole s'avisa, par un arrêt du 23 août 1490, de défendre au comte de la Roche, Claude de la Palud-Varambon (2), d'exploiter sa source, les Suisses avaient déjà pris les devants. Très au courant de ce qui se passait dans le comté de la Roche, que le seigneur de Varambon avait associé à la bourgeoisie de Berne (3), les gouvernements des cantons suisses voyaient, dans la saline de Soulce, un moyen d'éviter les dépenses que leur coûtait le charroi du sel de Salins. Aussitôt que la source fut retrouvée, les « Seigneurs de Berne » chargèrent des députés d'aller voir la fontaine salée, et, sur le rapport qui leur fut fait, envoyèrent offrir à M. de Varambon de construire à leurs frais une saunerie. Mais le comte de la Roche étant alors absent ils ne reçurent pas de réponse. Quelques mois après, impatients d'une solution, ils lui adressèrent une nouvelle ambassade qui eut le même insuccès. Alors, dépités par la lenteur de ces préliminaires, les Bernois déclarent que « s'ils n'ont part à ladite fontaine, qui la prendront toute, avec aussi la terre autour qu'est la Franche-Montagne », et qu'ils la garderont envers et contre tous (4). Leurs menaces ne furent pas

---

1. Arch. Côte-d'Or, B 11199.

(2) Lettres de l'archiduchesse Marguerite, du 22 juin 1510, mentionnant la défense faite à Claude de la Palud, par arrêt du Parlement du 23 août 1490, d'exploiter la saline de Soulce. (Arch. du Doubs. Parlement. Sauneries.)

(3) Loye : *Histoire du comté de la Roche*, pp. 152, 153. — Richard : *Monographie de Saint-Hippolyte*, p. 20.

4) « Advertissement à Mgr le bailli d'Auxois, de par les officiers de Mgr de Varambon. — Il est ainsi que, depuis sept ou huit mois, il s'est trouvé une fontaine salée en la terre du seigneur de Varambon en la conté de la Roiche appartenant audit seigneur, qui est hors du comté de Bourgogne, fied de Montbéliard, rèrefied d'Empire, laquelle chose venue à la congnoissance des seigneurs de Berne, ont envoié veoir lad. fontaine et depuis ont fait dire audit seigneur de Varambon que, s'il lui plaisoit, qu'ilz mettroient sus lad. fontaine au grand prouffit dudit seigneur et de

vaines. En 1499, les Suisses firent invasion dans le pays et s'emparèrent de vive force de la saline que, à leur gré, on avait trop tardé à leur céder. Ce n'est qu'en 1502 qu'ils voulurent bien quitter le comté de La Roche [1].

Claude de la Palud, rentré en possession de son comté, vendit à ces mêmes Suisses, c'est-à-dire aux cantons de Berne, Bâle, Fribourg et Soleure, sa saline de Soulce.

Le gouvernement du comté de Bourgogne averti, ne tarda pas à protester contre ce nouvel attentat aux droits régaliens. Les Suisses s'excusèrent, sous prétexte qu'ils avaient cru la source mouvante du comté de Montbéliard et non de la Franche-Comté. Ici, il ne s'agissait plus seulement d'un vassal à condamner par arrêt : c'était une affaire diplomatique qu'il fallait traiter. Le gouvernement envoya à Berne une ambassade composée de Simon de Rye, d'Odot des Moulins de Jean d'Orbe, lieutenant du Pardessus des sauneries, du doyen de l'église d'Arbois, et du receveur général d'Orange. Ces députés s'entendirent avec les Suisses et passèrent avec les cantons acquéreurs de la saunerie de Soulce un traité par lequel ces derniers abandonnaient leurs droits sur Soulce, moyennant une indemnité de trois mille écus

---

eulx ; et pour ce que icellui seigneur est hors de ce conté, ne leur a esté fait aucune response, combien que souvent ceulx de Berne aient parlé de ceste matière. Touteffois depuis quinze jours ont renvoié ausd. officiers dud. seigneur pour savoir leur vouloir ; à quoy leur a esté respondu que l'on le feroit assavoir et que l'on en parleroit aud. seigneur. Or est que l'on a averty pour vray lesd. officiers que lesd. seigneurs de Berne sont délibérez que s'ilz n'ont part à lad. fontaine, qui la prendront toute voire aussi la terre autour, qui est la Franche Mo[ntaigne] ; et de ce ont adverty les subgetz dud. seigneur aus [quels a esté dit] par ceulx qui mènent ceste pratique que ceux [dudit] Berne les tiendront et garderont quant les deux païs l'auroient juré. »

En bas : « Retourné au président de Bourgogne par led. bailli. » Signé : « J. d'Aichey. » (Arch. Côte-d'Or, B 11199.)

Cette pièce est sans date, mais se rapporte évidemment au mois d'avril ou de mai 1490, puisqu'elle est postérieure de sept ou huit mois à septembre 1489, date de la remise en activité de la source de Soulce.

(1) Loye : *Hist. du comté de la Roche*, p. 153.

d'or au soleil, revenant à quatre mille florins du Rhin (1).

A peine l'affaire était-elle arrangée et les officiers du comté de Bourgogne avaient-ils détourné leur attention de ce côté, que Claude de la Palud s'empressa de remettre sa saunerie en exploitation. Dès 1510, la Chambre des comptes de Dole consulte le bailli d'Amont, Claude Carondelet, sur les moyens de faire cesser cet abus sans cesse renouvelé (2). Par un nouvel arrêt du 14 mai 1513, le Parlement condamne le seigneur de Varambon à, « deans deux mois remplir, boucher et rendre inutile la source salée estant en la seigneurie de Saint-Hipolitte, de manière que cy après l'on n'y puisse faire ny former sel (3). »

Cette fois encore, le comte de la Roche laissa dire le Parlement et se remit à fabriquer son sel. Un an après, le 30 avril 1514, il demande du bois aux habitants de Saint-Hippolyte pour établir sur le Doubs, en face de sa saunerie, un pont qui permette d'y accéder plus facilement (4). Les successeurs de Claude de la Palud en usèrent de même (5);

---

(1) B. N. Latin 9922, ff. 276-278. Traité du 10 novembre 1505, passé à Berne entre les magistrats des cantons de Berne, Bâle, Fribourg et Soleure, d'une part, et les députés de Philippe le Beau, d'autre part. V. aussi B. N. Nouv. acq. Fr. 6348, f° 81. — Arch. du Doubs. Parlement. Sauneries.

(2) B. N. Latin 9932, f° 271 : « La source salée de Sainct-Ypolite que le seigneur de Varambon a faicte et fait journellement cuyre et en fait former sel. »

(3) Inventaire de pièces produites en 1615 par le procureur général contre Christophe de Rye de la Palud, marquis de Varambon. (Arch. Doubs. Parlement. Sauneries.)
Ancien inventaire des archives du Parlement de Dole S/1284. — Notes Droz, à la Bib. de Besançon.

(4) Notes Droz, à la Bib. de Besançon.

(5) Le 14 février 1563-4, les officiers du comte de Montbéliard en la châtellenie de Clémont restituent à la comtesse de la Roche des troncs d'arbres, destinés à la réédification de la saunerie, et qu'une inondation avait jetés sur les rives. (Arch. Nat. K 2071, 2212.)
En 1600, le marquis de Varambon amodie la source salée à Guillaume Boissard, à charge de faire bien construire le nouveau puits. (Arch. Doubs. Parlement. Sauneries.)

sous le gouvernement de l'archiduc Albert, les difficultés duraient encore.

On avait pensé à faire profiter le gouvernement de cette source salée en achetant, au profit du Roi, tout le comté de la Roche. Il s'était même présenté des entrepreneurs qui avaient proposé à la duchesse de Parme de mettre en valeur, à peu de frais, la saunerie ainsi acquise. Mais ce projet n'eut pas de suite (1).

Le principe qui attribuait à Salins le monopole de la production du sel n'avait pu réussir à détruire des usines que défendait, comme Saulnot et Soulce, une situation géographique et féodale spéciale. Il devait se retourner contre le souverain lui-même et le forcer, au nom de la logique, à détruire deux salines de son propre domaine : Montmorot et Tourmont.

Nous savons qu'à Montmorot avait jadis existé une saline, dont l'histoire nous est totalement inconnue. Elle avait suivi le sort de la terre de Montmorot elle-même, qui avait passé de la maison de Vienne aux princes de Bourgogne par la cession qu'en fit, en 1324, Guillaume de Vienne à la reine Jeanne de Bourgogne. Distrait, peu d'années après, du patrimoine du souverain pour former l'apanage de la Dauphine Isabelle de France, Montmorot fut légué par cette princesse au duc de Bourgogne (2), et il n'a pas cessé depuis, jusqu'à la conquête française, d'appartenir au Domaine.

Marguerite d'Autriche, au commencement du XVIe siècle, voulut remettre en activité cette usine depuis longtemps

---

Le procureur général poursuivait en 1615 le comte de la Roche, pour avoir usé de sa fontaine salée de Soulce. (Arch. du Doubs. Parlement. Sauneries.)

(1) L'entrepreneur offrait de procurer ainsi au Trésor un gain de 9 à 10,000 florins par an. (B. N. Latin 9932, f°s 274-275.)

(2) Rousset : *Dictionnaire des communes de Fr.-Comté*, t. V, pp. 346-347.

abandonnée. Vers 1514 ou 1515, elle fit ouvrir le puits, bâtir une berne et même entreprendre de plus importantes constructions. Elle avait confié la direction des travaux à son valet de chambre, Jean Jeanneal (1). Bientôt, en raison des récriminations des co-propriétaires et des officiers des sauneries de Salins, la princesse dut renoncer à son exploitation.

Mais, s'il fut facile de détruire les bâtiments de la saline, il y eut plus de peine à vaincre la persistance des habitants du pays à user du trésor naturel que renfermait leur village.

Pendant la première période d'inaction de la saunerie, s'était introduit l'usage, pour les particuliers de Montmorot, de puiser l'eau salée pour les besoins de leurs ménages. La coutume s'était même établie que les étrangers eussent le même droit, à condition d'acquitter, entre les mains du receveur du Souverain, la redevance d'une mesure de froment et d'une poule, payable chaque année, à la Saint-Martin d'hiver (2).

Les officiers des sauneries de Salins y virent une atteinte aux prérogatives de leurs usines et obtinrent, en 1460, du bailli d'Aval, une sentence défendant l'usage de cette eau salée. Les intéressés en appelèrent. Nous ne savons quel fut

---

(1) Etat de la terre de Montmorot, en 1520 : « Dehors et auprès ledit bourg de Montmorot, outre la rivière des Valières prez le grand chemin tirant à Courbozon est assis le puits de muyre appellé Berne saline qui dès longtemps est demeuré en ruyne, et jusques puis cinq ou six ans en ça que nostre ditte souverainne dame a fait ouvrir le dit puits et berne et par certain temps y a eu une berne apte et commode à cuire sel, qui encores y est le présent, et pour le gouvernement d'icelle berne nostre ditte souverainne dame commis Jean Janneal, son chambrier, tant pour redresser et mettre en bonne et deue réparation icelle berne et puits, pour y faire et cuyre sel, comme pour y faire edifices et maisons au dit lieu, auquel à desjà commencement de maison. » (B. N. Colbert-Flandres, 2, C, f° 7.)

(2) Rousset : *Dictionnaire*, t. V, pp. 360-361, d'après un terrier de 1456 rédigé par Jean d'Autrey et Huguenin Charreton. (B. N. Colbert-Flandres, 2, C, f° 7.)

l'arrêt du président du Conseil ducal que Philippe le Bon commit à connaître de cette affaire (1).

Légalement ou frauduleusement, les habitants de Montmorot se remirent à user de l'eau salée. Pour les en empêcher, Jean d'Amboise, gouverneur du comté de Bourgogne pendant l'occupation française, dut, en 1481, faire clore la fontaine (2). La reconstruction de la saunerie, interrompit quelque temps cet usage ; mais il reprit, une fois cette tentative abandonnée. En 1606, les habitants de Montmorot reçurent fort mal les agents que les fermiers des salines de Salins avaient envoyés pour fermer le puits ; ils obtinrent une reconnaissance juridique de leur droit (3).

Le gouvernement n'avait plus, dès lors, d'autre moyen de fortifier son monopole de ce côté que de racheter les droits prétendus par les habitants. Par l'intermédiaire du président du Parlement, Adrien Thomassin, les bourgeois de Montmorot furent amenés à accepter une compensation. L'archiduc Albert leur céda le « battoir » qu'il possédait dans leur village moyennant le cens de trente livres estevenans. A cette condition, ils abandonnèrent leur puits et s'engagèrent même à l'entretenir clos de murs et couvert d'un grillage, afin qu'il ne fût plus possible d'y puiser de la muire (4).

Une source d'eau salée, dont personne n'avait entendu parler, surgit tout à coup, par un jour d'orage, à la fin de septembre 1447, sur le territoire de Tourmont près de Poligny (5).

---

(1) Cette commission fut donnée par mandement en date, à Bruxelles, du 7 mai 1460. (B. N., Nouv. acq. Fr. 6348. f° 16.)

(2) Duvernoy : Gollut, nouv. éd., notes et rectif., col. 1736.

(3) D. Monnier : *Ann. du Jura*, 1848, pp. 328-329.

(4) Rousset : *Dict.*, t. V, p. 361.

(5) 12 août 1448. Enquête sur l'état de la source de Tourmont : « Item avons enquis depuis quel temps l'on s'est apperceu de lad. sourse, et sur ce, nous ont dit aucuns que, au mois de septembre dernier passé mil CCCC. XL. VII. environ la foire de fied, fit ung grant tonnerre, par le moyen duquel tonnerre lad. sourse saillit dehors à grant habondance. » (Arch. Côte-d'Or, B 11199.)

Elle apparut « en une pièce de prey qui est maras et comme crolière, près d'une petite montaignote de terre labourable. » Les habitants des alentours se hâtèrent d'en profiter (1). Les officiers des Comptes du Duc en furent avertis et une commission, députée par eux, vaqua en avril suivant, à une visite de la fontaine et à une étude du profit que l'on aurait pu tirer de son exploitation. Cela fait, les commissaires firent remplir de morceaux de bois, d'épines et de terre « ladite source, tellement que sans grant peine et par grant espace de temps l'on n'y pourroit prendre eaue », et firent crier par tout le bailliage d'Aval « que nul ne fust si hardi d'y prendre eaue en quelque manière que ce soit, sur peine d'amende arbitraire (2). » Le Duc adressa, dans le même sens, un mandement aux officiers de la Grande-Saunerie (3). Un gardien fut chargé (4) de maintenir en bon état l'enclos de palissades de chêne et les fossés qui furent établis, aux frais de la Saunerie, autour de la source.

Les choses restèrent en cet état jusqu'au gouvernement de Marguerite d'Autriche. Cette princesse jugeait à propos de tirer parti des sources salines de ses domaines. A Montmorot, elle créa elle-même une usine ; à Tourmont, elle pensa pouvoir tirer un profit différent de l'eau salée qui s'y trouvait. Elle s'entendit avec les habitants de Morges, au pays de Vaud,

---

(1) Ibid. : « Nous a esté dit et rapporté par plusieurs qu'il a esté tel jour que pour prendre eaue de lad. sourse, il y a eu cent ou VI^{xx} chars chargiez de tunneaulx, et aultreffoiz plus. »

(2) Ibidem.

(3) Mandement de Philippe le Bon, du 1er avril 1448-9 (Arch. du Doubs. Parlement, Sauneries) publié par le lieutenant du Pardessus de la Saunerie de Salins le 11 avril suivant. (Arch. du Doubs, B 313.)

(4) Nomination, par le Duc, de Jean d'Ogny aux fonctions de garde de la source de Tourmont, « laquelle jà pieça fut close, comme encoires est, de paliz de chasne aux frais de la Saulnerie et autres qu'il appartient, et ladicte cloison garnie de fossés alentour pour éviter que l'on use de lad. fontenne. » (Arch. du Doubs, B 291.)

Jean d'Ogny fut remplacé le 25 août 1479 par son fils Girard. (Arch. du Doubs, B 295.)

et leur donna l'autorisation de fabriquer, à Tourmont, le sel dont ils auraient besoin (1). De plus, elle leur permettait de faire faire une route, pour le transport de leur sel, qui passerait par la montagne du prieuré de Bonlieu (2) et par ses états de Savoie et de Bourgogne. Les Parçonniers de la Grande-Saunerie, les Rentiers du Puits-à-Muire, avertis du traité passé par Marguerite au mépris de leurs privilèges, lui adressèrent des protestations. La princesse leur répondit que le sel de Tourmont ne devant pas avoir cours dans les mêmes pays que celui de Salins, leurs intérêts ne se trouvaient pas lésés (3). De nouvelles réclamations forcèrent Marguerite d'Autriche à renoncer à son entreprise : elle révoqua l'autorisation qu'elle avait donnée aux habitants de Morges (4).

La saunerie, qui avait eu le temps de s'élever, fut détruite. Son emplacement fut occupé par une ferme, qui se nomme encore la Grange de la Saunerie, et qui fut acensée par le Domaine à des habitants de Poligny (5).

---

(1) Lettres du 24 mars 1514-5. (Arch du Doubs, B 313.)

(2) Par ses lettres du 24 mars 1514-5, Marguerite les autorise à « faire faire le chemin pour conduyre ledict sel par la montagne du prioré de Monlieu, distant de nostredicte saulnerie de Tourmond d'environ sept lieues, et d'illec jusques au lieu de Savoye .... »
Il n'existait pas de prieuré de Monlieu. Je crois qu'il faut lire Bonlieu. Le prieuré de ce nom se trouvait dans la direction de Morges à partir de Tourmont, et à environ sept lieues de ce village. Chevalier avait lu « Mouthe », qui ne convient guère pour la direction et pas du tout pour la distance. (*Mém. hist. sur Poligny*, t. II, p. 226.) Rousset (*Dict.*, t. VI, p. 91) l'a copié presque mot à mot.

(3) Lettre de Marguerite aux officiers de Salins : « N'avons jamais entendu ny entendons que lesd. de notre saline de Tourmont doyent distribuer leur sel en la limite de nostre Grant-Saulnerie. » (Arch. du Doubs B 313.)

(4) Le 26 septembre 1515. (Arch. Doubs, B 313.)

(5) M. L. Bertherand (*Rech. hist. sur Poligny*, p. 10) dit que « ces salines furent cédées en 1540 par l'Empereur Charles V à un bourgeois de Poligny. » Il faut entendre ces mots de l'emplacement de la saline qui fut acensé. (Rousset : *Dict.*, t. VI, p. 91. — Chevalier : *Mém. hist sur Poligny*, t. II, p. 227.) — Ici encore, ces auteurs se sont copiés textuellement.
On lit dans un compte des revenus du comté de Bourgogne pour 1585-86 :

Dans la lutte entre la Coutume et le Droit écrit, exhumé pour la circonstance, la méthode des arrêts de justice avait, en somme, abouti à autant d'échecs que de tentatives d'application. Elle n'avait réussi qu'à nuire aux intérêts des souverains eux-mêmes. Le seul moyen qui pût procurer un succès certain au Monopole, c'était le système d'achats dont nous allons voir l'application dans l'enceinte même des salines de Salins.

Le Prince avait, en ce qui touche les sauneries salinoises, deux sortes de co-propriétaires : les Parçonniers de la Grande-Saunerie et les Rentiers du Puits-à-Muire.

Les trois branches de la famille de Jean de Chalon n'avaient pas continué longtemps à posséder de concert la Grande-Saunerie dans la proportion établie entre elles par leur auteur.

Le duc de Bourgogne, seigneur suzerain de la Saunerie, ayant eu à se plaindre de son cousin Louis de Chalon, comte de Tonnerre, fit saisir sa part de la Saunerie, que l'on appelait le « Partage d'Auxerre », en même temps que ses autres fiefs, en 1406 (1). C'était un sixième de la Saunerie que le Duc unissait ainsi à son tiers. Il le garda sous sa main jusqu'en 1417, et le donna alors en apanage à son fils le comte de Charollais. Ce dernier, devenu duc de Bourgogne, réunit le « sixte » d'Auxerre au Domaine. Il y resta incorporé jusqu'à la conquête de Louis XI. A cette époque il fut cédé à Hugues de Châlon, seigneur de Châtel-Guyon, en récompense des services que ce seigneur avait rendus au roi de France, lors de la conquête. A la mort de Hugues, survenue le 3 juillet 1490, il fit retour au Roi. Cinq ans plus tard, les archiducs d'Autriche le donnèrent en usufruit à Jean

---

« Des héritiers de damoiselle Battefort, pour le pourpris où souloit estre la saulnerie de Tourmond, 26 s., 8 d. t. » (B. N., Nouv. acq. Fr. 896, f° 7, v°.) — En 1654, la « Grange de la Saunerie » fut amodiée pour 12 ans à Pierre Louys et à Antoine Valour. (B. N., Joussanvault 81, f° 219, v°.)

(1) D. Plancher : *Hist. de Bourgogne*, t. III, p. 239. — (Arch. Côte-d'Or, B 5965.

de Chalon, prince d'Orange (1); ensuite, ils le concédèrent, — cette fois à titre héréditaire, — à Philibert de Chalon, avec tous les biens qui leur restaient de la confiscation jadis opérée sur Louis de Chalon (2). Depuis 1504, les princes d'Orange ont possédé le Partage d'Auxerre jusqu'à la mort de René de Nassau. A cette date, il fit retour à la Couronne (3).

La maison de Chalon-Vignory n'avait duré que deux gérations. L'héritage d'Etienne de Chalon fut divisé en nombreuses fractions. Quant au « sixte » qu'il possédait en la Saunerie, il passa aux maisons de Saint-Dizier, de Blamont, de Ribeaupierre et enfin à celle de Vergy, par le mariage d'Isabeau de Ribeaupierre (4) avec Guillaume de Vergy (1377). Sauf une mainmise temporaire encourue par Jean de Vergy, en 1423 (5), leurs descendants restèrent en continuelle possession du Partage de Vignory. Au XVI° siècle, il se divisa entre les deux rameaux issus de Guillaume de Vergy, maréchal de Bourgogne, et on y distingua : d'une part, la « Portion de Fouvent » qui échut à Claude de Vergy, seigneur de Champlitte, puis à sa fille Antoinette, femme de Henri de Pontailler, et, d'autre part, la « Portion d'Autrey » qui passa à Guillaume de Vergy, baron d'Autrey, et, ensuite, à son fils François, premier comte de Champlitte, gouverneur du comté de Bourgogne (6). Ce sont MM. de Pontailler

---

(1) B. N., N acq. Fr. 6348, f° 4, v°.

(2) Chevalier : *Mém. hist. sur Poligny*, t. I, p. 459.

(3) 1598. Compte du trésorier de la Saunerie : « En laquelle trésorerie est comprins le partaige d'Auxerre, seigneurie de Chastelbelin, réuni au partage ancien de S. M. par le trespas de fut René de Chalon, prince d'Orange. » (A. Doubs, Chambre des Comptes. Sauneries, Comptes.)

(4) Isabeau de Ribeaupierre était arrière-petite-fille de Jean de Chalon par sa mère Jeanne de Blamont et son aïeule Isabeau de Saint-Dizier. (Schœpflin : *Alsatia illustrata*, t. II, p. 613. P. Anselme, t. VII, p. 35.)

(5) 5 octobre 1423. Mandement du duc Philippe ordonnant au Pardessus de saisir les rentes de son cousin Jean de Vergy. (B. N., Français 11629, f° 38. N. acq. Fr. 6348, f° 20.)

(6) Arch. du Doubs, B 205. Procès entre M. de Toulongeon-La Bâtie et M. de Vergy (1495-1497) — Arch. Doubs, Chambre des Comptes. Saune-

fils d'Antoinette de Vergy, d'une part, et François de Vergy, d'autre qui aliénèrent leurs droits sur le Partage de Vignory au profit du Trésor, à diverses reprises, entre 1568 et 1578 (1).

Le « Partage de Chalon ». — un tiers de l'ensemble de la Saunerie — subit également une réunion temporaire au Domaine par confiscation sur Jean de Chalon, en 1395 (2). Le duc Jean le rendit à ce seigneur, le 9 janvier 1405 (3). Il avait eu soin de spécifier que cette restitution n'était faite que sous condition de rachat perpétuel. Mais les souverains ne se sont pas servis de cette prérogative. En 1593, le Partage fut, de nouveau, confisqué sur Guillaume de Nassau, prince d'Orange, avec toute la seigneurie de Châtel-Guyon (4). Restitué ensuite au prince, il fut définitivement acquis à la Couronne, pour trois cent mille florins, par achat fait de Philippe-Guillaume de Nassau, le 23 février 1613 (5).

Depuis que le Partage d'Auxerre s'était réuni entre ses

---

ries. Rentes. Ventes de rentes sur la Saunerie « en la portion d'Autrey, au partage de Vignory » (1548-1549). — Quittance de 1573 donnée par le receveur de l'Université de Dole au trésorier de la Saunerie pour rente de 150 liv. « sur le partaige de Vignory en la pourtion de Fouvans » (Ibid.).

(1) Le 24 novembre 1568, le duc d'Albe écrit au Parlement de s'occuper de l'achat du partage de Vignory appartenant à M. de Vergy. (B. N. Moreau 901, f° 58.)

Des achats partiels du 12 septembre 1570 (Arch. du Doubs, B. 2209) et du 12 décembre 1570 (Arch. du Doubs, Ch. des Comptes, Sauneries) réunirent le sixte de Vignory au Domaine.

Le 16 novembre 1574, Antoine de Saint-Mauris, seigneur de Lemuy, demande à être payé de la part du partage de Vignory acquis par S. M., revenant à Thomas et Philibert de Pontailler et cédée par eux à leur sœur Claudine, sa femme. (Bib. Besançon, Chifflet 49, f° 140 et s.)

(2) D. Plancher : *Hist. de Bourgogne*, t. III, p. 124.

(3) Ibid., p. 230.

(4) Mandement du Roi portant réunion à son domaine du partage de Chalon et de Châtel-Guyon et dépendances. (Arch. Doubs, Chambre des Comptes. Sauneries, Invent.)

Compte du trésorier de la Saunerie, 1598 : « Item le partage de Chalon y réuny par la confiscation des biens de feu Guillaume de Nassau, prince d'Orange. » (A. Doubs. Ch. des Comptes. Sauneries. Comptes.)

(5) Bibl. de Besançon, Ms. 826, f° 81.

mains à celui de Chalon, le prince d'Orange était l'égal du souverain, quant à ses droits de propriété sur la Saunerie. De là, le rôle important qu'on lui voit jouer dans les affaires des salines. C'est lui que l'on trouve constamment à la tête des intérêts opposés à ceux du gouvernement, dans tous les litiges relatifs à la Saunerie.

Avec les divers Partages de la Grande-Saunerie, le souverain acquit les portions correspondantes des rentes possédées au Puits-à-Muire par les descendants de Jean de Chalon. Les trois branches issues de ce prince en avaient hérité chacune quatre quartiers, six seilles et deux tiers. Quand il confisqua le Partage d'Auxerre, le Duc réunit à ce qu'il possédait de son chef, sur le Puits, les deux quartiers, trois seilles et un tiers, formant le droit correspondant à ce « sixte ». La réunion des autres Partages devait également augmenter la portion des comtes de Bourgogne de quelques fractions de co-propriété.

La part du Duc s'élevait en tout, en 1470, à ces six quartiers, dix seilles [1], plus ce que l'on appelait le « Sixte de la Demaine », c'est-à-dire le sixième d'un Meix appelé « la Demaine ».

A cette époque, le duc Charles reprit l'idée que, quelque deux cents ans auparavant, les princes de la maison de Chalon avaient tenté de mettre en pratique. Il résolut d'adjoindre à son domaine tout le Puits-à-Muire. Pour cela, il ordonna au Lieutenant de la Saunerie d'acquérir à son profit tous les quartiers qui se trouveraient à vendre. En exécution de ce dessein, quarante-neuf quartiers furent réunis au Domaine au prix de cinq cents francs le quartier [2].

Mais ce ne fut qu'à la fin du siècle suivant que la réunion des portions du Puits-à-Muire fut poursuivie systématiquement

---

[1] C'était déjà la portion que le duc y possédait en 1425. (Arrêt du Parlement du 6 février 1424-5. Arch. Jura, A 18.)
[2] Bib. de Besançon, Chifflet 49, f° 88.

par les Princes et leurs représentants. Le duc d'Albe paraît en avoir eu un soin particulier. Il s'était déjà inquiété, en 1568, de procurer la réunion du Partage de Vignory aux biens du souverain (1). En 1571, on le voit user de son influence pour provoquer de la part des Rentiers du Puits, la cession de leurs droits au Prince. Le 24 décembre de cette année, il écrit de Bruxelles au doyen de Besançon pour l'inviter à peser de son autorité sur son chapitre afin de décider les chanoines à vendre leurs quartiers au souverain (2). Une commission fut instituée par lui, composée de M. d'Aiglepierre, Lieutenant de la Saunerie, Renobert de Mesmay, conseiller à la Chambre des Comptes, et Bonnet Jacquemet, trésorier de la Saunerie (3). Elle eut charge de poursuivre la réunion des deux salines et aussi de la Chauderette.

Le prince de Parme, pour le compte de Philippe II, puis les archiducs Albert et Isabelle continuèrent à procurer au Domaine l'acquisition des quartiers du Puits-à-Muire (4).

---

(1) V. plus haut.

(2) « A vénérable nostre très chier et bien aymé le doyen de l'église métropolitaine de Besançon, Don Fernando Alvarès de Toledo, duc d'Alve, lieutenant, gouverneur et capitaine général, etc.

Vénérable, très chier et bien aymé, nous escripvons à ceux de vostre chapitre sur le faict de l'union du Puys-à-Muyre avec la Grand-Saulnerie, et, estans bien advertis combien peult vostre auctorité pour l'advancement d'icelle, nous vous prions et requérons y tenir la bonne main, et au surplus croire ce que vous sera dict particulièrement par le sieur d'Aillepierre, lieutenant en lad. Saunerie, Renobert de Mesmay, premier maistre des Comptes à Dole, et Bonet Jacquemet, trésorier en icelle Saulnerie. Vous assheurant que Sa Majesté prendra grand contentement de l'advancement que ferez, en ce que dit est, et dont ne fauldrons avertir icelle, selon le rapport que nous en ferons les susd. comis. A tant, vénérable, très chier et bien aymé, Nostre Seigneur vous aye en sa saincte garde. De Bruxelles le XXIIIIe de décembre 1571. » Signé : « A. duc d'Alve », et plus bas « Bave ». — (Arch. du Jura, A 35.)

(3) Le 20 juin 1571, ces trois officiers écrivent à une personne non dénommée au cours de la lettre, lui demandant de vendre au Roi ses droits sur le Puits-à-Muire, ensuite de la commission à eux confiée par le duc d'Albe. (Arch. Jura, A 35.) — V. la note précédente.

(4) Mémoire du Parlement de Dole, en 1645. (B. N., Moreau 912. f° 102.)

Après la commission instituée par le duc d'Albe, ce sont Gilles Bidault, maître des Comptes à Lille (1), puis Jerôme de Lisola et Pierre du Prel, officiers de la Grande-Saunerie (2), enfin le procureur général de Dole, Antoine Brun, que l'on charge de poursuivre cette affaire (3).

A partir de 1590, les aliénations deviennent fréquentes (4). En 1593, le quartier de muire était évalué à dix-sept cents francs (5); dans les années suivantes, on l'acquiert pour des rentes perpétuelles qui varient de soixante à cent francs (6). Le prix parut satisfaisant, et les Rentiers coopérèrent assez volontiers aux intentions des Souverains en leur cédant leurs parts (7). Dès l'abord, un certain nombre de maisons reli-

---

— Moreau de Beaumont : *Mém. sur les Impositions et les Droits*, t. III, p. 196. — Bib. de Besançon, Chifflet 49, f° 87, v°, 89. — Arch. Doubs, Parlement. Sauneries. Lettre de la Cour à l'Archiduchesse, du 16 juin 1629.

(1) En 1609. (Arch. Doubs, Ch. des Comptes, Sauneries.)
(2) En 1611. (Ibid.). En 1612. (Ibid.).
(3) En 1636. (Ibid.).
(4) B. N., Moreau 910, f° 84, v°. — Piganiol de la Force ; *Nouv. descript. de la France*, t. XIII, p. 141.
(5) 23 février 1593. Vente au Roi des quartiers appartenant à Citeaux « au prix de mil sept cent francs pour chacun quartier qui est semblable prix que celuy pour lequel, par commission du susdit Monseigneur le duc de Parme, lieutenant et gouverneur capitaine général pour Sa Majesté de ses Pays-Bas et comté de Bourgoingne, ont esté acquises au profit de Sadite Majesté plusieurs autres muyres aud. Puyz. » (Arch. du Jura, A 911.)
(6) Arch. du Doubs, Ch. des Comptes, Sauneries.
(7) Cependant, ils abandonnaient avec une certaine défiance leurs droits de co-propriété sur le Puits, à ce que nous apprend Girardot de Beauchemin : « Et quant ausditz rentiers, jaçois leur volonté ne puisse estre forcée, toutes fois, il sera aysé de les porter au vendaige de leurs dites muyres, sy on leur lève la crainte qui les empesche de faire ledit vendaige, et qui, avec eux, tient en penne tout le pays. C'est qu'ilz craignent qu'après que toutes lesd. muyres auront esté acquises par le souverain, il ne vyenne ung jour à oster ou dyminuer les ordinaires, ou bien à augmenter le prys d'iceulx, à l'exemple des princes voysins. » Mémoire de Jean Girardot de Nozeroy, seigneur de Beauchemin, du commencement du XVIIe siècle. (Bib. Besançon, fonds Salins, non classé.)

gieuses firent de même (1). Mais des difficultés surgirent, provenant du droit canonique. On ne pouvait aliéner aussi facilement des biens d'Eglise. Quelques établissements ecclésiastiques avaient voulu faire annuler leurs ventes, sous prétexte de lésion. Les souverains durent s'adresser aux Papes Clément VIII et Paul V, et provoquer une enquête à ce sujet.

Une commission, nommée par le Pape (2) et composée de l'évêque de Bâle et de celui de Genève, qui était alors saint François de Sales, se réunit à Baume-les-Dames pour statuer sur l'opportunité de la vente des quartiers de muire appartenant à des établissements religieux. Ils ratifièrent tous les échanges et toutes les ventes, faits ou à faire, des muires que les églises pourraient posséder au Puits-à-Muire et à la Chauderette, au prix de cent francs de rente par quartier. Cette décision fut promulguée par une bulle fulminée à Baume, le 13 novembre 1609 (3).

Les ventes continuèrent au profit du roi d'Espagne, et l'acquisition des droits des Rentiers était terminée à la fin du règne de Philippe II (4).

Avant même que les quartiers du Puits-à-Muire fussent devenus la propriété du Roi, la réunion effective des deux sauneries s'était produite. En effet, à partir du commencement du XVIIe siècle, le souverain se rendait fermier de ceux des quartiers qui ne lui étaient pas encore acquis en propriété. Il baillait alors le tout en amodiation à des particuliers, comme nous le verrons plus loin.

Quant à la Chauderette de Rosières, ses Rentiers étant, pour la plupart, les mêmes que ceux du Puits, l'acquisition

---

(1) Ainsi l'abbaye de Cîteaux en 1593, les chapitres d'Arbois, de Saint-Anatoile de Salins, de Nozeroy et l'abbaye de Buillon en 1597.
(2) Commission donnée le 30 mars 1607. (Archives Doubs, Parlement. Sauneries.)
(3) Archives Doubs, Ch. des Comptes, Sauneries, Balerne.
(4) B. N., Moreau 910, f° 84.

par le Domaine des quartiers de chacune de ces usines se fit, le plus souvent, en même temps.

Dès le xv⁰ siècle, l'existence de cette troisième saline était devenue à peu près nulle. Le duc Jean, par lettres du 21 février 1406/7, avait permis à ses officiers de la Grande-Saunerie de retenir, pour les besoins de la fourniture du sel dit d'*ordinaire* à la Province (1), ou pour l'accomplissement des conventions passées avec des marchands, la muire que l'on devait aux Rentiers de la Chauderette. On les payait, en ce cas, en deniers, selon le cours du sel (2). La Saunerie usa très souvent de ce droit ; aussi le rachat des quartiers de la Chauderette semblerait-il avoir dû être la chose du monde la plus simple.

Il est étonnant de constater que, en 1645, alors que presque toutes les portions du Puits-à-Muire étaient acquises au Roi, il y avait encore vingt-cinq Rentiers de la Chauderette qui s'étaient obstinés à conserver leurs fantômes de droits et détenaient encore treize quartiers, sur les soixante-quatre qui formaient primitivement l'ensemble des rentes de cette usine (3) Les bâtiments mêmes de la Chauderette étaient en ruine dès le début du xvii⁰ siècle (4).

Au moment de la première conquête de Louis XIV, toutes les rentes étaient rachetées.

L'union des trois salines s'était donc ainsi accomplie au profit du Roi, peu à peu, par des moyens de droit commun. En revanche, la trésorerie de Salins se trouvait grevée d'une quantité de rentes perpétuelles, payables en argent, que l'on appelait « Droits de rachat de muire. »

---

(1) Arch. Jura, A 38. Mémoires pour les Rentiers de la Chauderette, en 1572 et 1601.

(2) Ordonnance de 1538 (aux Pièces justificatives) : « Ledit conseil advisera pour l'utilité de ladite Saunerie, quand besoin sera retenir les muyres deues à la Chauderette. »

(3) Mémoire du Parlement, en 1645. (B. N., Moreau 912.)

(4) Dans la procuration donnée par l'abbé de Citeaux pour vendre ses quartiers de la Chauderette au Roi, il est dit que depuis 50 ans on n'a pu en tirer parti à cause de la *ruine* de l'usine. (Arch. Jura, A 991.)

DEUXIÈME PARTIE

EXPLOITATION

CHAPITRE PREMIER

ADMINISTRATION

---

§ 1

Les salines eurent pour premiers administrateurs, les officiers des seigneuries dans l'étendue desquelles elles se trouvaient. Cet ancien mode de régie se rencontre encore, à une époque assez rapprochée de nous, dans de petites usines, comme celle de Saulnot (1).

La Grande-Saunerie de Salins parait, pendant longtemps, ne pas avoir d'autre directeur que l'administrateur de la seigneurie du Bourg-Dessus, c'est-à-dire le châtelain de Bracon. Dès le xii° siècle, Guillaume, fils de Girard de Lay, garantit, comme châtelain de Bracon (2), le payement d'une aumône faite sur la Saunerie par Humbert le Renforcé, au profit de l'abbaye de Buillon (3).

---

(1) Arch. Haute-Saône, E 205, 206.
(2) Guillaume : *Hist. de Salins*, t. I, pr., p. 42. « Et quia Guillelmus filius Girardi de Lay, tunc erat castellanus de Bracon, et Silebrunus erat motarius, promiserunt reddere camdem eleemosinam quandiu haberent potestatem. » Cette charte a pour témoin Guy, abbé de Rosières, qui gouvernait ce monastère en 1183 et 1188.
(3) Guillaume a confondu cet Humbert le Renforcé avec Humbert, sire de Salins.

Lorsque le partage de la terre de Salins entre les fils de Jean de Chalon, eut créé, dans cette seigneurie un triple démembrement, les châtelains préposés à chacune de ces portions, c'est-à-dire ceux de Bracon, de Châtel-Belin et de Châtel-Guyon, devinrent, en commun, les administrateurs de la partie de ce domaine laissée indivise, de la Saunerie. Une lettre de Philippe le Hardi du 26 décembre 1402 [1], et un mémoire de 1440 [2] nous font connaître ce fait. Dans un certain nombre de textes, les châtelains de Bracon Renaud de Jussey (1353) [3] et Thiébaud de Rye (1388-1390) [4], et Ogier Villain, lieutenant du châtelain de Châtel-Belin (1353), règlent les affaires de la saline.

La direction immédiate de la Saunerie fut enlevée aux châtelains des trois châteaux de Salins, à une époque qui doit se placer avant le troisième quart du XIVe siècle. Le mémoire de 1440, déjà cité, attribue cette modification à un duc Philippe [5]. Ce prince aurait remplacé les

---

[1] Bib. de Salins, M. 128, f° 46, v°.

[2] « Ont été instituez et commis pour et au gouvernement d'icelle [Saulnerie], les chastellains des chasteaulx de Bracon, Chastelbelin et Chastelguion, lesquelx avoient et ont en tout le gouvernement de ladicte Saulnerie, tenu et exercer justice et jurisdiction en icelle, fait et institué sergens et fourestiers pour prendre et arrester les selz deffenduz es limites de lad. saulnerie et en faire leurs rappors en icelle. » (Arch. du Doubs, B 288.)

[3] Jean de Chalon, seigneur d'Arlay, fait une donation de rentes sur la Saunerie à sa tante Isabeau de Chalon, en présence de « noble homme Monseigneur Renault de Juyssey, chevalier, chestellain de Bracon, Jehan de Montrechart, escuyer, gouvernour en la Salnerie de Salins pour Monseignour de Chalon, et Ougier Villain, de Saint-Julien, lieutenant de Monseigneur Pierre de Faverney, chevalier, chestellain de Chastel-Belin », le 28 octobre 1353. (B. N., Latin 9129, f° 45.)

[4] Procédure d'appel interjeté par Jean de Chalon, seigneur de Châtelbelin, d'une sentence rendue par le châtelain de Bracon, Thiébaud de Rye, qui condamnait trois de ses officiers en la Saunerie de Salins à quitter leurs charges. (Arch. du Doubs, B 290.)

[5] Les châtelains « ainsin en ont joy et usé jusques à ce que en icelle Saulnerie ait esté institué, ordonné et establi par feu de très noble mémoire Monseigneur le duc Philippe qu'il Dieu ait, led. Pardessus, le-

trois châtelains par un officier unique : le Pardessus.

On ne peut en attribuer l'institution à Philippe le Hardi. Ce prince ne devint comte de Bourgogne qu'en 1384, et, déjà en 1373, un certain Maistre Gille de Montagny [1] portait le titre de Pardessus de la Saunerie.

S'il fallait s'en rapporter à un ancien inventaire des Archives de la Chambre des Comptes de Dole, dès le mois de janvier 1298/9, c'est-à-dire avant qu'ait régné sur notre province aucun duc du nom de Philippe, la Saunerie aurait été gouvernée par un officier appelé Pardessus, qui aurait été alors Girard de Dole [2]. Le même document indique comme titulaires de cette fonction, en 1342, Visin de Montaigu [3], en 1377, Thiébaud de Rye [4] et un certain Gilles de Montaigu [5], qui semble bien le même que ce Gilles de Montagny, qui

---

quel a joy semblablement des justices, jurisdictions et drois dessusdiz publiquement et notoirement, sans ce que causes et plaiz touchans faiz de sels ayent esté ne furent onques ouvertes, demenées ne introduictes pardevant quelconque juge dud. comté de Bourgoingne forsque devant lesd. chastellains et Pardessus et successivement au Parlement de Dole. » (Arch. du Doubs, B 288.)

(1) « Cy fut ordonner par maistre Gille de Montagny, Pardessus en la Saulnerie, par le conseil de Monseigneur Thiébault, seigneur de Rye, chastellain de Bracon, etc......, que toutes délivrances tant en fyed, rentes et aulmônes, comme en buillons volauges, seront faictes d'ici en avant en saul Plaine. » Quinzième semaine de l'année finie au 25 décembre 1573. (Arch. du Doubs, B 205.)

(2) Inventaire du Trésor des chartes de la Chambre des Comptes de Dole. (Arch. du Doubs, B 2, t. III, f° 318 v°, 319.) — Bib. de Besançon, Ms. 726, f° 77.)

(3) Arch. du Doubs, B 2. Inv. du Trésor des chartes, t. III, f° 94, v°.

(4) Le 18 décembre 1377. (Arch. du Doubs, B 2. Inv. du Trésor des chartes, t. III, f° 270. — Bib. de Besançon, Ms. 826, f° 179 v°.)

(5) Le 16 novembre 1377. (Arch. Doubs, B 2, t. III, f° 270.)
Tous ces titres ont disparu.

Un procès-verbal de visite de la halle de Salins, du 8 février 1375-6, faite par Ansel de Salins et Thiébaud de Rye, châtelain de Bracon, mentionne « honnorable home et saige mestre Gile de Montaguz, licencié en loys, Pardessus de la Salnerie de Salins et conseillier de nostre dite dame. » Copie collationnée du 13 juillet 1381. (B. N., Joursanvault 85, f° 6.)

figure, avec le titre de Pardessus, dans un compte de 1373.

En l'absence des documents dont cet inventaire donne l'analyse, et qui ont eux-mêmes disparu, il est difficile de prendre un parti entre ces textes contradictoires.

Peut-être le Pardessus n'était-il d'abord qu'un officier subalterne, et le duc Philippe — Philippe de Rouvre ou Philippe le Hardi — n'a-t-il fait qu'étendre ses attributions. Peut-être aussi le titre de Pardessus était-il une simple qualification que les châtelains ajoutaient à leur titre pour énoncer leurs fonctions d'administrateurs de la Saunerie, comme celui de « Gouverneurs de la Saunerie » qu'ils prennent plus tard (en 1395) [1], et le duc Philippe a-t-il divisé des fonctions jusqu'alors réunies. Ce qui me porterait à le croire, c'est que Thiébaud de Rye, appelé « Pardessus » par l'Inventaire, a été certainement châtelain de Bracon.

Du reste, il se peut que le duc Philippe n'ait été pour rien dans l'institution du Pardessus. Le Mémoire a peut-être fait une confusion entre ce fait et cet autre, que la juridiction d'appel et la surveillance de la Saunerie furent enlevées aux châtelains pour être attribuées aux gens des Comptes du Duc. Les châtelains exerçaient certainement cette fonction de contrôle à une époque où le Pardessus existait déjà. Dans une ordonnance de Philippe le Hardi, du 26 décembre 1402, il est dit : « au temps passé avoit aux châteaux de Bracon, de Château-Belin et de Château-Guyon trois capitaines, chevaliers de grans sens et honneur, qui gouvernoient pour mondit seigneur et sesdis Personniers en ladite Saunerie et, en outre, lesdis Pardessus et Portier et autres gouverneurs d'icelle, et les reprenoient et corrigeoient de leurs défaux quand le cas avenoit, et de présent n'a auxdis châ-

---

(1) « Les chastellains et gouverneurs de la Grant-Saunerie de Salins » signifient le 1er août 1395 aux Clercs des Rôles un mandement de Philippe le Hardi en date du 30 juillet précédent, adressé « aux chastellains et gouverneurs de nostre Saulnerie de Salins. » (Arch. du Doubs, B 278. — B. N., Nouv. acq. Fr. 6348, f° 46, v°.)

teaux capitaines, que gens qui ne font point de résidence au lieu et, supposé que aucun d'eux y fasse résidence, si n'ont-ils pas grande cognoissance es faits de ladite Saunerie, mesmement pour reprendre et corriger lesdit Pardessus et Portier en leurs défaux, si aucun en y faisoient. » Pour ces raisons, le Duc enlève la superintendance de la Saunerie aux châtelains pour la remettre à la Chambre des Comptes de Dijon (1). C'est peut-être à ces lettres mêmes que fait allusion le Mémoire de 1440, en en forçant le sens.

Quant au nom de « Pardessus (2) », il était déjà en usage à Salins au XIIIᵉ siècle (3), pour désigner un officier de la petite saline. Il existe un acte de vente par lequel Etevenon, fils de feu Pichot de Salins, et Alix sa femme, cèdent « es Prévostz, Pardessus et Vadiers du Puis de Salins assis au Bourg le Conte de Bourgoingne », leurs droits sur la fontaine dite de Sursaux (4), en 1285. Cette fonction ne s'est pas maintenue au Puits-à-Muire, tandis que nous trouvons des Pardessus à la tête des affaires de la Grande-Saunerie, sans in-

---

(1) Bib. de Salins, M 128, fᵒ 46 vᵒ. (Copie du XVᵉ siècle.)

(2) On a dit aussi « Pardessus des offices ».

Il a existé en Franche-Comté une famille assez considérable appelée Le Pardessus, Pardessus ou enfin « de Pardessus ». Peut-être tirait-elle son nom de quelque officier revêtu des fonctions de Pardessus de la Saunerie, dont elle serait issue. Elle existait sous ce nom dès le XIVᵉ siècle. En 1369, « Nycholas Pardessus » est mentionné dans le compte d'Etevenin Vurry, trésorier de Dole. (Arch. Côte-d'Or, B 1431, fᵒ 35 vᵒ.) — En 1396, Jeannette, fille de Monseigneur Girart le Pardessus, reçoit les arrérages d'une rente sur la Saunerie. (Arch. Côte-d'Or, B 5953.) — Peut-être aussi ce nom venait-il de l'office de Pardessus de la petite saunerie.

(3) Cette dénomination n'était pas spéciale aux salines. A la fin du XIIIᵉ siècle, le même nom désignait le chef de la municipalité de Besançon. « L'ant qui corroit par M. IIᶜ et IIIIˣˣ et neuf anz, le mecredi après la Chandelousse, fui encomanciez cest paipiers et fui establiz Amiez de Chois à Pardesuis de ces de Besençon..... » (Arch. de Besançon, BB 1.)

(4) Archives de Salins. Recueil des pièces concernant le Puits-à-Muire (copie du XVᵉ siècle). Cet acte est daté de septembre 1285. Le mot *Vadiers* qui y figure désigne l'office de Gardier qui était l'un des plus importants du Puits-à-Muire. (Mém. pour les Rentiers, vers 1443. Arch. du Jura, A 18.)

terruption, depuis la fin du xiv⁰ siècle jusqu'au commencement du xvii⁰.

Le Pardessus réunissait en ses mains des attributions administratives, judiciaires et de police.

Tous les règlements de la Saunerie, depuis le xv⁰ jusqu'au xvii⁰ siècle, déclarent le Pardessus « chef sur tous les autres officiers de la Saunerie (1). » Il est leur surveillant, mais, en principe, il n'est pas chargé de leur nomination.

Les officiers étaient nommés par le souverain et recevaient de lui leurs lettres de provisions; à chaque changement de règne, ils devaient être confirmés dans leur emploi. Le Pardessus, institué de même, était seul dispensé de cette confirmation (2). Une seule fois, à ma connaissance, le Prince s'est départi temporairement de son droit de nomination, en faveur d'un Pardessus; encore, n'était-ce que d'un droit aléatoire. En 1492, Maximilien accorde au Pardessus Philippe Loyte, seigneur d'Aresche, le droit de nommer aux offices de la Saunerie, « pour une et la première fois, dit-il, que icelle nostre Saulnerie sera mise et réduite en nostre obéissance (3) ». A ce moment, Salins était occupé par les Français (4).

En revanche, le Pardessus, tantôt seul, tantôt du consentement des principaux officiers (Portier, Clercs des Rôles, Maître Moutier (5)), pouvait pourvoir, à titre provisoire, aux

---

(1) Mémoire de 1440 environ, sur la justice de la Saunerie. (Archives du Doubs, B 288). — Ordonnance de Charles V, du 16 mai 1539. (Pétremand, t. III, titre xii. art. 443.) — Ordonnance de Philippe II, 30 juillet 1593. (Arch. Jura, A 38.) — Mém. sur les attributions du Pardessus, fin xvi⁰ siècle. (Bib. de Besançon, Chifflet XLIX, f⁰ 64.)

(2) 1ᵉʳ mars 1530-1. Confirmation par Charles V des charges de tous les officiers de la Saunerie. (Arch. du Doubs, B 296.)

(3) Le 22 mai 1492. Arch. Doubs, B 293. (Copie du xv⁰ siècle.)

(4) Salins fut repris par le même Loyte, le 24 décembre 1492, sur les Français.

(5) 1ᵉʳ mars 1418-9. Provisions de l'office de Délivreur du sel accordées par Jean sans Peur à Jean Maire, de la Perrière, sur la présentation du

charges devenues vacantes. Ce droit lui est reconnu dans plusieurs règlements. Il faisait choix de trois ou quatre personnes, dont il chargeait l'une de remplir les fonctions laissées inoccupées, jusqu'à ce qu'il en eût été autrement ordonné. Il envoyait sa décision au souverain qui, à son bon plaisir, choisissait le titulaire définitif parmi les candidats présentés (1).

De même, le Pardessus a le droit de destituer, de l'avis des autres officiers de la Saunerie, les employés incapables ou fautifs. Il peut, par mesure disciplinaire, suspendre le payement des gages de ceux qui ne se conforment pas aux ordonnances (2), par exemple, de ceux qui s'absentent de la Saunerie sans permission.

Enfin, quelques charges inférieures sont à la nomination pure et simple du Pardessus. Telles sont celles de Maître Charbonnier, Maître Forestier, Guettes, Compteurs de bois, Maître et ouvriers de la Doye du Grand-Puits (3). Il en est de même des offices des Fèvres et des Benatiers quand ils viennent à vaquer, ce qui ne se produit que lorsqu'un des titulaires meurt sans hoirs mâles capables d'exercer son emploi (4).

Quant aux ouvriers, le Pardessus en avait le choix, d'ac-

Pardessus, du Portier, des Clercs des Rôles et du Maître Moutier. (Arch. Doubs, B 295.)

(1) Arch. Jura, A 38. Ordonnance du 27 juillet 1593.

(2) Rapport sur l'état de la Saunerie en 1592. (Arch. du Doubs, Ch. des Comptes, Sauneries.)

(3) Ibidem. — Mémoire de la fin du xvi° siècle. (Bib. Besançon, Chifflet XLIX, f° 65.)

(4) « Item a la nomination des euvres de fevraiges et benasteries de lad. Saulnerie, quant elles vacquent par mort, résignacion ou autrement, lesquelx fevraiges et euvres de benasterie vacquent quant aulcuns des fèvres ou benastiers de lad. Saulnerie vont de vie à trespas sans hoirs masles de leurs corps, sachans et estans du mestier et non aultrement, car lesd. euvres sont héritaiges auxd. fèvres et benastiers pour leurs hoirs masles estans et sachans lesd. mestiers. » (Mémoire de la fin du xvi° siècle sur les attributions du Pardessus, Bib. de Besançon, Chifflet XLIX, f° 65.)

— 128 —

cord avec certains officiers comme les Clercs des Rôles, le Maitre Moutier, le Clerc Ventier.

De tous, — officiers et ouvriers, — le Pardessus, représentant de l'autorité souveraine, recevait le serment de se comporter loyalement et selon les ordonnances, dans leurs charges et emplois (1).

Le Pardessus était juge d'un tribunal spécial où se portaient les affaires relatives au sel (2).

Dès une époque ancienne, l'enceinte des salines avait été soustraite à la juridiction des tribunaux ordinaires. En 1249, Jean de Chalon en accordant des lettres de franchises au Bourg-Dessus de Salins, distingue expressément les délits commis à l'intérieur des murs de la saline, de ceux commis au dehors ; il réserve les premiers à sa justice et abandonne la répression des autres au prévôt et aux échevins de Salins (3).

---

(1) Ibidem : « Item a le droit de recevoir le serement de tous officiers instituez en lad. Saunerie par le Prince et aussi de tous les ouvriers et ouvrières de lad. saulnerie, quand le cas advient qu'ils sont instituez es euvres d'icelle, lesquelx ouvriers et ouvrières sont instituez par led. Pardessus, le Portier, l'ung des Clercs des Rooles, le Clerc Venthier et le Maistre Mouthier. »

(2) Ordonnance du 26 décembre 1402. (Bib. de Salins, M 128.) — 20 janvier 1435-6. Mandement du duc Philippe, ordonnant au bailli d'Amont de renvoyer devant le Pardessus l'affaire de Mathiot de Saint-Bresson et de Jean Peletier, qui avaient vendu dans les limites du comté de Bourgogne du sel de Lorraine. (Arch. du Doubs, B 303.) — « Mémoire des tiltres servans à la justice de la Saulnerie de Salins. » (Vers 1440.) (Arch. du Doubs, B 288.) — 15 septembre 1516. Confirmation par l'archiduchesse Marguerite, au profit du Pardessus, de la connaissance exclusive en première instance du fait des sels. (Arch. du Doubs, B 294.) — Ordonnance du 16 mai 1539. (Pétremand, l. III, titre XII, n° 443, éd. de 1619, p. 75.) — Mémoire pour les Rentiers du Puits-à-Muire, en 1553. (Arch. Jura, A 33.) — Mandement du roi Philippe II au Parlement de Dole et aux baillis d'Amont, d'Aval et de Dole, confirmant le Pardessus dans la connaissance en première instance de toute affaire relative aux sels. (Arch. du Doubs, B 289.) — Ordonnance de Philippe II du 23 juillet 1593. (Arch. Jura, A 38.) — Mém. du XVIe siècle. (Bib. Besançon, Chifflet XLIX, f° 65.)

(3) « Prætera reservamus et excipimus quod quicunque excesserint infra

Sans doute, ce furent encore le châtelain de Bracon, puis les châtelains des trois châteaux de Salins qui furent chargés de rendre la justice à la Saunerie.

Quand le Pardessus devint l'administrateur général de la Saunerie, il y fut en même temps investi des fonctions de juge : la confusion des pouvoirs, qui existait alors partout, ne permettait pas qu'il en fût autrement.

Sa compétence embrassait toute justice, haute, moyenne et basse, sur tous les officiers et ouvriers de la Grande-Saline, et même sur tous les marchands de sel et charretiers (1).

Elle s'étendait, en première instance, à tous les « abuz faitz en l'usage des selz ou en transgression des limites », tant dans l'enceinte de la Saunerie qu'au dehors, par tout le comté de Bourgogne, quels que fussent les délinquants. Enfin elle s'appliquait aux délits de toute nature commis dans l'enceinte de la Saunerie (2).

(lege « intra ») muros qui proximo claudunt bernas nostras salinosas, tam jurati prædictæ franchisæ quam non jurati, nos possumus pro nostra voluntate punire ; si vero extra muros excederint, puniri debeant per præpositum et eschevinos. » (Chevalier: *Mém. hist. sur Poligny*, t. I, p 346.)

(1) Mémoire sur la justice de la saunerie (1440) : « Premièrement que le Pardessus de ladicte Saulnerie a pouvoir, et par lettres patentes de Monseigneur, de gouverner et exercer bien et deuement ledit office de Pardessus, par lui ou son lieutenant ou commis pour lui, ensemble toute jurisdicion haulte, moyenne et basse, tant en ladicte Saulnerie, sur tous les officiers et autres suppoz d'icelle, comme dehors, par tout le comté de Bourgongne et mesmement es terres d'oultre Soône es parties de l'Empire, sur tous marchans de sel pourtans ou ayans sel oudit conté de Bourgongne et terres dessusdictes, ressors et appartenances d'iceulx, de congnoistre sommèrement et de plain jugier et déterminer de tous cas touchans le fait et abus dudit sel et tous exceps faiz et perpétrez par quelque personne que ce soit en ladicte Saulnerie, et pareillement au dehors d'icelle, dedans ledit conté et terres d'oultre Soonné pour le fait et occasion dudit sel ou des dépendences d'icellui fait, selon l'exigence des cas. » (Arch. du Doubs, B 288.).

(2) Mémoire de la fin du XVIe siècle sur les attributions du Pardessus. (B. Besançon, Chifflet XLIX, f° 65.) : « Item est juge et a toutes justices tant haulte, moyenne que basse, et congnoissance de tous cas en lad. Saul-

En raison de ces attributions, le Pardessus avait droit de contrainte réelle et personnelle dans les limites de sa compétence judiciaire (1).

De cette juridiction exceptionnelle, les appels se portèrent d'abord aux châtelains de Bracon, Châtel-Guyon et Châtel-Belin, puis au conseil du Duc et à la Chambre des Comptes de Dijon, depuis 1402. Lorsque le comté de Bourgogne fut pourvu d'un Parlement et d'une Chambre des Comptes distincts, les appels furent portés à la Chambre des Comptes de Dole pour les affaires financières, au Parlement pour toutes les autres (2).

Les assises du Pardessus se tenaient en la Saunerie, tous les quinze jours, le lundi. L'un des Clercs des Rôles y remplissait l'office de greffier (3).

Quant à la police, — tant administrative que judiciaire, – le Pardessus, tout en en ayant la direction, n'y intervenait guère que par la nomination des officiers préposés au maintien de l'ordre au dedans et au dehors, et à la répression des fraudes : les « Guettes » et les « Forestiers » (4).

On appelait Guette ou Vaite un officier de police chargé d'empêcher tous abus, vols, troubles, etc., dans l'intérieur de la Saunerie (5). Ces Guettes ont été en nombre variable.

---

nerie tant de causes de parties et aultres du Procureur d'icelle, et pour congnoistre de tous mesus de sel, bois et aultres concernant le fait de lad. Saulnerie par tout le comté de Bourgoingne, tant pour adjuger provisions, sentences deffinitives que aultres. »

(1) Mémoires de 1440 et de la fin du XVIe siècle.
(2) Ibidem.
(3) Ordonnance de Marguerite de Parme (1567). V. aux Pièces justificat. — Le ministère public était représenté par un Avocat et un Procureur fiscaux. (Ordonnance du 25 juillet 1593. Arch. Jura, A 38.)
(4) Mém. de 1440. Le Pardessus a le droit de « instituer et destituer Fourestiers et Sergens pour le fait et justice de lad. Saulnerie, et de mettre et eschangier Gaittes aux portes d'icelle Saulnerie, se besoing est et le cas le requérent..... » — Mém. du XVIe siècle : « Item le droit de instituer les quatre Guectes pour la garde de lad. Saulnerie. »
(5) Voir aux Pièces justificatives l'ordonnance du XIVe siècle.

Ils veillaient aux portes dont ils gardaient la clé, afin d'empêcher la sortie de denrées prohibées ; ils avaient, pour cela, le droit de fouiller ceux qui sortaient. Ce sont eux qui arrêtaient les délinquants à l'intérieur de la saline. Un Guette (ou une Guette, comme on disait le plus souvent) [1] était chargé de la police de chaque berne [2]. L'un d'eux devait assister aux livraisons de sel, compter le sel refusé avec le Délivreur. Ils veillaient à ce que la terre salée, que l'on jetait à la rivière, ne fut pas détournée frauduleusement, et assistaient à la délivrance de l'eau salée envoyée chaque semaine à la Chauderette [3]. Enfin, ils servaient d'huissiers au Tribunal de la Saunerie et au Conseil des officiers.

Les Forestiers étaient les agents de la police extérieure. Leur nom venait sans doute de l'analogie de leurs fonctions avec celles des gardes des bois que l'on appelait également « Forestiers »; mais leurs attributions avaient un champ beaucoup plus étendu. C'est eux qui, dans toute la Franche-Comté, faisaient respecter les limites établies entre les cours des diverses sortes de sel, qui veillaient à empêcher l'intrusion en Bourgogne des produits des salines étrangères [4]. Pour assurer ce service, ils étaient autorisés à poursuivre leurs investigations jusque dans l'intérieur des habitations. On distinguait parmi eux les *Forestiers des chemins* et les *Forestiers forains* [5] : les uns devaient exercer leur sur-

---

(1) En France, on désignait de même par le mot Guette, tantôt au masculin, tantôt au féminin, un homme chargé de veiller, de garder.

(2) 9 novembre 1475. Règlement pour la cuite des bouillons adressé aux « huit Vaictes des barnes de cested. Saulnerie. » (Arch. Doubs, B 187, f° 182). — 25 avril 1555. Invitation aux Rentiers du Puits-à-Muire de se trouver au Répons, mentionnant « Jean Guillon, Guette en Balerne, Guillaume Normand, Guette en Mourceaul. » (A. Jura, A 12.)

Bib. de Besançon, Chifflet XLIX : Mémoire du commencement du xvii° siècle mentionnant un Guette à chaque berne du Puits-à-Muire.

(3) Pièces justificatives. (Ordonnance de Jean sans Peur.)

(4) Arch. Doubs, B 288. Mémoire de 1440.

(5) Compte du partage d'Auxerre (1407-1408). (Arch. Côte-d'Or, B 5961.)

veillance sur les routes qui servaient de limites aux différentes zônes établies au point de vue de la vente du sel ; les autres avaient à visiter les villages compris dans l'intérieur de ces frontières. Ils étaient en même temps les « Sergents » de la Saunerie (1), et, à ce titre, ajournaient les parties à comparaître devant le tribunal du Pardessus (2).

Leurs appointements étaient fournis par un double élément. En dehors de gages fixes, qui montaient en 1473 à cent sols estevenans par an (3), ils prélevaient une part sur les amendes qu'ils faisaient infliger aux contrevenants (4).

Mais l'agent le plus considérable de la police de la Saunerie, est un officier, le troisième (5) par l'importance de sa charge et l'élévation de ses gages, que l'on appelle le Portier.

Comme son nom l'indique, c'est le garde-clé supérieur de l'usine, et toutes ses fonctions se résument à maintenir à l'abri de toute soustraction, détérioration et malversation les diverses richesses de la Saunerie. Pour cela, il doit demeurer « au plus près de la grand Porte » ; il a le commandement

---

— Le 12 mai 1452, Jacques Bricard est institué « sergent forain ». (B. N. Joursanvault 85. f° 47.)

(1) Les charges de Forestier et de Guette pouvaient être cumulées. En 1439, Perrenot Sauldevigne était « gaite à la Porte de lad. Saunerie et forestier d'icelle. » Il est arrivé que les titulaires de ces offices les ont fait exercer par d'autres. Le 3 février 1563, Adam Belin est pourvu d'une charge de guette en remplacement et sur désignation de Jean Bonnaton, maître d'hôtel de l'abbé de Cîteaux, qui l'avait reçue des conseillers du Puits-à-Muire, bien que n'habitant pas le comté de Bourgogne. (Arch. du Jura, A 17.)

Ces douaniers portaient comme insigne de leurs fonctions des écussons d'argent aux armes du Duc. (Délibération du conseil de la Saunerie, du 23 mai 1467. Arch. Doubs. B 187, f° 24 v°.)

(2) Mandement de Jean Chousat, Pardessus, au premier forestier requis d'ajourner certains individus à son tribunal (25 juin 1440). (B. N., Français 11629, f° 22.)

(3) Délibération du conseil de la Saunerie, 15 novembre 1473. (Arch. du Doubs, B 187, f° 151.)

(4) Ibid., f° 3, v°.

(5) Après le Pardessus et son lieutenant.

des Guettes qui s'y trouvent (1) ; il surveille l'entrée et la sortie des personnes qui ont affaire à la saline. Il a la clé des portes d'entrée, des ouvroirs ; il garde pardevers lui le « chevillon » qui sert à envoyer l'eau salée à la Chauderette ; il doit surveiller tous ouvriers et tous ouvrages. En l'absence du Pardessus, il préside à chaque férue » c'est-à-dire à la réception de chaque convoi de bois qui entre dans la Saunerie. Enfin, il veille à prévenir les incendies, et généralement se doit donner garde sur tout le fait de la Saulnerie (2). »

Le Pardessus était rémunéré de diverses manières. Il recevait de gages fixes une somme qui n'a pas varié depuis le commencement du xve siècle jusqu'en 1601, trois cents livres par an (3). Mais, à côté de cette rétribution pécuniaire, le Pardessus percevait une foule de gratifications en nature et jouissait d'avantages matériels qui augmentaient considérable-

---

(1) V. aux Pièces justificatives, la deuxième ordonnance de Jean sans Peur. — Ordonnance de 1412. — En 1536, le Portier Ferry Lombard demande à être reconnu dans le droit de surveiller l'entrée et la sortie des ouvriers et officiers, et à être logé plus près de la porte pour pouvoir exercer son office. (Arch. du Doubs, Chambre des Comptes, Sauneries. Titres généraux.)

(2) Pièces justificatives. Règlements du xive siècle, du temps de Jean sans Peur et du 26 février 1538.

(3) En 1422, le duc Philippe accorde au Pardessus Jean Chousat une gratification en sel pour le dédommager de ce que ses gages de 300 liv. lui ont été payés en monnaie faible. (Arch. Doubs, B 297.) — Une pension supplémentaire de 300 autres liv., accordée au Pardessus pendant quelque temps, est supprimée en 1447 par Philippe le Bon. (Arch. Doubs, B 295.)

1447. Compte de la Saunerie : « A Mathieu Renault, Pardessus des offices de lad. Saunerie, pour la moitié de sa pension de 300 livres estevenans par an. » (A. Doubs. Ch. des Comptes. Sauneries. Comptes.)

Ibid. : « A Guillaume de Poupet, jadis Pardessus des offices de ladite Saulnerie, pour ses gaiges au fur de 300 livres est. par an..... » (1467-8.)

Mémoire de la fin du xvie siècle sur le Pardessus : « Item a et prent de gaiges, chascun an, à cause de sond. estat, trois cents livres estevenans, revenans à trois cens trente-trois francs, quatre gros. » (Bib. Besançon, Chifflet XLIX, f° 64.)

Cependant un mémoire de 1561 porte que M. de Chantonnay, alors Pardessus, recevait 500 livres. (B. N., Colbert-Flandres 1, f° 153.)

ment la valeur de sa charge. Il recevait quatre cents livres de suif pour son luminaire, quantité estimée à trente francs par an, par un mémoire de la fin du XVIe siècle ; il pouvait prendre sur les provisions de la Saunerie, autant de bois, de charbon et de sel qu'il voulait, pour son usage ; il avait le droit de se faire fabriquer, aux frais de la Saunerie, tous les meubles de bois, tels que bancs, tables, escabeaux, dont il avait besoin. Enfin, il avait l'usage d'une maison que l'on qualifiait au XVIe siècle, de « beau et bon maisonnement », avec écurie pour six chevaux et grenier (1). Le souverain ajoutait très souvent à ces avantages des gratifications en charges de sel (2).

Cette situation a été de bonne heure occupée par des personnages de distinction. La liste que l'on peut établir des Pardessus de la Saunerie qui se sont succédé depuis la fin du XIVe siècle, ne comprend que des hommes remarquables par leur naissance ou par les emplois dont ils ont été revêtus (3).

---

(1) Mémoire de la fin du XVIe siècle. (Bib. Besançon Chifflet XLIX, fos 64-65.)
Gollut : L. II. c. XXVI, éd. Duvernoy, col. 148.
(2) Gratifications accordées à des Pardessus, le 9 novembre 1401 (Arch. Doubs. B 297) ; le 6 mars 1405-6 (Arch. Doubs, B 298, fo 12) ; le 30 mars 1421 (Arch. Doubs. B 297) ; le 24 mai 1422 (Ibid.)
(3) Voici la liste des Pardessus, telle que j'ai pu l'établir.
Gilles de Montagny ou Montaign. 1373, 1376.
Girard Basan, de Dole.
Guy Armenier, 1401, 1405.
Jean Chousat, de Poligny, 1410. mort avant le 2 avril 1429.
Mahieu Regnault. du 2 avril 1429 au 27 août 1447.
Louis de Chantemerle. du 28 août 1447 au 3 novembre 1447.
Antoine de Rochebaron. institué le 3 novembre 1447, en place de Louis de Chantemerle, réintégré dans son bailliage de Mâcon ; mort avant le 10 novembre 1463. Il avait cédé son office de Pardessus à Humbert de Plaine, qui en jouit du 12 février 1451 à sa mort, arrivée avant le 14 novembre 1460. Antoine de Rochebaron reprit sa place.
Guillaume de Poupet, du 10 novembre 1463 au 24 juillet 1468.
Emard Bouton, pourvu le 25 juillet 1468, 1472.
Antoine d'Oiselay, 1473, 1485.
Philippe Loyte. 1489. confirmé en 1495, 1507 ; mort le 20 mars 1512.

Guy Arménier était en 1405, membre du Grand Conseil du Duc, en même temps que Pardessus. Il fut aussi maître des Requêtes sous Jean sans Peur, second président au Parlement de Paris, en 1419, conseiller au Conseil étroit sous Philippe le Bon, bailli d'Aval et président des Parlements de Bourgogne[1]. Jean Chousat, de Poligny, gouverneur général des Finances des Ducs Philippe le Hardi et Jean, conseiller en leurs Conseils, fut Pardessus de la Saunerie jusqu'à sa mort arrivée en 1429 [2]. Louis de Chantemerle, seigneur de la Clayette, et Antoine de Rochebaron reçurent tous deux l'office de Pardessus en échange de celui de bailli de Mâcon [3]. Humbert de Plaine, en faveur de qui Antoine de Rochebaron résigna son office, en 1451, était alors conseiller du Duc, général maître des Monnaies de Bourgogne et maître en la Chambre aux Deniers de la Duchesse [4]. Guillaume de Poupet qui lui succéda était également conseiller du Duc et maître d'hôtel de la comtesse de Charolais ; il devint Receveur général des finances de Philippe le Bon [5]. Emard Bouton, seigneur du Fay, chambellan de Charles le Téméraire, joua un rôle im-

---

Laurent de Gorrevod, 1515, 1521.
Jean de la Thouvière, 1524, 1525.
Nicolas Perrenot de Granvelle, 1538.
Thomas Perrenot de Chantonnay, 1556, 1561.
Claude de Gilley, Pardessus jusqu'en 1601.

(1) Dunod : *Nobiliaire*, p. 243. — Arch. Doubs, B 279.
(2) Chevalier : *Mém. hist. sur Poligny*, t. II, pp. 330-331. — Arch. Doubs, B 288, B 279, B 297.
Arch. Haute-Saône, H 192.
(3) Lettres d'institution en faveur de Louis, seigneur de Chantemerle et de la Clayette, « maistre d'ostel de nostred. compaigne.... mesmement en récompensation du bailliaige de Mascon dont l'avons aujourd'huy deschargié.... » 28 août 1447. (Arch. du Doubs, B 295.)
Lettres d'institution en faveur d'Antoine de Rochebaron, chevalier, ancien bailli de Mâcon. 3 novembre 1447. (Ibid.)
(4) Arch. Doubs, B 291.
(5) B. N. Moreau. Nouv. acq. Fr. 6348, f° 42 v°.
Arch. Doubs, B 288, 295.
Guillaume : *Hist. de Salins*, t. II, p. 211.

portant dans la lutte de Marie de Bourgogne contre Louis XI, en servant tour à tour les deux partis rivaux. Il devint bailli et maître des foires de Chalon, par la grâce du roi de France 1). Antoine d'Oiselay, aussi conseiller et chambellan du duc Charles, trahit (2) semblablement son maître et fut remplacé par Philippe Loyte, seigneur d'Aresche, serviteur fidèle de la maison de Bourgogne. C'est lui qui reconquit Salins, pour les Archiducs, en 1492 (3). Laurent de Gorrevod, son successeur, conseiller très écouté de Charles Quint, fut créé chevalier de la Toison d'Or en 1516, comte de Pont de Vaux en 1522, et grand maître d'hôtel de l'Empereur (4). Dans la seconde moitié du xvie siècle, les salines sont gouvernées par les Perrenot de Granvelle : le chancelier, d'abord (5), et, après lui, son fils, Chantonnay, qui fut ambassadeur en France (6).

Tous ces personnages étaient, la plupart du temps, tenus

---

(1) Arch. Doubs, B 289. — P. Anselme, t. VII, pp. 642-643. Ses revenus sur la Saunerie et ceux de Philippe Bouton furent confisqués et donnés, le 19 juillet 1477, à Henri de Rye, en récompense de sa fidélité à Mlle de Bourgogne. (Arch. du Doubs. Ch. des C., Sauneries.)

(2) Lettres d'institution de Philippe Loyte, 10 mars 1495. (Arch. du Doubs, B 296.)

(3) Bib. de Besançon, Chifflet XLIX, f° 9.
Bib. Nat., Joursanvault 86, n° 214.
Arch. Doubs, B 289, 296. — Ch. des Comptes, Sauneries.
Arch. Côte-d'Or. B 6032.
Rousset (*Dictionnaire*, t. I, p. 60) dit qu'« il fut fait écuyer à Worms, en 1495. » Il a ici mal compris un passage de Guillaume (*Salins*, t. II p. 174) qui rapporte qu'« il est nommé avec ces deux qualités (de maître d'hôtel de Maximilien et de Pardessus), dans le testament de Ottenin de Chassagne, écuyer, fait à Worms en Empire le 24 de novembre 1495. » Il était noble de naissance, son père Gérard Loyte était déjà écuyer.
Quant au « titre de Chevalier sans reproche, » que Rousset lui attribue ce n'est qu'une expression laudative inscrite sur son tombeau : « Cy gist Messire Philippe Loyte, chevalier sans reproche, jadis maistre d'hostel de l'Empereur Maximilien et Pardessus en la Saulnerie de Salins, lequel trespassa le XXe jour de mars l'an XV^c et XI. Dieu ait son âme. » (Aux Cordeliers de Salins. — Guillaume : *Hist. de Salins*, t. II, p. 171.)

(4) Guichenon : *Hist. de Bresse*.
(5) Ordonnance de 1538, aux Pièces justificatives.
(6) B. N. Colbert-Flandres 1, f° 153.

par leurs diverses charges, loin des sauneries et souvent à la cour des souverains. En 1538, Charles V lui-même le constate. « Nostre très cher et féal premier conseiller d'Estat, maistre aux Requestes, Garde des Sceaux et Pardessus de nostre Saulnerie, le sieur de Grantvelle, dit-il, est personnellement et nécessairement empesché à nostre service [1]. » Un Mémoire sur l'état de la Saunerie rédigé en 1561 [2], se plaint aussi de l'absence du Pardessus. M. de Chantonnay, Pardessus, remarque l'auteur, a de gages cinq cens livres tournois par an et ne sert point, pour ce que j'ay bonne connoissance de vingt-cinq ans que j'ay, et ne l'y ay veu demeurer sinon une fois qu'il fut trois ou quatre ans, et non plus. » Il en était de même bien longtemps auparavant [3].

Or les ordonnances faisaient au Pardessus une obligation de résider en la Saunerie [4]. Pour concilier les exigences des circonstances avec les règlements, on recourut à l'institution d'un nouvel officier, le Lieutenant du Pardessus. Dès le commencement du XVe siècle, nous le trouvons remplaçant le Pardessus et par son séjour perpétuel à la Saunerie, devenant le véritable chef de l'exploitation. Les ordonnances constatent son existence dès 1412 [5], mais ne règlent ses fonctions qu'en 1538. Il remplissait toutes les attributions du Pardessus, en son absence, et avait, comme lui, un logement à la

---

(1) Ordonnance de 1538, aux Pièces justificatives

(2) B. N. Colbert-Flandres 1, f° 153.

(3) Le 2 août 1448, Philippe le Bon remet au Pardessus Mahieu Regnault la dette par lui contractée envers la Saunerie : « Il a convenu que la greigneur partie du temps, il ait esté absent de nostredite Saulnerie et demouré en nostredit duchié de Bourgoingne, pour le gouvernement de noz finances. » (Arch. du Doubs, B 298, n° 56.)

En 1536, un mémoire constate que « le Pardessus Jean de la Thouvière, chevalier, seigneur de Beauregard, ne réside pas à la Saunerie comme il le devroit. » (Arch. du Doubs. Chambre des Comptes. Sauneries. Titres généraux.)

(4) Deuxième ordonnance de Jean sans Peur.

(5) L'ordonnance de Jean sans Peur, du 13 avril 1412, nomme le lieutenant Jean Carondelet. (V. Pièc. justif.)

Saunerie. Ses gages étaient de cent cinquante livres (1) ; ils paraissent avoir été élevés à trois cents livres pour Guyon Mouchet, beau-frère et lieutenant de M. de Chantonnay (2).

Moins grands personnages que les Pardessus, les Lieutenants pouvaient résider à la Saunerie et agir effectivement sur l'administration de l'usine. C'est ce que reconnaissent les souverains en récompensant ceux qui ont procuré l'amélioration de la saline (3). Sans doute, cette influence considérable a amené des abus et a pu motiver certaines accusations dirigées contre des Lieutenants. En 1484, Jean de Laule, l'un d'eux, est soupçonné d'avoir négocié le ravalement du prix du sel, avec des marchands de Savoie, moyennant certaine somme de deniers (4). On exige d'un fonctionnaire revêtu d'attributions aussi importantes une capacité suffisante. Quand les Granvelle eurent pris possession de la direction de la Saunerie, des réclamations s'élevèrent contre le Lieutenant qu'ils y avaient placé, Guyon Mouchet, gendre de Nicolas Perrenot, que l'on a appelé successivement M. de Sauvigney et M. de Château-Rouillaud. Le prince d'Orange se plaint à la duchesse de Parme, en 1562, de ce que « le seigneur de Chantonnay a pris pour lieutenant le sieur Savigney, son beau-frère, qui n'est homme de lettres ne qualifié pour exercer la justice ». Il avait fallu lui adjoindre un officier de justice, à la charge du Roi et de ses Parçonniers.

Parmi les Lieutenants, on trouve tour à tour des gentilshommes et des bourgeois. C'étaient, d'abord, des gens de

---

(1) Mémoire de la fin du XVIe siècle : « Item a led. Pardessus en lad. Saulnerie son lieutenant, pour en son absence exercer et desservir led. estat, lequel lieutenant jaçoit que ledit sieur Pardessus soit en lad. Saulnerie a semblablement sa demeurance en icelle, un semblable droit d'usaige de bois et de sel et trois cens livres de supt par an avec cent cinquante livres estevenans de gaiges. » (Bib. Besançon, Chifflet XLIX, f° 65.)

(2) Bib. Nat., Colbert-Flandres 4, p. 153.

(3) Gratification accordée au Lieutenant Jean Carondelet, le 29 décembre 1453. (Arch. du Doubs, B 299.)

(4) Arch. du Jura, A 20.

loi. Jean Jaquelin, licencié es lois et bachelier en décret, était lieutenant de Jean Chousat en 1410. Jean de Marnix, seigneur de Thoulouse, et Guyon Mouchet, Lieutenants en 1531 et 1562, étaient des seigneurs d'importance.

Le Lieutenant avait lui-même une sorte de lieutenant en la personne du Portier, qui remplissait les attributions administratives et judiciaires du Pardessus, quand ce dernier et son lieutenant étaient tous les deux absents.

A côté de ces directeurs de la Saunerie, se place un Conseil (1) formé de tous les officiers de l'usine. Chaque chef de service y porte les observations qu'il a pu faire dans l'accomplissement de sa charge. On y délibère sur les intérêts de la Saunerie, sur les réparations à faire, sur les moyens d'éviter les dangers de toute sorte qui peuvent la menacer. On y évalue chaque semaine le revenu de l'usine; on y reçoit le compte de la gabelle; on y passe les marchés; on y décide si l'on retiendra la muire de la Chauderette, si l'on acquerra le sel du Puits-à-Muire. C'est là que sont discutés les démérites des ouvriers, que les officiers fautifs sont réprimandés ou suspendus. C'est, en somme, un Conseil d'administration analogue à ceux de nos sociétés industrielles.

Le Conseil ordinaire se tenait chaque lundi, à sept heures

---

(1) Ordonnance de Philippe le Hardi, du 26 décembre 1402 : « Item que l'on tienne le sambedy de chacune semaine le conseil en ladite Saunerie, les officiers tous assemblez, et que illec, en la présence du conseil, les gouverneurs des bernes viennent rendre conte du gouvernement de leurs bernes de la semaine, afin que l'on puisse voir leurs bons portemens s'il y est, ou la faute semblablement s'elle y est, et y soit présent le Maistre Mottier, et si l'on y trouve faute, que celluy qui l'aura faite soit corrigé et puny ainsy qu'il sera avisé par le Pardessus et conseil. » (Bib. de Salins, M. 128, f° 44. v°). — Voir aux Pièces justif. : Ordonnance de 1538, art. 11; ordonnance du 26 janvier 1566/7. — A chaque instant, des plaintes s'élèvent contre le peu d'assiduité des officiers au Conseil. D'après l'ordonnance de 1538, pour que la délibération soit valable, il faut que les deux tiers au moins des officiers soient présents.

du matin (1), dans la Chambre des Rôles. Un Conseil extraordinaire pouvait être assemblé par ordre du Pardessus ou du Lieutenant, lorsque le cas le requérait.

Les Clercs des Rôles servaient de greffiers à ce Conseil et inscrivaient ses décisions dans des registres de délibérations dont bon nombre nous ont été conservés. A chaque séance, ils lisaient le procès-verbal de la séance précédente.

A la porte, se tenait un Guette ou Forestier, faisant les fonctions d'huissier (2).

Le Conseil existait dès le xive siècle. En 1373, y figuraient le Pardessus, le châtelain de Bracon, Jean de Salins, seigneur de Poupet, le châtelain de Châtel-Guyon, Otte de Salins, le Portier et plusieurs officiers de la Saunerie (3).

§ 2

Toute cette administration fut profondément modifiée, lorsque, le 28 septembre 1601, l'Archiduc trouva bon de donner la Saunerie en amodiation. Dès lors, il y eut une double hiérarchie de fonctionnaires, les uns nommés par le gouvernement, les autres dépendant des fermiers.

L'amodiation avait été employée de bonne heure par les propriétaires de salines pour tirer parti de leurs usines. Au xiiie siècle, la saunerie de Grozon était déjà amodiée ; jusqu'à

---

(1) Au xvie siècle (ordonnance de 1538). En 1402, il se tenait le samedi (ordonnance de 1402).

(2) Délibération du 12 août 1773. (Arch. du Doubs, B 487, f° 446 v°.)

(3) Ce conseil se composait de : « Maistre Gille de Montagny, Pardessus en la Saulnerie ; Monseigneur Thiébault, seigneur de Rye, chastellain de Bracon ; Monseigneur Jehan de Salins, seigneur de Poupet ; Monseigneur Hugues des Champs, chastellain de Chastelguyon ; Monseigneur Outhe de Salins ; Perrin de Bonjaille, Portier de lad. Saulnerie ; Monseigneur Michiel (sic), Guillemin Quirolet, Hoigier Villain, Symonnet de la Perrière, Besançon de Roithenay, Perrin de Laulle, Jehan de Gray et plusieurs autres officiers de lad. Saulnerie. » (Arch. du Doubs, B 205.)

sa destruction, elle a été soumise au même régime (1). La saunerie de Saulnot a, de même, été presque toujours affermée jusqu'au XVIII° siècle, sauf de rares intervalles où son propriétaire, le comte de Montbéliard, en a confié l'administration à ses officiers de la châtellenie de Granges (2) ou à des régisseurs (3) particuliers (4). Celle de Soulce était baillée à ferme au XVI° siècle, quand les comtes de la Roche arrivaient à la maintenir en exploitation (5). A Salins, le Puits-à-Muire ne paraît avoir jamais été mis en valeur d'une autre façon. Lorsqu'on se résolut à soumettre la Grande-Saunerie au même régime, il y avait déjà un certain temps que le projet en était médité. En 1565, Marguerite de Parme faisait savoir au Parlement qu'on lui avait proposé d'amodier la Saunerie, en en donnant un tiers de plus qu'elle ne rapportait alors, et le consultait sur ce point (6). En 1577, Don Juan d'Autriche entretient d'un projet semblable le gouverneur de la Province et les gens du Parlement et des Comptes (7). Plusieurs mémoires, sans date, mais qui ont été écrits certainement dans la seconde moitié du XVI° siècle, se plaignent des

---

(1) V. Pièc. justif. : amodiations de 1255 et 1367. (Arch. du Doubs, B 1, f° 6, et B 308.)

(2) Lettre du Conseil d'Etat de Montbéliard aux officiers de la seigneurie de Granges, du 12 janvier 1695 : « Comme son A. S. n'a pas trouvé à propos de passer à une amodiation de sa saulnerie de Saulnot, dans le temps présent, elle a commis ses châtelain et officiers de Grange, de la diriger et faire valloir à son plus grant proffict, jusques à autre ordre. » (Arch. Haute-Saône, E 206.) — En 1757, le 9 décembre, le sieur Pilon, procureur fiscal de Granges, est chargé de la régie; il ne consent à l'accepter que pour deux mois. (Ibid.)

(3) Le 16 juillet 1614, Jean-Frédéric de Wurtemberg nomme régisseur de la saunerie, Richard Bouchuz, de Saulnot. (Arch. de la Haute-Saône, E 206.)

(4) Compte de Pétremand Chainin, commis à la recette de la saunerie (1477-78) (Arch. Haute-Saône, E 210). Baux de 1537, 1549, 1570, 1580, 1586, 1591, 1615, 1665, 1670. (Arch. Haute-Saône, E 202.)

(5) Arch. du Doubs. Parlement. Sauneries.

(6) B. N. Moreau 901, f° 50.

(7) Ibid., f° 78.

frais que coûte l'exploitation de la saline et proposent l'amodiation comme remède (1).

Le premier amodiateur de la Saunerie a été un gentilhomme comtois, M. de Nancray, qui prit à ferme les usines de Salins, le 28 septembre 1601. La plupart de ses successeurs sont de grands commerçants, parfois des étrangers, italiens comme Jérôme de Lisola (1609), espagnols comme D. Antonio Brandon et D. Sébastien Henriquez Pimentel, dont le bail finit en 1664 (2), genevois comme Jean Grant (1648-1658), comme François Fatio, l'un des fermiers qui étaient en cours de bail lors de la conquête française (3). Beaucoup ont fait des fortunes considérables.

Il n'y eut d'interruptions dans le système, alors adopté, d'amodier la Grande-Saunerie, que d'une manière temporaire et par suite d'évènements fortuits. Ainsi, en 1668, les Français une fois maîtres du Comté, Louvois enleva les salines aux fermiers, malgré leurs protestations, et les donna en recette au baron de Vaugrenant (4). A la conquête définitive, les sauneries franc-comtoises furent unies aux Fermes générales de France (5).

La durée habituelle des baux était restreinte. A Saulnot, tous les trois ans, le comte de Montbéliard faisait mettre aux enchères la ferme de sa saunerie (6). A la Grande-Saunerie, le terme était ordinairement de sept à neuf ans (7). Les deux

---

(1) Arch. du Jura, A 43.
(2) B. N. Français 11630, passim.
(3) Arch. du Doubs. Chambre des Comptes. Sauneries.
(4) Mémoires de Jules Chifflet, abbé de Balerne. (*Documents inédits sur l'Histoire de la Franche-Comté*, t. V, p. 194.)
(5) Le 27 juin 1680, elles furent comprises dans le bail du sieur Boutet. (*Amodiation des Gabelles des Trois-Evêchés, Lorraine et Franche-Comté*. Paris, F. Léonard, 1680, in-8°.)
(6) Amodiations de 1537, 1549, 1570, 1580, 1586, 1591. (Arch. Haute-Saône, E 202.)
(7) Arch. du Jura, A 53 — Bib. de Besançon, Ms. 826, f° 81. — Arch. du Doubs. Chambre des Comptes. Sauneries.

baux de la saline de Grozon que nous avons encore, sont faits pour des durées de six ans. Partout, l'adjudication se faisait aux enchères publiques et au plus offrant.

Dans les salines ainsi amodiées, pour sauvegarder les intérêts des propriétaires, à côté des fermiers et de leurs agents étaient placés des directeurs, des commis chargés de surveiller l'exploitation. Ces fonctionnaires étaient nommés et payés par les bailleurs : tels ont été, à Saulnot, les Surintendants des Sauneries, et, à Salins, les Directeurs ou les Surintendants-Administrateurs des Salines.

Lors de ces amodiations, le souverain a soin de se réserver, au moins en partie, le droit de justice. En ce qui touche Grozon, en 1255, l'amodiateur a droit de justice jusqu'à dix sous d'amende [1] ; en 1367, le maître de la saunerie n'a la connaissance que des affaires qui n'entraînent pas « peine de corps [2] ». Les autres sont portées au tribunal du baillage.

A la Grande-Saunerie, c'est un Juge, à la nomination du Roi, qui est substitué au Pardessus dans ses attributions judiciaires [3]. C'est un homme de robe longue et non plus un homme d'épée comme le Pardessus. Il est assisté d'un Avocat fiscal et d'un Procureur, également nommés par le Roi. Le Greffier et les Guettes ou Huissiers de ce Tribunal reçoivent de même des patentes royales [4].

---

(1) Arch. du Doubs, B 1, f° 6.
(2) Arch. du Doubs, B 308.
(3) Amodiation de la Saunerie à M. de Vaugrenant, du 1ᵉʳ août 1633 : « Réservant à nous toute la souveraineté et justice des saulneries et l'exercice d'icelles au juge par nous establi ou aultres que nous pourrions commettre cy-après, et à son lieutenant en son absence ou empeschement, sans ce que led. amodiateur s'y puisse entremettre en façon que ce soit, item la disposition des officiers (sic) d'advocat et procureur fiscal des saulneries et du greffier ou scribe de la justice d'icelle. » (B. N. Clairambault 977, f° 20 v°.) — Règlement des sauneries, du 12 décembre 1608. (Bib. de Salins. *Recueil de pièces concernant les Salines*, par Simon Coquelin, f°ˢ 194-198.)
(4) Mémoire sur les salines, du XVIIᵉ siècle (vers 1650 ou 1660). Bib. de

Par suite d'un règlement dû à M. de Steenhayse[1] la juridiction des forêts réservées aux besoins des saluneries, fut adjointe aux attributions du Juge ; une ordonnance d'Albert et Isabelle, du 22 septembre 1607, les enleva à la compétence des tribunaux de Gruerie (2).

Cette organisation fut maintenue par les Français, dans son ensemble; il ne s'y produit que quelques modifications secondaires, comme la suppression de l'Avocat fiscal en 1692 (3).

Le régime d'amodiation auquel a été soumis le Puits-à-Muire est d'une nature spéciale. Il a dû au grand nombre des co-propriétaires de cette usine un caractère tout particulier.

Les Rentiers du Puits-à-Muire se réunissaient chaque année au mois de janvier, dans un local de leur usine, en une assemblée qui portait le nom de Répons (4). C'était l'analogue de nos assemblées d'actionnaires. Tous ceux qui possédaient une part quelconque dans le Puits avaient le droit d'y prendre part, en personne ou par procureur. C'est là que se passaient les baux des muires 5), que l'on pourvoyait aux offices, que l'on réglait les comptes, en évaluant la somme de deniers revenant à chaque quartier (6). Le Prince s'y fai-

---

Besançon, Chifflet XLIX : « Huissiers pourveus par patentes du Roy, appellés guettes, qui servent en ce tribunal. »

(1) Mémoire sur l'état œconomique des salines de Bourgogne (Bib. de Besançon, Chifflet XLIX) : « Sa jurisdiction [de juge] est sur toutes les fassures, c'est-à-dire foretz et bois destinez à la cuite des selz, pour le règlement desquels vint en ce pays le père du défunt chancelier Steenhuyse. »

(2) Arch. du Jura, A 65, f° 87-89.

(3) Edit du mois d'août 1692. (Recueil des Edits et Déclarations du Roi, éd. 1771. t. I, p. 414.)

(4) Pétremand, éd. 1619, art. XDI., p. 301.

(5) Bib. de Besançon, Chifflet XLIX f° 75-76. Mémoire présenté à l'archiduc Albert pour le rachat des quartiers du Puits-à-Muire.

(6) Arrêt du Bailliage d'Aval, pour Nicolas de Gilley, contre les vendeurs du Puits, 1552. (Arch. du Jura, A 39.)

sait représenter par son Trésorier de la Grande-Saunerie ; il n'avait droit qu'à une voix, tout comme le possesseur de la moindre portion de quartier. Les parts s'étant divisées à l'extrême, il se trouvait l'égal, au point de vue délibératif, des bénéficiaires de rentes insignifiantes (1).

Le prince de Parme se plaignit à Philippe II de cet abus, et le roi, par ses lettres du 3 juin 1588, décida qu'à l'avenir nul n'aurait de suffrage à l'assemblée du Puits s'il n'était propriétaire d'au moins un quartier (2).

Les Rentiers confiaient la fabrication du sel du Puits-à-Muire, soit chaque année, soit pour une période plus longue, à des amodiateurs qu'on appelait Moutiers (3). Leur nom

---

(1) Edit de Philippe II, du 3 juin 1586 : « Comme nous fumes informez qu'ès assemblées des Respons du Puis-à-Muyre du Bourg-Dessoubz, en nostre ville de Salins, opinent plusieurs y entrevenans comme héritiers, lesquelx n'y ont que bien petite portion et touteffois à la pluralité de leurs suffrages s'accordent divers dons et présens excessifz » (B. N. Nouv. acq. Fr. 3238, fo 151-152.)

(2) Ibid. : « Sçavoir faisons que ayans sur ce eu l'advis de noz tres chers et féaulx les chefz, président et gens de noz Consaulx privé et des finances, avons, par la délibération de nostre très cher et très aimé bon nepveu le prince de Parme et de Plaisance, chevalier de nostre ordre, lieutenant-gouverneur et capitaine général de noz pays de pardeça et de nostre conté de Bourgoingne, déclairé et ordonné, déclairons et ordonnons par ces présentes que doresenavant en l'assemblée de nosdiz respons ne seront admis ou receuz pour y avoir voix délibérative, opiner sur ce que sera proposé et mis en délibération, ou estre comptez aux suffrages, ceulx qui audit Puyz-à-Muyre auront moindre portion qu'ung quartier entier. » — C'est ce qui se passe encore dans nos sociétés actuelles, où le droit de faire partie des assemblées d'actionnaires est réservé aux porteurs d'un certain nombre d'actions.

(3) Enquête sur l'Etat du Puits-à-Muire, poursuivie par ordre du Duc (vers 1424) : « Item et que pour ce que plusieurs desdis signeurs et rentiers ne pourroint ne sauroint par eulx mesmes gouverner leurs parties et portions ou les quartiers que leurs appartiennent de lad. fontaine et de l'eaue salée qui en yst et vient, ne en faire faire le sel comme il appartient, il a en lad. ville de Salins plusieurs notables personnes appellées Moutiers qui conduisent et retiennent à ferme, pour chascun an desd. signeurs et rentiers dud. Puys leursd. portions ou quartiers et leurs rentes et prouffis, que yssent chascun an de lad. fontaine et eaue salée, pour certains pris

(*Motarii*) devait venir de ce que leur fonction était de mener à bien la fabrication des pains ou mottes de sel. Dès 1149, on les voit approuver une donation assignée sur la Puits-à-Muire, faite par Gaucher de Salins au profit de Notre-Dame de Rosières [1].

Ils formaient une sorte de corporation dont ils avaient soin d'interdire l'accès à qui ne leur convenait pas. Associés par des traités secrets [2], ils s'entendaient pour ne pas amodier les quartiers de muire au-dessus d'un certain prix [3].

---

d'argent et de sel qu'ils en paient chascun an aux diz signeurs et rentiers, à chacun d'eulx selon ce que luy compète et appartient. » (Arch. Jura, A 18.)

(1) « Similiter hoc idem concesserunt Motarii : Rainaldus cum filiis suis, Petrus, Durandi filius, cum fratribus suis, et Willelmus canonicus et fratres ejus, et magister Aerius, et Stephanus Nigridolus et Girardus filii ejus, et Lambertus, Berno et filius ejus, et Girardus de Layer et Aymericus de Rivo et avunculus ejus, et Berta de Tisi et filii ejus, et domina de Veitors et Richeldis. » (Guillaume : *Salins*, t. I, pr., p. 47). L'abbé Guillaume avait lu « Notarii ». La restitution de « Motarii » s'impose, sans qu'il soit nécessaire d'insister.

(2) Mémoire pour les Moutiers du Puits contre le procureur général : « Item se aucunefois, aucun desd. Moutiers se entremettent de appaiser les débas et questions survenant entre eulx, cela a esté par voye amiable et comme arbitres et du consentement des parties, comme faire le peuvent selon raison et en bon amour et charité et non point par conspiration illicite ne indeue. » (Vers 1424.) (Arch. Jura, A 20.)

En 1443, déposition de Thiébaud Vincent : « Dit que naguère, et depuis VI ou VII ans ença, aucun desdiz Moutiers et des plus principalx dudit Puys ont fait ung nouvel département et association entr'eulx. » (Arch. du Doubs, B 202, f° 284.).

Même déposition : « Dit que en l'an mil IIIIᶜ et XII ou environ fut fait ung département entre plusieurs des Moutiers dud. Bourg-Dessoubz par lequel ils communiquèrent ensemble toutes les muires qu'ilz tenoient audit Puys par admodiation, et aussi semblablement les meix et barnes. » (Ibid., f° 283.).

(3) Déposition de Thiébaud Vincent (1443) : « Les Moutiers firent convenances et serment entr'eulx qu'ilz ne donneroient point plus de XX florins pour quartier de muyre, ne aussi ne enchériroient point meix ne barne l'un sur l'autre, durant le temps dudit département qui devoit durer trois ans (depuis 1412). Et depuis, en l'an mil IIIIᶜ et XV, renouvellèrent ledit département en faisant semblables convenences, excepté qu'ils povoient donner vint frans, par chascun quartier demuyre. Et depuis, en l'an

Quelques portions de muire étaient pourvues de bernes, d'autres n'en avaient pas. Il fallait de toute nécessité aux amodiateurs de ces dernières, trouver à louer les bernes de leurs collègues, pour pouvoir y fabriquer leur sel. S'emparant tout d'abord des quartiers munis de berne, les Moutiers associés se servaient de ce moyen pour éloigner les concurrents : ils refusaient de recevoir les muires de tous ceux qui ne faisaient pas partie de leur société (1). Par ces moyens les Moutiers faisaient la loi et aux Rentiers et aux concurrents qui auraient pu leur disputer l'amodiation des quartiers.

On voit, par les noms des Moutiers qui ont fait ce commerce aux diverses époques, que leur métier se transmettait de père en fils comme un patrimoine précieux. Ils élevaient leurs jeunes parents dans la pratique de la profession, et, lorsque, devenus vieux, ils se retiraient des affaires, ils se les substituaient dans leurs parts d'amodiation. De cette façon, les avantages de la situation restaient dans les mêmes familles (2).

---

mil IIII^cXXIII firent semblable département et convenences ; et, par lesdiz départemens, ilz départirent lesdites muyres ainsi que bon leur sembla ; et le dit savoir pour ce qu'il a veu lesdites convenences et départemens par escript et par les papiers des venducs qui ont esté. » (Arch. Doubs, B 202, f° 284).

(1) Même déposition de Thiébaud Vincent : « Dit en oultre qu'il a veu que quant aucuns desdiz Moutiers qui n'estoit pas de la Société ou Association des autres, admodioit aucunes muyres, à leur desplaisance, ils ne vouloient ne ne veuillent aubergier en leur meix, mais convenoit, et encores fait, qu'il espanche ses muyres ou renonce à l'admodiacion qu'il en a faicte. » (Arch. du Doubs, B 202, f° 283.).

(2) Mém. pour les Moutiers contre le Procureur du Duc (vers 1444) : « Item et quant au département que le Procureur dit estre fait par lesdiz Moutiers, vérité est que aucunefois pluseurs desd. Rentiers (lire Moutiers), quand ilz ont leurs parens ou leurs affins, ilz lui baillent pour mener et aprandre la pratique et marchandise, pour avoir occupation, une quantité de muyre qu'ilz ont admodié ; aucunefois quant aucuns d'eulx viennent vieux, ilz le baillent aux juenes compaignons pour eulx deschargier, et autrefois pour amour, courtoisie et plaisir, laquelle chose n'est point deffendue selon raison et ne se fait par quelque conspiration indeue. » (Arch. Jura, A 20.).

— 148 —

Leur nombre était considérable. La charte de 1149 en mentionne une quinzaine nominativement et en suppose quelques-uns de plus. En 1424, un interrogatoire en fait connaître trente-six.

Dès le moment où ils apparaissent dans les textes, ils semblent déjà de notables personnages, parmi lesquels figurent des femmes (1). Cette situation avait été, vers le milieu du xv° siècle, l'origine de la fortune de plusieurs salinois opulents : Guigonnet de Montaigu, Pierre Charbonnier, Claude David, Jean de Germigney (2). On ne quittait pas volontiers une position aussi avantageuse. Ce même Jean de Germigney, devenu procureur du Duc au bailliage d'Aval, et Etevenin de Falletans, lieutenant au même bailliage, tout magistrats d'importance qu'ils fussent, n'en continuèrent pas moins de faire leur ancien métier de Moutiers (3). A la fin du xv° siècle, les Moutiers dont les noms nous ont été conservés, appartenaient à des familles nobles ou bien près de le devenir (4).

---

(1) Il y eut aussi des prêtres amodiateurs de quartiers du Puits-à-Muire. Sans parler du « Willelmus Canonicus » de la charte de 1149 dont l'épithète peut n'être qu'un sobriquet, je trouve au xiv° siècle « Messire Jehan Deschies, chanoine de Saint-Michiel », qui tenait en amodiation deux quartiers. (B. N. Moreau 864, f° 513.).

(2) Enquête de 1443. Déposition d'Huguenin Bouvart, notaire. (Arch. du Doubs. B 202, f° 106).

(3) Enquête de 1443. Déposition de Perrin de Ramerupt. (Ibid., f°s 169 et s.).

(4) En 1477 : Jean de Vaux, Huguenin Saiget, Humbelin de Nozeroy, Jacques et Guyon Guierche, Michel Rainel, Enguerrand Marchant, Jean de Gilley, l'aîné, Jean de Gilley, le jeune, Guyon de Lalie, Pierre Prévôtel, Demoiselle Claude Carondelet, veuve de Jean Saiget, Jeannette Bonvalot, veuve de Ferry de Falletans, Jeanne, veuve de Jean Vauchard. (Arch. Doubs. Ch. des Comptes, Sauneries. Inventaire). A la fin de ce même siècle : Guillaume de Gilley, seigneur d'Aiglepierre, Nicolas Mercerel, écuyer, seigneur de Montmarlon.

En 1536 : Nicolas de Gilley, écuyer, seigneur d'Aiglepierre, Philippe Guyerche, écuyer, seigneur de Chevière, honorables hommes Guillaume Marchand et Guillaume Dufourg (Ibidem).

En 1542 : Hugues Marchand, seigneur du Pasquier, Nicolas de Vers.

Au Moyen Age, chaque possesseur de rentes sur le Puits, affermait à son gré son droit sur la muire à l'un quelconque des Moutiers. Ainsi, en 1435, Pierre Armenier, abbé de Saint-Vincent, amodie les quartiers appartenant à son abbaye, à Claude David ; en 1472, Jean de Renedale, abbé du même monastère, les afferme à Pierre Prévôtet (1). Les officiers de la Saunerie étaient alors chargés de négocier l'amodiation des droits appartenant au Souverain : au commencement du XVe siècle, les Moutiers du Prince étaient Jean Lombart et Othenin Palouset (2).

Le prix variait suivant les conventions passées entre chaque propriétaire et chaque Moutier.

A une date que je ne peux déterminer exactement, mais qui doit se placer vers la fin du XVe siècle (3), les Moutiers, de simples amodiateurs qu'ils étaient, deviennent des entre-

---

écuyer, Louis Trousset, Nicolas Cussemenet, écuyer, Antoine Normand et Jacques Cuillier.

En 1550 : Jean Trousset, fils de Pierre, seigneur de Vauferrand, noble Jean Dagay, de Poligny.

En 1560, Jean Trousset, seigneur de Vauferrand et nobles Jaques et Simon Marchand. — (Arch. Doubs. Chambre des Comptes. Sauneries. Inventaire).

En 1600, Pierre Bretenois et Nicolas Bereur, de Dole. (Bib. Besançon, Chifflet XLIX, f°s 113 et s.)

En 1608 Claude Gollut, docteur ès droits. (B. N., Nouv. acq. Fr. 6349, f° 176.)

(1) B. N. Moreau 867, f° 416 v° et 417.

En 1484, le Roi payait au moutier Jean de Gilley 18 livres 18 sols pour la « cuyte de muyre et façon de sel » de chacun des 6 bouillons 1/3 qui lui étaient revenus en cette année pour ses 6 quartiers 10 seilles. (B. N. Joursanvault 84, f°s 85, v°, 86.)

(2) Déposition de Perrin de Ramerupt dans l'enquête de 1443 : « Il a bien veu par les registres de la dicte Saulnerie que les officiers d'icelle amodièrent à feu Othenin Palouset, Jehan Lombart et autres moutiers dud. Puys du Bourg, certains quartiers de muyre que mondit seigneur avoit audit Puys. » (Arch. Doubs, B 202, f° 169 v°.)

(3) En 1536, les Moutiers prenaient l'entreprise de la formation du sel, au prix de 17 florins par bouillon. (Arch. Doubs. Chambre des Comptes. Sauneries. Inventaire.)

preneurs, qui, moyennant un payement fixe (1) par cuite de bouillon ou par charge de sel formé, se chargent de fabriquer le sel des Rentiers. Dans ces conditions, le bail se fit à la fois de tous les quartiers réunis (2). Le prix, accordé aux Moutiers « les plus ravalans », était réparti entre les Rentiers en proportion de leurs droits.

Enfin, au commencement du XVIIe siècle, le Roi, lui-même, qui avait racheté un grand nombre des portions du Puits-à-Muire, prit en amodiation les autres et sous-loua le tout à son fermier de la Grande-Saunerie. Il en est ainsi dans le bail de M. de Vaugrenant, du 1er avril 1633 (3). Le Procureur général prit de nouveau l'amodiation du Puits au nom du Roi, pour une période de neuf ans, le 1er janvier 1636 (4). Ce système dura jusqu'à ce que la complète acquisition du Puits-à-Muire eût mis fin à toute difficulté possible.

L'administration permanente du Puits-à-Muire était dévolue à un Conseil composé de trois éléments : les Assommeurs, les Officiers et les Vendeurs.

Les Assommeurs étaient les représentants des Rentiers ; ils étaient choisis par eux pour contrôler les actes des Moutiers et veiller à la conservation des intérêts de l'usine (5. C'est eux que concernaient les réparations, les dépenses

---

(1) Mémoire présenté par les officiers de la Saunerie contre le projet d'amodiation, en 1566 : « Ont estez et sont délivrez les fraiz de la cuyte des muyres dud. Puictz à ravallement ». (Arch. Doubs. Chambre des Comptes. Sauneries. Titres généraux.)

(2) Même mémoire (Ibidem).

Mémoire présenté à l'archiduc Albert au sujet de l'achat des quartiers du Puits-à-Muire (s. d.). (Bib Besançon, Chifflet XLIX, fos 75-76.)

(3) B. N. Clairambault 977, fo 7.

(4) Arch. Doubs. Chambre des Comptes. Sauneries. Inventaire.

(5) Ils « advisent que chascun Moutier face bonne sel, loyale et marchande, et mettent le pris à ycelle sel, en regart à la quantité de la muyre qui part de lad. fontaine, et à la mission qu'il convient faire pour cuyre et faire ledit sel, et ordonnent les missions que l'on fait audit Puys et fontaine et toutes autres choses qui peuvent toucher les fraiz communaulx dud. Puys » (A. Jura, A 18. Enquête sur le Puits-à-Muire, vers 1424.)

d'entretien. Ils étaient nommés lors du Répons annuel.

Les officiers du Puits, — beaucoup moins nombreux qu'à la Grande-Saunerie (1), — étaient appelés au Conseil pour faire leur rapport sur l'état de chacune des branches de la fabrication qu'ils surveillaient.

Les Vendeurs étaient les délégués des Moutiers. Leur nom venait de ce que, — lorsque les Moutiers étaient amodiateurs de l'usine, — leur rôle principal consistait à faire vendre à un prix convenable, le sel fabriqué au Puits (2).

Le Conseil du Puits se réunissait, comme celui de la Saunerie, toutes les semaines. On y déterminait quelle avait été pendant les huit jours précédents la production du Puits, quelle était la quantité des bouillons cuits et du sel formé (3). Le tout était enregistré pour servir de base à l'établissement des droits des Rentiers, lors du Répons annuel.

La justice du Puits-à-Muire aurait dû appartenir au Pardessus, si l'on avait suivi le principe qui lui donnait connaissance de tous faits relatifs au sel, par tout le comté de Bourgogne. En réalité, il n'y avait aucune juridiction. Les Rentiers du Puits étaient de fort hauts personnages pour la plupart. Il y avait, parmi eux, des princes, des prélats, de grands seigneurs « lesquelx, selon disposition de droit escript, ne peuvent ou doibvent estre tirez, ny leurs officiers pour choses les concernans, vers juges inférieurs, ains pardevant le majeur tribunal qu'est celluy du souverain et non aultre. » Ils jouissaient, en conséquence, d'un privilège de *Committimus*. Le souverain appelait leurs affaires à son Conseil, quand il résidait dans la Province ; quand il était absent, elles étaient évoquées au Parlement (4).

---

(1) Ils étaient en petit nombre. A la fin du XVIe siècle, il y avait : un Gardier, un Maître Moutier et son aide, un Contregardier, un Clerc des sels, un Clerc du Puits. (A. Jura, A 17.)
(2) Enquête sur l'état du Puits, vers 1424. (Arch. Jura, A 18.)
(3) Pétremand, éd. 1619, p. 298 (article M. CD.LXXXV.)
(4) Arch. Jura, A 33.

Quant aux différends survenant au Puits-à-Muire dans lesquels les Rentiers n'étaient pas intéressés, il y avait, pour les régler, un officier de justice appelé Prévôt du Puits (1), dont le tribunal ressortissait directement au bailliage d'Aval.

La Prévôté du Puits-à-Muire avait été donnée en fief par le comte Otton IV à Etienne Morelet, dit Chambier (2). Ses descendants l'avaient conservée indivise. En 1304, le seigneur de Chay reprenait en fief du comte de Bourgogne les

---

(1) Mémoire pour les Rentiers du Puits-à-Muire, en 1553 : « De toute antiquité audit Puitz ont estez erigez et confirmez par furent de bonne mémoire Messieurs les ducs et comtes de Bourgoigne, noz souverains sieurs, juges ordinaires dictz et appellez Prévostz, ausquelx compète et appartient la cognoissance et correction de tous abbuz et délictz qui se pourroient commectre oudit Puitz, ensemble la cognoissance et décision de tous différendz que pourroient estre mehuz sur la propriété des muyres dud. Puitz. » (Arch. Jura, A 33.)

Enquête sur le Puits-à-Muire (vers 1424) : « Et oud. Puys, a certain Prevostz qui le sont de héritaige, comme les Moreaulx et Chambiers et les Loupvez, qui sont grans et noutables gens, et coignoissent et jugent des débas et questions qui surviènent entre les Rentiers et Moutiers sur le fait de leur admodiation ou autres débas estans ou qui se pourroient movoir à cause dud. Puys et fontaine et du gouvernement d'icelle ; et tiennent leur justice et juridiction en lad. maison où est lad. fontaine et Puys. » (Arch. Jura, A 18).

(2) Enquête de 1443 sur la propriété du Puits. — Déposition de Jean Boban, notaire : « Il a veu unes lettres anciennes et attemptiques du comte Othe... par lesquelles il apperoit que ledit comte bailla la Prévosté dud. Puys du Bourg-Dessoubz à ung nommey Estienne Morelet en fied. » (Arch. Doubs, B 202, f° 42).

Déposition de Bernard Noiseux : « Dit qu'il scet bien qu'il a une Prévosté oudit Puis du Bourg-Dessoubz que tiennent à présent plusieurs parceniers, et laquelle Prévosté meut du fied et directe seignorie de mondit seigneur ; et ledit savoir pour ce qu'il a veu certaines lettres anciennes de feu le comte Othe de Bourgoigne, par laquelle appert que ledit comte bailla et laissa en fied et hommaige ladite Prévosté à feu Estienne Morelet dit Chambier, ensemble une autre Prévosté dudit Puis appellée la Prévosté des Fèvres faisans chaudières. » (Ibid., f° 327).

Etienne Morelet était bailli de la comtesse Mahaut d'Artois en 1302. Je pense que c'est lui qui aura reçu ces Prévôtés, et que le « comte Othe » est Otton IV. (V. B. N. Français 8542, f° 245 v°).

droits qu'il avait « sur la Prevostey des Poiz de Salins dou Bourt le Conte, appartenant es hoirs Monseigneur Girart Chambier (1). » Vers 1424, le nombre de ces co-Prévôts était déjà considérable : « comme les Moreaulx et Chambiers et les Loupvez, qui sont grans et noutables gens. » A la fin du XVIe siècle, cette Prévôté s'était divisée entre tant de co-héritiers, que certaines parts étaient formées d'un cent vingt-huitième. Un dénombrement, alors présenté par l'un des co-Prévôts, Philippe Merceret, docteur ès droits, seigneur de Mont-sous-Vaudrey et conseiller au Parlement de Dole, fait connaître les propriétaires de ce fief. Un quart est partagé entre le conseiller Merceret, Philippe Alix, docteur ès droits, Guyenet Girardot, Philippe Udressier, écuyer, et Simon Vigoureux, aussi écuyer ; les trois autres quarts se divisent entre les chanoines de Notre-Dame d'Autun, — qui avaient, sans doute, reçu cette part par donation, — et MM. de Fallerans et de Marnoz (2).

Les revenus de cette Prévôté consistaient en prestations en nature, en un certain nombre de bœufs et de moutons dits « de cour », par an (3).

Pour l'administration de la justice, les Prévôts choisissaient un Juge qui percevait les frais de justice, profits et émoluments, et leur payait un fermage (4). Un scribe lui fut adjoint (5).

---

(1) B. N. Moreau 879, f° 66 v°.

(2) 9 mai 1585. (Arch. du Doubs. Chambre des Comptes. Sauneries. Rentes.)

(3) 1304. Dénombrement du seigneur de Chay. (B. N. Moreau 879, f° 66 v°.) Vers 1590. Droits appartenant à M. d'Aiglepierre sur le Puits-à-Muire : « sont deuz ausdiz Prevostz trois motons par an. » (Arch. Jura, A 49.)

(4) « Huguenin Pleurre, jaidis Prevost fermier dud. Bourg-Dessoubz... ». Enquête sur le Puits, de 1443. Déposition de Thiébaud Vincent. (Arch. Doubs, B 202, f° 284.)

(5) Droits de M. d'Aiglepierre sur le Puits-à-Muire (vers 1590) : « Plus est deu audit de Gilley le tier et tierce partie de la Prevosté du Puys et la tierce partie des appartenances de lad. Prévosté, et peulent ses consors et luy eslire juge, scribe et autres officiers de justice. » (Arch. Jura, A 49.

En dehors de ses attributions judiciaires, le Prévôt du Puits-à-Muire, devait recevoir les serments de deux officiers du Puits, le Gardier et le Contregardier, qui les prêtaient, chaque année, le vendredi avant Noël, devant le maître autel de l'église Notre-Dame (1).

Il existait encore une autre justice au Puits-à-Muire, dite la Prévôté des Fèvres et Benatiers. Elle fut conférée également en fief par le comte Otton à Etienne Morelet, dit Chambier, et passa, comme l'autre, à ses héritiers.

La Chauderette de Rosières était soumise à une administration sur certains points analogue à celle du Puits-à-Muire. Mais l'usine était donnée en régie, et non amodiée.

Chaque année, au mois de janvier, les Rentiers s'assemblaient en un Répons, où ils recevaient les comptes des administrateurs permanents, nommés Assommeurs (2). Ils répartissaient entre eux, au pro-rata du nombre de quartiers que chacun possédait, les sommes perçues par ces régisseurs, pendant le cours de l'année.

Comme le Puits-à-Muire, la Chauderette a été rachetée petit à petit par les souverains, qui, en s'arrogeant le droit de retenir pour leur Saunerie la muire due aux Rentiers (3),

---

(1) Enquête de 1443. Déposition de Bernard Noiseux : « Scet que ledit Prévost, par lui ou son lieutenant, a droit et a accoustumé, à cause de la dicte Prévôté de recevoir en l'église Nostre-Dame de Salins les sermens de Gardier et Contregardier, quant ilz lui sont présentez par les Rentiers et Moutiers dudit Puis, chascun an, le Venredi devant Noël. » (Arch. Doubs, B 202, f° 327.) — Déposition analogue de Thiébaud Vincent. (Ibid., f° 284.) — Droits de M. d'Aiglepierre, vers 1590. (Arch. Jura, A 49.)

(2) Arch. Jura, A 991.
En 1434 c'étaient Raoul de Machy et Jean de Montaigu, — les deux complices de la corruption de Jacques de la Viéville, — qui étaient Assommeurs de la Chauderette. (Arch. Jura, A 49).

(3) Mandement du duc Charles le Téméraire permettant aux officiers de la Saunerie de retenir la muire due chaque semaine à la Chauderette. 15 octobre 1470. (Arch. Doubs, B 201). L'ordonnance de 1538 confirme ce droit. (V. Pièc. justif.)

en avaient considérablement simplifié l'administration, avant même d'en acquérir les quartiers.

La Chauderette et le Puits-à-Muire ayant ainsi perdu leur individualité, il n'existe plus au XVIIe siècle qu'une administration pour toutes les salines de Salins.

CHAPITRE II

FABRICATION DU SEL

§ 1

Dans ses éléments essentiels, la saline se compose de deux parties : une source d'eau salée et une chaudière propre à faire évaporer cette eau. Le type primitif doit en être cherché dans les petites usines, telles que celle de Soulce, que son existence intermittente ramenait de temps en temps à la plus simple condition. Nous avons une description de l'état de cette saunerie, à une époque où elle venait d'être rétablie (1). Il est curieux de comparer son modeste outillage avec l'ensemble imposant que présentaient, à la même époque, les salines de Salins. Elle se composait simplement, en juillet 1490, d'une fosse servant de puits à muire et d'une petite berne abritant l'unique chaudière destinée à la cuisson de l'eau salée.

Dans les autres salines franc-comtoises, on trouve autour du puits un groupement de constructions formant comme un véritable village. Souvent l'ensemble de ces petits édifices était entouré d'un mur destiné à rendre les fraudes plus difficiles. Dès le XIIIᵉ siècle, nous constatons que la grande saline de Salins était enclose dans une enceinte de murailles ; en accordant les franchises du Bourg-Dessus, Jean de Chalon parle des murs de sa Saunerie (2) ; en 1249, il autorise les

---

(1) Arch. Doubs. Chambre des Comptes. Saunerie. Enquête de 1490.
(2) « Muros qui proximo claudunt bernas nostras salinenses. » (Chevalier : *Mém. hist. sur Poligny*, t. I, p. 346.)

moines d'Aulps et leurs gens à entrer dans cette enceinte pour leurs affaires (1) ; en 1251, il accorde une rente à Hugonet, fils de Vion le Fèvre, bourgeois de Salins, pour un « chasal que il havoit, dit-il, devant nostre saline qui est, orendroit, enclos en nostre cort (2). » A la même époque, la saline de Grozon était aussi entourée de murs ; en 1268, le comte Hugues et la comtesse Alix acquièrent de Guibourg, veuve de Pierre d'Usier, et de Pierrette, femme d'Hugues d'Usier, ce qu'elles possédaient « dedens les murs de la cloison du puis de Groison (3). »

Ces murailles pouvaient devenir en cas de guerre une véritable défense ; elles étaient flanquées de tours et munies d'un petit parapet. Le Conseil de la Saunerie avait la prétention de résister aux ennemis dans sa modeste place forte ; en 1474, nous le voyons prendre des mesures pour la garnir de défenseurs (4).

La Grande-Saunerie formait ainsi un enclos de cent quarante-trois toises de long sur cinquante de large, dans ses plus grandes dimensions, mais assez irrégulier de forme. Aux murs d'enceinte étaient partout adossés des bâtiments divers. Jusqu'au commencement du XVe siècle, ces constructions étaient faites en bois. C'était l'occasion de fréquents incendies dont pâtissait non seulement la Saunerie, mais toute la ville. Trois bernes venaient d'être détruites par le feu, en juin 1409 (5). Le duc Jean s'émut de ce danger permanent et affecta à la reconstruction en pierres des édifices de la Saunerie, la Gabelle de quatre deniers par charge, jadis imposée dans ce but, et que l'on avait pris l'habitude de confondre dans l'ensemble des revenus de la saline.

---

(1) Bib. Besançon. Cart. de Jean de Chalon, n° 116 : « Clausuram putei nostri, per portam ingredi. »
(2) Cart. de Jean de Chalon, n° 48.
(3) B. N. Moreau 877, f° 278.
(4) Arch. Doubs, B 187, f° 169.
(5) D. Plancher, tome III, p. 290. Arch. Doubs, B 270.

La porte d'entrée était placée sous une tour pentagonale, sévèrement gardée tant par les Guettes de service que par certains des officiers, qui devaient y être toujours présents. Elle regardait la ville et l'Est, tandis que, du côté de l'Ouest, la Saunerie était longée par le cours de la Furieuse qui lui formait comme un fossé naturel.

Au milieu de l'enceinte se dressait un bâtiment élevé, sorte de tour qui servait de lieu de réunion aux officiers pour le Conseil, de prétoire pour les tenues de justice, de logement au Pardessus, etc. C'est là que se trouvait la chapelle. Au-dessous, s'ouvrait l'entrée des puits [1].

La conservation et l'entretien de ces édifices étaient à la charge d'un officier appelé Maître des Œuvres, qui, à partir de 1412, réunit à cette charge, celles de Maître Couvreur et de Maître des Chemins [2].

L'ensemble des bâtiments de la Saunerie est resté à peu près le même depuis le XVIe siècle, jusqu'au commencement du XIXe. En 1825, un incendie a détruit la partie des constructions de la saline que longeait la principale rue de la ville [3]. Aujourd'hui encore, les trois autres côtés du quadrilatère irrégulier formé par l'usine offrent un aspect analogue à celui qu'ils présentaient il y a deux siècles et demi ou trois. On s'en convainc en étudiant sur les lieux les deux vieilles vues cavalières de Salins qui nous ont été conservées [4] : celle de la Cosmographie de Munster [5] et celle que peignit, en 1628, le salinois Richard [6].

---

[1] Pour toute cette description, voir Gollut, nouv. éd., col. 142 et s. — Béchet : t. I, *passim*.

[2] V. Pièces justif., ordonnance de 1412.

[3] Il existe à Salins, aux archives municipales, un croquis de la saline fait immédiatement après l'incendie.

[4] Il subsiste encore d'autres vues de Salins, dont une d'après Van der Meulen. Mais elles ne donnent aucune idée de l'état des sauneries.

[5] Ed. de 1598.

[6] Ce tableau de Richard, qui est conservé au Musée de Salins, a été reproduit en lithographie.

Au lieu de former un tout bien délimité comme ceux de la Grande-Saunerie, les bâtiments du Puits-à-Muire étaient, au contraire, séparés les uns des autres par plusieurs rues de la ville. Le gros des édifices de cette usine formait une sorte d'hexagone irrégulier dont les côtés avaient respectivement cinquante, cinquante-quatre, vingt-cinq, vingt-neuf, vingt-cinq et seize pas de longueur. Sur la face de ce polygone qui regarde la rue principale, se trouvaient deux tours dont l'une renfermait le trésor et la salle du conseil des Rentiers, avec une petite chapelle. D'autres constructions, aux environs de ce groupe principal, servaient de bernes (1).

Nous n'avons pas, des autres salines, de descriptions aussi exactes que de celles de Salins. Mais le plan général paraît avoir été le même partout où il y avait plusieurs bernes à approvisionner de la muire des puits.

Pour recueillir les eaux des sources salées et pour les protéger contre l'infiltration des eaux douces, toujours voisines, on a eu recours à des puits analogues à ceux qui servent à la capture des eaux potables. De plan circulaire ou carré, ils pénétraient en terre assez profondément pour atteindre une couche de terre imperméable, ou une assise de rocher. Leur profondeur variait naturellement d'après les lieux et la constitution géologique des terrains; mais leur diamètre était, d'ordinaire, assez restreint.

A Salins, au contraire, à cause de la multiplicité des sources, tant douces que salées, il avait fallu donner aux puits un développement considérable. Ils n'avaient de puits que le nom : c'étaient en réalité de spacieuses caves que l'on avait dû couvrir de voûtes. Au fond de ces souterrains, se distribuaient les différentes sources en des réceptacles divers.

La partie inférieure du puits, celle où coulent les sources,

---

(1) Gollut : anc. éd., p. 109.

s'appelle la *Doye*. Ce mot est — en Franche-Comté — le nom des sources elles-mêmes et est devenu le vocable de quantité de lieux dits situés à la naissance de rivières et de ruisseaux [1].

L'ensemble des constructions souterraines qui recouvraient les sources de la Grande-Saunerie formait deux vastes caveaux voûtés et un couloir qui les réunissait. D'une extrémité à l'autre de ce souterrain, il y avait, et il y a encore, — car dans son plan général il ne paraît pas avoir été modifié, — quelque cent cinquante mètres, sur une largeur de quinze mètres, dans le caveau méridional, de dix-neuf mètres, environ, dans le caveau septentrional, et de cinq mètres dans le couloir.

Le Puits d'Amont, situé au Midi, avait sa voûte — en berceau — élevée de 10 m. 30, sous clé. On y accédait par un escalier de quarante marches de pierre. Les auteurs anciens se sont plu à faire de cette descente un tableau effrayant, qu'il est difficile de ne pas croire exagéré.

Par le couloir, long de quarante-six mètres, on se rendait du Puits d'Amont au Puits-à-Grés. Ce dernier formait un espace très irrégulier, dont les voûtes d'arêtes étaient soutenues par de lourds piliers carrés. Il mesurait cinquante-trois mètres de long, seize de large et onze de haut.

Quant au souterrain du Puits-à-Muire, c'était un caveau de plan carré dont le sol était très irrégulier, comportant plusieurs étages, comme des degrés successifs, des galeries recouvertes de planchers. Du plus profond du creux où se réunissaient les sources salées, — le Puits-à-Muire proprement dit, — jusqu'au sommet de la voûte, il mesurait environ 22 m., et de côtés 9 m. 50. D'après une tapisserie du commencement du XVIe siècle et une gravure des premières années du siècle suivant, il aurait été voûté d'ogives.

---

[1] D. Monnier : *Annuaire du Jura*, 1860, p. 154 ; 1854, p. 144. — D. Benoit : *Hist. de Saint-Claude*, p. 23. — Rousset : *Dictionnaire, passim*.

On y descendait par un escalier à vis de soixante-dix-sept marches (1).

Lorsque les rois d'Espagne se furent substitués aux Rentiers dans la propriété du Puits-à-Muire, ils firent aménager un canal qui réunit les deux salines, en passant sous l'espace appelé jadis « Entre deux Bourgs ». Par là, l'eau salée, très abondante au Puits était envoyée à la Grande-Saunerie pour être cuite dans les bernes de cette usine. Ce canal est long de soixante-huit mètres environ; il est suivi par un chemin souterrain, éclairé de soupiraux (2).

A qui doit-on la construction de ces édifices souterrains ? Les érudits ont émis sur ce point une foule d'hypothèses. Quelques-uns veulent que ce soit une œuvre romaine; s'il en a été ainsi, il est bien certain qu'il ne reste plus trace de la construction primitive. D'autres les attribuent au comte Aubry et à sa famille, qui les auraient édifiés au x° siècle (3). On a prétendu aussi que le travail avait été exécuté, aux xi° et xii° siècles, par ordre des abbés d'Agaune (4). Une opinion assez répandue donne pour auteurs à ces caveaux une famille lombarde, les Asiniers (5), qui ont pratiqué la banque à Salins, au xiii° siècle (6).

De toutes ces opinions, je ne puis choisir aucune, en l'absence de tout indice. Les textes ne permettent pas de fixer

---

(1) Pour ces descriptions, voir Fenouillot de Falbaire, Béchet, Gollut, *passim*.

(2 Béchet : *Recherches sur Salins*, t. I, pp. vii-xi. — Piganiol de la Force : *Nouv. Descript. de la France*, t. XIII, p. 144-147.

(3) Béchet : *Rech.*, t. I, pp. vii-xi.

(4) Ibid., t. I, pp. 56-57.

(5) Bib. de Besançon, Chifflet XLIX, f° 1, v° : « Ædificia magnifica sane et vere regia architectis quibusdam Longobardis ex Asinollerum familia, Burgundiæ principes construxisse ferunt. »

Gollut : l. II, c. xxix, nouv. éd., col. 142.

Guillaume : t. I, p. 3.

(6) « On les croit de la même époque que l'église Saint-Anatoile et même ayant précédé sa fondation. » (Congrès archéologique de France, 58° session, 1891. Procès verbaux, p. 57.)

l'époque de ces constructions et l'aspect actuel des voûtes, reconstruites au siècle dernier, ne peut rien apprendre de précis quant à la date de la première construction.

Nous savons seulement par les chartes qu'au XIVe siècle, il existait déjà des caveaux aux salines de Salins (1), et qu'en 1409, ils étaient déjà regardés comme fort anciens (2). Les lettres par lesquelles Jean sans Peur établit un Receveur de la Gabelle, portent, en effet : « Comme dès longtemps et après ce que nostre Saulnerie de Salins fut premièrement mise sus, et les caves et voultes de pierres nécessaires pour la tuition des puis de muire venans en icelle, furent parfaictes et acomplies soubz terre, les autres édiffices dessus, nécessaires pour cuire lesd. muyres, faire le sel d'icelle et le garder jusques ad ce qu'il se peust et deust vendre..., furent faiz, maisonnez, édiffiez et couvers de bois, sans y avoir fait de maçonnerie. »

§ 2

Entre les cours des nombreux filets d'eau fournis par les sources, étaient établies de petites murailles de terre glaise battue qui empêchaient le mélange des eaux, c'est ce que l'on appelait le *congrain* ou le *conroi*. Son entretien était l'objet des soins les plus attentifs, et les auteurs qui ont parlé des sources s'émerveillent de la perfection de son aménagement. Des précautions méticuleuses étaient prises pour que le mélange des eaux douces avec les muires ne se produisît pas au moment des crues ; un engin muni d'une sonnette était destiné à éviter, en ce cas, toute surprise (3).

---

1) Etienne de la Perrière, en décembre 1386, « demeura au fons des voultes du grant Puys de lad. Saulnerie l'espace de sept septmaines, » pour remettre en état les sources qui menaçaient de se perdre. (Arch. Doubs, B 298, f° vi).

(2) Arch. Doubs, B 270.

(3) Gollut, nouv. éd., col. 462 et s. — Piganiol de la Force : *Nouv. desc. de la France*, t. XIII, p. 157. — Fenouillot de Falbaire. — Béchet.

Les eaux douces des deux puits, naissant à un niveau fort inférieur à celui de la rivière, il fallait pour les y déverser recourir à des appareils élévatoires divers. Elles se jetaient dans la Furieuse par deux branches du canal dit de Cicon.

Les eaux douces comme les eaux salées étaient reçues dans des cuves de sapin (1). Les muires de chacun des Puits se réunissaient dans un bassin spécial.

Elles étaient sujettes à des crues et à des diminutions qui inquiétaient vivement les gens des sauneries (2). Leur disparition subite, à la petite saline, en l'an 1469, ne cessa que lorsqu'on y eut transporté des reliques de saint Anatoile, de la vraie croix, etc. (3). Cet évènement nous a valu une représentation partielle du Puits-à-Muire, dans une tapisserie qui est conservée aujourd'hui au Musée de Salins (4).

Chacune de ces sources salées avait un nom. Au dernier

---

(1) La cuve du Grand-Puits qui était ronde avant 1414, est refaite à cette époque de forme carrée. (Arch. Doubs, B 187, f° 168.)

(2) 9 février 1414-5. Gratification en sel accordée par le Duc à Etienne de la Perrrière, en récompense de ce que vers Noël 1386 « led. suppliant demeura au fons des voultes du Grant-Puys de lad. Saulnerie l'espace de sept septmaines, jour et nuyt et en l'eaue froide jusques aux genoulx, pour réparer et secourir à la désolation de la fontaine de la muyre dud. Grant-Puys qui se perdoit, dont très grand dommaige eut esté pour nous et noz parçonniers en lad. Saulnerie. » (Arch. Doubs, B 298, f° vi.)

(3) Visite de la petite saline par J. B. Matherot, en 1669. Procès-verbal. (Bib. de Besançon, Ms. 475). — Gollut, éd. Duvernoy, col. 172, livre II, c. XXXI.

(4) Cette tapisserie faisait partie d'une suite de quatorze pièces qui décorait avant la Révolution l'église Saint-Anatoile de Salins. Elles avaient été faites à Bruges pour le compte du chapitre de cette église, entre 1502 et 1506, dans l'atelier de Catherine Hasselet, femme de Jean de Welde.
De ces quatorze tentures, trois existent encore : une aux Gobelins, les deux autres au Musée de Salins. L'une de celles qui se trouvent au Musée de Salins représente le miracle de la réapparition des sources, par l'intervention de saint Anatoile. Bien que tissées à Bruges, ces tapisseries avaient été composées d'après des cartons dessinés à Salins, ce qui rend intéressante la figure des rouages du Puits que l'une d'elle représente. (Voir l'étude de M. B. Prost intitulée : *La tapisserie de Saint-Anatoile de Salins*, dans la *Gazette des Beaux-Arts*, 1892, p. 496.)

siècle, on appelait celles du Puits-à-Muire : l'Ancienne ou Bonne Source, le Corps de Plomb, le Surcroît, le Vieux Puisoir, le Durillon, la Nouvelle Source. Toutes étaient en activité en 1669. Deux siècles auparavant, on connaissait déjà l'Ancienne Source, le Surcroît, le Vieux Puisoir et le Durillon. La Nouvelle Source existait au temps de Gollut.

Au Grand-Puits, on avait au XVIIIe siècle : les Trois Anciennes, le Corps de Plomb, la Petite Roue, la Nouvelle Source, les première, deuxième et troisième Changeantes, ainsi appelées parce que leur degré de salure avait souvent varié.

Ce degré différait beaucoup d'une source à l'autre. Dans leur ensemble, celles du Puits-à-Muire étaient les plus riches en sel ; elles portaient 23 à 25 0/0 de leur poids ; tandis que celles de la Grande Saunerie ne portaient que 11 à 12 degrés. Les Changeantes et le Durillon de 1 à 3 degrés [1]. Ces degrés s'évaluaient de deux manières : ou par l'évaporation d'une certaine quantité d'eau, de poids déterminé, dont le résidu en sel était pesé à la fin de l'opération ; ou à l'aide d'un aréomètre [2].

L'extraction des eaux salées a été l'objet des préoccupations des propriétaires des salines et de leurs agents. La difficulté que l'on rencontrait à les élever, a suggéré plusieurs tentatives de simplifications qui ne paraissent guère avoir avancé les choses.

---

[1] Ces degrés de salure ont varié dans les divers temps. Le 2 mars 1472/3 le conseil délibère que la muire du grand Puits ayant perdu de sa fécondité en sel, on ne payera plus les Bouillons volages suivant les anciennes coutumes, mais que ceux qui y ont droit devront se contenter de ce que le Bouillon produira de sel, pour 2 longs de muire. (Arch. Doubs, B 187, f° 124 v°).

[2] C'est par une double pesée que l'on apprécia en 1448 la richesse de l'eau salée de Tourmont. Le procès verbal de la visite de J.-B. Matherot en 1669, décrit l'aréomètre alors en usage. Une autre description est donnée par Falbaire.

Nous voyons, au xv⁰ siècle, Perrin le Bourguignon tenter d'élever l'eau salée à l'aide d'une canne appliquée exactement à la naissance de la source. Il ne réussit à l'y faire monter que jusqu'à la hauteur de deux pieds (1). Au temps de Gollut, on pensait à l'extraire au moyen d'une série d'auges qui auraient chevauché les unes sur les autres par leurs extrémités, et qu'aurait réunies une suite de siphons : le souffle humain devait suffire à mettre le tout en mouvement (2). Les registres des délibérations du Conseil de la Saunerie contiennent un grand nombre de requêtes présentées par des inventeurs qui croyaient avoir découvert le moyen d'élever la muire à moindres frais que cela ne s'était pratiqué jusque là, et qui proposaient d'expérimenter leur trouvaille.

En fait, il ne semble pas qu'on ait employé plus de trois systèmes pour puiser la muire : le « griau », la « signole » et les moteurs hydrauliques.

Le griau (gréal, gréau, gruau (3)) est le plus primitif de ces engins. Il ressemble à une énorme balance. Il est constitué par un montant de bois en colonne, fiché verticalement dans le sol et dont la partie supérieure est entaillée en forme de chape. Dans cet évidement, une pièce de bois de section rectangulaire — long fléau à bras inégaux — bascule sur un axe de rotation en fer ou en bois, qui le traverse perpendiculairement. A l'extrémité de l'un des bras de ce fléau est suspendue une longue tige, également de bois, terminée en crochet auquel on fixe un seau. Elle est de longueur suffi-

---

(1) Gollut : Livre II, ch. xxxi, col. 175, éd. Duvernoy. — Bib. de Besançon, Ms. 475.

(2) Gollut : livre II, ch. xxvi, col. 156 (éd. Duvernoy). — Cette idée est absolument impraticable.

(3) Ce nom de griau (le même mot que graal) désigne un seau de bois. C'est en prenant la partie pour le tout qu'on a donné à l'appareil ce nom de griau.

On appelait « gréaliers » à la Saunerie, les ouvriers qui fabriquaient les tonneaux ou bosses.

sante pour atteindre le niveau de l'eau lorsque le fléau s'abaisse sur l'orifice du puits. Une manœuvre inverse dans le mouvement de bascule, facilité par un contrepoids que porte l'autre bras, relève le fléau et enlève jusqu'à niveau du sol, le seau rempli d'eau. On déverse, alors, le contenu dans une auge.

Cet appareil est encore en usage en Franche-Comté pour l'extraction de l'eau douce. On s'en servait aux sauneries de Salins jusqu'à la fin du XVIe et au commencement du XVIIe siècle, non plus pour élever la muire, mais pour faire monter l'eau douce dans le canal qui devait la porter à la rivière.

Nous en avons la reproduction figurée dans l'une des deux curieuses estampes qui représentent l'extraction et la cuite des muires au Puits de Salins, au commencement du XVIIe siècle. Elles sont l'œuvre d'un certain Anatoile Chatel, graveur de la monnaie de Dole. L'une porte la signature « A. Chastel fecit », l'autre « Anathoille Chatel fecit et ive (*sic*) ». L'unique exemplaire que l'on en connaisse se trouve, inachevé, à la Bibliothèque de Besançon (1). Quelques notes manuscrites, de la main du graveur, renseignent sur la destination des engins représentés.

Gollut, dans un passage de ses Mémoires (2), avait exprimé le regret qu'il ne lui fût pas permis de donner au lecteur la reproduction des principaux engins des sauneries. La conformité parfaite des descriptions de cet historien avec les dessins de Chatel, font présumer que ce dernier a voulu mettre à exécution le vœu de Gollut. Des figures ne sont pas inutiles pour l'intelligence des descriptions fort confuses de cet auteur.

L'appareil que je viens de décrire et que la plupart des textes désignent par le nom de gréal ou griau, a porté pri-

---

(1) Bib. de Besançon. Chifflet XLX, f°s 71-72.
(2) Ed. de 1592, page non numérotée (102 ter).

mitivement le nom de perche (en latin *pertica*), dû au fléau qui en constituait l'élément essentiel.

Il en est fait mention dans des chartes anciennes. On reconnaît le griau dans la charte de 1170 (1), par laquelle le comte Etienne de Bourgogne autorise l'abbaye de Cherlieu « à avoir sa propre perche, sur le puits de Scey, et son propre seau pour en extraire, de l'eau salée, que l'on appelle vulgairement muire, autant qu'il faudra pour faire du sel en deux chaudières (2) » ; son fils, en 1209, fait une donation semblable pour une chaudière (3), et, en 1241, confirme une pareille libéralité de la dame de Traves (4). Dès 1147, le Pape Eugène III, énumérant les biens de l'abbaye de Bellevaux, mentionne la perche sur le Puits-à-Muire et les deux meix que ce monastère avait reçus de la libéralité des comtes Renaud et Guillaume (5).

C'est évidemment de là que sont venues les « Perches », entre lesquelles nous voyons répartis les divers meix du Puits-à-Muire. Humbert d'Argençay donne à l'abbaye de Saint-Vincent de Besançon, l'an 1216, neuf seilles de muire dont cinq sont assignées sur le meix « ès Tranchegoles de Pontailler », à la Perche de Sainte Marie, et les quatre autres sur le meix de Dole, à la Perche de Saint-Maurice (6). Le dénombrement des meix de 1269 (7), nous fait savoir qu'alors on distinguait

---

(1) Cartulaire de Cherlieu (B. N. Latin 10973, f° 27 v°).

(2) « Ut habeant propriam perticam super puteum propriamque situlam ad extrahendum de aqua salsa, que vulgo muiria dicitur, quantum suffecerit ad faciendum sal in duabus caldariis. »

(3) Le comte Etienne donne à Cherlieu : « Propriam perticam super puteum propriamque situlam ad extrahendum de aqua salsa que [...] tur, quantum suffecerit ad faciendum sal in una caldaria. » (Cart. de Cherlieu. B. N. Latin 10973, f° 44 v°).

4) Alix, dame de Traves, accorde aux religieux de Cherlieu « quod habeant propriam situlam et propriam praticam (sic) supra puteum meum de Sceith. » (Guillaume : *Salins*, t. I, pr., 104).

(5 B. N. Moreau 870, f° 136 v°.

(6) Arch. du Doubs, série H. Saint Vincent, carton 1, n° 24.

(7) Arch. Doubs, B 186.

au Puits-à-Muire trois Perches différentes : la Perche de Sainte Marie, la Perche « ès Merise », appelée en 1276 (1) « ès Morisoys », — et qui est sans doute la même que celle dite de Saint Maurice, en 1216 — et la Perche « du Moitan », c'est-à-dire du Milieu.

Tous ces textes démontrent, — bien que cela puisse paraître singulier, — qu'il existait sur le même puits, plusieurs « griaux » appartenant à divers propriétaires.

Cet appareil est resté longtemps en usage à Salins. Nous constatons un commencement de défaveur envers son emploi en 1468. On se demande alors à la Grande-Saunerie (2) s'il ne vaudrait pas mieux puiser l'eau à l'aide de la « signole ». On en fait l'épreuve, et, en suite de cet essai, le Conseil décide qu'on s'en tiendra au « griau » pour extraire la muire : « pour ce que l'on treuve plus prouffitable de la tirer au griau et mesmement que l'on gagne les missions des cordes et barriz que l'on emploie à lad. seignole, que coustent par an environ quatre livres dix sols estevenans, a été conclud que l'on fera tirer doresenavant lad. muyre par trois bons compaignons, jusques autrement en soit ordonné, au griau, attendu que l'on trait plus nettement aud. griau que à lad. seignole (3) ». En 1471, on se servait encore de ce mode d'extraction au Grand-Puits (4). Peut-être l'avait-on déjà abandonné dans les autres, et en particulier au Puits-à-Muire. Le fait est que la tapisserie de Saint Anatoile nous montre le procédé de la signole adopté.

Cet appareil comprend une machine élévatoire et un moteur.

---

(1) Arch. Doubs, B 186.
(2) Conseil du 18 juin 1468. (Arch. Doubs, B 187, f° 60 v°).
(3) Arch. Doubs, B. 187, f° 145
(4) En janvier 1474, le Conseil se plaint de ce que Jean Bonnefoy, commis à la traite « au griau » de la muire du Grand Puits, n'en tire que 4 lons 1/2 par jour, quand il pourrait en tirer 5 lons 1/4. (Arch. du Doubs, B 187. f° 152.)

L'appareil élévatoire — sorte de noria — se compose essentiellement d'une chaîne sans fin reproduisant, en cordes, une structure analogue à celle de la chaîne de Gall, et portant, de distance en distance, une série de godets ou barillets. Elle passe, à sa partie supérieure sur une large roue dentée qui l'engrène, tandis que sa partie inférieure baigne dans les eaux du puits. Chacun des barillets, descendant avec l'anneau de la chaîne auquel il est fixé, plonge dans la muire, s'emplit en reprenant sa marche ascensionnelle et déverse son contenu dans des auges, au moment où, après avoir franchi sur la roue le point culminant de son ascension, il bascule et commence à descendre.

Cet appareil reçoit son mouvement, — par l'intermédiaire d'un arbre de transmission horizontal courant à la partie supérieure de la chambre des machines. — d'un manège mû par un cheval, appelé Jacquemart [1], et dont le mouvement circulaire horizontal est transformé en un mouvement circulaire et vertical par le moyen de deux roues d'angle. Ces deux roues, d'égales dimensions et de diamètres égaux, sont construites tout en bois. La première, fixée au sommet de l'arbre de manège, porte, sur le côté supérieur de ses jantes, une série de fiches verticales qui font l'office de dents. La seconde, verticale, présente des jantes concentriques que relient entre elles des chevilles en nombre égal à celui des dents de la roue horizontale. Dans les intervalles laissés libres entre les chevilles, chaque dent de la roue horizontale vient se loger, et, s'appuyant sur la cheville, imprime le mouvement à l'appareil [2].

Ce procédé a été usité à Salins depuis la fin du XV° siècle jusqu'au milieu du XVIII°. Il était employé en 1667 et 1669,

---

[1] Mémoire de la fin du XV° siècle. (Arch. Jura, A 20) : « Le Jacquemart alias le cheval qui tourne le roulhaige de la muyre. »

[2] Voir cet appareil dans la tapisserie de Saint-Anatoile. (V. B. Prost: *La tapisserie de Saint-Anatoile*, dans la *Gazette des Beaux-Arts*, 1892, p. 505.)

comme le prouvent des mémoires contemporains (1). Il paraît que ce n'est qu'en 1750 que, par suite d'une invention due à Vincent Bébian, de Gy (2), on lui substitua un système de pompes mues par un appareil hydraulique (3). A Soulce, on a employé la signole comme à Salins; mais elle était mue par une chute d'eau au lieu de l'être par un manège (4).

Le soin de ces engins était confié, dans chacun des puits, à un ouvrier appelé Marcenier (5), qui devait exercer une surveillance continuelle et, pour cela avait son habitation dans les bâtiments même du puits.

On appelait longs (ou lons) (6) les auges dans lesquelles se déversait l'eau extraite du puits. Il en était placé deux à l'orifice de chaque puits. Elles contenaient chacune 24 muids (7) : le Grand-Puits en fournissait chaque semaine une trentaine, le Puis-à-Grès de 31 à 33.

Ces auges étaient entièrement closes; elles étaient fermées à clef, et le Clerc du Puits seul avait le droit de les ouvrir (8).

---

(1) Visite des salines par J.-B. Mathcrot. (Bib. de Besançon, Ms. 475). — Voyage de Jos. Meglinger (*Annales Franc-Comtoises*, t. IV, p. 328). — Migne, *Pat. lat.*, t. 185, col. 1577.

(2) Béchet : *Rech. sur Salins.*, t. I, p. XXII. — Piganiol de la Force mentionne encore (1754) comme engin d'extraction existant de son temps la « signole ». Mais son mémoire n'étant qu'une compilation des notices antérieures, il n'y a pas à s'arrêter à son affirmation.

(3) « Jusqu'à l'année 1750, les eaux salées de toutes les sources et les eaux douces qui sourdissent à côté étaient élevées par des machines mises en mouvement par des chevaux. Ce n'est qu'en vertu d'arrêt du Conseil de l'année 1749, que le système d'extraction a été changé; on a substitué pour la petite comme pour la grande saline, la force motrice de l'eau de la rivière à celle des chevaux. » (Mém. sur le canal de Cicon. Bib. Besançon n° prov. 847, f° 71).

(4) Il existe un fort mauvais dessin de cet appareil, aux Arch. du Doubs (Ch. des Comptes, Sauneries). Il date du commencement du XVII° siècle.

(5) Gollut : liv. II, ch. XXVI, nouv. éd., col. 155.

(6) Ibid., col. 151.

(7) Bib. de Besançon, Ms. 825, f° 94.

(8) Règlement sur l'état de la Saunerie, aux Pièces justificatives. (Arch. Jura, A 20).

Quand les lons étaient pleins, à l'aide d'une série de petites écluses levées ou abaissées selon les besoins, l'eau était dirigée vers l'une des bernes, au travers de conduits en bois. Chaque berne avait ainsi ses chenaux particuliers, et c'était aux propriétaires des bernes qu'en incombait l'entretien, comme le montre la charte de Jean de Chalon en faveur de l'abbaye d'Aulps, de janvier 1249 (1). Les Rentiers de la Chauderette avaient le soin de ceux qui conduisaient, depuis le Puits d'Amont jusqu'à leur usine, les trois bouillons quatre-vingt-quatorze seilles de muire auxquels ils avaient droit chaque semaine (2). L'ensemble de ces canaux de bois formait à la Grande-Saunerie des réseaux compliqués ; au Puits-à-Muire, ils sortaient de l'enceinte du Puits et traversaient les rues de la ville pour gagner les bernes extérieures (3).

En aboutissant aux bernes, les conduits s'ouvraient sur des cuves plus ou moins grandes où l'on accumulait l'eau salée, en attendant qu'on en remplît les chaudières (4). Mais ces cuves ne pouvaient recevoir la muire qu'à la condition d'être au niveau du sol. Il fallait un mécanisme spécial pour élever l'eau, depuis ces récipients jusqu'à la hauteur de la chaudière où elle devait bouillir.

Pour cela, un ouvrier nommé le (ou la) *Desserre* (5) a

---

(1) « Deducent muriam predictam de supradicto Puteo nostro ad nam suam per suos canales » (Cart. de Jean de Chalon, n° 166).
(2) Pièc. justif. Règlement du XIVᵉ siècle : office du Clerc d'Amont. — Arch. Doubs, B 187, fᵒ 196.
(3) Gollut : liv. II, c. XXVIII; éd. Duvernoy, col. 162.
(4) Mém. du milieu du XVᵉ siècle pour les Rentiers du Puits-à-Muire. « A chascune berne a grandes cuves à mettre la muyre. » (Arch. Jura A 20).
Du 4 mai 1474 : « La déclaration des meures estans en estre ès cuves de lad. Saluerie s'ensuit :
Premier, en la grant cuve de l'esperne de Grant biez et Petit biez, a esté trouvée, selon la rende y getée, XIIII longs... En la grant cuve de la berne de Beauregart, selon lad. rende y getée, II longs. » (Arch. Doubs, B 171).
(5) Gravure de A. Châtel. — Gollut : liv. II, c. XXXI (éd. Duvernoy, col. 177). On y a imprimé à tort *Desserré*.

puiser dans les cuves à l'aide d'un engin analogue au griau dont il a été parlé. Il déversait la muire ainsi élevée dans de longues auges de bois situées à l'intérieur de la berne, à un niveau supérieur à celui de la chaudière. Ces auges, appelées *naux* ou *nods*, étaient faites de planches de sapin assemblées avec grand soin. Elles se terminaient par un nouveau conduit qui surplombait la chaudière (1). Quand on voulait la remplir, on ouvrait le nod en tournant une clef, et la muire s'écoulait d'elle-même.

§ 3

L'ensemble des constructions servant à la fabrication du sel s'appelait le *meix*, comme je l'ai déjà dit. Il se subdivisait en trois pièces : la berne, l'ouvroir et l'étuaille (2).

La berne était l'élément principal du meix, le seul indispensable, c'est pourquoi son nom est souvent pris pour désigner le meix tout entier. C'était une chambre (3), ordinairement assez mal close, dans laquelle on faisait évaporer l'eau salée (4). Elle abritait, à côté de la chaudière, les cuves contenant la muire et une provision de bois.

---

(1) B. N. Moreau 911. (*Mémoire sur la Franche-Comté*, du courant du xviii° siècle). — Gravure d'A. Chatel.

(2) 8 avril 1554. Vente aux Rentiers du Puits-à-Muire par Nicolas de Vers, Jean et Simon Vigoureux et Philippe Udressier, « des bernes, ouvreur et estuaille de Moureau », pour le prix de 400 fr. — 6 juillet 1602. Vente par les sieurs de Visemal à LL. AA. SS. du Meix du Creux « consistant en une berne, ouvroir, estuailles, estant sis et situé en la ville de Salins proche le Puitz-à-Muire d'icelle, indivise avec LL. AA. SS », pour 350 fr. (Arch. Doubs. Chambre des comptes. Sauneries.)

(3) Au xviii° siècle, elle mesurait 64 pieds sur 38.

(4) D. Monnier (*Annuaire du Jura*, 1841, p. 128) dit à tort que la berne « était une cuite de sel c.-à-d. le produit d'une chaudière ».

J. B. Perrin (*Not. hist. sur la ville de Lons-le-Saunier*, p. 25) commet une autre erreur. Parlant de la rue des Bernes à Lons-le-Saunier, il dit : « Berne signifiant Van, c'est là que se tenaient les Vanniers ». Il ajoute, il est vrai, « Peut-être aussi ce nom venait-il de Baerna qui, en mauvais latin, exprimait cuite ou chaudière de sel. »

La chaudière, que l'on appelle aussi poêle (1), est, à Salins du moins, de forme ronde ou ovale, formée de plaques de fer (2) assemblées à l'aide de rivets. Ces plaques reçoivent divers noms d'après leur situation : culirons ou culettes, au milieu de la chaudière ; grands et petits fonds ; versats sur les bords. Ces bords sont peu élevés. Quand le plus grand diamètre de la chaudière est de vingt-sept pieds et le plus petit de vingt-trois, la profondeur en est seulement de dix-huit pouces, soit environ cinquante deux centimètres. Ce n'est qu'en 1760 qu'on a ajouté à cette chaudière, en arrière, un poêlon carré (3).

La chaudière reposait sur un fourneau, à demi enfoncé en terre et de même forme qu'elle. Il était construit en pierres que l'on mouillait de muire à chaque cuite, et que l'on recouvrait d'un enduit de terre : dans les parois, des soupiraux étaient ménagés sur le pourtour, et une porte s'ouvrait en avant. Une grille formée de barres de fer était établie au milieu du fourneau, on y jetait le combustible. Une plaque de fer fermait l'entrée (4).

Pour empêcher que la chaudière écrasât de son poids les

---

(1) Charte d'Alix dame de Choiseul, en 1244 : « in una caldaria vel una patella. » (Guillaume : *Salins*, t. I, pr. p. 104.)

(2) Les archéologues jurassiens montrent dans leur M....... Saunier des vases en cuivre qu'ils prétendent avoir été les p......... dières à faire évaporer le sel.

Aux XIe et XIIe siècles les chaudières étaient déjà de fe..... en confirmant les donations faites à Saint Anatoile par le co......... Hugues de Salins, mentionne « privilegium unius caldariae fe......... (Guillaume : *Hist. de Salins*. t. I, pr., p. 13.) — Le même .... Vaux sur Poligny « quatuor caldarias ferreas situsque earum in Salinis » (1029). (Pérard, p. 177 ; Chevalier, t. I, p. 314.)

Les mêmes expressions se retrouvent dans un diplôme du même souverain pour Cluny (D. Martene : *Thesaurus novus anecdotorum*, t. I, col. 147), dans une bulle de Calixte II pour Vaux (Chevalier : *Poligny*, t. I. p. 320.)

(3) *Encycl. méth.*, Arts et Mét., t. VII. p. 133. — Béchet : t. I, p 28.

(4) Gollut : liv. II, c. XXVII, éd. Duvernoy, col. 158. — Récit d'un voyage de J. Meglinger (*Ann. Franc-Comtoises*, t. IV, p. 328). — *Encycl. méth.*, t. VII, Arts et Métiers, p. 133.

parois du fourneau, que l'on nommait l'*orle* (1), on avait soin de la suspendre à l'aide de barres de fer formant crochets et nommées *chaînes*.

Quatre dés de maçonnerie, appelés *piles*, soutenaient deux poutres parallèles ou *pannes*. Sur ces poutres elles-mêmes, étaient placés un nombre plus ou moins considérable de *traversiers*, pièces de bois de sapin auxquelles étaient suspendues les chaînes, qui, par leur autre extrémité venaient se fixer par des anneaux au fond de la chaudière. Le nombre des traversiers, comme celui des chaînes a beaucoup varié. Falbaire dit que, de son temps, il y avait vingt-deux traversiers par chaudière ; la gravure de Chatel n'en représente que six. Béchet rapporte que chaque chaudière était soutenue de quatre-vingt-seize chaînes ; Gollut parle de quatre-vingt ou quatre-vingt-dix, Chatel n'en reproduit qu'une trentaine (2). Un mode de suspension analogue était usité dans les petites sauneries. A Soulce, la chaudière était soutenue par une chaîne ou barre de fer, fixée par sa partie supérieure à un arbre horizontal, reposant lui-même sur deux fourches plantées en terre (3). C'est le système adopté à Salins, mais sous une forme primitive. Il en était de même dans les salines d'Allemagne au milieu du XVI° siècle (4).

On avait établi une sorte de roulement entre les bernes qui recevaient l'eau salée de chacun des puits, de telle sorte qu'une partie seulement des chaudières étaient en activité dans le même moment.

La muire contenue dans une chaudière était appelée

---

(1) Règlement pour la Chauderette de Rosières. (Arch. Jura, série A, non coté).

(2) Pour cette description, voir Gollut, éd. Duvernoy, col. 157 et s. — Falbaire : *Encycl. méth.*, Arts et Métiers, t. VII, p. 133. — Béchet : *Rech*., t. I, pp. XXVII-XXIX. — V. aussi une gravure de Germain, d'après Lallemand, représentant une chaudière de Lons-le-Saunier, en 1780, dans le *Voyage pittoresque en France*.

(3) Enquête de 1490. Arch. Doubs. Chambre des Comptes. Sauneries.

(4) Georg. Agricola : *De re metallica*, éd. 1657, livre XII, p. 442.

bouillon, et le travail de son évaporation, *cuite*. Chaque bouillon était primitivement de deux lons, c'est-à-dire de quarante-huit muids (1). Au XVIe siècle, nous les voyons atteindre un volume de cinquante à soixante muids. Il semble que c'est vers 1472 que l'on a changé la quantité d'eau salée à attribuer à chaque cuite. Le procès verbal d'une délibération du conseil, du 9 avril 1472 (2), nous apprend qu'on agitait alors la question de savoir s'il y avait intérêt à faire évaporer comme auparavant huit lons en quatre bouillons, ou s'il valait mieux cuire dix lons dans le même nombre de bouillons. Expérience fut faite, et une délibération du 1er juillet décréta qu'à l'avenir on ferait cuire les dix lons en quatre bouillons (3). Au contraire, il semble qu'au temps de Gollut, on ne faisait cuire que 1 lon 1/4, ou 32 muids, par bouillon (4).

Les bouillons ne s'évaporaient pas isolément ; mais, quand on avait une fois préparé la chaudière pour la cuite, on y faisait sans interruption une série de bouillons. C'est cette série que l'on appelait une *ramandure* ou *remandure*. Une remandure était formée, au dernier siècle, de seize cuites consécutives (5). En 1601, elle n'en comportait que six au Puits-à-Muire, (6) huit à la Chauderette (7). En 1687, il fallait déjà seize bouillons pour une remandure, à la Grande-Saunerie (8).

---

(1) Encore le 4 mai 1474. État des muires de la Saunerie : « Somme de la quantité desd. longs: IIII** XVIII longs que valent XLIX bouillons » (Arch. Doubs, B 271). En 1484, au Puits-à-Muire on faisait encore chaque bouillon de 2 lons. (Compte du trésorier de Salins, 1484. B. N. Joursanvault 84, f° 82.)

(2) Arch. Doubs, B 187, f° 127.

(3) Ibid., f° 129.

(4) Gollut : éd. 1592, p. 107.

(5) Falbair. : *Encycl. méth.*, t. VII, Arts et Mét., p. 133.

(6) Enquête au sujet des droits des Rentiers sur le Haussement. (Arch. Jura, A 38.)

(7) Enquête de 1601. (Arch. Jura, A 38.)

(8) Mémoire de Jean Sanguinière sur les forêts (B. N. Français 4475, f° 71.)

A proprement parler, la remandure était l'opération consistant à restaurer la chaudière, après qu'elle avait servi pendant quelque temps. Cette réparation était faite par les Fèvres qui remplaçaient les plaques hors d'usage, reforgeaient les autres, rivaient à nouveau le tout. Jamais une chaudière n'était remplacée en entier ; on en refaisait les pièces usées au fur et à mesure des besoins.

Une fois remise en état, la chaudière était rapportée sur le fourneau, ses chaines étaient égalisées, les interstices qui pouvaient se trouver entre les plaques étaient soigneusement étoupées, enfin, pour éviter autant que possible les fuites de l'eau, la surface intérieure de la chaudière était enchaulée, c'est-à-dire couverte d'un enduit de chaux délayée dans de la « muire cuite », eau salée qui dégouttait des pains de sel pendant leur formation. Ces dernières opérations étaient effectuées par les ouvriers de la berne (1).

Ces ouvriers étaient au nombre de quatre, sous la direction d'un chef appelé Moutier. On les nommait : Vaite ou Guette, Have, Desserre et Garde (2). Le Moutier était une sorte de contre-maître dirigeant tous les travaux effectués dans le meix, tant dans la berne que dans l'ouvroir et dans l'étuaille, présidant par conséquent à toute la fabrication du sel. C'était un praticien expert. Un Moutier qui vivait en 1448, Pierre Hélie, avait étudié la fabrication du sel dans un grand nombre de salines, tant en Bourgogne, à Salins et à Saulnot, qu'en Lorraine, en Allemagne, en Espagne, en Provence, en Poitou et en Italie (3). Les Moutiers avaient rang parmi les officiers de la Saunerie ; tous étaient sous la surveillance d'un Maître Moutier. Primitivement, il y avait un Moutier par berne ; il en a été ainsi à la Grande-Saunerie jusqu'en 1412. Une ordonnance du duc Jean, en date du

---

(1) Falbaire : *Encycl. méth.*, t. VII des Arts et Métiers, p. 134.
(2) Voir aux Pièces justificatives les divers Règlements.
(3) Arch. Côte-d'Or, B 11199.

13 avril de cette année, en réduisit le nombre total à quatre y compris le Maître (1). Il y en avait quatre, sans compter le Maître au XVIᵉ siècle (2); au XVIIIᵉ le nombre s'en élevait à six (3) à la grande Saline et deux à la petite. Ils servaient à tour de rôle pendant vingt-quatre heures; étant de garde jour et nuit, ils étaient tenus de coucher à la Saunerie.

Leur nom était le même que celui que nous avons vu donner aux amodiateurs du Puits-à-Muire. L'origine en est la même : de part et d'autre ce sont eux qui président à la fabrication des mottes ou pains de sel. En 1245, Jean de Chalon faisant une donation au monastère d'Epoisses, suppose le cas où les Moutiers feraient des pains de sel de deux modèles différents (4).

La chaudière une fois remise en place, l'opération de la cuite commençait. Elle comprenait quatre phases : l'*héberge-muire*, les *premières et deuxièmes heures*, et le *mettre-prou*.

L'héberge-muire était l'opération par laquelle on faisait entrer l'eau salée dans la chaudière. C'était l'œuvre du Desserre. On faisait, pendant ce temps, un feu de plus en plus actif, à mesure que la chaudière se remplissait.

Pendant les premières heures, on entretenait un feu très vif pour amener et maintenir l'ébullition; pendant les secondes heures, il était modéré de plus en plus, tandis que le sel se formait. Le mettre-prou comportait un feu très doux, jusqu'au moment où il ne restait plus que très peu d'eau dans la chaudière (5).

De ces opérations, les deux premières répondaient à ce que l'on appelle le *schlottage*, les deux dernières au *salinage*

---

(1) Voir cette ordonnance aux Pièces justificatives.
(2) Mémoire sur les offices de la Saunerie. (B. N. Colbert-Flandres 1, fᵒ 153.)
(3) Falbaire : *Encycl. méth.*, Arts et Mté., t. VII, p. 134.
(4) « Et si contingeret in dicto Puteo nostro quod Molarii facerent sal duobus modis. » (Cart. de Jean de Chalon, nᵒ 62).
(5) Falbaire : *Encycl. méth.*, t. VII, p. 134. — Gollut : liv. II, c. XXVII. c. 159 (éd. Duvernoy).

actuel. Mais, tandis que dans les usines modernes, le schlott est enlevé aussitôt qu'il s'est formé, alors, on le laissait dans la chaudière d'où il n'était retiré qu'après le sel lui-même, tant des bassins que l'on immergeait pour le recevoir, que du fond même de la poêle.

La durée de la cuisson a varié entre douze et dix-huit heures.

Une fois le sel jugé suffisamment formé, on procédait à son extraction de la chaudière. Des femmes appelées *Tiraris de sel* avaient pour mission d'amener le sel, à l'aide de rateaux, aux bords de la chaudière. D'autres ouvriers l'en tiraient et en remplissaient des seaux de bois pour le porter, selon les cas, à l'ouvroir ou à l'étuaille.

La poêle une fois vide, on en renchaulait de fond, après en avoir enlevé le schlott, et on recommençait à faire d'autres cuites jusqu'à ce que la remandure fût terminée.

Alors, à la fin de la dernière cuite de la série, on descendait la chaudière de son fourneau et on la débarrassait des déchets appelés *salègres*, sortes de stalactites de sel brûlé qui se formaient en dessous du fond de la poêle. La violence du feu bossuant par endroits le fond de la chaudière, il se pratiquait des coulées d'eau salée qui, au contact du feu, se solidifiaient. Ces salègres servaient comme de pierres à la réfection des fourneaux. On renvoyait ensuite la chaudière à l'atelier des Fèvres.

Le feu entretenu sous la chaudière pendant la cuite de la muire était fort violent, surtout à certains moments de cette opération. Les curieux qui ont raconté leurs visites aux sauneries n'ont pas manqué de constater la température élevée des bernes [1] ; la fumée était aussi d'une certaine incom-

---

[1] Récit de J. Meglinger, 1667. (*Annales franc-comtoises*, t. IV, p. 328). Il dit que, à huit pas, on ne pouvait en supporter la chaleur.

Les ouvriers devaient être vêtus très légèrement. Gollut dit que le Desserre n'est vêtu que « de sa grecque ». Châtel le représente ainsi.

Agricola dit de même, en parlant des ouvriers des bernes en Allemagne :

modité, au point que parfois elle empêchait les ouvriers de voir clair (1), on n'avait pas, en effet, ménagé de cheminée pour la conduire dehors.

Deux des ouvriers de la berne (2) et deux des ouvrières dites « femmes de berne », étaient spécialement attachés à l'entretien de ce feu. On apportait le bois jusqu'à l'entrée de la berne sur une brouette à deux roues ; de là, il roulait de lui-même jusqu'auprès de l'orifice du fourneau, grâce à l'inclinaison du terrain (3). Les ouvriers étaient chargés de régler le feu suivant la période de la cuite ; il leur était recommandé de placer le bois au milieu du foyer, pour mettre à profit la plus grande quantité de calorique possible (4).

La braise qui tombait au travers de la grille, était extraite du fourneau par une femme nommée *Tirari de feu*, qui la prenait sur une longue pelle appelée *épi*. Une autre femme, dite *Eteignari*, était chargée de jeter de l'eau sur cette braise pour l'éteindre et ménager ainsi du charbon pour le séchage du sel.

La question des provisions de combustible a été, après celle de la conservation des sources salées, la plus grande préoccupation de ceux qui voulaient assurer la prospérité des salines (5). Les sauneries faisaient, en effet, une énorme

---

« omnes hi, quod istiusmodi officinae valde incalescant, capita tamtummodo pileolis stramineis et verenda subligaculis tegunt, caetera nudi. » (*De re met. lib. XII*, éd. 1657, p. 446.)

(1) Règlement de la Chauderette au XVe siècle (Arch. Jura, série A, titre non coté) : « Item qu'il soit fait ung ou deux lucarnes au toit de la barne pour partir la fumière de la lad. barne que aucuneffoizest si gran de que les pouvres ouvriers et ouvrières ne voient goutte en lad. barne ».

(2) Ordonnance de Jean sans Peur, aux Preuves.

(3) La gravure de Châtel représente cette arrivée du bois dans la berne.

(4) Piganiol de la Force : *Nouv. descr. de la France*, t. XIII, p. 152-153.

(5) Ordonnance de 1592 : « Combien les soing, travail et industrie de ceulx qui sont entremis aux conducte et service de lad. Saulnerie sont des principaulx moyens requis pour y faire beaucoup de sel, si est-ce que le premier est la provision et fourniture de bois neccessaire pour la cuitte des muyres, au deffaulx duquel tout labeur et artifice vient à néant. » (Arch. Doubs, Chambre des Comptes. Saunerie.)

consommation de bois. A en croire Bernard Palissy, il aurait fallu mille arpents de forêts pour entretenir une chaudière de trente pieds carrés. En ce qui concerne nos usines, on estimait, au commencement de ce siècle, à 75 stères, la quantité de bois nécessaire pour fabriquer cent quintaux métriques de sel (1).

On ne sait à quelle époque les princes, propriétaires ou co-propriétaires des sauneries, imposèrent aux bois des environs de Salins, l'affectation à la cuite des muires dont on les trouve chargés au XIVe siècle (2). Sans doute, la rareté du combustible, se faisant sentir, a nécessité cette mesure qui devait peser d'un poids fort désagréable sur les propriétaires et les paysans des environs.

Non seulement, en effet, les bois appartenant au souverain ou aux seigneurs Parçonniers de la Saunerie étaient soumis à cette affectation, mais il en était de même de toutes les autres forêts à qui qu'elles appartinssent : particuliers ou communautés.

Le rayon dans lequel le bois était ainsi réservé au service des salines a varié d'étendue. Il ne comprenait d'abord que trois lieues à la ronde. Les ordonnances de Charles-Quint, en 1531 (3), de Philippe II, en 1556 (4), maintiennent cette limite. Mais, par suite d'une exploitation trop fréquente, les bois étant devenus insuffisants, la Saunerie réclama une augmentation de la zône réservée. Sa pétition du 17 avril 1581 (5), fut suivie d'une ordonnance du 7 juillet (6),

---

(1) Béchet : *Recherches sur Salins*, t. I, p. XXXVIII.

(2) Il semble bien, en effet, que ce système ait existé au moment de la rédaction du Règlement que nous avons de cette époque. (V. aux Pièc. justif.) Un règlement du 30 juillet 1424. (Arch. Doubs, Chambre des Comptes. Saunerie) et un autre du 20 mai 1483 (B. N. Français 11629, f° 86) organisent ce service.

(3) B. N. Nouv. acq. Fr. 6348, f° 137.

(4) B. N. Colbert-Flandres 1, f° 532.

(5) Arch. du Doubs, B 294.

(6) Arch. du Doubs, B 289.

établissant, outre la zône de trois lieues de rayon, exploitée continuellement autour de Salins et où toute coupe était interdite aux sujets, une réserve de trois autres lieues, *destinée* aux besoins éventuels des sauneries, et où il était défendu d'abattre les arbres de haute futaie. Deux ordonnances complémentaires de 1586 et de 1607 (1), vinrent régler la condition des bois ainsi destinés à la cuite des muires. Cet état de choses dura jusqu'à la conquête française. En 1727, un nouveau règlement devait enclaver une lieue de plus dans la portion des forêts comtoises affectées au service des salines.

La juridiction sur ces forêts était enlevée au tribunal du Gruyer pour être attribuée aux officiers de la Saunerie. Pour leur surveillance, furent institués, par ordonnance d'Albert et d'Isabelle du 21 août 1607, deux officiers spéciaux chargés de veiller à la conservation de tous les bois affectés aux sauneries, et de diriger les employés de l'administration de ces forêts. L'un avait la charge des bois d'Amont ; l'autre celui des bois d'Aval (division conservée des institutions existant à l'époque où la Grande-Saunerie et le Puits-à-Muire avaient leur administration spéciale (2).

L'ensemble des forêts, dont les deux tiers seulement, environ, appartenaient au Prince, était divisé en quartiers appelés *Fassures*. Chaque Fassure avait, à sa tête, une sorte de chef-coupeur que l'on appelait le *Fasseur*. Il avait la mission de faire abattre le bois nécessaire par des ouvriers placés sous ses ordres (3). La police était faite dans les Fassurés par des forestiers, à la nomination des officiers de la Saunerie.

Les bois de toutes essences étaient coupés pour l'usage

---

(1) B. N. N. acq. Fr. 6349, fo 82 et s. — Arch. du Jura, A 65.
(2) Arch. du Jura, A 65, fo 95 v°.
(3) Réglement de Charles-Quint, sur les Fassures, du 8 mai 1540. (Arch. Doubs. Parlement. Sauneries, titres généraux). — Pétremand : éd. de 1619, p. 300-301. — Mémoire de Jean Sanguinière, 1687. (B. N. Français 4475. fos 70 v°, 72.)

des salines à la grosseur du bras. Un moule de fer qui se trouvait à la Saunerie, servait d'étalon (1). Les essences les plus appréciées étaient le hêtre et le charme. On ne rangeait qu'en une catégorie inférieure le chêne, le tremble, le sapin, parce que l'on estimait qu'ils ne donnaient pas assez de flammes, étaient de moindre durée dans le feu et ne produisaient pas de bon charbon (2). A la même époque, au contraire, en Allemagne c'était le bois de chêne qui était le plus estimé pour la cuite des muires (3).

C'était vers l'âge de neuf ans que les arbres étaient propres à l'usage des sauneries. Il était interdit de les couper aux mois d'avril, mai et août.

Les arbres abattus étaient formés en « fardelets » de vingt-cinq bûches ou « chevasses » chacun ; quarante fardelets (on disait aussi « fassins ») formaient un « millier » (c'est-à-dire mille chevasses).

Tous les paysans possesseurs de chars et d'attelages, et résidant dans l' « arrondissement de Salins », — ou zône réservée, — étaient tenus de charrier les bois des fassures depuis les forêts jusqu'à l'usine (4). On les a obligés, en divers temps, à un nombre variable de pareils charrois. Ils devaient en faire tantôt trois (5), tantôt quatre (6) par semaine. Le mauvais temps, rendant les chemins impraticables, mettait parfois une trêve à cette obligation (7).

---

(1) Ordonnance du 14 septembre 1424.

(2) Mémoire sur les salines du commencement du XVIIe siècle. (B. Besançon, Chifflet XLIX, f° 104.)

(3) Agricola : *De re metallica*, éd. 1657, p. 444.

(4) Ordonnance de 1483. (B. N. Fr. 11629, f° 86.)

(5) Ordonnance du 22 septembre 1607. (Arch. Jura, A 65.)

(6) Ordonnance du 14 septembre 1424. (Arch. Doubs. Chambre des Comptes. Sauneries.)

(7) Mémoire de 1592 sur la Saunerie. (Arch. du Doubs. Chambre des Comptes. Sauneries). — Les travaux de la campagne venaient aussi arrêter ces charrois, à certaines saisons. Pour obvier à ces interruptions, lorsque les sauneries furent données à bail, les amodiateurs se fournirent de chars et chevaux, afin d'assurer en toutes circonstances le transport du bois

Les chariots, arrivés à Salins, restaient à la porte des sauneries jusqu'à ce que leur nombre fût jugé assez grand pour mériter l'attention des officiers préposés à l'estimation et au payement des bois. Alors on leur ouvrait la porte, et leur entrée se nommait une *férue*. C'était une opération compliquée qui, à la Grande-Saunerie, mettait en mouvement un personnel considérable.

En entrant, les voitures chargées de bois passaient devant un bureau appelé le *Fournet*. Trois officiers y étaient en permanence, pour procéder au payement : le *Taxeur* appréciait au passage le nombre de chevasses qui se trouvaient sur les chariots, et acceptait ou refusait le bois selon qu'il lui paraissait ou non de qualité suffisante (1), — le *Payeur* en donnait le prix au charretier selon la taxe établie, — le *Clerc Ventier* (2) tenait la comptabilité des bois entrant à la saline.

Lorsque le nombre de chevasses estimé par le Taxeur ne concordait pas avec le chiffre prétendu par le charretier, des ouvriers appelés « compteurs des bois », procédaient à la vérification (3).

Quant au prix des chevasses, il était différent selon que les bois venaient ou des forêts des Parçonniers de la Saunerie

---

nécessaire à la cuite des sels. (Mémoire de la première moitié du XVIIe siècle, à la Bibliothèque de Besançon).

(1) Le bois refusé était dit « greusé ».

(2) Ventier a le même sens que Forestier. (V. Ducange, *verbo* Ventarius.)

(3) « Le Tauxeur le tauxait en un clain d'œil et tousjours libéralement au proffit des charretiers, car, s'il se trompoit à leur préjudice, eux, qui sçavoient le nombre des chevasses qu'ils menoient, les faisoient compter tout à l'heure par les compteurs de bois establis à cest effect. Et ainsi tousjours l'équivocque estoit sur le Prince, qui ne montoit pas à peu, car à cent milz voitures par an, un sol seulement d'equivocque à chacune revient à cinq mils francs. » (Mémoire du commencement du XVIIe siècle. Bib. Besançon, fonds Salins, non classé). — Ce système avait succédé à un autre plus ancien, qui voulait que le charretier déclarât lui-même le nombre de ses chevasses. (Ibid.)

ou des forêts des communautés et des particuliers. Dans le premier cas, on ne payait aux charretiers que la façon et le transport (1), dans les autres cas, on payait la valeur du bois lui-même. Ce dernier prix était fixé d'avance par des traités passés entre la Saunerie et le propriétaire des bois.

Quand la Saunerie et le Puits-à-Muire existaient séparément, la concurrence entre ces deux établissements élevait considérablement le prix du combustible. Aussi le désir de mettre fin à cet état de choses, a-t-il été un des motifs de la réunion des deux salines.

Déjà, auparavant, le Roi avait essayé d'y remédier en établissant que lorsqu'un marché serait passé entre l'une des sauneries et un propriétaire, pour achat de bois, l'autre saunerie pourrait toujours y avoir part de moitié en en déclarant son intention.

Lorsque l'administration des deux sauneries fut unifiée, le prix du bois baissa considérablement. Il était, en fait, laissé à la discrétion des officiers de la Saunerie, puisque les propriétaires ne pouvaient vendre qu'à eux seuls. La charge du service des bois de la Saunerie en devint plus lourde pour les propriétaires des forêts de l'arrondissement.

Une fois introduit dans la saunerie, le bois était conduit en diverses places et empilé. On appelait cette opération « enchalage ». Un Maître était chargé de recruter les ouvriers employés à ce travail et au transport du bois jusqu'aux bernes. Il les choisissait, chaque jour, parmi les manouvriers qui venaient tous les matins proposer leurs services à la porte de la Saunerie. Il fallait, au XVIIe siècle, environ trente ouvriers, chaque jour, pour enchaler les bois des deux sauneries.

Le mouvement produit par ces charrois était considérable, si l'on en juge par le nombre des animaux occupés à les

---

(1) En 1687, on payait deux sous trois deniers par voie de bois amenée des forêts des particuliers, et quinze deniers pour celles que l'on amenait des forêts du Prince, non compris le charroi.

effectuer. Au XVIIe siècle, un mémoire les estime à 6500 chevaux et 320 mulets (1).

Outre le bois destiné à la cuite des bouillons, les forêts des environs de Salins devaient aussi fournir les chênes et sapins nécessaires aux réparations de la Saunerie, à la confection des engins et des « bosses » ou tonneaux qui servaient au transport du sel en grains (2). Les bois de haute futaie destinés à ces usages étaient marqués d'avance et payés de la même façon que les bois des fassures.

En raison de la rareté croissante du bois, on songea à user de la houille que l'on découvrait aux environs des sauneries. En 1589 ou 1590, on commença à exploiter près de Saulnot, une mine de houille, dans la montagne d'Ossemont, au territoire de Corcelles. Le comte de Montbéliard, Fréderic de Wurtemberg, encouragea cette exploitation. Des mineurs allemands (3) y furent employés et ses produits furent utilisés pour la cuite de la muire de Saulnot (4). En 1598, la houille était en usage à cette usine (5). Mais les administrateurs paraissent n'avoir accepté qu'avec hésitation le nouveau combustible. En 1602, une chaudière sur deux était chauffée à la houille, l'autre l'était au bois (6). La mine, du reste, ne tarda pas à être abandonnée. En 1626, on l'utilisait encore ; en 1635 le gouvernement de Montbéliard autorise les amodiateurs à s'en servir, s'ils le veulent (7) ; en 1659 (8), Claude Gurnel,

---

(1) Mémoire sur l'état économique des sauneries, vers 1650-1660, (Bib. de Besançon).

(2) B. N. Français 4475, f° 64.

(3) Compte de 1598. (Arch. Haute-Saône, E 211.)

(4) Duvernoy : *Description du comté de Montbéliard*, t. II, f° 3. (Bib. de Besançon.)

(5) Arch. Haute-Saône, E 211.

(6) Arch. Haute-Saône, E 202.

(7) Lettre de Claude-Baptiste Vernerey, aux amodiateurs de Saulnot, du 27 mars 1635 : « Et pour les houillières, l'on les nous accorde, sy nous en voulons prendre, pour tel terme qu'il nous plaira. » (B. N. Joursanvault 87, f° 255.)

(8) Arch. Haute-Saône, E 205.

amodiateur de la saline, obtient le droit de se fournir de bois dans les forêts de Saulnot pour les besoins de cette usine, sans être obligé de se servir de houille, « ce que désirant, porte son bail, il sera pourvu à la réparation des houillères (1). » M. Duvernoy dit que la mise en valeur des mines d'Ossemont a duré jusqu'en 1715 (2) : il faut ajouter qu'elle fut intermittente.

Vers 1629, on découvrit aussi, près de Salins, à Aiglepierre, un filon de houille (3). On en essaya l'usage aux Salines. Le 12 septembre 1632, Vincent Jacquinot, administrateur de la Saunerie et Jean d'Accosta, contrôleur, passèrent un marché avec un certain Jean Broërs, par lequel ce dernier s'obligeait à produire, par an, douze mille charges de sel, cuites à la houille, moyennant une rétribution de « deux francs par charge tirée des chaudières à ses frais (4). » Mais les habitants du pays avaient des préventions contre ce combustible dont l'odeur les inquiétait, à ce que nous apprend un mémoire du temps. Aussi Jean Broërs a-t-il soin de se faire promettre l'aide et assistance du Roi pour exécuter son projet d'en user pour la cuite du sel, « d'autant que l'usage de lad. houille est fort hodieux et désagréable à plusieurs personnes. » Par suite de cette aversion, le « charbon de pierre » ne continua pas à être employé dans les sauneries (5).

---

(1) Arch. Haute-Saône, E 202.
(2) Duvernoy : *Description du comté de Montbéliard*, t. II, n° 6. (Bib. de Besançon.)
(3) Béchet : *Rech. sur Salins*, t. I, p. XXIV.
(4) Arch. Jura, A. 43.
(5) Baverel rapporte que « l'odeur fétide que donne ce fossile faillit d'empoisonner la ville de Salins, extrêmement resserrée par des montagnes » ; mais il ajoute : « Il faut vérifier ce fait. » (Bib. Besançon Mss. *Villages de Franche-Comté*, par l'abbé Baverel, *verbo* Aiglepierre.)

§ 4

Le sel, tiré en farine de la chaudière, ne restait pas ordinairement en cet état. Dans la plupart des salines, il était soumis à un nouveau travail et aggloméré en pains.

Pour cette opération, il était transporté dans une pièce attenant à la berne et qui était appelée l'*ouvroir*. Là, on le déposait sur un plan incliné, la *sille*, d'où les parties aqueuses s'égouttaient dans une auge placée au-dessous. Une ouvrière, nommée *Mettari*, prenant le sel dans une écuelle, le passait à une seconde, appelée *Fassari*. Celle-ci pétrissait le sel à l'aide de la muire de l'auge, sur un bloc de bois ou *massou*, le régularisait avec la main, et renversait l'écuelle dans une autre plus grande, garnie d'une couche de sel en grains pour empêcher l'adhérence. Le pain ou salignon ainsi formé était replacé sur la sille (1). Deux ouvrières dites *Sécharis* (2) venaient l'y prendre et le portaient sur un brasier (3)

Ce brasier était long et étroit ; on y plaçait les salignons formés, sur des charbons allumés, en six rangs parallèles de toute la longueur de l'ouvroir. Il fallait environ dix heures pour sécher les pains (4).

Le charbon servant à cet usage était pris à la saunerie même, dans les fourneaux des chaudières, ou acheté au dehors, quand il n'y en avait pas en quantité suffisante à la sau-

---

(1) L'eau n'était donc pas « mise à cristalliser dans des moules », comme le prétend M. Villain (*Histoire d'un grain de sel*, p. 33).

(2) Arch. du Doubs, B. 207. Expérience du 26 mars 1537/8 : « Ouvrières d'icelluy ouvreur, au nombre de quatre, tant mettarix, fassarix que deux seccharix. »

(3) Falbaire : *Encycl. méth.*, Arts et Métiers, t. VII, p. 135. — Gollut : liv. II.

(4) M. de Montigny, chargé d'une mission de réforme dans les salines, au XVIIIe siècle, a fait abandonner ce procédé de séchage. (Bouchet : *Mémoire sur les salines*, Bib. Besançon 1908, pp. 1, 2, 5.) — Au Bourg-Dessous, on ne plaçait pas les salignons sur le brasier, mais on les empilait à droite et à gauche. (Arch. Doubs, B 207.)

nerie [1], ainsi, quand le bois de sapin était employé comme combustible [2].

On appelait cette braise *chanci* : le chanci noir était le charbon sortant des fourneaux des bernes ; le chanci blanc, celui qui avait servi à la dessiccation du sel. On en faisait des cadeaux [3], des gratifications à diverses personnes [4].

Il existait à la Saunerie un local spécial pour la conservation du charbon [5]. A certaines époques, un officier particulier a été préposé à sa direction ; il avait charge de présider au mesurage des charbons que l'on apportait à la saline. Cet office fut supprimé par ordonnance du 27 juillet 1593, lorsque Philippe II ordonna qu'à l'avenir le charbon des chaudières serait seul employé pour le séchage des pains [6].

Une fois desséchés, les salignons étaient transportés dans la troisième salle du meix, l'*étuaille*. C'est dans ce magasin qu'ils étaient conservés jusqu'à leur sortie de la saline. Des ouvriers les plaçaient dans des paniers hauts et étroits, tressés de bois et d'écorce de tilleul, que l'on nommait *benates* [7]. Chaque benate contenait douze salignons super-

---

(1) Le 27 juillet 1593, Philippe II ordonne que l'on se serve des charbons des chaudières pour sécher le sel. (Arch. Jura, A 38.) — De même, ordonnance de 1538 (aux Pièces justif.).

(2) En 1566, plaintes des officiers de la Saunerie de ce que le bois dont on se sert, étant de sapin, ne donne pas de charbon. (Arch. du Doubs. Chambre des Comptes. Sauneries. Bois.)

(3) Arch. Jura, A 49. — *Encycl. méth.*, Arts et Métiers, t. VII, p. 136.

(4) On en vendait aussi. Le règlement du xive siècle, aux Pièces justificatives, donne charge de cette vente au Clerc Portier.

(5) Il semble même qu'il ait existé plusieurs charbonneries. (Arch. du Doubs, B 187, f° 174 v°.)

(6) Règlement de la Chauderette, au xve siècle. (Arch. Jura, série A, non coté.)

(7) Règlement pour la fourniture des greniers à sel de Bourgogne, du 10 juillet 1510 : « Item que les benastes esquelles l'on embenaste ledit sel, seront faictes de meilleur bois que l'on n'a accoustumé pour ce qu'elles sont si faibles et tendres que à peine peullent endurer le pourter qu'elles ne rompent. » (Arch. Côte-d'Or, B 11181.)

Lettres de Philippe le Bon, du 25 janvier 1442/3, en faveur des Bena-

posés, et la réunion de quatre d'entre elles formait ce que l'on appelait une *charge*.

Ce dernier nom vient de ce que c'était la quantité de sel que l'on plaçait sur le dos d'un cheval, quand les transports se faisaient à bâts. Les chartes en témoignent. En 1179, Maurette de Salins, comtesse de Vienne et de Mâcon, donne au prieuré de Courtefontaine la « charge d'un cheval » du sel de sa chaudière (1). Une donation de Guillaume de Mâcon en faveur de l'abbaye de Romain-Môtier développe cette expression ; elle porte concession d'une rente annuelle de ce qu'un cheval peut porter de sel (*quantum equus portare potest salis*) (2). Ailleurs, on voit cette même quantité de sel désignée par le mot latin « onus » (3), ou par le nom, refait sur le français, de « chargia » (4). Il faut constater que les quelque cent quarante livres que pesait la réunion de quarante-huit salignons, ne constituaient pas pour le cheval une bien lourde charge.

Cette façon de mesurer le sel s'est employée de même pour évaluer celui qui n'était pas formé en pains. Dans un accord passé en 1160 entre les religieux de Rosières et ceux de Losne, il s'agit de charges comprenant chacune quatorze bichets de sel (5). Or le bichet a toujours été une mesure de capacité ne pouvant convenir qu'à du sel en grains.

L'usage de donner au sel la forme de pains n'est pas spé-

---

tiers : « Pour lesquelles euvres de Benasterie faire et exercer, il leur convient avoir grans chatelz en provision, c'est assavoir de verges, tilles et cordes pour faire les benastes servant à embenaster et lyer les sels de nostredite Saulnerie. » (Arch. Doubs, B 297.)

(1) Béatrix de Chalon, p. 154. — Guillaume, *Salins*, t. I, pr., p. 68. — Moreau 863, f° 464.

(2) En 1218. (L. Viellard : *Doc. et Mémoires*, p. 379.)

(3) Chartes de Jean de Chalon. (Cartul. n°s 6 et 7.)

(4) Donation de Jean de Chalon à Saint-Jacques d'Arènes, à Besançon : « unam chargiam salis. » (Cartul. de Jean de Chalon, n° 140.)

(5) « Unaquaque sarcinarum in quatuordecim bichetos distributa. » (B. N. Moreau 871, f° 350.)

cial à la Franche-Comté. Au XIIIᵉ siècle, on fabriquait des pains de sel en France (1). En Allemagne, l'usage en était courant ; Agricola raconte qu'on leur donnait les figures les plus diverses (2).

Dans les salines du comté de Bourgogne, on fabriquait des salignons dès le XIIᵉ siècle. En 1172, le couvent de Cîteaux devait à celui de Baume-les-Moines quatre salignons de cens annuel, pour un meix situé à Lons-le-Saunier. Au XIIIᵉ siècle, les mentions de ces pains sont fréquentes ; on en trouve dans des chartes du comte Jean de 1255, 1257, 1265 (3), dans une donation faite par le comte Otton IV, en 1280 (4). Comme à Lons-le-Saunier et à Salins, l'usage en a existé à Saulnot et à Soulce (5).

Le salignon avait, en Franche-Comté, une forme à peu près hémisphérique qu'il devait à l'écuelle dans laquelle il était moulé par la Fassari. Entre le côté plat et la face arrondie, se plaçait une arête assez vive et par suite fragile, ce qui occasionnait dans les transports une certaine perte de sel. Nous avons probablement une image de ces pains dans les armoiries de la famille Saulnier, d'Ornans. Elle portait une fasce accompagnée de trois objets circulaires qui semblent bien être des salignons, et constituer des armes parlantes, faisant allusion à son nom (6).

L'usage des pains présentait certains avantages. Le sel ainsi comprimé était plus à l'abri de l'humidité que s'il avait été laissé en cristaux ; les formes fixes des salignons prévenaient les débats lors du mesurage, et rendaient la contrebande

---

(1) V. Ducange, aux mots : Panis salis et Saligium.

(2) Agricola : *De re metallica*, éd. 1657, p. 446.

(3) Cartulaire de Jean de Chalon, nᵒˢ 103-122. — B. N. Joursanvault 85, nᵒ 1. — Arch. Haute-Saône, H 192. — Moreau 871, fᵒ 150.

(4) Moreau 870, fᵒ 536, vᵒ.

(5) Enquête de 1490. (Arch. Doubs. Chambre des Comptes. Sauneries.)

(6) Un cachet de Joseph Saulnier, évêque d'Andreville, a été reproduit par Marlet (*Episodes de la Guerre de Dix Ans*, Besançon, 1865, in-8ᵒ). Il porte ces armoiries, mais fort mal gravées.

moins facile. Mais, tant par son séjour sur les charbons, que par l'emploi dans sa formation de l'*eau grasse* ou *muire cuite* qui contenait des matières étrangères, le pain de sel contractait des impuretés et des altérations défavorables (1).

Les écuelles servant à la formation des salignons étaient soumises à un étalonnage (2). Le Maître Moutier les comparait à des modèles de fer conservés à la Saunerie et les marquait aux armes du souverain.

Les modèles des pains étaient nombreux aux XV° et XVI° siècles ; la coutume existait depuis longtemps de les former selon divers types, chaque type étant destiné à un pays ou à un usage différent.

Dès le XIII° siècle, nous voyons coexister diverses grosseurs de salignons. Dans une charte de 1245, le comte Jean de Chalon distingue entre les deux formes de sel, — la grosse et la petite, — que pouvaient faire ses Moutiers (3); un certain nombre de documents émanés du même prince, entre 1243 et 1258, spécifient que les donations qu'ils comportent, devront être acquittées en charges de *petit* ou de *grand* sel (4). Le nombre des variétés de pains a augmenté rapidement. Elles se distinguaient tant par des différences dans la quantité de sel employée pour chaque salignon, que par quelque marque gravée sur le moule et reproduite sur le sel.

On y figurait ainsi tantôt l'image d'un lion, tantôt une lettre de l'alphabet. Le nom du sel « à deux mirruers », dont on trouve une mention en 1404 (5), semble rappeler la marque

---

(1) Montigny : *Mémoire sur les salines de Franche-Comté*, pp. 107-108.

(2) Inventaire de 1552 : « Item sept estalons de fer à estallonner les escuelles et formes à former selz de lad. Saulnerie, lesdits estalons lyez ensemble. » (B. N. Nouv. acq. Franç. 6348, f° 145 v°.)

(3) Cartulaire de Jean de Chalon, n° 62.

(4) « Honera majoris salis..., de grossiori sale..., majoris salis quod fiet... » — « Charges de grant sal... dou plus 'grant sal que l'on fait ou fera en nostre Salnerie de Salins... Petite sal... la petite sal que faite sara, » etc., etc. (Cart. de Jean de Chalon, n°° 6, 7, 14, 45, 50, 71, 93, 108, 129, 133, 160.)

(5) Arch. Doubs, B 298, n° 152.

qui servait à le caractériser. Il devait y avoir aussi quelque différence dans la forme, dans le galbe général des pains, puisque leurs reproductions sculptées pouvaient être distinguées les unes des autres (1).

Un compte de 1391-1392 mentionne cinq variétés de sel qu'il nomme sels d'Amont, d'Aval, de « Peelles », de Rosières et de Bouillons Volages (2). En 1376, par ordre de la comtesse Marguerite et d'Hugues de Chalon, sire d'Arlay, il avait été décidé que les revenus en sel seraient payés aux rentiers qui habitaient le pays dit d'Amont, en sel d'Amont, et à ceux qui habitaient le pays dit d'Aval, en une variété nouvelle de salignons que l'on appela sel de Délivrances ou à deux Miroirs. Par ordonnance du 6 février 1403-4, le duc Philippe le Hardi abolit cette forme (3) et déclara que, à l'avenir, les rentes des habitants du pays d'Aval seraient payées du sel qui se vendait en ce pays. Il y a toujours eu quatre types principaux de salignons, fabriqués à la Grande-Saunerie : le sel Moitenal pour le pays d'Amont, le sel Plaine Rosières pour le pays d'Aval, le sel Bouchet pour le Revermont (c'est-à-dire la région située entre les montagnes du Jura et la Bresse), le sel de Porte pour les environs immédiats de Salins.

A ces quatre formes qui subsistent au travers du XVe et du XVIe siècles, viennent s'ajouter : le sel Grenier, destiné aux greniers à sel du duché de Bourgogne et du Charollais, le sel Plaine Savoie, pour le Mâconnais et la Bresse, que l'on trouve en 1454 (4). En 1468, le sel Bouchet se dédouble, et

---

(1) Dans une enquête faite en 1538, les commissaires constatent que les bornes qui fixent la limite des cours des sels de chaque saunerie sont marquées sur une face d'un pain de sel sculpté *de la forme du sel Rosières*, et sur l'autre face d'un pain *de la forme du sel du Bourg-Dessous*. (Arch Doubs, B 285.)

(2) Compte du Partage de Chalon. (Arch. Côte-d'Or, B 5951.)

(3) Arch. Doubs, B 298, n° 152.

(4) Arch. Côte-d'Or, B 6015, Compte du trésorier.

le Conseil en fait faire de deux grosseurs, le plus gros pour la Franche-Comté, le plus petit pour le pays de Vaud (1). En 1472 et 1473, on rencontre : le sel Moitenal d'Amont marqué, le sel Bouchet marqué, le sel de Porte, le sel Plaine Rosières et, de plus, le sel Moitenal Savoie, qui sert à payer les rentes des églises et des seigneurs de Savoie, de plusieurs nobles comtois, de l'abbaye de Montbenoît, et celles qui ont été confisquées par le Duc. L'année suivante, on retrouve de plus le sel Grenier, qui avait disparu et un sel appelé Plaine Mâconnaise (2). Les formes paraissent être restées à peu près les mêmes jusqu'à la seconde moitié du xvie siècle. Alors, les sels dont l'existence est constante sont le sel Moitenal (Savoie ou marqué), le sel Bouchet (Savoie ou marqué), le sel Plaine Rosières, le sel Grenier, le sel de Porte (3). En 1564, Philippe II supprima le sel Bouchet (4), dont le cours fut donné au sel Moitenal marqué. L'année d'après, il abolit de même la forme du sel Plaine Rosières. Cette suppression fut renouvelée par la duchesse de Parme, en 1567, mais elle ne fut pas maintenue. Au xviiie siècle, on formait encore des pains selon le moule du sel Plaine Rosières, et même de deux sortes.

Sous la domination française, les formes des sels paraissent avoir été souvent changées ; leurs appellations furent aussi modifiées. En 1774, on fabriquait à la Grande-Saunerie trois sortes de salignons : sel Marqué de redevance, sel Rosières, et sel Rosières de redevance. A la fin du même siècle, D. Grappin fait connaître le sel de Porte, le Petit sel d'ordinaire, le Gros sel d'ordinaire et le sel Rosières ; Fenouillot de Falbaire en mentionne six espèces : le Gros sel d'ordinaire, le Petit sel d'ordinaire, le sel de Porte, le sel Roture

---

(1) Arch. Doubs, B 187, f° 158.
(2) Arch. Doubs, B 274.
(3) Enquête faite en 1533. (Arch. Doubs. Chambre des Comptes. Sauneries. Titres généraux.)
(4) Arch. Doubs, B 385.

ou d'extraordinaire, le sel Marqué de redevance, le sel Rosières de redevance.

En dehors de ces pains de sel dont le poids variait de deux livres et demie à trois livres et demie, il faut compter les pains de dimensions plus considérables, que l'on appelait Gros salés. Ils étaient employés en gratifications aux officiers, aux ouvriers, à des personnages notables. Plus tard, on les a destinés au payement des personnes ayant droit au Franc-Salé (1).

En 1536, le Maître Moutier avait charge d'en distribuer chaque semaine aux officiers et aux ouvriers. Une ordonnance de Philippe II changea leur forme, le 27 juillet 1593 (2). D. Grappin en connaissait de trois espèces : ceux de douze livres, dont dix font la charge de Petit sel d'ordinaire; ceux de quatorze livres, dont neuf font la charge de sel de Porte; ceux de dix-huit livres, dont huit font la charge de sel Rosières (3). En 1774, il n'en existait que deux, dont l'une s'appelait le Gros salé à huit pour la charge, et l'autre, le Gros salé à douze pour la charge ; ce sont les mêmes que mentionne l'Encyclopédie.

A la saline du Bourg-Dessous, il semble n'avoir été formé qu'une seule espèce de sel en un même temps. En 1442, on l'appelait sel *Lombarde*; à la fin du même siècle, sel *Plat* ou *Plate*. Charles VIII, par mandement de 21 juillet 1485, défendit d'en faire d'autre sorte, au Puits-à-Muire (4). Les petites salines de la province ne paraissent pas avoir non plus usé de plusieurs formes de pains.

Tout le sel retiré des chaudières n'était pas transformé en salignons. Une partie restait sous sa forme primitive, c'est-à-

---

(1) Arch. Doubs. Chambre des Comptes. Sauneries. Titres généraux.
(2) Arch. Jura, A 38.
(3) D. Grappin : *Recherches sur les Monnaies*, etc. p. 142. — Bib. Besançon, Ms. 826, f° 91.
(4) B. N. Nouv. acq. Fr. 6348, f° 82 v°.

dire en grains, et prenait le nom de sel *trié*. Il était à Salins d'un grain très menu à cause de la violence de l'ébullition à laquelle il était soumis ; pour la même raison, il n'était pas entièrement neutre (1).

Piganiol de la Force s'est imaginé que ce sel dit *trié* devait son nom à ce qu'il était pris parmi les couches supérieures du sel restant dans les chaudières, et que, par là, il se trouvait plus blanc et plus pur. Cette explication ne peut être admise ; c'était au contraire du résidu des pains, des débris de salignons mal formés et pilés, que l'on constituait autrefois le sel trié. On l'a appelé aussi « sel de Jonvelle », du nom de la seigneurie, voisine de la frontière lorraine, qui en était approvisionnée.

Il présentait l'avantage de demander moins de main d'œuvre que les salignons et, par suite, de pouvoir se vendre à meilleur compte.

Dès le XIIe siècle, on rencontre du sel apprécié à des mesures de capacité : le « rasier (2) », le bichet (3), le sac (4). Au XIVe siècle, se remarque le nom même de sel trié (5). On en a fait à Salins en tous temps, à Soulce, à Saulnot.

Le sel trié était porté directement à l'étuaille par des

---

(1) Montigny : *Mém. de l'Acad. des Sciences*, 1762, p. 105.

(2) Gaucher, sire de Salins, confirme, au profit de l'abbaye de Balerne, une donation de son aïeul Gaucher, sire de Bourbon et de Salins : « Sex rasarios salis in calderiis ejus singulis septimanis persolvendos.. » (Guillaume : *Salins*, t. I, pr., p. 85. Cartul. de Jean de Chalon, n° 119.)

En janvier 1276/7, Jean de Chalon donne à Balerne la muire de deux bouillons « pour six rasiaus de sel que l'abbés et li covenz de Balerne avoient en nostre puis de Salins, chacune semaine. » (Cartul. de Jean de Chalon, n° 120.)

(3) Traité entre les religieux de Rosières et ceux de Losne, en 1160. (B. N. Moreau 871, f° 360.)

(4) Donation par Etienne de Bourgogne et Guillaume de Vienne à l'abbaye de Tart : « XL sacos salis singulis annis persolvendos. » (Béatrix de Chalon, f° 83.)

(5) Avril 1257. Donation par Jean de Chalon à Bellevaux : « residuum deducent in sale trieto. » (Cartul. de Jean de Chalon, n° 122.)

ouvriers appelés *Aides*. Lorsqu'il s'y était égoutté et séché, on le transportait, au moyen de seaux, jusqu'à une autre salle où il était déversé dans des *bosses* ou tonneaux de sapin, dont chacune contenait 560 livres. Ces tonneaux étaient fabriqués par des ouvriers spéciaux appelés « Gréaliers » ou « Bossiers [1] », du bois pris dans les forêts réservées des environs de Salins [2].

Le sel qui tombait à terre pendant ces diverses opérations était nommé *poussel*; on le vendait pour la nourriture du bétail, ou on le donnait en gratifications.

Le transport des sels et le remplissage des bosses était confié à des ouvriers appelés *Poulains*, dirigés par un chef ou Maître Poulain.

§ 5

Nous avons rencontré, en traversant les diverses phases de la fabrication du sel, un personnel considérable d'officiers et d'ouvriers occupés à surveiller, à diriger et à effectuer les différentes opérations qu'elle comporte. Il serait intéressant de connaître quelles étaient les conditions de ces personnes, quelle était leur vie, leur situation dans la société.

Malheureusement, les documents qui pourraient servir à établir leur histoire sociale, sont fort rares et peu précis. Je veux cependant résumer ici les quelques données très incomplètes que j'ai pu réunir à ce point de vue.

Dans toutes les salines, les besoins administratifs étant les mêmes, les offices devaient être semblables. Il n'existe de différence que dans une application plus ou moins complète du principe de la division du travail.

Tandis que dans les petites sauneries, les branches de l'ad-

---

[1] Il y avait quatre *gréaliers* à la Saunerie au commencement du XVIIe siècle, quatorze *bossiers* à la fin du XVIIIe siècle: (*Encyc. méth.*, Arts Métiers, t. VII, p. 137.)

[2] B. N. Français 4475, f° 65.

ministration étaient réparties entre un nombre de personnes restreint (cinq à dix en général) (1), dès 1421 les officiers de la grande Saline de Salins formaient un personnel de vingt-huit individus (2). En 1412, le duc Jean avait supprimé quelques offices : ceux du Maître Couvreur, du Maître Chappuis, de cinq Moutiers, du Contrôleur, du Maître Charbonnier, de la Contre Clé de la Porte, et du Maître Fèvre (3). Certains d'entre eux, comme celui de Maître Charbonnier, furent rétablis, puis supprimés. Le nombre n'a pas beaucoup changé : en 1533 il existait une trentaine de ces charges (4). Ce n'est qu'au XVIIe siècle, lors de l'amodiation de la Saunerie, que le nombre et la situation du personnel ont été profondément modifiés, certains emplois restant à la disposition du Roi, tandis que d'autres étaient abandonnés aux fermiers.

A chaque phase de la fabrication, présidaient un ou plusieurs officiers, les uns en tant que conducteurs de travaux, les autres comme surveillants et comptables. D'une part, ce sont les Moutiers, le Maître Poulain, le Maître des Œuvres, que nous avons vus dans leurs occupations respectives. D'autre part, se place une série d'officiers appelés Clercs (5).

Dès le XIIIe siècle, il existait des Clercs de la Saunerie (6). A partir du XIVe siècle, on trouve : les deux Clercs des Puits, chargés de surveiller l'entretien des sources et d'en enregistrer la jetée ; les Clercs des Sels, qui ont regard sur les ouvroirs et les étuailles, et tiennent compte du sel fabriqué ; le

---

(1) A la saunerie de Grozon, il n'y avait comme officiers, en 1349-50, que un Portier, un Receveur, un Clerc, un Taxeur de Bois, et un Chappuis. (Arch. Doubs, B 310, f° 26).
(2) Lettres de Marguerite, duchesse de Bourgogne, du 7 juillet 1421. (Arch. Doubs, B 297).
(3) V. Pièc. justif.
(4) Arch. Doubs. Chambre des Comptes. Titres généraux des Sauneries.
(5) Voir les Règlements aux Pièces justific. *passim*.
(6) « Johannes de Rupe, Clericus de Salneria salinensi, » reprend de fief de Jean de Chalon, seigneur d'Arlay. (Cart. de Hugues de Chalon, publié par M. B. Prost, *Soc. d'Em. du Jura*, 1893, p. 52.)

Clerc Portier ou Délivreur qui fait remettre aux marchands le sel qu'ils ont acheté, et qui tient registre de cette remise ; le Clerc Ventier et le Clerc Payeur préposés à la comptabilité du bois entrant à la Saunerie (1).

Les plus importants de ces Clercs sont les Clercs des Rôles, autrefois appelés Clercs de la Table. Non seulement ils tenaient compte des deniers de la Trésorerie, mais ils étaient les secrétaires du Conseil de la Saunerie, les greffiers du Tribunal du Pardessus, et les gardiens des Archives. En 1468, ils ont été revêtus du titre de Tabellions généraux en Bourgogne. Ce sont eux qui recevaient comme notaires les contrats passés à la saline.

Le Clerc du Sceau apposait le sceau de la Saunerie aux contrats qui devaient être ainsi authentiqués. Ce sceau portait au milieu du XVe siècle, trois écussons, posés deux en chef et un en pointe: les deux du chef armoriés des armes de Bourgogne-Duché et Bourgogne-Comté, le troisième chargé des armoiries de Salins. La légende est : S. MAGNE SAL NERIE DE SALINIS (2). Un inventaire de 1552 nous apprend que l'on se servait alors, à la Saunerie, d'un sceau et d'un contre sceau en argent, attachés par une chaîne de même métal (3).

Sauf les emplois les moins importants, comme ceux des Guettes, des Compteurs des bois, des Fèvres et Benatiers (qui sont plutôt des ouvriers), laissés à la disposition du Pardessus (4), les charges des officiers étaient accordées par le Prince (5). Il pouvait faire, à son gré, passer un officier d'un emploi à un autre (6). En principe, le cumul était

---

(1) Arch. Doubs, B 187.

(2) J'en ai vu plusieurs exemplaires, assez mal conservés, il est vrai, datant des années 1447 à 1457. (B. N. Joursanvault 68, f° 32 ; 85, f°s 39, 73, 81.)

(3 B. N. Nouv. acq. Fr. 6348, f° 6.

(4) Mémoire sur les sauneries, de 1592 (Arch. Doubs. Chambre des Comptes. Sauneries.)

(5) D. Plancher, t. III, p. 218. — Ordonnance de 1593. (Arch. Jura, A 38.)

(6) Claude de l'omcreux a été Clerc des Rôles en 1525, Receveur de la Gabelle en 1529, Maître Poulain en 1530. (B. N. Français. 11629, *passim*.)

prohibé (1), mais cette règle n'a pas été sans exceptions (2).

Les gages de ces employés ont été augmentés, en 1412, par Jean sans Peur (3), et sont restés au chiffre alors fixé jusqu'au xvii° siècle (4). Le Portier, dont les gages étaient alors les plus élevés de tous (le Pardessus mis à part), reçut depuis ce moment soixante livres estevenans par an, au lieu de quarante-quatre livres huit sols ; la charge la moins rétribuée, celle du Clerc Vendeur de sel à la Porte Oudin, resta appointée de dix-sept livres dix-huit sols quatre deniers estevenans.

Ces gages auraient été dérisoires, si les officiers n'avaient trouvé moyen de remédier à leur insuffisance en y adjoignant des bénéfices de toute sorte. Certains d'entre eux étaient logés à l'intérieur de la Saunerie, et tiraient de cette situation l'avantage de se procurer à bon compte, sinon gratis, le chauffage, l'éclairage, et même des meubles et des ustensiles de bois, que l'on fabriquait pour eux à la saline. Ceux mêmes qui ne demeuraient pas à l'intérieur de l'usine, avaient coutume de recevoir certaines quantités de bois, de charbon, de chandelles ; l'usage de ces menus bénéfices fut supprimé par Philippe le Hardi, le 26 décembre 1402 (5). Cha-

---

(1) Ordonnance du 20 décembre 1402. (Bib. de Salins, M 128, f° 45.)

(2) Dans la confirmation des officiers dans leurs charges faite par Charles VIII, le 12 octobre 1483, on voit que le Maitre Montier était en même temps Receveur de la Gabelle. (Arch. Doubs, B 295.)

(3) Voir aux Pièc. justif.

(4) Doléances du Conseil de la Saunerie, du 24 avril 1581, portant que les gages des officiers n'ont pas été augmentés depuis 1412. (Arch. Doubs, B 294.) Autre mémoire de la fin du xvi° siècle : « Lesquels gaiges furent establiz en l'an mil IIII° et XII et n'ont depuis oncques estez accreuz com' il a esté faict de tous autres officiers de S. M. au comté de Bourgongne. » (Arch. Doubs. Chambre des Comptes. Sauneries.)

Mémoire du Parlement, en 1634 : « Le payement des ouvriers et manœuvres, n'est pas accru d'un seul denier dez soixante ans. Les gages des officiers sont les mesmes qu'ils estoient lors. » (Arch. Doubs. Parlement. Sauneries.)

(5) Bib. de Salins, M 128, f° 46.

cun des officiers percevait à Noël « cinq aulnes de drap gris pour faire robes à user par la Saulnerie », trois chandeliers par an, trois couvercles de fer, une lanterne, le tout du fer de la Saunerie. Le duc Jean rétablit en 1408 ces droits, récemment supprimés (1). Ils recevaient même des aliments. Dans une charte du 9 février 1414-5 (2), il est fait mention de « quartiers de mouton que l'on avait accoustumé donner chascun an à certaines festes aux officiers de lad. Saulnerie. » Toutes les semaines, on leur donnait quelques pains de sel ou Gros salés, et, tous les ans, par un règlement de la duchesse de Parme, il leur fût accordé quarante bouilles de menu charbon (3).

L'ensemble de ces prestations en nature ne montait pas, sans doute, à une somme bien importante, mais la gratification dont les officiers semblent avoir retiré le plus de profit, c'est l'octroi d'un certain nombre de charges de sel, dont l'usage s'établit de bonne heure à leur avantage.

En 1401, le duc Philippe le Hardi accorde aux officiers de la Saunerie quatre cents charges de sel d'Amont pour remédier à la modicité de leurs gages (4). Tous les trois ans régulièrement, et, de plus, en certaines circonstances, comme lors de leur avènement, les princes prirent l'habitude de faire donner un nombre plus ou moins considérable de charges de sel à leurs officiers de Salins (5). Ce don était réparti entre

---

(1) Arch. du Doubs, B 297.
(2) Arch. du Doubs, B 298, f° 1, v°.
(3) Arch. Doubs Chambre des Comptes. Sauneries.
(4) Arch. Doubs, B 297.
(5) Mandement de Louis XI à André Brinon, Général des Finances en Bourgogne, lui ordonnant de faire délivrer aux officiers de la Saunerie 1200 charges de sel Bouchet marqué, en considération de ce « que nos prédécesseurs, comtes de Bourgoingne, aient accoustumé, de trois ans en trois ans et mesmement à leur nouvelle venue à la seigneurie dudit comté, leur faire ung don comme de mil ou douze cens charges de sel. » (B. N. Français, 11629, f° 84.)

Philippe II accorde aux officiers une gratification de 1600 charges, le 24 juillet 1563 : « Comme feu de très recommandée mémoire l'Empereur

eux en proportion de leurs gages. Entre le commencement du xv⁰ et la fin du xvi⁰ siècle, les quantités de sel ainsi octroyées se sont élevées de 1.000 charges à 1.600. Le duc d'Albe supprima ces gratifications, et promit de faire, en revanche, augmenter les appointements des officiers. Mais, en réalité, les gages restèrent à leur ancien taux (1).

Malgré les plaintes qu'ils faisaient parvenir, à chaque instant, aux souverains, les officiers paraissent avoir eu une situation avantageuse, si on en juge par la qualité des personnes qui furent revêtues d'emplois aux sauneries. J'ai parlé ailleurs du Pardessus et de son lieutenant. Le Portier était, dès le xiv⁰ siècle, un personnage d'un certain rang ; en 1395, Guillaume de Maxilly, châtelain de Châtel-Guyon, était Portier de la Saunerie (2); au milieu du siècle suivant, le Portier Guillaume de Salins, écuyer, avait le titre de conseiller du duc de Bourgogne (3).

Au xvi⁰ siècle, au Puits-à-Muire comme à la Grande-Saunerie, la plupart des officiers sont écuyers ou pour le moins qualifiés « nobles hommes » (4). Il en est ainsi même de ceux

---

mon seigneur et nous leur ayons accoustumé donner, de trois ans en trois ans, de quinze à seize cens charges de sel Bouchet sur le communal de lad. Salnerie. » (Arch. Doubs, B 302.)

(1) Mémoire des officiers de la Saunerie, fin du xvi⁰ siècle. L'usage de donner des gratifications en sel aux officiers « fut continué par les roys de France pendant qu'ils tindrent le pays et doiz lors qu'il fut réduict sous noz souverains seigneurs l'empereur Maximilien, le roy de Castille, Madame l'archiduchesse et le très victorieux empereur Charles V⁰, ce qui auroit esté entretenu doiz l'heureux advènement de S. M. en ses couronnes et royaulmes, jusques à celuy qui fut concédé pendant le gouvernement du duc d'Alve, pour ce que lors fut faicte déclaration ausdiz officiers qu'on ne trouvoit convenir de continuer lesd. donatifz, mais qu'il seroit pourveu sur l'accroissance des gaiges et traictemens desd. officiers... Sur quoy ayant esté demandez et renduz plusieurs advis, n'y a toutefois, doiz lors, esté prinse résolution. » (Arch. Doubs. Ch. des Comptes. Saunerie.)

(2) Arch. Doubs, B 278.

(3) « Guillaume de Salins, escuier, conseiller de Monseigneur de Bourgogne, Portier en sa Saulnerie de Salins. » (B. N. Joursanvault 85, f⁰ 68.)

(4) Colbert-Flandres 1, f⁰ 155. — Arch. Jura, A 32.

qui remplissaient les charges inférieures et que l'on appelait « menus officiers », comme le Maître Charbonnier (1). Ils semblent avoir alors traité les devoirs de leurs offices avec un certain sans gêne, et s'être peu souciés de pratiquer par eux-mêmes les travaux manuels auxquels leurs charges les obligeaient (2).

Par assimilation sans doute à leurs collègues gentilshommes, les roturiers pourvus de charges dans les sauneries ont peu à peu acquis une noblesse de pure possession d'état. Aucun titre ne justifie les qualifications nobiliaires que nous voyons attribuer à un nombre de plus en plus grand de familles salinoises, à mesure que nous avançons dans le XVIe siècle, et surtout au XVIIe (3). Il est certain que cette usurpation a été la première origine de la noblesse de plusieurs maisons devenues par la suite considérables.

Cette source de noblesse devint si productive que pour en rappeler la fécondité, on imagina une fable prétendant qu'un chariot chargé de titres, envoyé d'Espagne aux Pays-Bas et passant par Salins, s'y était brisé, livrant aux Salinois présents les lettres d'anoblissement qu'il contenait.

---

(1) « Puis y a noble homme Mre Jean de France, celuy qui conduit tout le charbon pour cuire le sel, et a, par jour, 6 blancs. » (B. N. Colbert-Flandres 1, f° 155, v°).
(2) B. N. Colbert-Flandres 1, f° 155.
(3) Mémoire sur les salines (Bib. de Besançon, Ms. 824).

CHAPITRE III

COMMERCE DU SEL

§ 1

D'après certains mémoires, les comtes de Bourgogne auraient, de tout temps, imposé aux propriétaires de salines l'obligation de fournir les habitants de la province, du sel dont ils avaient besoin. C'est ce sel, distribué par mesure administrative aux sujets du Comté, que l'on appelle sel d'*ordinaire*. Chaque année, on établissait le *rôle des sels*, c'est-à-dire la quantité de charges, de benates et de salignons que chaque ville ou village devait recevoir de l'usine dont dépendait sa fourniture. Cette ration de sel était proportionnée à la population, d'une part, et à la production des salines, d'autre part. Elle était fixée, pour le Puits-à-Muire, par le Parlement, et, pour la Grande-Saunerie, par les Conseils des Pays-Bas, du moins depuis 1584 (1). A partir du moment où les sauneries furent mises en amodiation, le rôle cessa d'être réglé annuellement, et fut fixé au début de chacun des baux, pour tout le temps de sa durée.

L'usage de répartir entre les sauneries la fourniture du sel de la province, remonte au moins au XIII° siècle. Une charte de Jean de Chalon, en date de mai 1259, suppose la division du Comté en deux régions, au point de vue du cours du sel (2).

---

(1) Mémoire présenté par le Parlement, en 1645. (B. N. Moreau 912, f° 108.)

(2) Jean de Chalon donne à Cluny 15 livres de rente sur son Puits de Salins « en deniers ou en sal come l'un la voudra *(sic)* à la Table de nostre Salnerie à marcheant d'Aval. » (Cart. de Jean de Chalon, n° 150.)

Au XIVe siècle, le sel de Grozon avait sa distribution dans une zone déterminée. Par le bail de 1367 (1), la comtesse Marguerite a soin d'en garantir l'usage à ses fermiers. Lors de la suppression de la saline de Grozon, le cours du sel de Salins en acquit les limites (2). C'est à cette époque que fut posé pour la première fois le principe que nul sel, autre que celui de Salins, n'aurait cours dans le comté de Bourgogne, — principe déjà émis dans la charte décrétant la démolition de Grozon, en 1369 (3), et rappelé dans une ordonnance du 26 février 1395/6, comme dans nombre d'autres règlements (4).

Mais à Salins, il y avait trois usines concourant à la fourniture du sel d'ordinaire : le Puits-à-Muire, la Grande-Saunerie et la Chauderette.

A la Chauderette a été attribuée une région spéciale, mais les textes ne nous indiquent pas où elle était située. Nous savons qu'en 1461, Jean Jacquelin et Pierre Naulot furent députés par le duc Philippe pour fixer les frontières du cours du sel de la Chauderette (5). C'était une enclave dans les limites de la Grande-Saunerie (6).

---

(1) Arch. Doubs, B 308.

(2) Mémoire des Rentiers du Puits, contre le Procureur général, en 1442. (Arch. Jura, A 20).

(3 « Sel de mer n'a cours en Arcevesché de Besançon. » (Charte de démolition de Grozon aux Pièc. justif.)

(4) Dom Plancher, t. III, p. 144. — Ordonnance du duc Jean, du 24 mai 1412 (Arch. municip. de Salins, Recueil de pièces concernant le Puits-à-Muire.) — Ordonnance de Philippe le Bon, du 19 mai 1447. (B. N. Nouv. acq. Fr. 6348, f° 27 v°.) — Ordonnance du même, du 31 décembre 1468. (Ibid., f° 30.). — Le 19 septembre 1468, le Conseil de la Saunerie reçoit des lettres du Duc, défendant d'user au comté de Bourgogne d'autre sel que celui de Salins, et dans la terre de Saint-Claude, d'autre que celui de la Saunerie. (Arch. Doubs, B 187, f° 64.)

(5) B. N. Nouv. acq. Fr. 6348, f° 78.

(6) Mémoire adressé à l'Archiduc Albert pour le rachat des Muires : « Par les limittes d'Amont, ont cours les selz de la Saulnerie et Chauderette, et par les limittes d'Aval, les selz du Puits-à-Muire. » (Bibl. Besançon, Chifflet XLIX, f° 77.) — Ordonnance de Philippe II, du 24 juillet 1593. (Arch. Jura, A 38.)

Au point de vue du cours des ordinaires de la Saunerie et du Puits-à-Muire, le territoire du Comté se trouvait divisé en deux régions. La limite était marquée entre elles par une chaîne de montagnes que l'on appelait alors la Montagne-Palatine. C'est le relèvement de terrain qui limite le premier plateau du Jura. Cette frontière naturelle était assez vague ; aussi dut-on recourir à une ligne de démarcation plus précise. On adopta le tracé d'un chemin, appelé pour cette raison le « Chemin Saulnot », le « Chemin des Sauniers » ou, simplement et absolument, le « Chemin. » Les contrées situées entre le Chemin et la Saône reçurent le nom de « limites d'Aval », et furent fournies de sel par le Puits-à-Muire ; celles qui se trouvaient de l'autre côté du Chemin, appelées « limites d'Amont », furent réservées au cours du sel de la Grande-Saunerie (1).

Or, il se trouvait qu'à un autre point de vue, on avait divisé la province en un bailliage d'Amont et un bailliage d'Aval. Le bailliage d'Amont comprenait les régions situées vers le cours supérieur de la Saône, le bailliage d'Aval, celles qui avoisinaient son cours inférieur. De cette façon, les limites d'Amont correspondaient à une grande partie du bailliage d'Aval et les limites d'Aval renfermaient tout le bailliage d'Amont (2). La confusion de ces termes est facile, et a été commise par les historiens (3).

---

(1) Ordonnance de Marguerite de France, du 1er septembre 1388. (Arch. Doubs, B 203, B 278.). Les limites du Puits-à-Muire s'étendent « dès la montaigne du Mont Palatin commancent à Chastelbelin et tirant à Saint Asne, à Montmaour, Moustier-Haultepierre et en oultre, tant comme la montaigne s'estant pardevers la Soone. »
L'enquête de Jean Jacquelin et de Pierre Naulot, poursuivie en juillet 1461, indique aussi pour frontière la « Montagne Palatine ». (B. N. Joursanvault 85, f°* 90 et s.)

(2) 13 mai 1584. Lettre des Rentiers au cardinal de Granvelle, lui exposant qu'ils fournissent le sel aux bailliages d'Amont, Dole, Luxeuil, et partie du bailliage d'Aval. (Arch. Jura, A 38.)

(3) M. Clerc (*Essai sur l'histoire de la Franche-Comté*, tome II, p. 398, note 4) a fait cette erreur.

Le chemin qui formait la ligne de séparation entre les deux régions passait, à l'est de Salins, de la porte de Chambenot à Saizenay, à Nans-sous-Sainte-Anne, à Eternoz, à Bolandoz, à Gilley, à Vuillafans, à Saint-Hippolyte-les-Durnes, à Fallerans, au Valdahon, à la Villedieu, à Belmont, à Orsans, à Vellevans, à Bermont, à Tournedoz, au Val de Damphelin et à Pont-de-Roide (1). A l'ouest de Salins, c'était encore le chemin qui marquait la frontière en allant à Voiteur par Arbois, Pupillin, Poligny (2). A partir de Voiteur, la limite théorique était formée par le cours de la Seille. Mais, en fait, par suite de l'enchevêtrement des subdivisions politiques et féodales, la démarcation ne peut se préciser que par l'énumération des communautés de ce pays qui étaient fournies par chacune des salines. Au nord de la Seille, tout le ressort d'Arlay usait du sel de la Grande-Saunerie ; il comprenait : les deux Arlay, Frontenay, Ménétru, Blandans, Ruffey (en partie), Vincent, Relans, Chases et Corcelles, la Chapelle-Voland, Pannessières (en partie), Froideville, Montjay, Cosges, Jousseaux, Visent, le Bourgeau, Nance, Bonne et les Vernois ; le reste de cette contrée était fourni de sel par le Puits-à-Muire (3).

En dehors même des bornes de la province, les salines de

---

(1) Vers 1420, « Déclaracion des limites et chemins par lesquelz le sel du Bourg-Desoubz de Salins doit avoir cours. » (Arch. Doubs, B 278.) Ce document a été publié par M. Jules Gauthier dans l'Annuaire du Doubs (1888. p. 57-59) — Ordonnance de Marguerite, 1er septembre 1388 (Arch. Doubs, B 203). — Sentence arbitrale rendue entre les Parçonniers de la Grande-Saunerie d'une part et les Rentiers du Puits d'autre part, le 1er septembre 1388, sur les limites de leurs sels. (Arch. Jura, A 20.) — Mémoire pour le Duc contre les Rentiers. (Arch. Jura, A 22.) — Arrêt du 20 juillet 1443. (Arch. Doubs, B 203.)

(2) Mandement de Philippe le Hardi, du 31 mars 1394/5. La limite va « dès nostre dite ville de Salins tirant toute la montainne pardessus Poloigny, tirant à Voitoux dessoubz Chastel-Chalons, jusques en la terre d'Orgelet. » (Arch. Doubs, B 278.)

(3) Enquête de Jean Jacquelin et de Pierre Naulot, en juillet 1461. (B.N. Joursanvault 85, fos 90 et s.)

Salins avaient à fournir le sel d'ordinaire de Montbéliard [1], dont le comte aurait eu, cependant, toute facilité d'approvisionner ses sujets à la saunerie de Saulnot, qui lui appartenait. Cet usage du sel de Salins à Montbéliard, a fourni l'un des arguments invoqués pour démontrer l'ancienne dépendance du pays de Montbéliard vis-à-vis de la Franche-Comté.

De même, Besançon, ville impériale libre, recevait sa fourniture de sel d'ordinaire de Salins, comme les communautés du comté de Bourgogne [2].

La quantité de sel d'ordinaire fixée pour l'usage de la province, a varié avec le temps et avec le chiffre de la population. Au commencement du XVIe siècle, la Grande-Saunerie fournissait 16,744 charges par an, le Puits-à-Muire, environ 15,000 charges. La Chauderette contribuait pour 4,000 charges à la part produite par la Grande-Saunerie [3]. Cent ans après, le nombre de charges montait au double; il fut fixé à 64,000 [4] par le bail du 8 septembre 1601 [5].

Cette fourniture se faisait en diverses espèces de sel. Le sel Bouchet et le sel Moitenal marqué ont été les deux formes de l'ordinaire de la Grande-Saunerie. Le territoire réservé au cours de cette usine était subdivisé en deux parties : l'une s'appelait proprement Amont, l'autre était désignée

---

(1) Arch. Jura, A 19. — Arch. Doubs, E 394.

(2) Besançon figure sur les rôles du Puits-à-Muire au XVIe siècle, c'est-à-dire bien avant sa réunion à la Franche-Comté (Arch. Doubs, E 394). — Par la capitulation du 15 mai 1667, le roi de France assura à la ville de Besançon l'usage du sel qu'elle recevait avant la conquête. (Recueil des Edits et Déclarations du Roi, Table, p. 398.)

(3) Mémoire pour les Rentiers de la Chauderette, en 1572. (Arch. Jura, A 38).

(4) C'était 5 à 6000 charges de moins que ce que l'on distribuait les années précédentes. On supprima aussi, lors de l'amodiation, les concessions supplémentaires de sel faites aux villes de Salins, Pontarlier, Ornans, Sellières. (Bibl. Besançon, fonds Salins. Mémoire du commencement du XVIIe siècle.)

(5) Mémoire présenté par le Parlement à l'Archiduc, en 1629 (Arch. du Doubs, Parlement, Sauneries).

par le nom de Revermont, que l'on étendait ainsi bien au delà des collines qui le portent ordinairement, et qui sont situées entre le Jura et la plaine de Bresse. La ligne qui les séparait allait de Salins à Jougne, en laissant au nord Pontarlier et Bannans (1). Le sel Bouchet était, en règle générale, et sauf quelques dérogations temporaires, réservé au Revermont ; le pays d'Amont recevait le sel Moitenal.

La ville de Salins et ses environs immédiats, renfermés dans le territoire réservé à la Grande Saunerie, avaient le privilège de recevoir un sel plus avantageux que le reste de la province. On voulait ainsi rendre moins menaçantes les chances de contrebande. C'est le même principe qui a fait établir par l'administration moderne des zones privilégiées au point de vue des denrées monopolisées, sur les frontières de la France. Ce sel, dit de *Porte* (2), avait cours à Salins et dans un canton voisin dont les limites extrêmes étaient celles des territoires de Pretin, Ivory, Chilly, la Châtelaine, Molain, Valempoulières, le Larderet, Chaffoy,(4) Supt, Montmahoux, Arc-sous-Montenot, Villeneuve-en-Montagne, Gevresin, Migette, Sainte-Anne, le Tilleret (3).

Une raison analogue avait créé un privilège semblable en faveur des habitants du Comté qui avoisinaient la frontière du nord. La Lorraine produisait beaucoup de sel, et faisait aux salines comtoises une concurrence qui préoccupait vivement les administrateurs des usines de Salins. Le sel lorrain se vendait en Franche-Comté par contrebande. Pour le « rebouter », le gouvernement avait recours au zèle de ses

---

(1) Cette division ressort du Rôle des sels pour l'année 1509, où les villages soumis au cours du sel de la Saunerie sont répartis en deux catégories, d'après cette ligne de démarcation. (B. N. Moreau 1046, f° 118.)

(2) Mémoire sur les formes des sels de la Saunerie (vers 1520) : « Et quant au sel de Porte, c'est ung ordinaire d'en fournir xxxii charges par sepmaine » — (B. N. Moreau 1046, f° 163.)

Moreau de Beaumont, *Mémoire sur les Impositions et les Droits*, t. III, p. 202.)

(3) Rôle du sel de Porte pour 1590. (Arch. Doubs, B 205.)

(4) par Chaffoy non Chaffois.

fonctionnaires [1], et aussi au bon marché du sel qu'il faisait vendre sur les limites de la Lorraine. Le sel *trié* pouvant se fabriquer à moindres frais que le sel en pains, on avait imaginé de le donner à bas prix, pour fournir les villages limitrophes de la Lorraine. C'est ainsi que la terre de Jonvelle en reçut [2], et de là est venu le nom de « sel de Jonvelle » qu'a porté le sel en grains. La ville de Luxeuil [3] et quelques villages des environs, comme Hautevelle et Conflans, en furent également fournis [4]. C'était la Grande-Saunerie qui produisait ce sel, enlevant ainsi une portion du bailliage d'Amont au cours du sel du Bourg-Dessous.

Quant au Puits-à-Muire, il fournissait toute la région qui lui était dévolue, d'un seul et même sel, appelé le plus souvent le « gros sel », parce que ses salignons étaient d'un cinquième plus lourds que ceux de la Grande-Saunerie.

La délimitation des régions réservées à chacune des salines a donné lieu à de nombreuses difficultés entre elles. Le premier règlement que nous trouvions à ce sujet, est émané

---

[1] 20 décembre 1452. Elyot Jacquelin, bailli de Jonvelle et Jean Besard, receveur de cette terre, certifient que « à la poursuitte et diligence de honorable homme et saige maistre Jehan Poinsot, conseillier et procureur général de nostre seigneur au bailliage d'Amont, le sel de Lorraine n'a, depuis deux ans ença, cours ne usaige aud. Jonvelle », (Arch. Doubs, B 363.)

[2] Mémoire des sels formés à la Saunerie (vers 1520). « Et quant au sel tryé de Jonvelle, il s'en délivre seulement par an, par commune extimacion, de v à vi° charge, que ce fait a pille des sels de refluz ; la plupart est à aulcungs habitans de ced. pays, subgects de Madame, et encoires aujourd'huy sont entretenus aulcungs qui de tout temps ont travaillé à obvyer et rebouter les selz de Lorrenne dont ilz se souloient fournir, pourquoy on pourra adviser si elle ce doit entretenir ou rebouter. » (B. N. Moreau 1016, f° 164.)

Arch. Côte-d'Or, B 6015. Compte du trésorier de la Saunerie, pour 1454.

[3] En 1467, le Conseil de la Saunerie envoie Etevenin Udressier et Huguenin Peletier faire une enquête sur la vente du sel trié, à Luxeuil, Jonvelle et autres lieux des frontières de Lorraine. (Arch. Doubs, B 187, f° 31.)

[4] Mémoire de 1547. (Arch. Doubs. Parlement. Sauneries).

de la comtesse Marguerite de France. Après avoir garanti, par lettres données à Arras, le 19 janvier 1381/2 (1), que les Rentiers du Puits-à-Muire ne seraient pas molestés dans l'exercice de leurs droits de vente, elle commit deux de ses conseillers, Jean Couillier, doyen de la Sainte-Chapelle de Dijon, et Jacques-Paris de la Jaisse, bailli de Dijon, pour régler d'une façon certaine le cours des sels de chaque usine (2). C'est dans l'ordonnance rendue ensuite de l'enquête de ces commissaires, que se trouve la plus ancienne mention de la limite séparant le Comté en deux régions, dites d'Amont et d'Aval (3).

Ces mêmes bornes furent garanties de nouveau au Puits-à-Muire, par mandement du duc Philippe le Hardi, du 22 mars 1394/5, notifié aux clercs des Rôles par les châtelains et gouverneurs de la Saunerie, le 30 juillet suivant (4). Elles furent encore maintenues par arrêt du Parlement de Dijon du 20 juillet 1443, dans le procès des Rentiers du Puits contre le Procureur du Duc, au sujet de la propriété de la saline du Bourg-Dessous (5).

Mais des difficultés vinrent encore à surgir, au sujet de certains villages chevauchant sur la limite indiquée par les ordonnances. Il s'était introduit aussi des coutumes permettant l'usage, dans toute l'étendue d'un ressort ou d'une seigneurie, du même sel dont usait le chef-lieu. Tout le long de la limite, de semblables complications se présentaient et amenaient des différends entre les agents des deux salines.

Pour y mettre fin, Philippe le Bon chargea, le 14 mai 1461 (6), Jean Jacquelin, maître des requêtes et gouverneur de la chancellerie de Bourgogne, et Pierre Naulot, avocat fiscal au

---

(1) Arch. Doubs, B 203. — Arch. Jura, A 20.
(2) Arch. Jura, A 18, A 20.
(3) Arch. Doubs, B 203, B 278.
(4) Arch. Doubs, B 278.
(5) B. N. Nouv. acq. Fr. 6348, f° 24 v°. — Arch. Doubs, B 203.
(6) B. N. Nouv. acq. Fr. 6318, f° 78.

bailliage d'Amont, de procéder au règlement définitif de tous ces points litigieux. Une enquête pratiquée par eux en juillet suivant (1), amena une délimitation méticuleuse où des quartiers de village, des maisons particulières furent l'objet d'un règlement spécial (2). Cette enquête paraît avoir mis fin aux débats et avoir fixé à jamais les droits respectifs du Puits-à-Muire et de la Saunerie. Tous les Rôles qui nous ont été conservés respectent en effet les divisions alors établies.

Les mayeurs et échevins des communautés avaient charge d'assurer aux habitants le sel d'ordinaire que le Rôle leur accordait. Ces officiers municipaux ne pouvaient eux-mêmes en procurer le transport (3), mais ils avaient le choix des charretiers qui, pour un prix déterminé, devaient aller chercher le sel à Salins (4). Ces voituriers se transportaient à la saline et là, présentaient aux officiers un billet qui leur avait été délivré par la municipalité de leur paroisse, et qui faisait foi de la commission à eux confiée. Ils payaient d'abord la quantité de sel qu'ils devaient recevoir, suivant la taxe établie : ce prix variait d'après la distance entre Salins et chaque village. On leur délivrait ensuite la quantité de sel à laquelle ils avaient droit, avec un nouveau billet portant mention de cette quantité. Au retour, ils devaient présenter cette pièce à toute réquisition des agents de la Saunerie, et, en arrivant à destination, faire viser par leurs échevins le passeport qu'ils avaient reçu à la saline, afin qu'il fût constaté que leur transport avait été fidèlement accompli. Au voyage suivant, ils représentaient ce visa aux officiers de la Saunerie (5).

---

(1) Du 12 au 24 juillet.
(2) B. N. Joursanvault 85, fᵒˢ 90 et suiv.
(3) Edit du Parlement, du 26 mars 1508. — Pétremand, éd. 1619, p. 295-296.
(4) Ils devaient porter à Salins quelque denrée, comme du blé, sur leurs chariots.
(5) Arrêt du Parlement, de 1465. (Arch. Doubs. Chambre des comptes. Sauneries. Rôles.)

Ce fut d'abord toutes les semaines (1), que l'on dût venir ainsi lever le sel, puis tous les quinze jours seulement, enfin tous les mois. Il était accordé certains délais lors de la mauvaise saison, mais, en règle générale, les communautés qui ne venaient pas chercher leur provision au terme fixé, perdaient leur fourniture pour cette fois (2).

La distribution devait se faire, entre les habitants des communautés, chaque semaine, eu égard à leurs besoins et d'après la quantité de sel reçu. Les mayeur et échevins en avaient la responsabilité ; ils pouvaient confier ce soin à quelque commis. Il était défendu de donner le sel en échange d'autres denrées, on ne pouvait que le vendre à prix d'argent (3).

Le sel dit d'ordinaire était loin de suffire aux besoins des sujets du Comté. On voit souvent les communautés se plaindre au Parlement de la modicité de ce qui leur était attribué (4), et le Parlement reconnaissait lui-même, en 1629, que l'ordinaire était, de plus d'un quart, inférieur aux besoins du pays (5). La ration de sel que recevait chaque famille était

---

(1) Ordonnance de Marguerite. (Colbert-Flandres, I, p. 338.)

(2) Pour éviter cette perte, les communautés instituaient, à Salins, des « facteurs, qui estoient gens lesquels, en vertu de procurations, levoient les ordinaires de plusieurs villes et communautés ; et, par ce moyen, ne demeuroient jamais aucuns ordinaires à lever ; lesquels facteurs, à ceste heure, sont abolis par édict sur ce publié, et les ordinaires qui ne sont pas levés deans le temps, cèdent au proffit des admodiateurs, que n'est pas un petit gain, car ils en tirent le mesme proffit que faisoient lesd. facteurs, deux ou trois desquels se sont plus enrichy en ceste pratique, en l'espace de dix ans, que n'ont faict tous les officiers des saulneries ensemble, dez cent ans ença. » (Bibl. Besançon, fonds Salins. Mém. de la première moitié du XVIIe siècle.)

(3) Sur tous ces détails de la vente du sel d'ordinaire aux communautés, v. Pétremand, éd. de 1619, p. 293-302.

(4) Requêtes de plusieurs villages pour obtenir un supplément d'ordinaire. (Arch. Doubs, B 205.)

(5) Mémoire du Parlement à l'Archiduchesse (Arch. Doubs. Parlement. Saulneries.)

calculée d'après les besoins présumés « du pot et de la salière », seulement. Mais les Francs-Comtois en avaient besoin pour d'autres usages; ils s'en servaient pour la nourriture des animaux, pour la confection des fromages, dont l'industrie a été très anciennement prospère dans la partie montagneuse de la Province [1]; il en fallait pour leurs salaisons [2]. Aussi les salines vendaient-elles, chaque année, une grande quantité de sel aux habitants du Comté; c'est ce que l'on nommait le sel d'*extraordinaire* ou de *vente*.

En ce qui concerne cette sorte de commerce, des limites et des règles administratives étaient encore imposées aux différentes salines.

A l'époque même où les sources salées librement exploitées par les particuliers, faisaient une concurrence inévitable aux salines domaniales, les Princes se sont efforcés de protéger le commerce de leurs propres sels.

Ils ont voulu que, du moins, les libéralités qu'ils faisaient ne vinssent pas nuire à l'écoulement des produits de leurs usines. Lorsque des donations de sel sont faites par les propriétaires des salines, la règle ordinaire est que celui qui en bénéficie doit se servir, pour son usage, du sel qui lui a été concédé, et non le vendre.

Diverses chartes font mention de cette prohibition. Ainsi, en 1149, Gaucher de Salins donne à l'abbaye de Rosières trois bouillons de rente annuelle pour l'usage de ses religieux, et sans qu'il lui soit permis d'en vendre le sel [3]. En mars 1240/1, Jean de Chalon fait aux religieux de la Charité, donation d'une rente d'un bouillon qu'ils ne pourront vendre, mais qu'ils devront faire transporter à leur abbaye ou à leurs

---

[1] Encycl. méth. Arts et métiers, t. VII, p. 143.
[2] Moreau de Beaumont, *Mémoires sur les Impositions et les Droits*, t. III, p. 203.
[3] « Ita quod quidquid de sale non liceat eis vendere. » (Guillaume : *Salins*, t. I, Pr., p. 47.)

fermes (1). Ordinairement, cette seule clause est exprimée, que le donateur devra faire porter le sel chez lui. Il s'ensuit que la vente est prohibée (2).

Quelquefois la vente n'est interdite que dans l'intérieur de la ville de Salins. En 1190, Gaucher de Salins, en confirmant les donations de sel faites par ses prédécesseurs aux moines de Rosières, mentionne trois bouillons accordés à ces religieux, à condition de n'en pas vendre le sel à Salins (3); en avril 1257, Jean de Chalon ne permet à l'abbaye de Bellevaux de fabriquer des salignons de trois bouillons de muire, qu'à la condition qu'ils ne seront pas mis en vente à Salins (4).

En quelques cas fort rares, les Princes ont accordé à leurs protégés le droit de vendre le sel qu'ils leur concédaient. Vers l'an 1209, le comte Etienne de Bourgogne donne à l'abbaye de Cluny un *banc* ou comptoir à Salins, pour vendre le sel qu'elle y percevait tous les ans (5). Gaucher, sire de Salins, permet, en 1219, aux religieux de Goailles de vendre le sel de trois bouillons qu'il leur octroie (6).

Jean de Chalon, en 1249, accorde à l'église Saint-Anatoile de Salins, le droit de vendre du sel tant en son Bourg que

---

(1) « Hunc bullionem non poterunt vendere, sed apud Caritatem, vel apud grangias Caritatis apportabunt. » (Cart. de Jean de Chalon, n° 33.)

(2) Il en est ainsi d'une donation de salignons faite en mars 1252/3, par Jean de Chalon aux Chartreux d'Avallon « pour porter en lour maison à lour bestes. » (Cart. de Jean de Chalon, n° 94.) - Autre donation faite par le même aux Cisterciens de Balerne, en mai 1255 : « quos saligniores ad voluntatem ipsorum possint facere portari ad animalia sua ad abbatiam suam. » (Ibid., n° 103.)

(3) Guillaume : *Salins*, t. I, Pr., p. 82.

(4) « Ita tamen quod cum propriis vecturis dictos salignons de Salino educent, nec in ipsa villa vendicioni exponentur. » (Cart. de Jean de Chalon, n° 122.)

(5) « Comes vero Stephanus dedit bancum in hac domo ut, absque calumpnia alicujus, in eadem, omni tempore, venundetur. » (Guillaume : *Salins*, t. I, Pr., p. 34.)

(6) Guillaume : *Salins*, t. I, Pr., p. 99. « Ita quod libere a fratribus praedictae domus de Goaille possint vendi. »

dans le Bourg du comte de Bourgogne (1). D'autres fois, on trouve des autorisations de vendre le sel, mais à une certaine distance de Salins seulement (2). En mai 1255, les cisterciens de Balerne obtiennent le droit de vendre le sel qu'ils ne pourraient consommer dans leurs maisons (3). En 1242, Jean de Chalon avait autorisé le couvent de Notre-Dame de Sixt à vendre son sel au delà de Boujailles, et même à Salins, si les guerres empêchaient de l'en faire sortir (4). Cependant le même prince permet, en 1265, à sa femme Laure de Commercy, de vendre à la Saunerie ou au dehors, les salignons qu'elle pourrait faire fabriquer avec les déchets de sel dont il lui fait cadeau (5). En 1313, Jean de Champvans jouissait aussi du droit de vendre dans les deux Bourgs de Salins, le sel de cinq bouillons (6).

---

(1) « Que il lor loise fere porter le sel por vendre en nostre borc ou el borc le conte de Bourgoingne. » (Cart. de Jean de Chalon, n° 72 ; Cart. de Saint-Anatoile, f° 1.)

(2) Il en a été de même à Lons-le-Saunier. En 1259, Hugues de Vienne, recevant de Jean de Chalon une rente en sel sur le puits de Lons, s'engage à en faire porter le produit à Dole ou au delà de Dole. (Guillaume : *Salins*, t. I, Pr., p. 176.)

(3) « Quos saligniores ad voluntatem ipsorum, possint facere portari ad animalia sua, ad abbatiam suam et ad domos sueas, et facere vendi quod ultra usum ipsorum, eisdem in suis domibus remanebit. » (Cart. de Jean de Chalon, n° 103.)

(4) « Ita tamen quod dictus sal possit vendi apud Boujaille vel ultra, vel etiam in villa Salinis, si talis fuerit necessitas quod deferri non audeat, propter guerras. » (Ibid., n° 32.)

(5) « Volumus autem et concedimus predicte Lorethe quod ipsa vel ejus mandatum, prefatas sedes, salogria et chancina, intra Salneriam nostram salinensem possit decoquere, et de sale saligna facere, vel intra Salneriam vel extra vendere, vel facere transferri ubicunque voluerit. » (B. N. Joursanvault 85, n° 1.)

(6) Girard d'Arguel, tuteur de Jean de Champvans, cède à Jean de Chalon, seigneur d'Arlay, tout ce que son pupille avait au Larderet, à Lemuy, à Champagnole, « Item tout le droit, action et raison que lidiz Jehans puet et doit avoir en cinc buillons que il puet vendre à Salins, chascun an, quelque part que il lui plait, ou en la Salnerie communal, ou au Bourc le Comte [de] Bourgoigne, se y li plait, entre la feste de Touz Sainz et la Nativité Nostre Signour ensigant. » (1313). (Moreau 890, f° 74 v°.)

Lorsque la suppression des usines de Lons-le-Saunier et de Grozon eut réuni à Salins tout le commerce du sel, la vente du sel d'extrordinaire reçut des réglementations analogues à celles de la distribution du sel d'ordinaire.

La Province se trouve, quant à ce commerce, divisée en zones identiques à celles que nous avons vu établir pour la fourniture de l'ordinaire, du moins quant à la répartition géographique du territoire. Mais il y a entre ces deux divisions cette différence importante, que tandis que le sel d'ordinaire de la Saunerie n'a cours que dans les limites d'Amont, et le sel d'ordinaire du Puits-à-Muire dans les limites d'Aval, le sel d'extraordinaire de la Grande-Saunerie a cours dans toute la Comté et le sel d'extraordinaire du Puits est renfermé dans les mêmes frontières que le sel d'ordinaire de la même usine. Les limites d'Aval reçoivent en ce cas le nom de « limites communes », qui indique le privilège dont jouit la saline du Prince.

Des formes de sel particulières étaient consacrées à la fourniture de l'extraordinaire du Comté. Les limites d'Aval recevaient du Puits-à-Muire le sel *Plate* ou *gros sel*, tandis que la Saunerie leur vendait le sel *Plaine Rosières*. Les zones privilégiées, Jonvelle et les environs, Salins et les villages voisins, achetaient en extraordinaire les mêmes genres de sels que ceux qui leur étaient donnés en ordinaire, c'est-à-dire le sel trié, d'une part (1), et le sel de Porte, d'autre part. Cette dernière forme de sel devait son nom à ce qu'au lieu d'être vendue, comme toutes les autres, dans l'intérieur de la Saunerie, elle l'était dans une maison appartenant aux seigneurs de la grande saline, près d'une porte de la ville appelée la Porte-Oudin (2). Un Clerc était chargé de procéder

---

(1) Compte du Trésorier de la Saunerie, 1454. (Arch. Côte-d'Or, B 6015.) En 1471-73, on voit le sel trié « vendu aux marchans de Jonvelle et du païs alentour. » (Arch. Doubs, B 271.)

(2) L'obituaire de Saint-Anatoile mentionne, à la date du 17 novembre 1355, la mort de Guyon d'Arbois, Portier de la Saunerie, qui a donné à

à cette vente (1), et ne devait le faire qu'en détail, par salignon, et non par benate.

Les limites, jalousement gardées par chacune des sauneries, étaient surveillées par les Forestiers (2). Ils veillaient à ce que les sels de chaque usine restassent dans les bornes qui avaient été assignées à leur commerce.

Des faux-sauniers s'évertuaient à faire passer les sels d'une zone dans une autre. Ainsi, les marchands approvisionnés du sel du Bourg-Dessous, en faisaient des amas sur les frontières des pays où il avait cours, au Valdahon, à Vuillafans, à Passavant, à Poligny, à Bellevesvre, etc , et, de nuit, les écoulaient dans les limites de la Saunerie. A Salins même, on trouvait le moyen de transporter d'un bourg à l'autre des salignons ou des seaux de muire (3).

Le Puits-à-Muire avait ses Forestiers comme la Grande-Saunerie. Entre eux, des difficultés s'élevaient à chaque instant (4), et les uns et les autres avaient à lutter contre les particuliers. Dans les perquisitions qu'il leur était permis de faire pour réprimer la contrebande, ils étaient souvent maltraités. Beaucoup étaient battus, blessés, quelques-uns, tués. Une enquête de 1443 raconte que l'un d'eux, un jour qu'il procédait à l'exercice de sa charge, à Cicon, fut saisi et emprisonné par les officiers du prince d'Orange. Un autre avait été arrêté par le prévôt de Mesnay, qui « fit mettre led. forestier en manière de crucifix, et lui mit ung baston

---

cette église une rente assignée « super domum dominorum, ubi venditur sal de Porta. » (Bibl. Besançon, ms. 826, f° 161 v°.)

« Dud. sel de Porte, on a vendu en menu à la Porte-Oudin, en l'an fini, M. CCCC. LXX. I., à xxxiii et xxxvi sols la charge, xii^c xlviii charges. » (Arch. Doubs, B 271.)

(1) Voir l'ordonnance de Jean sans Peur de 1412, aux Pièc. justif.
(2) Voir plus haut leurs attributions.
(3) Enquête de 1443. (Arch. Doubs, B 202.)
(4) Mémoire des Rentiers du Puits contre le Procureur général, en 1442. (Arch. Jura, A 20.)

par les manches et, depuis, le fit mettre en prison » (1). Du reste, les officiers des seigneurs ne ménageaient pas davantage les fonctionnaires plus importants des sauneries qui se permettaient de visiter les terres dont ils avaient l'administration. En 1472, aux Verrières, les gens du marquis de Rothelin, comte de Neuchatel, ne craignirent pas d'incarcérer, avec des Forestiers, le Procureur même de la Saunerie, ainsi que deux autres officiers, et de les traduire devant leur propre justice (2).

La contrebande avec l'étranger paraît s'être exercée surtout du côté de la Bourgogne. En général, il était défendu aux marchands et aux particuliers d'exporter le sel hors du Comté. Mais les ducs de Bourgogne eurent à lutter contre l'importation du « sel de l'Empire, au Royaume ». Pour y remédier, le duc Philippe institua, en 1425, des gardes spéciaux, chargés de s'opposer au passage du sel comtois au delà de la Saône (3).

§ 2

De tous les sels étrangers, celui qui menaçait le plus directement par sa concurrence le commerce des salines comtoises, était le sel de Lorraine (4). Mais les produits d'autres

---

(1) Arch. du Doubs, B 202.

(2) Délibérations du Conseil de la Saunerie. (Arch. du Doubs, B 187, f° 120 v°.)

(3) D. Plancher, t. IV, p. LI.

(4) L'ordonnance de Philippe le Hardi, du 26 juillet 1395, défendant que « aucun ou aucuns ne amenent ou facent amener, vendre ou aliéner en nostre dit conté de Bourgoingne, ressors, appartenences ou appendisses d'icelluy, et aussi de nostre duchié de Bourgoingne, estans es parties et mètes dudit conté par delà la Sône, jà soit ce que aucunes villes y soient qui sont des fiefz et ressors de nostre dit duchié estans es metes dudit conté de Bourgoigne, autre sel que celui de nostre dite ville de Salins, » (Arch. du Doubs, B 278), était dirigée contre les sels de Lorraine.

Le 24 mai 1424, le duc Jean promulgue une ordonnance pour prohiber l'usage du sel de Lorraine, qui s'est introduit à Jonvelle, Jussey et Fauco-

salines, de celles d'Allemagne, de celles des bords de la mer, tant de Provence que de Poitou et de Bretagne, se vendaient aux alentours de la Province et menaçaient d'entrer dans le pays. Leurs prix, inférieurs à celui des salignons de Salins, en rendaient le voisinage dangereux (1).

Non seulement les Souverains du Comté posèrent le principe qu'il était interdit d'y vendre ou transporter aucun sel étranger, mais ils arrivèrent à en refouler le cours bien au delà des frontières comtoises Une zone s'étendit autour de la Franche-Comté, où le sel de Salins eut cours en pays étranger.

La création de ce commerce d'exportation fit l'objet de longues négociations, et son maintien demanda une attention permanente.

Il semble que, avant que les Souverains se fussent mis en tête de faire de la fabrication du sel une prérogative de leur pouvoir, c'étaient les simples seigneurs qui réglaient quel serait le sel qui aurait cours dans l'étendue de leurs fiefs. Le 2 août 1325, Guillaume de Sainte-Croix passa un traité avec les Parçonniers de la Saunerie de Salins, par lequel il assurait à leur sel libre cours sur les marchés de Louhans, Marnans, Longepierre, Sainte-Croix et Montrond (2). Mais, depuis la seconde moitié du XIVe siècle, les affaires concernant le commerce du sel sont considérées comme réservées à la puissance souveraine

Déjà, sans doute, les terres relevant d'Auxonne, et le ressort de Saint-Laurent-lès-Chalon étaient en possession de l'usage du sel de Salins, quand le Duché et le Comté se trouvèrent réunis entre les mains des mêmes Princes. Ce terri-

---

gney. (Arch. de Salins, Recueil de pièces concernant le Puits-à-Muire. — B. N. Joursanvault 89, f° 6.)

(1) Traité du 13 décembre 1453, entre le duc et Jean de Pretin, pour la fourniture du sel de Berne, Bienne, Morat, etc. (B. N. Bourgogne 59, f°s 14 et s).

(2) B. N. Français 8549, f° 247 v° ; Moreau 878, f° 47 v°. (Inventaire.)

toire, dont la mouvance a été disputée entre les deux Bourgognes, a dû profiter de bonne heure de l'avantage qu'avaient ses voisins comtois de se fournir aux salines de Salins. Ce qui semble bien prouver un usage ancien, c'est que cette région recevait du sel d'ordinaire (1), comme les pays compris sans conteste dans les frontières du comté de Bourgogne. D'après certains mémoires, ce serait Grozon qui aurait jadis fourni la vicomté d'Auxonne (2). Après la destruction de cette usine, les trois sauneries de Salins durent, suivant les conventions de 1369, profiter des limites qu'elle fournissait au temps de son existence.

Au siècle suivant, la question de ce cours fut vivement débattue entre la Grande Saunerie et le Puits-à-Muire. Enfin, le duc Philippe le Bon concéda la fourniture de ce pays au Puits du Bourg-Dessous (3).

Vers 1468, Charles le Téméraire chargea Jean Jouard, Président de Bourgogne, avec les gens des Comptes de Dijon, d'étudier et de régler les droits de chaque saline. Ces commissaires rendirent un arrêt défendant l'usage du sel du Puits-à-Muire dans les ressorts d'Auxonne et de Saint-Laurent. Aussitôt les Rentiers adressèrent au Duc, alors en Flandres, une ambassade composée de l'abbé de Cîteaux, de Jean de Chauvirey et de Huguenin Saiget, pour tenter d'obtenir la

---

(1) Voir les rôles du Puits-à-Muire de 1512 (Arch. Doubs, E 394), de 1524. (Arch. Jura, A 19.)

(2) « Item que les lieux de Chaulcin, Bellevèvre, Auxonne, Seurre, Verdun, Louans, Saint-Laurent, sont tous de lad. rivière de Soone, ressort de... et souveraineté de mondit seigneur. Et est chose connue et notoire es pays de Bourgoingne que tout ce qui est pardeçà icelle rivière, mesmement dez led. Auxonne en aval, est Duché, ressort de France en souveraineté, tout ce qui est pardelà est communément et vulgalment appelé Conté et vray ressort et souverainneté de mondit seigneur, en et par tout lequel le sel de Grouson avoit et devoit avoir cours notoirement avant ladite démolition, comme appartenant d'ancienneté à Messeigneurs les contes de Bourgoingne. » (Mémoire de 1442 pour les Rentiers du Puits-à-Muire, contre le Procureur général. Arch. Jura, A 20.)

(3) Arch. Jura, A 20.

révocation de cette sentence. Mais les officiers de la Saunerie députèrent, de leur côté, le Lieutenant Jacques Guillemin, pour contrebalancer l'influence des envoyés du Puits. D'ailleurs, le duc était occupé de ses guerres. La décision des commissaires fut maintenue (1).

Lorsque la Franche-Comté fut conquise par Louis XI, les Rentiers recommencèrent leurs doléances. L'évêque de Langres, lieutenant pour le roi de France en Bourgogne, fit faire à son tour une nouvelle enquête (2), et, cette fois, le Puits-à-Muire eut gain de cause (3). Mais aussitôt que la Province fut rentrée au pouvoir de Maximilien, les débats reprirent (4). Après toutes ces péripéties, la contrée disputée resta des limites du Puits-à-Muire. C'est cette usine qui en fournissait les ordinaires en 1512 (5), en 1544 (6).

C'est, sans doute, au moment où les ducs de Bourgogne acquirent la Franche-Comté, que le sel de leurs nouvelles salines reçut cours dans leurs anciens états. A la fin du XIVe siècle, nous voyons que la Bourgogne ducale et le Charollais étaient fournis du sel de Salins (7).

Dans ces pays, comme dans toute la France, le sel était

---

(1) Enquête sur le cours du sel du Puits-à-Muire, de l'an 1484. Déposition de Jean de Vaulx. (Arch. Jura, A 20.)

(2) Elle fut commencée le 23 août 1484 (Arch. Jura, A 20.)

(3) Mandement de Charles VIII (Tours, 8 mars 1483/4) : « Ordonnons par ces présentes que les selz qu'ilz se font et forment des muyres dudit puis aient leurs cours, limites et distribucions ou viconté d'Auxonne et ressort de Saint-Laurens, tout ainsi et par la forme et manière du temps de feu nostredit oncle le duc Philippe et au jour de son trespas, et selon la forme et teneur de ses lettres patentes d'octroy et consentement, ouctroiées aux rentiers et moustiers dudit puys. » Transumpt du 27 janvier 1494/5. (Joursanvault 86, fº 216.)

(4) Mémoire du Procureur général contre les Rentiers, vers 1497. (Arch. Jura, A 20.)

(5) Arch. du Doubs, E 394.

(6) Arch. du Jura, A 19.

(7) Arch. de la Côte-d'Or, B 11183.

soumis à la Gabelle. La vente s'en faisait en gros à certains Greniers tenus par des marchands privilégiés. Les Greniers à sel de Bourgogne existaient déjà en 1363 (1). Leur nombre a varié. Il y en avait dix-sept dans toute la Bourgogne, en 1390 (2). Par ordonnance du 18 mars 1416/7 (3), le duc Jean les supprima. Il permit à tous marchands de commercer du sel, leur enjoignant de ne l'importer dans le Duché que par les cinq points de Pontailler, Auxonne, Saint-Jean-de-Losne, Chalon et Marnay près Chalon. Ils devaient s'approvisionner à Salins tant sur le partage du Duc que sur les trois mille charges de sel Lombarde que, auparavant, les marchands privilégiés achetaient annuellement au Puits-à-Muire. Cet état de choses ne dura pas longtemps. Le 25 août 1418, le duc rétablit ses greniers de Dijon, Beaune, Chalon, Autun, Semur, Avallon, Châtillon-sur-Seine, Bourbon-Lancy, Paray, Mont-Saint-Vincent, Saint-Jean-de-Losne et Pontailler, maintenant la suppression de ceux de Montbard, Arnay, Pouilly-en-Auxois, Saulx, Nuits et Charolles (4).

Les marchands chargés de fournir les Greniers, constituaient une puissance financière à laquelle les Ducs ne dédaignaient pas de recourir en des moments d'embarras pécuniaire (5). Aussi les ménageait-on. Mais parfois ils abusaient de leurs privilèges. Ainsi, ceux que le Duc avait

---

(1) Instructions du roi Jean sur l'organisation des Greniers de Bourgogne (Arch. Côte-d'Or, B 11175.)

(2) C'étaient ceux de Dijon, Beaune, Pontailler, Saint-Julien, Chalon, Autun, Semur, Châtillon, Paray et Mont-Saint-Vincent, Nuits, Arnay, Avallon, Bourbon et Charolles, Saulx, Montbard, Pouilly-en-Auxois, Saulieu. (Arch Côte-d'Or, B 11109.)

(3) Arch. Côte-d'Or, B 11175.

(4) Arch. Côte-d'Or, B 11175.

(5) Le 9 juillet 1440, le duc Philippe le Bon accorde 600 charges de sel Rosières à « Humbert de Plaine, marchant fournissant à présent du sel de Salins les greniers à sel de nostre duchié de Bourgogne, » en considération de ce qu'il « nous ait, à nostre tres grande prière et requeste, libéralement presté à trois fois la somme de treize mil francs. » (Arch. Doubs, B 298, f° 158.)

chargés de l'approvisionnement des Greniers en 1456, excitèrent d'énergiques réclamations de la part des Etats. Philippe le Bon déclara que, à l'avenir, cette charge serait confiée à ceux qui promettraient de vendre le sel au plus bas prix [1]. En 1466, un nouveau marché fut passé, qui permettait aux marchands de lever dix mille charges de sel Rosières, à la Saunerie, comme l'avaient fait leurs prédécesseurs [2]. Il y avait alors vingt et un greniers en Bourgogne. Il en fut de même jusqu'aux guerres de Louis XI, avec cette seule différence que, au lieu de sel Rosières, la Saunerie fournit un sel particulier, dit sel de Grenier [3].

Le sel de mer avait eu, parallèlement au sel de Salins, cours dans le duché de Bourgogne, pendant le XIVe et le XVe siècles. Mais le sel de Salins avait profité des événements pour se substituer, à certaines époques, au sel marin. Ainsi, seul il se vendait dans le Duché quand, par suite des guerres de France, le sel de Poitou ne pouvait se transporter en Bourgogne [4].

De même, il étendit son cours un instant dans le comté de Tonnerre, grâce aux bons offices de Philibert de Vaudrey, bailli de Tonnerre pour le comte de Richemont et Marguerite de Bourgogne sa femme, qui sut parvenir à lui acquérir cette limite, à l'exclusion du sel de mer qui avait été jusque-là en usage dans le Tonnerrois [5].

---

[1] Arch. Doubs, Ch. des Comptes. Sauneries. Greniers. — Ordonnance du duc, du 2 janvier 1465/6. (B. N. Français 5325, f° 16 v°.)

[2] Délibération du Conseil de la Saunerie du 25 août 1466 (Arch. Doubs, B 187, fol. 2 v°.) — B N. Français 5325, f° 16 v°.

[3] Arch. Doubs. Chambre des Comptes. Sauneries. Greniers. — Arch. Doubs, B 187, f° 2 v°.

[4] Gratification accordée par le Duc aux ouvriers de la Saunerie, le 22 juin 1423. Il y est dit que l'on use alors du sel de Salins en Bourgogne et en Charollais, « esquelx l'on souloit user, en la plus grant partie, du sel de mer, qui à présent n'y a point de cours, pour cause des guerres. » (Arch. Doubs, B 297.)

[5] Quittance donnée par Philibert de Vaudrey pour une gratification de

Les guerres de Louis XI contre Maximilien arrêtèrent le cours du sel de Salins en Bourgogne. Ce n'est que lors de la paix de Senlis, que l'ancien commerce fut rétabli, tant par un article de ce traité, que par deux déclarations de Charles VIII, des 24 mai et 4 juin 1493 (1). Il fut accordé que le sel de Salins se vendrait seul, pendant dix ans, dans l'étendue du duché de Bourgogne, du ressort de Saint-Laurent et de la vicomté d'Auxonne. Le prince d'Orange fut chargé de ménager cette fourniture. Le sel marin fut prohibé, et les contrevenants poursuivis (2).

Les nouvelles guerres entre la France et l'Empire amenèrent une nouvelle invasion du sel de mer. Après la paix, le Conseil de la Saunerie envoya Jacques Vurry en mission auprès du roi de France, pour obtenir la remise en vigueur des droits dont jouissait le sel de Salins avant les dernières hostilités. Louis XII accéda à cette demande le 12 août 1501, à la requête de l'ambassadeur des Archiducs (3); il prorogea pour six ans l'usage du sel de Salins en Bourgogne et dans les ressorts d'Auxonne et de Saint-Laurent. Plus tard, il accorda de semblables autorisations pour quatre, puis pour deux ans. En 1514, malgré les luttes alors engagées entre l'Empereur et le Roi, les marchands bourguignons venaient encore s'approvisionner à Salins. Marguerite d'Autriche écrit à son père, le 19 juin de cette année, en se plaignant de ce que le roi de France lui a confisqué les revenus qu'elle possédait dans l'étendue du Royaume « jaçoit, dit-elle, que mes officiers en la Saulnerie de Salins baillent et délivrent journellement sel pour le fournissement des greniers à

---

100 charges de sel à lui octroyée par le Duc, 1er septembre 1429. (Arch. Doubs, B 298, f° 35.)

(1) Arch. Côte-d'Or, B 11181. — Arch. Doubs, B 283.

(2) Inventaire des Archives de la Saunerie, en 1603. (Arch. Doubs. Ch. des Comptes, Sauneries. Inventaire.)

(3) Arch Doubs, B 284.

— 225 —

sel du Duché, afin d'entretenir les limites et cours dudit sel » (1).

A l'expiration de la dernière prorogation du cours du sel accordée par Louis XII, François Ier, en considération du traité de Paris qu'il venait de conclure avec le prince d'Espagne, décida que pendant la durée de ce traité, le sel de Salins aurait cours dans le duché de Bourgogne (23 avril 1515) (2). Un article de la paix de Cambrai maintint cette disposition (3). Mais les guerres du milieu du XVIe siècle mirent fin à cet ancien usage, et les greniers de Bourgogne ne furent plus fournis que du sel de Poitou (4).

Le sel de Salins paraît n'avoir eu pendant longtemps, dans le comté de Mâcon, d'autre débouché que celui que la contrebande lui donnait. Jacques Cœur, visiteur général des Gabelles en Languedoc, Guyenne, bailliage de Mâcon et sénéchaussée de Lyon, ordonna de s'opposer à la vente des sels autres que ceux du Languedoc, dont on faisait illégalement

---

(1) Correspondance de Maximilien avec Marguerite, publiée par Le Glay, t II, p. 263-264.

(2) Arch. Doubs, B 284.
Le trésorier de la Saunerie, Jacques Luc, avait été chargé par le Conseil, le 23 février 1515, d'aller à Paris négocier ce traité. (Arch. Doubs, B 284).

(3) Art. 2 du traité de Cambrai (J. Dumont : *Corps universel diplomatique du Droit des gens*. Amsterdam, 1726. T. IV, 2e partie, p. 8.)
Le 16 avril 1530, mandement de François Ier au Trésorier de l'Epargne de faire payer à Jean Jaquot et à ses compagnons, marchands, fournisseurs des greniers à sel du duché de Bourgogne la somme de 1000 livres tournois, pour les indemniser du dommage que leur causera pour les 5 ans ou environ qui courront jusqu'à l'expiration de leur bail, l'article du traité de Cambrai les obligeant à payer comptant le sel qu'ils prendront à Salins ou, du moins, à donner caution suffisante pour ce payement, ce qui est contraire aux dispositions de leur bail. (Comptes de Guy Milletot, Receveur général de Bourgogne. Arch. Côte-d'Or, B 1838, fol. 130 v°.)

(4) Arch. Côte-d'Or, B 11180 et 11181.
13 mai 1542. Lettre de l'Empereur Charles V aux officiers de la Saunerie portant que « ceux du duché de Bourgongne se pourvoient présentement ailleurs » de sel. (B. N. Français 11629, f° 170.)

usage en Mâconnais, « comme de l'Empire, de Bourgoigne et de Poitou » (1).

C'est peu de temps après, que le commerce du sel de Franche-Comté fut admis dans le Mâconnais, ensuite de la cession de ce pays faite par le roi de France au duc de Bourgogne (2). Philippe le Bon y eut quelque difficulté avec Charles VII (3). Des commissaires furent institués de part et d'autre pour trancher la question, et les choses traînèrent en longueur jusqu'après la mort du roi (4). La captivité de

---

(1) Arch. Doubs, B 279.

(2) Le 10 janvier 1449/50, le duc Philippe accorde à Jean Druet, demeurant à Verdun, une gratification en sel, en récompense des services qu'il lui a rendus « pour le reboutement du sel de mer et mettre le sel de nostre dite Saulnerie en usage es marches et païs de Masconnois. » (Arch. du Doubs, B 279.)

(3) « Ou pays de Masconnois et en plusieurs aultres lieux alentour de nostredit duchié de Bourgoingne, pour la défense faicte par Monseigneur le Roy, l'on n'a peu ne osé mener, vendre, ne user d'aucun sel de nostredite Saulnerie, ainsi que l'on souloit faire paravant. » (Gratification accordée au Pardessus Humbert de Plaine, le 17 mars 1458/9. — Arch. Doubs, B 299.)

Mandement du Roi défendant le cours du sel de Salins en Mâconnais, du 29 janvier 1467/8. (Arch. Doubs, B 187, f° 15.)

(4) La Saunerie envoya une ambassade à Paris, en 1466, pour obtenir le cours du Mâconnais. Jeannin de Lallier, chargé de cette mission, échoua une première fois, faute de pouvoirs, et fut renvoyé une seconde fois avec deux autres députés. (Arch. du Doubs, B 187, f°ˢ 2, 13 v°.)

En 1467, le Duc, averti que des commissaires royaux viendraient pour mettre empêchement au cours du sel de Salins, dans le pays de Mâcon, sous la conduite d'un certain David Chambellan, chargea un de ses substituts de faire opposition à leur intervention, et — si on passait outre — de faire appel au Parlement de Paris. Au cas où les commissaires ne voudraient pas prendre en considération l'appel interjeté, des notables du pays devaient leur représenter « qu'ils ne veuillent estre cause de mettre division entre le Roy et mondit Seigneur, » et appuyer leurs arguments de « quelque gracieux don. » — Pour le cas où tous ces moyens viendraient à échouer, le châtelain de Saint-Laurent-lès-Chalon, Philippe de Raine, avait ordre de se transporter en Mâconnais, de s'emparer des personnes des commissaires royaux et de les conduire au comté de Bourgogne « le plus secrettement que faire le pourra, le tout aux frais communs de ceste Saulnerie, des Rentiers et Moutiers dud. Puis et de la Chauderette » (Délibérations du Conseil de la Saunerie, B 187, f°ˢ 19-30.)

Louis XI à Péronne a déterminé le dénouement de cette affaire. Par lettres du 14 octobre 1468, données à Péronne, le roi consentit à l'abolition du commerce du sel marin dans le comté de Mâcon. Charles le Téméraire, le 13 juin 1469, réserva à la seule Grande-Saunerie la fourniture de ce pays, qui dut se faire en sel *Plaine Savoie* (1). En 1471, le débouché des sels de ce côté était assez considérable pour que le Conseil de la Saunerie dût retenir les rentes de la Chauderette, afin d'y suffire (2). Mais une nouvelle guerre entre le Roi et le Duc arrêta ce commerce ; dès le commencement de 1472, il ne se faisait plus. L'année suivante, il reprit (3). A la mort de Charles le Téméraire, le comté de Mâcon suivit la fortune politique de la Bourgogne. Mais le cours du sel de Salins y demeura supprimé.

Le sel des sauneries comtoises a eu également cours dans les provinces dépendant de la Savoie, en Bresse et dans le pays de Vaud.

Très anciennement, le sel de Salins avait libre accès dans les pays bressans. Une charte de Girard, comte de Mâcon, qui date de 1180, accorde aux religieux de la Chassaigne, en Bresse, l'exemption de tout péage sur sa terre, lorsqu'ils viendront acheter du sel (4). En 1290, le Puits-à-Muire et la Grande-Saunerie règlent le cours de leurs sels depuis Mâcon jusqu'à Montbéliard (5), — ce qui comprend la partie occidentale de la Bresse. — Mais il n'y a pas avant le XVe siècle, de textes qui démontrent la fourniture régulière de ce pays par les salines de Salins, et il semble bien que c'est au milieu de ce siècle, que la Bresse a commencé à recevoir régulièrement le sel de Franche-Comté. Philippe le Bon ac-

---

(1) Arch. Doubs, B 282.
(2) Arch. Doubs, B 187, fos 109-135.
(3) Arch. Doubs, B 187, fo 137.
(4) Guillaume, *Histoire de Salins*, t. I, Pr., p. 68.
(5) Arch. Jura, A 18.

corde, en effet, le 10 janvier 1449/50, une gratification à un certain Jean Druet, marchand, demeurant à Verdun, pour avoir travaillé à procurer au sel de la Saunerie libre cours en Mâconnais et en Bresse (1) Cet usage subsista au moins jusqu'au temps de Philippe le Beau. En 1497, le Procureur général poursuivait les Rentiers du Puits-à-Muire, pour avoir vendu de leur sel « en la Bresse de Savoye », au détriment des droits de la grande saline (2). Mais un mémoire de 1514, qui énumère les pays fournis de sel par la Saunerie, ne fait pas allusion à la Bresse (3).

Au contraire, le même document cite le pays de Vaud, où le cours du sel de Salins a été acquis à grands frais. Déjà en 1466, on le constate au comté de Genève et à Iverdon (5). Mais en 1467 (4), les habitants du pays de Vaud menacèrent de s'approvisionner de sel marin qu'ils trouvaient à des conditions plus avantageuses que celui de Salins. Averti du danger, le Conseil de la Saunerie envoya le Lieutenant Jean de Laule et Pierre Patornay, en députation à Lausanne, à Iverdon, à Neuchatel, à Morges. Mais cette ambassade ne réussit pas à ramener les Vaudois. Par représailles, la Saunerie refusa de payer les rentes dues à des Savoisiens.

Les mêmes députés furent renvoyés au delà du Jura, avec le bailli d'Aval, et, cette fois, obtinrent de l'évêque et comte de Genève, ainsi que des officiers de l'évêque de Lausanne, libre cours, par provision, pour le sel comtois (6). Le 2 mai 1468, un traité définitif fut signé à Lausanne par Jean Jouard, Président de Bourgogne, d'une part, et les députés de Savoie, Amé de Virieu, chambellan du Duc, et Antoine

---

(1) Arch. Doubs, B 279.
(2) Arch. Jura, A 20.
(3) B. N. Moreau 1046, f⁰⁵ 146 et s.
(4) Arch. Doubs, B 187, f⁰ 12 v⁰.
(5) Arch. Doubs, B 187, f⁰ 21.
(6) Arch. Doubs, B 187, f⁰⁵ 36, 38, 40 v⁰, 45.

d'Avanches, gouverneur de Vaud, d'autre part (1) Il portait que « dorénavant sera baillé et délivré en lad. Saulnerie à ceulx du païs de Waud et de Lausanne et aux marchans qui vouldront charroyer et conduire du sel de lad. Saulnerie aud. païs de Waud et de Lausanne, du sel couppe, dit et nommé en icelle Saulnerie sel de Bouchet, et tel que l'on a accoutumé de faire en icelle à la forme dud. sel de Bouchet pour le pris et somme de chacune charge dud. sel de Bouchet, de trante-ung gros, monnoie de Savoie, revenant à trente-ung solz estevenans de monnoie présentement courrant en Bourgoingne », au lieu du sel d'Amont précédemment fourni.

Le sel de Bouchet, promis par ce traité, valait en Comté, trente-trois sols la charge. C'était donc un avantage de deux sols par charge que le traité stipulait au profit des Vaudois. La Saunerie entendit ne pas avoir à en souffrir et, astucieusement, délibéra que l'on ferait pour la fabrication du sel Bouchet, une écuelle dans laquelle on séparerait par un trait la mesure qui serait donnée aux habitants du pays de Vaud pour trente et un sols la charge, tandis que la mesure pleine continuerait à être livrée aux Comtois, au prix ancien (2). Ce procédé ne dura pas longtemps. C'était de sel Moitenal que l'on fournissait, en 1514, les limites de Savoie (3).

Les Suisses, voisins de la Franche-Comté, se sont vivement préoccupés du moyen d'en tirer leurs provisions de sel. Nous avons vu comment leurs menaces de prendre de force la saline de Soulce, si on ne leur donnait part dans ses produits, avaient été suivies d'une exécution momentanée.

---

(1) Délibération du Conseil de la Saunerie, du 6 mai 1468. (Arch. du Doubs, B 187, f" 57 et s.)
(2) Ibidem.
(3) B. N. Moreau 1046, f° 146 v°.

Ils tenaient à tel point à se fournir en Comté (1) qu'ils allèrent jusqu'à déclarer encore que, si on ne leur permettait d'y acheter leur sel, « ils en viendroient prendre eulx-mesmes et, où ils le souloient payer, ils n'en payeroient plus rien (2) ».

Du reste, la « ligue héréditaire » formée entre les Suisses et la Franche-Comté, en 1477, et renouvelée ensuite sous Marguerite d'Autriche (3), était trop précieuse aux Comtois pour qu'ils s'exposassent à s'aliéner de belliqueux voisins, et ne fissent pas tout ce qui dépendait d'eux pour ménager leur alliance (4). C'est pour cette raison que la fourniture du sel de Salins en Suisse fut maintenue à toutes les époques, malgré les conditions onéreuses des traités de commerce qui l'établissaient (5).

---

(1) Par traité de 1486, Hugues de Chalon, seigneur de Châtel-Guyon, s'engage à n'entreprendre aucune guerre sans l'autorisation des Bernois, et à employer son crédit auprès des Etats du Comté de Bourgogne pour assurer à ses alliés le droit de se fournir de sel à Salins. (Gingins : *Acquisitions des Montfaucon*. Mém. Société d'hist. de la Suisse romande, t. XIV, p. 293.)

Les Suisses avaient demandé à amodier les Sauneries, ou la fourniture du sel de certains pays. Le 6 juillet 1497, le Pardessus, Claude de Gilley, donne un avis défavorable au projet d'amodier aux Bernois la fourniture de l'ordinaire de Lons-le-Saunier. « C'est, dit-il, introduire l'étranger, mesmes les Suysses *qui ont toujours conjuré d'avoir entrée et pied aux Saulneries*, à la cognoissance de ce que luy doibt estre caché. » (Arch. du Doubs, B 307.)

(2) Mémoire des officiers de la Saunerie, en 1514. (B. N. Moreau 1046, f° 147 v°.)

(3) C. Fleury, *Francs-Comtois et Suisses*, p. 17 et s. — V. le Mémoire de 1514, ci-dessus cité.

(4) Un mémoire rédigé au commencement du XVII° siècle, lors d'une interruption de la fourniture du sel aux Suisses, déclare que « de la cessation dud. commerce a procédé l'aliénation desd. trois quantons (Berne, Fribourg, Soleure), qui, par tout le passé, avoient esté nos intimes amis, à cause dud. sel, car tout leur bien consiste en bestail auquel nostre sel est propre, et à present, ont perdu lad. affection à cause de lad. cherté et difficulté. » (Bibl. Besançon, fonds Salins.)

(5) Mémoire de 1514 (B. N. Moreau 1046, f° 147) : « Semblablement quant auxdits seigneurs des Lighes, leur a convenu necessairement leurs

Cependant, en dépit des avantages que « ceux des Ligues » trouvaient à s'approvisionner de sel à Salins, au lieu d'en faire venir de lointains pays, ils n'en admirent officiellement le cours dans leurs cantons qu'en l'année 1446. C'est à l'entremise d'un certain Bertrand Closier, moutier de la Saunerie, que l'on dut l'acquisition de ces nouvelles limites. Le duc Philippe le Bon reconnut les services que Bertrand avait ainsi rendus à ses finances, en gratifiant ses enfants de cent cinquante charges de sel, en 1456 (1).

On appela les régions nouvellement acquises « Limites des Ligues, ou d'Allemagne » ; c'étaient Berne, Bienne, Morat, Fribourg. Il fut créé pour elles une forme spéciale de salignons qu'on appela le sel d'Allemagne. Fribourg cependant recevait du sel Moitenal, comme le pays de Vaud. Une partie de cet approvisionnement se faisait déjà en sel trié quand, en 1454, le Duc chargea de la vente Jean de Pretin, alors Trésorier de la Saunerie (2). En 1466, la Suisse consom-

---

en délivrer par cy devant, pour obéyr au bon vouloir et plésir de mad. Dame qui l'a ainsi ordonné pour le bien et préservacion de son pays et conté de Bourgongne, combien qu'elle y ayt de la perte. Aussi le leur dényer présentement seroit les rebouté de une autre fois, si mad. Dame et ceulx de sond. pays et comté de Bourgongne avoient besoin d'eulx, leur faire plésir, et par aventure les esmouvoir y faire du dommaige, combien que on leur en delivre le moings que l'on peult. »

(1) Mandement de Philippe le Bon au Conseil de la Saunerie portant octroi de cent cinquante charges de sel aux enfants de feu Bertrand Clo° sier, en considération de ce que, « en l'an mil quatre cens quarante six, led. feu Bertran qui lors estoit moutier de nostred. Saunerie, feu par nous esleu et commis pour mener conduire et distribuer d'icelle nostre Saunerie au lieu de Berne et aultres lieux es peys d'Allemaigne, esquelx lieux lesd. selz n'avoient paravant aulcun cours et en lad. commission, led feu Bertran s'est tellement conduict que, au jour de son trespas, delivrance se faisoit esd. pays desd. selz de quatre à cinq mil charges de sel par an. » (Arch. du Doubs, B 299.)

(2) 13 décembre 1454. Contrat passé entre le duc Philippe d'une part et Jean de Pretin, trésorier de la Saunerie, d'autre, pour la distribution et la vente du sel, tant trié que « à la forme d'Allemaigne, » qui doit être vendu aux habitants des « pays de Barne, Bienne, Morat, tirant contre le pays d'Aiselich, Lucherne, Basle. » d'après les clauses d'un traité passé

mait deux mille huit cents charges de sel trié, tandis qu'elle recevait encore douze mille charges de salignons.

Le gouvernement français, maître du comté de Bourgogne, s'obligea à servir aux Suisses les quantités de sel accoutumées. En 1491, Charles VIII en octroya quatre mille charges, payables en quatre ans, à la seule ville de Berne (1). De nouveaux traités furent passés, quand la province rentra dans le domaine de la maison d'Autriche. Berne continuait à recevoir mille charges par an. Un traité fut conclu sur cette base, en 1508, entre la Saunerie et l'avoyer de Berne, Jean-Rodolphe de Scharnachthal, par l'entremise de Michel Mangeroz, seigneur de la Bruyère. Par des conventions analogues, la fourniture fut assurée à travers le XVIe siècle aux habitants de Berne (2) et de Fribourg (3). Quand la production de la Grande-Saunerie était insuffisante, on recourait au Puits-à-Muire (4).

À côté de ces traités passés entre les Cantons et la Saunerie, il se concluait des marchés particuliers, d'après lesquels un certain nombre de charges étaient vendues, à prix fixé, à des marchands suisses. Ceux-ci revendaient à leurs concitoyens

---

8 ans auparavant. On voit aussi par cet acte que Fribourg était fourni de sel Moitenal. (B. N. Bourgogne 59, f° 14 et s.)

(1) Arch. Doubs, B 305.

(2) Mémoire de 1514. (B. N. Moreau 1046, f° 147.)

Lettre de Maximilien, du 20 avril 1518. (Correspondance de Maximilien et de Marguerite, t. II, p. 358.)

Lettre de Granvelle à Broissia, du 11 juillet 1583. (Junca: *Lettres inéd. de Granvelle*, Soc. d'ém. du Jura, 1864, p. 190.

(3) Lettre de Charles V aux officiers de la Saunerie, demandant leur avis sur l'augmentation de la fourniture du sel de Fribourg. (B. N. Français 11629, f° 170.)

Confirmation pour le canton de Fribourg du droit de prendre du sel à Salins, 29 janvier 1590. (Arch. Doubs, B 307.)

(4) C'est ce qu'entend Maximilien dans une lettre à sa fille, du 20 avril 1518, où il demande à ce que les Bernois soient payés sur « la petite payelle » de Salins, si la « plus grande payelle » ne suffisait pas. (Corresp. de Maximilien avec Marguerite, t. II, p. 358-359.)

le sel ainsi acheté. C'est de cette façon que, le 24 mai 1507, Maximilien accorda deux cents charges par an, pour une période de trois années, à Gaspard Weiler, et même quantité, dans les mêmes conditions, à Achs Halm, à Louis Tilger, à Jean Kaiser, tous Bernois. De semblables concessions furent faites en 1516, 1524, 1528, 1533, 1538, 1540, 1541, 1549, etc.; il s'en accordait encore en 1626 (1). Les particuliers en faveur desquels de telles concessions se faisaient étaient d'importants personnages dont l'influence était à ménager. Les lettres d'octroi que leur accordaient les Princes, portent souvent qu'ils ont en vue de les attacher à leur service. Ainsi, figurent parmi les marchands de sel, des conseillers de Berne, un avoyer, Jean-Jacques de Watteville, un gentilhomme de la maison de l'empereur, Gérard de Watteville. En 1541, les charges de sel trié concédées à ces particuliers montaient à huit mille par an (2).

Tous les traités (3) en faveur de la Suisse qui étaient en vigueur au moment de la conquête française, furent maintenus par les nouveaux maîtres de la Franche-Comté. D'autres traités, passés par les Fermiers des salines, augmentèrent encore, sous la domination de la France, les charges imposées aux sauneries pour la fourniture de la Suisse (4). A cette époque, le sel trié était en usage pour l'acquittement de tels contrats. Le sel dit d'Allemagne ne paraît pas avoir eu une longue existence. Fribourg continuait seul à recevoir du sel en pains, et ce sel portait son nom, au XVIIIe siècle (5). La

---

(1) B. N. Français 11629, fos 91, 96, 98.

(2) Ibidem, fos 110-306.

(3) Le cours du sel en Suisse fut encore augmenté par « les inventions et largesses des premiers admodiateurs. » (Bibl. Besançon, Mémoire de la première moitié du XVIIe siècle.)

(4) Moreau de Beaumont : *Mém. sur les Imp. et les Droits*, t. III, p. 208. Bouchet : *Mém. sur les Salines*, p. 90. (Bibl. de Besançon.) Falbaire : *Enc. méthod.*, t. VII des Arts et Métiers, p. 137.

(5) *Enc. méthod.*, Arts et Métiers, t. VII, p. 137. Fribourg recevait, à la fin du XVIIIe siècle, 4300 charges de sel en pain, du poids de 114 livres la charge.

Suisse était alors le seul pays étranger qui s'approvisionnât de sel à Salins (1).

§ 3

L'exportation du sel hors des salines a été faite pendant fort longtemps à dos de chevaux. C'est cet usage que rappele le nom de « charge d'un cheval » donné à l'ensemble de quatre benates. Mais, dès le XIIIe siècle, on se servait de chariots pour le transport, et c'est ce procédé qui a depuis lors subsisté (2).

Les voitures étaient attelées de cinq, six ou sept chevaux (3); leur présence était fort encombrante dans la ville de Salins (4). La foule des chevaux qui, à certains moments, pouvaient se trouver réunis, faisait craindre une disette de fourrages. On trouve dans les chartes trace des dispositions prises afin d'assurer la subsistance des animaux amenés pour transporter le sel dont la libéralité des Princes gratifiait les abbayes. Les donateurs de ces revenus cèdent, par exemple, un pré aux monastères pour la nourriture de leurs

---

(1) Sur la persistance de cette fourniture de sel aux Suisses jusqu'au moment de la Révolution, et sur son importance politique, voir les *Papiers de Barthélemy*, ambassadeur de France en Suisse (1792-1797), publiés par M Jean Kaulek. (Paris, 1886-1889, 4 vol in-8°.)

(2) Voir ci-devant, ch. II, § 4. En 1257, les religieux de Bellevaux doivent transporter leurs salignons hors de Salins « cum propriis vecturis. » (Cart. de Jean de Chalon, n° 122.)

(3) Arch. Doubs, B 282, 283.

(4) « Pour la cuite des muyres.... y reparent ordinairement grande habondance de charyots conduisans bois et aultres matières requises à la commodité des bernes dud. Puitz comme aussi les charyotz ordinaires levant les selz provenans desd. muyres, de façon que quasi ordinairement pour la grande habondance desd. charyotz, sont privez lesd. habitans de lad. ville sortir de leurs maisons pour négocier leurs affaires, ne y rentrer pareillement, comme aussy sont assez de fois seigneurs estrangers et aultres gens venans aud. Salins, de pouvoir haborder en leur logis. » (Mém. des habitants de Salins, XVIe siècle. B. N. Joursanvault 86, f° 11.)

chevaux (1), de même qu'ils procurent un gîte aux serviteurs des couvents qui doivent mener le convoi (2).

Quant aux chemins qui servaient aux transports, ils semblent avoir fait, dès l'antiquité, l'objet des soins de l'administration, si l'on en juge par les restes de voies romaines que les archéologues retrouvent autour des centres d'exploitation saline, comme à Lons-le-Saunier, à Salins, à Grozon.

Au Moyen-Age, l'entretien des chemins des environs de Salins fut assuré par la Saunerie, qui avait le plus grand intérêt à ce que l'on pût facilement y accéder. Dans un rayon assez étendu autour de la ville, les routes furent visitées et maintenues en bon état par un service de voirie dépendant de la Saunerie, sous la direction d'un officier appelé le « Maître des Chemins ». Cette charge fut réunie à celle du Maître des Œuvres par ordonnance de Jean sans Peur, en 1412 (3). Les diverses voies ainsi entretenues par la Saunerie s'étendaient, autour de Salins, jusqu'à Pagnoz, la Chapelle-les-Rayne et Saint-Thiébaud au Nord, à Blegny et Remeton au Sud, à Villeneuve et Villers-sous-Chalamont à l'Est ; à l'Ouest, elles ne paraissent pas avoir été à la charge de la saline (4).

Nous avons vu comment une route, appelée Chemin Saulnot, servait de ligne de démarcation entre les cours des sels de chacune des sauneries. D'autres chemins sauniers existaient encore en Franche-Comté, et divers lieux dits du Jura en ont conservé le souvenir. C'étaient les routes que devaient suivre les convois de sel envoyés en pays éloignés par l'une des sauneries au travers des limites de l'autre. Pour éviter la

---

(1) Vers 1100. Donation faite par Gaucher de Salins à Cluny : « Jamdictus autem Walcherius donavit unum pratum sub Bracone situm, ad cibum bestiarum sales portantium. » (Guillaume, t. 1, Pr., p. 34.)

(2) « Jamdictus... Walcherius donavit... domumque ad Canalem sitam, ad hospitium Fratrum sales conducentium. » (Ibid.)

(3) Voir aux Pièces justif. l'ordonnance de 1412.

(4) Il a été conservé de nombreux procès-verbaux de visite de ces chemins remontant aux XVIe et XVIIe siècles. (Arch. Doubs. Ch. des Comptes. Sauneries. Chemins.)

contrebande, on avait réglé que, dans ce cas, les transports ne se feraient que par des voies déterminées. Des gardes, dits « Forestiers des Chemins », parcouraient ces routes et, de cette façon, surveillaient assez facilement les charrois. Ainsi, en 1469, un arrêt de la Chambre des Comptes fixa l'itinéraire que devait suivre le sel du Puits-à-Muire qui serait expédié dans le ressort de Saint-Laurent-lès-Chalon ; c'était un chemin passant par Aiglepierre, Colonne, Champrougier, la Chassagne, Bellevesvre, Saint-Germain-du-Bois, Louhans et Brans (1). Sans doute, c'est de voies analogues que le souvenir s'est conservé dans les noms de nombreux lieux dits du Jura appelés « Chemins Saulnots » et « Vies des Sauniers ». D. Monnier en a signalé l'existence à Montagna-le-Reconduit, à l'Aubépin, à Aumont, à Brainans, à Cesancey, à la Grange-des-Nans, à Rotalier, à Plainoiseau. Le terrier de Fraisans, rédigé en 1506, mentionne aussi un « Chemin Saulnot » passant par le territoire de ce village (2). C'est une route semblable que décrit l'ordonnance de 1388. Elle traversait, cette fois, les limites du Puits-à-Muire, pour l'usage de la Saunerie, et passait par la Chapelle, Montfort, la terre de Montrond, Chenecey, Fontain, etc. (3).

Lors de la saison favorable aux transports, la presse des voituriers qui venaient chercher en un même temps leur fourniture de sel aux sauneries, était considérable. Le chargement des voitures pouvait donner lieu à des longueurs à cause des formalités multiples de sa délivrance. Pour s'assurer une prompte fourniture, les acheteurs stipulaient que leurs charretiers devraient avoir reçu le chargement de sel demandé, dans un délai fixé (4), sous peine, pour la saune-

---

(1) Arch. Doubs, B 187, f° 85 v°.
(2) B. N. Colbert-Flandre 1, 2e partie, f° 207.
(3) Arch. Doubs, B 203
(4) Règlement des Greniers à sel du duché de Bourgogne (1498). « S'il advient que lesd. voituriers séjournent plus d'ung jour naturel, le surplus du séjour sera à la charge des Trésorier et Receveurs de lad. Saulne-

rie, d'avoir à les indemniser de leur retard (1). De même, les ordonnances prescrivaient que les voituriers des communautés fussent servis au plus tôt (2).

Par crainte des fraudes, on avait compliqué, à Salins, l'opération même de la vente. Elle mettait en mouvement un nombre considérable de personnes.

L'acheteur se présentait devant le comptoir qu'on appelait la *Table* de la Saunerie et, là, déclarait la quantité de sel dont il avait besoin. Immédiatement, il en payait la valeur au Trésorier ou Receveur présent. Les Clercs des Rôles inscrivaient le montant de cet achat sur un registre appelé *Livre des Vendues* ou *Livre de Monseigneur*. Le Clerc du Sceau lui octroyait une « bullette », ou laissez-passer, mentionnant la quantité de sel qu'il allait emporter, et destinée à être présentée aux agents de la Saunerie qu'il pourrait rencontrer sur sa route.

Le Clerc des Sels indiquait au Maître Poulain la berne à laquelle il fallait approvisionner le marchand, et en prenait note (1). Le Maître Poulain notait la quantité de sel à fournir, allait le lever à l'ouvroir désigné par le Clerc, et le faisait porter par ses Poulains en un lieu appelé *Rosières*. Là se trouvaient des bancs ou comptoirs où le sel était déposé, amoncelé et compté par les Clercs des Sels.

Cela fait, le Clerc Portier ou Délivreur devait recompter le sel en présence d'un Guette, et en inscrire le total sur son livre. Le marchand pouvait alors charger sa provi-

---

rye, qui doivent toujours estre pourveuz de sel de Grenier à souffisance ». (Arch. Côte-d'Or, B 11181.)

(1) Mémoire des officiers de la Saunerie, en 1514. Parlant des sels du duché de Bourgogne, ils se plaignent de ce que la Saunerie est obligée de « suporter interestz du séjour de leurs charretiers..., en cas qu'ils séjourneroyent aud. Salins plus de quarant huit heures sans estre chargés.» (B. N. Moreau 1046, fo 148.)

(2) « La délivrance duquel (sel) se doit faire par lesd. officiers et vendeurs incontinent et au plus tôt que possible est, aux charretiers et commis desd. villes. » (Pièces justif., Ord. de Marguerite.)

sion, et les Guettes de la Porte étaient avertis par le Clerc Délivreur d'avoir à le laisser passer (1).

C'était la même filière que devaient suivre les charretiers des communautés, et aussi les rentiers qui venaient chercher leurs rentes de sel, à la seule différence que ceux-ci n'avaient rien à débourser en entrant.

Dans certains cas, on permit aux marchands de ne pas effectuer le payement à chaque voyage, mais de le faire à des termes fixes. Ainsi les marchands du duché de Bourgogne ne le faisaient que tous les trois mois. Un officier spécial fut attaché au règlement de ces comptes ; on l'appelait le Receveur des Cautions (2), du nom des cautions ou billets que les voituriers de Bourgogne présentaient comme preuves de leurs commissions (3).

Le prix du sel n'a eu d'abord d'autre régulateur que les conditions des frais de sa fabrication et le rapport existant entre l'offre et la demande. Les administrateurs de chaque saunerie vendaient leur sel aussi cher qu'ils le pouvaient et comme ils l'entendaient.

Mais la concurrence des salines amena dans cette question l'intervention du Souverain, principal copropriétaire de l'une d'elles (4). L'arrêt du Parlement qui, en 1425 (5), accorda aux Rentiers la propriété du Puits-à-Muire, n'en déclarait pas moins « compéter et appartenir au Duc et à ses successeurs droit de mettre, ordonner et estably par luy, ses commis et depputez à ce, le pris ès selz que se feront dès lors en avant audit Salins, et mesmement ès selz plats du Bourg-Dessoubz ».
Les officiers de la Grande-Saunerie furent considérés comme

---

(1) Cette opération est décrite dans l'ordonnance du 23 juillet 1593. Voir aux Pièces justificatives, les ordonnances qui y sont transcrites.
(2) Mémoire de 1487 sur les Greniers à sel (Arch. Doubs, B 293).
(3) B. N. Moreau 1046, f° 167.
(4) Ibidem, f° 169.
(5) Arch. Jura, A 18.

les mandataires du Duc en cette partie, et réglèrent le prix du sel tant pour leur usine que pour celle du Bourg-Dessous. Ils s'arrogèrent de ce chef un droit de surveillance sur le Puits-à-Muire, qui souleva de la part des Rentiers maintes protestations (1), et donna naissance à une foule de procès en « mésus », en « mépris », comme on disait au xve siècle, intentés par la Saunerie au Puits, lorsqu'il semblait que les Rentiers essayaient d'augmenter le débouché de leur sel en abaissant frauduleusement son prix (2).

Tandis que la taxe du sel d'ordinaire était fixée par le Parlement pour les communautés, celle du sel de vente était habituellement réglée deux fois par an, du consentement des trois salines. Vers le commencement du Carême, les officiers du Puits-à-Muire et ceux de la Chauderette venaient trouver le Conseil de la Saunerie et lui demandaient d'abaisser le prix de la charge de sel, pour les trois usines. La taxe en était établie après discussion. A la Saint-Michel suivante, le Conseil rétablissait l'ancien prix, d'accord avec les autres salines (3).

A ce prix principal, est venue s'ajouter, à partir du xive siècle, une taxe supplémentaire, par l'institution de charges appelées « gabelles », puis « haussements ».

A en croire nombre de textes, jamais la gabelle n'aurait existé en Franche-Comté. D'après l'acte d'accusation dressé contre Jean de Vergy, le 19 décembre 1427 (4), il aurait été reconnu « qu'au delà du chemin romain qui allait de Besançon à Langres, étaient les gabelles, impôts et servitudes royales, en deçà, les nobles libertés et droitures de la franche terre de Bourgogne ». Aux xve et xvie siècles, une certaine quan-

---

(1) Mandement de Charles VIII, du 21 juillet 1485 (Arch. Doubs, B 282).
— Mémoire du Procureur général contre les Rentiers (Arch. Jura, A 20).
(2) Arch. Doubs, B 187, f°s 5, 16, 19.
(3) Enquête de 1443 sur le Puits-à-Muire (Arch. Doubs, B 202, f° 170). Déposition de Perrin de Ramcrupt.
(4) Finot, *Etude de géographie historique sur la Saône*, p. 160.

tité de chartes, d'ordonnances et de mémoires distinguent le sel de Salins de celui de France, en appelant le premier « sel non gabellé » et le second « sel gabellé » (1). A la fin du xvi͏̇ᵉ siècle, Gollut déclarait que la Bourgogne comtale était « franche par l'exemption de toutes telles impositions et gabelles (2). »

Mais il faut entendre ces passages en ce sens que le sel de Bourgogne était « non gabellé » vis-à-vis du roi de France, auquel il ne payait rien. Pour le texte de Gollut, c'est une manière de parler par laquelle il entend exprimer la différence considérable existant entre les règlements des sels en France et en Franche-Comté. Des deux côtés, il y avait bien une sorte de monopole du sel, un impôt, et l'obligation de consommer une certaine quantité de sel de *Devoir*. Mais le monopole n'était pas absolu en Franche-Comté, au temps de Gollut ; l'impôt était fort inférieur à ce que l'on payait en France ; quant au « sel de Devoir », bien loin d'être une charge pour les habitants de la Franche-Comté, il leur était au contraire un précieux avantage. Son prix était, en effet, moindre que celui du sel de vente, et si des plaintes s'élevaient à ce sujet, ce n'était que lorsque les Comtois

---

(1) 18 août 1425, institution par Philippe le Bon de gardes du sel, sur les bords de la Saône, attendu « que plusieurs faulx saulniers… portent et vendent cachiement, par jour et par nuyt, led. sel non gabellé au grand grief, dommaige et préjudice de nous. » (Arch. Côte-d'Or, B 11175.)

1ᵉʳ septembre 1429. Quittance de Philibert de Vaudrey pour la gratification de 100 charges de sel qui lui avait été accordée pour avoir procuré « que le gros sel de mer gabellé seroit rebouté ou à tout le moings délayé d'estre vendu oudit. conté de Tonnerre et remplacé par le sel de Salins » (Arch. Doubs, B 298, fᵒ 35).

Vers la même époque, un Mémoire composé par les habitants de Langres pour faire contribuer le Chapitre à la réfection des fortifications, constate que « lesdiz Doyen et Chapitre ont grans rentes de sel non gabellé sur les saulniers de Salins. » (Arch. municipales de Langres, nᵒ 733, fᵒ 6 vᵒ.)

Le 22 février 1500/1, Louis XII défend aux habitants du duché de Bourgogne d'acheter le sel « non gabellé » que l'on amenait d'outre-Saône (Arch. Côte-d'Or, B 11179).

(2) Ed. Duvernoy, col. 244.

trouvaient leurs ordinaires insuffisants et en demandaient l'augmentation (1).

En réalité, le mot de gabelle a existé au comté de Bourgogne, et cette gabelle a été, comme en France au début de son existence, un impôt temporaire créé pour parer à quelque dépense extraordinaire.

Dès 1364, il existait une gabelle établie sur les sels de la Saunerie et dont le produit était destiné à « l'anfouressiement et garde d'icelle (2). » C'était le temps des dévastations des Grandes Compagnies et, sans doute, ces circonstances avaient fait juger nécessaire une défense extraordinaire de la Saunerie (3). La même gabelle subsistait en 1366 (4) et plus tard encore, en raison des guerres continuelles qui agitaient le comté de Bourgogne à cette époque. Le 20 juin 1368, les Parçonniers de la Saunerie établissent une nouvelle gabelle de « deux sols d'estevenans par livre, sur toutes rentes d'argent, de sel, fiez et aumonnes qui se paient en ladite Salnerie. » Elle dura jusqu'au 21 février 1369 ; son but était encore de défendre la Saunerie contre les Compagnies (5). En 1371,

---

(1) Un des motifs qui ont retardé la réunion des salines entre les mains du Souverain, c'est la crainte qu'avaient les Rentiers — et le pays tout entier — de voir le Prince, une fois seul maître des usines, diminuer les ordinaires ou en augmenter le prix.

(2) 29 septembre 1364. Quittance de Hugues de Vienne, seigneur de Pagny, pour une rente sur la Saunerie (Arch. Doubs, B 270).

L'établissement de la Gabelle n'est donc pas une suite de la destruction de Grozon, comme le croyait Béchet.

(3) E. Clerc, *Essai sur l'histoire de la Franche-Comté*, t. II, p. 145 et suiv.

(4) Compte des revenus de la comtesse de Bourgogne, en 1366 : « De mil livres que Madame prant chascun an... demore à Madame pour le mois de may 225 livres dont Emonin Boulle a reçu pour la gabelle, à 2 sols par livre, — 22 livres 10 sols. Demore — 202 livres 10 sols » B. N. (Moreau 900, f° 645.)

(5) 19 juin 1371. Compte « de la Gaubelle qui fut ordonée par noz dits seigneurs le lundi matin devant la Nativité Saint Jehan-Baptiste, en la XXVI° semaine l'am mil CCC sexante et huit, à doux solz d'estevenans par livre, sur toutes rentes d'argent, de sel, fiez et aumonnes qui se paient en

on payait trois engrognes par charge de sel sortant de la Saunerie. Les impôts de ce genre se succédaient, sous le même prétexe, à intervalles assez courts. Le 25 juin 1375, une nouvelle gabelle est décrétée; elle est d'abord de douze deniers par livre : le 29 du même mois, elle est portée à deux sols, et dure, à ce taux, jusqu'au 30 mars 1376 (1).

Peu de temps après, on trouve une autre imposition analogue, fixée non plus d'après la valeur marchande du sel, mais d'après la quantité de salignons, à quatre deniers par charge (2). Elle avait encore pour but le bien de la Saunerie et devait servir à la reconstruction en pierres des bâtiments jusque là édifiés en bois. Elle était perçue en 1391-1392 (3), en 1407-1408 (4); mais les deniers en provenant avaient été distraits de leur destination, et le duc Jean dut, par ordonnance du 27 août 1409, rappeler son but primitif (5).

En même temps que ces gabelles pesaient sur l'ensemble des produits de la saline, des droits spéciaux étaient imposés aux marchands de Bourgogne qui prenaient leur sel à Salins

---

lad. Saulnerie, et fut ordenée pour le reffourcement et emparement de ladite Salnerie pour les Compaignes qui estoient en la contée de Bouroingne, et fut levée et recehue ladite Gaubelle dois le lundi dessusdit jusques le mecredi XXI⁰ jour du mois de février que fut en la VIII⁰ semaine, l'am que dessus. » (Arch. Doubs, B 270).

(1) 7 avril 1377. Compte rendu par « Perrin de Laule et Perrin de Boujaille, receveurs de la Gaubele que fut misse en la Salnerie de Salins le mardy matin de la XXIX⁰ sepmaine, XXV⁰ jour de joing, l'an mil CCC sexante et quinze, pour cause des Compaignes que l'on esperoit de venir en la conté de Bourgoingne, et dura ladite Gabele à douze deniers par livre jusque le sambady de lad. XXIX⁰ sepmaine dessus dite, que l'on y mit deux solz par livre sur touz ceux qui preignent rentes, fiez et almones en ladite Salnerie et auxi sur le droit de Madame la comtesse de Flandres, d'Artois et de Bourgoigne, et de touz nos autres seignours de ladite Salnerie; et dura ladite Guabele jusque le sambadi de la XIIII⁰ sepmaine apprès Noël, l'an que dessus. » (Arch. Doubs, B 270.)

(2) Arch. Doubs, B 270.
(3) Arch. Côte-d'Or, B 5951. Compte du Partage de Chalon.
(4) Arch. Côte-d'Or, B 5961. Compte du Partage d'Auxerre.
(5) Arch. Doubs, B 270.

pour fournir les greniers du duché. Ils payaient, en 1417, une gabelle spéciale de six sols neuf deniers deux tiers tournois, ou quatre gros vieux et une engrogne, par charge de sel Rosières, et dix sols un denier obole tournois, ou six gros vieux et une engrogne, par charge de sel Lombarde, qu'ils faisaient sortir des salines de Salins (1).

Cette gabelle bourguignonne s'était accrue tellement que, au siècle suivant, elle dépassait la valeur du sel lui-même. En 1510, la charge de sel qui se vendait à la Saunerie vingt-six sols huit deniers tournois, subissait un impôt montant à trente-deux sols tournois, quand elle devait passer au duché de Bourgogne (2).

D'autres impositions furent créées dans la suite, toutes temporaires, en principe. C'est ainsi que les trois usines payèrent une contribution d'un petit blanc de cinq deniers tournois par charge, pour l'établissement de l'Université de Dole, ensuite d'une ordonnance de Philippe le Bon, du 6 août 1436 (3). Cette nouvelle gabelle fut rachetée par les Rentiers du Puits-à-Muire et de la Chauderette moyennant une prestation annuelle de cinq cents francs.

Charles le Téméraire paraît avoir le premier tenté d'imposer au pays une gabelle sur le modèle de celle de France, c'est-à-dire sans destination spéciale des deniers en provenant. Déjà il avait essayé de créer en Flandre un impôt de ce genre, et cette tentative avait soulevé des résistances armées (4). Bien que cette contribution ne dût avoir qu'une

---

(1) Instructions du 1ᵉʳ mai 1417 (Arch, Côte-d'Or, B 11175).

(2) Bail de Guillaume Langeolet, amodiateur des Greniers (Arch. Côte-d'Or, B 11181 ³).

(3) Marcel Fournier, *Les Statuts et Privilèges des Universités françaises*, t. III p. 124-125. M. Fournier date cette ordonnance du 6 août 1435. Mais, comme les lettres patentes du Duc du 4 septembre 1436 la mentionnent comme donnée « le sixième jour de Aost dernièrement passé », il faut admettre, semble-t-il, la date de 1436.

(4) D. Plancher, t. IV, p. 266. — Clamageran, *Histoire de l'impôt en France*, t. II, p. 29.

durée de deux ans, les Etats protestèrent et en obtinrent la suppression, avec la promesse qu'il n'en serait plus établi à l'avenir (1). Cependant, les Etats ayant continué à voter la somme annuelle de cent mille francs, appelée Don gratuit, et qui constituait la seule contribution que les Comtois consentissent à payer au Trésor, le Duc prétendit s'en assurer le recouvrement au moyen d'une perception de vingt-trois sols 5 deniers par charge de sel sortant de la Saunerie, du Puits-à-Muire et de la Chauderette (2). Les villes, l'archevêque de Besançon et les Etats protestèrent. Pour calmer l'émotion, le Duc assembla les Etats et fit plaider sa cause devant eux par une commission dont le chef était le président de Bourgogne, Jean Jouard. Ensuite des pourparlers qui eurent lieu alors, le duc abolit encore une fois la gabelle, le 15 juin 1474 (3).

En présence de la répugnance qu'éprouvaient les Comtois pour le mot de gabelle, les Princes de la maison d'Autriche s'avisèrent d'un subterfuge pour se procurer des ressources extraordinaires au moyen du sel. Ils changèrent le nom de l'impôt, et, sous l'appellation de « haussements », firent accepter par la province une augmentation des prix du sel, qui revint au même que les gabelles des âges précédents. Ainsi que les impôts dont nous avons vu l'établissement à l'époque des ducs de Bourgogne, ces haussements n'étaient créés, en principe, que pour parer à quelque dépense inattendue.

Les haussements se suivirent de fort près. Le plus ancien

---

(1) Ed. Clerc, *Histoire des Etats généraux*, t. I, p. 136.
(2) Ordonnance du 10 décembre 1473 (Arch. du Doubs, B 270)). — M. Clerc (*Hist. des Et. généraux*, t. I, p. 146), dit que l'impôt fut de 32 s. par charge et établi pour une durée de 6 ans.
(3) Clerc, *Hist. des Et. généraux*, t. I, p. 151. — Arch. Doubs, B 271. Mémoire du sel vendu à la Saunerie: « Item du sel Plaine Rousières, l'on a vendu à ladicte Porte Oudin depuis le xxviiie jour dud. mois de Janvier jusques au xve jour dudit mois de juing M. CCCC. LXXIII[I] jour de l'abolition de lad. nouvelle Gabelle... »

paraît avoir été celui que créa Charles-Quint, en 1540 ; il était d'environ trois sols estevenans par charge de certains sels, et s'élevait jusqu'à sept sols pour les plus gros, étant proportionné au poids des salignons (1). Il fut bientôt suivi d'un autre, établi par ordonnance du 8 janvier 1548/9, pour payer la garnison de Dole, et qui montait à un demi niquet par salignon, ou trois sols estevenans par charge (2). Un autre, de même valeur, servit à payer, à partir de mai 1554, la garnison de Gray (3). A ces deux charges, dont le but était précis et utile à la Province, vinrent succéder plusieurs mesures analogues, sans autre prétexte que l'augmentation du coût de la fabrication, que la cherté du bois et de la main d'œuvre, En 1564, Marguerite de Parme fut sollicitée par les officiers de la Saunerie d'augmenter le prix du sel de neuf sols par charge (4). Elle en écrivit au Parlement, et, sur l'avis défavorable de ce corps, elle dut renoncer, bien qu'à regret, au projet qu'on lui avait suggéré (5). Mais Philippe II, sans autre motif que l'enchérissement des matériaux, établit une augmentation de prix de neuf sols par charge, le 15 février 1570 (6). En 1575, un nouveau haussement fut créé pour l'entretien de la garnison de Besançon. Le prince de Parme essaya d'en établir un autre en 1579 ; mais son projet échoua comme avait échoué celui de sa mère (7). En 1583, il était

---

(1) B N. Nouv. acq. Fr. 6348, f° 87 v°. — Français 11629, f° 162.

(2) B. N. Nouv. acq. Fr. 6348, f° 88, Colbert-Flandre 1, f° 336. — Arch. Jura, A. 38. — Arch Doubs, B 278.

(3) Arch. Doubs. Ch. des Comptes. Sauneries. — Clerc, *Hist. des Etats généraux*, t. 1, p. 329.

(4) 24 mars 1564. Lettre de Marguerite d'Autriche, duchesse de Parme, au Parlement de Dole. (Extrait des lettres écrites par les Rois et Ministres d'Espagne au Parlement de Dole. B. N. Moreau 901, fol. 94 v°.)

(5) Lettre de Marguerite au Parlement, datée de Bruxelles, le 16 janvier 1565 (B. N. Moreau 901, f° 49 v° et 50).

(6) Arch. Doubs. Chambre des Comptes. Sauneries.

(7) Lettre du prince de Parme, datée de Maëstricht, le 14 septembre 1579, demandant aux Parlement, Gouverneur et Bons Personnages si on ne pourrait pas faire un haussement d'un liard par charge, pour faire face

question d'un nouvel impôt de ce genre, comme on le voit par la correspondance du cardinal de Granvelle avec M. de Broissia (1). D'autres encore furent établis : le 19 mai 1570, pour une augmentation des troupes de la Province ; le 2 novembre 1596, pour payer les dépenses de la guerre de 1595 (2) ; en 1603, pour l'accroissement des garnisons de Dole et de Gray ; en 1617, pour les gages du prévôt des Maréchaux, de ses lieutenants et de vingt-quatre archers. En 1629, l'archiduchesse Isabelle tenta de créer un nouveau haussement, pour subvenir aux frais de fabrication qui se trouvaient augmentés.

D'après le principe qui attribuait au Prince la réglementation du prix des sels, le droit d'établir les haussements devait lui appartenir exclusivement. Ce sont, en général, les Souverains que nous voyons jeter ces impôts extraordinaires. Si leurs officiers ont pu, en certains cas, les régler, ce dut être en vertu d'une délégation de pouvoirs. Il en a été ainsi quand, en 1596, le Gouverneur de la Province, le Parlement et les « Bons Personnages » établirent un haussement de deux blancs par salignon, pour une durée d'un an (3).

Mais la puissance des Etats de la Province venait ici contrebalancer celle du Roi. La question se posait de savoir si le Prince avait, en tous cas, le droit de créer, sans le consentement des Etats, un impôt nouveau dans un pays qui ne

---

aux besoins d'argent de S. M. — Autre lettre du même, du 9 décembre 1579, remettant à une autre saison le haussement projeté, auquel les Gouverneurs de la Province trouvaient quelques difficultés (B. N. Moreau 901, f⁰ˢ 85 v⁰-88).

(1) Junca, *Lettres inédites du Cardinal de Granvelle* (Soc. d'Emul. du Jura, 1864. p. 91, 153, 158, 209).

(2) Arch. du Jura, A 38. Ce haussement fut décrété par « les conte de Champlite, lieutenant général et gouverneur en Bourgongne, vice-président et gens tenant la Cour souveraine de Parlement à Dole, et bons personnages esleuz et depputez par Sa Majesté aux affaires d'Estat importans et publicques de ce païs et conté de Bourgongne ».

(3) Arch. Jura, A 38.

reconnaissait devoir au Souverain que ce qu'il voulait bien lui octroyer par don gracieux. Le cardinal de Granvelle n'a pas admis, quoi qu'on en ait dit (1), que le Prince ne pût jamais, de sa propre autorité, exiger de ses sujets comtois une contribution de ce genre. Il distinguait entre les haussements établis pour cause de l'enchérissement des matériaux, dont il accordait la création au Roi, et ceux qui étaient destinés à équilibrer le budget de la Province, qu'il ne croyait pouvoir être établis que par les Etats. Il estimait, en effet, que le Roi comme propriétaire des salines ne pouvait être tenu à vendre son sel à un prix qui ne lui aurait pas été profitable (2). Théoriquement, cette opinion pouvait prêter à la critique. Mais elle était assez conforme à la coutume. Nous voyons, d'une part, que c'étaient les propriétaires de la Saunerie réunis, qui primitivement décrétaient l'augmentation du prix de leurs sels. D'autre part, si les Souverains n'ont pas toujours eu soin de prendre l'avis des Etats pour créer les haussements, ils l'ont, cependant, parfois cru devoir faire. Sans parler des gabelles, que les ducs de Bourgogne octroyè-

---

(1) Ed. Clerc, *Hist. des Etats généraux*, t. I, p. 47.

(2) Granvelle à Broissia, Madrid, le 4 mars 1583. « Je suis de vostre opinion que l'accreue du prix du sel doibt estre à la puissance absolute de Sa Majesté, quand icelle se faict pour la nécessité du sel, bois, du charbon, des euvres et matériaulx nécessaires qui sont enchériz, car ce n'est raison qu'il perde son revenu des Saulneries, mais quant l'imposition se faict pour maintenir garnisons et choses semblables, qu'en ce doibt servir le consentement des Estatz. » — Le même au même, Madrid, le 15 mai 1583 : « Vous avez piéçà entendu mon opinion, conforme à la vostre, que sans les Estatz se debvroit faire l'augmentation du pris du sel pour satisfaire aux frais, et que l'haulcement pour les garnisons et necessitez du payse face avec participation des Estatz et non l'aultre. » — Le même au même, Madrid, le 25 mai 1583 : « Ce que vous dites du desir de tenir les Estatz est cause que l'on ne veult faire l'haussement à coleur des fraiz qui se font maintenant plus grandz que cy devant à la cuyte des muyres Et, pour moi, j'entendz qu'il en faut faire deux, l'ung à l'effect susdict sans les Estatz, et l'aultre à l'assemblée et avec le consentement d'iceulx. » (Junca, *Lettres inédites de Granvelle*, Soc. d'Emul. du Jura, 1864 p. 91, 153-158.)

rent à la demande même des Etats, nous constatons que tous les haussements établis, entre 1540 et 1617, pour l'entretien des garnisons et des troupes, l'ont été du conseil de cette assemblée.

Au milieu du XVIIe siècle, l'ensemble des haussements accumulés sur le sel s'élevait à quatorze gros seize deniers par charge. Sur ce fonds, le Roi payait les garnisons de Dole, Gray et Besançon, un octroi annuel à la ville de Salins, à l'Université, des rentes à des soldats invalides, la « gracieuse reconnaissance » due aux Suisses (1). Vers la même époque, les Etats décidèrent que le Don gratuit accordé chaque année par eux au Roi, serait réparti entre les habitants du Comté au moyen d'une taxe sur le sel.

Lorsque la France eut conquis la province, elle promit par un article de la capitulation, que le prix du sel ne serait pas accru à l'avenir. Cela ne devait pas empêcher Louis XIV, trente ans plus tard, d'établir un nouveau haussement (2), et Louis XV de l'imiter (3).

Malgré les charges qui furent imposées aux sauneries et malgré la dépréciation constante du numéraire, les prix du sel n'ont pas augmenté autant qu'on serait porté à le croire, pendant les trois siècles qui ont précédé la conquête de Louis XIV, seule période où il nous soit permis de constater leurs variations. En 1310, le sel se vendait à Salins environ treize sols la charge (4). En 1398, la charge de sel Plaine Rosières valait vingt sols estevenans (5), en 1443 elle atteignait trente sols (6), et trente et un sols six deniers en

---

(1) Arch. Doubs. Parlement. Sauneries.
(2) Le 3 juin 1704. (Moreau de Beaumont, *Mém. sur les Imp. et les Droits*, t. III, p. 198.)
(3) *Ibid.*, p. 201.
(4) B. N. Français 8551, fos 43-49.
(5) Arch. de Salins. Inventaire des titres du Puits-à-Muire, fo 72.
(6) Enquête sur la propriété du Puits-à-Muire, déposition de Jean Ferrant (Arch. Doubs. B 202, fo 120.)

1454 (1). Un siècle après, elle ne coûtait que deux deniers de plus ; elle fut alors (en 1540) portée à trente-cinq sols (2) ; en 1586 on la vendait quarante-quatre sols (3), en 1634 et 1645, deux francs six gros douze deniers (4), prix qu'elle conserva au xviiie siècle. Les autres formes de sel suivirent une progression analogue. Ainsi, le sel de Porte, qui valait trente-huit sols en 1453, rabaissé à trente-six en mars 1454 (5), et à trente-trois en 1468 (6), remonte à quarante-cinq sols en 1586 (7), à deux francs huit gros dix deniers en 1634 et 1645 (8). En plus de cette valeur, les acheteurs payaient quelques deniers par charge pour le salaire du Délivreur et des chargeurs, et, au xviie siècle, quatorze gros seize deniers à titre de haussements.

Le nombre des charges de sel que l'on fabriquait et ven-

---

(1) Compte du Trésorier de la Saunerie (Arch. Côte-d'Or, B 6015, fo 2).

(2) Le 30 avril (B. N. Nouv. acq. Fr. 6348, f° 87 v°).

(3) Compte des revenus du Comté du 1er octobre 1585 au 30 septembre 1586 (B. N. Nouv. acq. Franç 396, fo 44).

(4) Mémoire présenté par le Parlement à l'Archiduchesse, en 1634 (Arch. Doubs. Parlement. Sauneries). — Autre Mémoire du Parlement, de 1645 (B. N. Moreau 912, fo 109).

(5) Déposition de Jean de Vaux dans une enquête de 1484 : « Il a veu et lui est apparu que le pris des selz d'Amont, Bouchet et de Porte ont estez et furent ravalez en l'an mil CCCC LIII ou LIIII ou environ. C'est assavoir le sel d'Amont qui estoit de trente-six solz fut remis et ravalé à XXXIII, le sel Bouchet et de Porte qui estoient tout à ung pris de XXXVIII solz furent remis et ravalé à XXXVI solz. » (Arch. Jura, A 20.) — Compte du Trésorier de la Saunerie pour 1454 : « Du sel de Porte, l'on a vendu en menu à la Porte Oudin VIIcLXXVI charges. C'est assavoir, depuis le premier jour de janvier jusques à la XIIIe sepmaine incluse, LXIIII charges, au pris de XXXVIII s. la charge, valent VIxx liv. XII s., et depuis la XIIIe sepmaine jusques au derrenier jour de décembre incluz, VIIcXII charges au pris de XXXVI s. la charge, valent XIIcIIIxxI liv. XII s. » (Arch. Côte-d'Or, B 6015).

(6) Compte de la Saunerie 1467-1468 (Arch. Doubs. Chambre des Comptes. Sauneries. Comptes).

(7) Compte de 1585-1586 (B. N. Nouv. acq. Fr. 396, f° 44.)

(8) Mémoires du Parlement de 1634 et 1645 (Arch. Doubs. Parlement. Sauneries. — B. N. Moreau 912, fo 109).

dait annuellement à la Saunerie, a varié d'après les traités qui assuraient la fourniture des pays étrangers, et aussi d'après la facilité des communications que des guerres, des épidémies venaient parfois entraver. En 1392 il sortit de la Grande Saunerie 24,872 charges de différents sels (1); en 1425, 48,000 (2); en 1454, 41,057 (3). Pendant le XVIe siècle, la production a varié entre 48 et 49,000 charges (4).

L'administration des finances de la Saunerie était confiée à un ou plusieurs fonctionnaires que l'on appelait Receveurs ou Trésoriers. Le Prince avait un Trésorier (5), les Parçonniers nommaient des Receveurs pour gérer leurs intérêts pécuniaires. Lorsque les Partages furent tous réunis au Domaine, le Trésorier reçut tous les deniers et fit tous les payements relatifs au sel de Salins.

Primitivement, les comptes des Trésoriers et Receveurs étaient arrêtés tous les quinze jours. On appelait *répons* ce règlement de comptes (6). Cet usage durait encore dans la

---

(1) Arch. Côte-d'Or, B 5951. Compte du Partage de Chalon.

(2) Gratification accordée par Philippe le Bon le 8 février 1424/5 (Arch. Doubs, B 297).

(3) Compte du Trésorier (Arch. Côte-d'Or, B 6015).

(4) Mémoire de 1592 : « Dressant estat des selz y faicts en 20, 30, 40 ans ou plus, ne sera treuvé qu'on y en ayt jamais faict, l'ung des ans portant l'aultre, plus de quarante huict ou quarante neufz mil charges. » (Arch. Doubs. Ch. des Comptes. Sauneries)

(5) Le percepteur des revenus de Mahaut d'Artois n'avait, en 1320, que la qualification de Receveur. En 1318 cependant, il est déjà appelé Trésorier. De même en 1339.

(6) Février 1242/3. Donation de rentes par Jean de Chalon aux Dames de Battant : « L'un doit respondre de 14 jors en 14 jors, et en chascun respons leur donons c sols d'estevenans. » (Cart. de Jean de Chalon, n° 8.) — En 1339, on payait encore par Répons (Donation faite par le duc Eudes et Jeanne de France, le 15 février 1338/9 (Arch. Doubs. Ch. des Comptes, Sauneries). Chaque Répons était désigné par une fête qui se trouvait comprise dans cette quinzaine : Répons de Saint-Jean-Baptiste, de Saint-André. (Cartulaire de Jean de Chalon, n° 5. Donation de juin 1238 en faveur des Dames d'Ounans.)

première moitié du xive siècle. Plus tard, on ne rendit plus qu'un compte unique chaque année, à la Chambre des comptes de Dole. D'abord l'exercice s'étendait du 1er octobre au 30 septembre ; plus tard, il dura du 1er janvier au 31 décembre.

C'était aux Clercs des Rôles qu'incombait le soin de la comptabilité Au xive siècle, on appelait cette charge « l'office du Clerc de la Table de la Saulnerie, ouquel ils sont trois » [1].

On nommait *Gros de la Table* la somme de tous les deniers perçus pour prix de la vente du sel. Le Trésorier de la Saunerie recevait cet argent et le répartissait entre les Parçonniers au prorata de leurs droits.

En 1308, le Gros de la Table rapportait 5,232 francs [2] ; en 1366, 3,150 livres estevenans [3] pour la seule part de la Comtesse. En 1454, l'ensemble était de 62,431 livres 4 sols 7 deniers [4], et en 1623-24 de 573,000 livres [5]. En outre, les propriétaires percevaient certains droits et redevances des bénéficiaires de rentes constituées sur la Saunerie ; c'est ce qu'on appelait les « menus cens » et les « coutumes des Chauderettes ».

Quant aux charges supportées par la Saunerie, elles consistaient dans les frais de bois, de charbon, de fer et de suif, dans les dépenses d'entretien des bâtiments, dans l'acquittement de rentes constituées sur la Saunerie (que l'on distinguait en *Fiefs, Rentes* et *Aumônes*), dans la solde des officiers, des ouvriers, et le paiement des journées des manœuvres employés aux gros travaux.

Les frais de fabrication étaient estimés à neuf gros par charge

---

(1) Voir aux Pièces justificatives le Règlement de la Saunerie au xive siècle.
(2) Finot: *Compte original des revenus de la Saunerie de Salins en 1308.* Lons-le-Saunier, 1865, in-8°.
(3) B. N. Moreau 900, f° 461.
(4) Arch. Côte-d'Or, B 6015.
(5) Bib. de Besançon, Chifflet xlix, f° 144.

en 1484 (1), à quinze gros en 1634 (2). Leur total s'élevait en 1624 à deux cent mille francs (3).

Toutes ces charges et frais soldés, le Prince retirait 4,150 francs de la Saunerie au temps d'Otton IV (4); dans les premières années du xve siècle, le Duc y percevait douze ou quinze mille francs. Le profit augmenta rapidement à cette époque. En 1425 et 1427, on y trouvait un bénéfice net de cinquante mille francs environ (5). Puis, la valeur de la Saunerie s'abaissa au point de perdre en dix ans, de 1453 à 1463, cent onze mille francs (6). Au xviie siècle (7), au moment de la conquête de Louis XIV, le roi d'Espagne tirait de ses sauneries un revenu d'environ trois cent mille francs. C'était une somme égale à celle que lui rapportait, à la même époque, tout le reste de son domaine au comté de Bourgogne.

Le Prince trouvait, en outre, dans les salines un fonds de réserve toujours prêt où il pouvait puiser pour récompenser

---

(1) Enquête sur le cours du sel du Bourg-Dessous. 23 août 1484. Déposition de Jean de Vaux (Arch. Jura, A 20). — A la même date, au Puits-à-Muire, les frais étaient : 1° pour le « trais du Puys » (c'est-à-dire l'extraction de la muire), 15 sols estevenans par quartier ; 2° pour la « cuyte de muyre et façon de sel » 18 livres 18 sols par bouillon, 3° pour le « benaistaige et lyaige », 3 deniers estevenans par charge de sel. En cette année, chaque quartier avait produit environ 1 bouillon ; chaque bouillon, environ 20 charges 1/2. (Compte du Trésorier de Salins pour 1484. B. N. Joursanvault 84 et s.)

(2) Mémoire du Parlement (Arch. Doubs. Parlement. Sauneries).

(3) Bibl. Besançon, Chifflet XLIX, fo 144.

(4) Etat des revenus du comté de Bourgogne, dressé au moment du mariage de Jeanne de Bourgogne avec le comte de Poitiers. (B. N. Moreau 879, fo 28 vo).

(5) 12 août 1427. Lettres de Philippe le Bon octroyant une gratification aux ouvriers et officiers de la Saunerie (Arch. Doubs, B 297).

(6) Enquête sur le cours du sel du Puits-à-Muire. 23 août 1484. Déposition de Jean de Vaux (Arch. Jura, A 20).

(7) Un mémoire du Parlement de 1629 (Arch. Doubs. Parlement. Sauneries) donne 309,000 fr. Un compte de Jean-Claude Jacquinot, receveur général (1667) donne 350,000 fr. (B. N. Clairambault 977, fo 263).

ses amis ou pour s'en créer de nouveaux. C'est ainsi que, suivant la politique inaugurée par Jean de Chalon, les comtes de Bourgogne ont acquis, au prix de rentes sur les sauneries, les suffrages et l'appui des monastères. C'est ainsi que des revenus assignés sur les puits de Salins leur ont assuré de nouveaux vassaux, c'est-à-dire de nouveaux soldats. C'est en mettant à profit les richesses des salines que l'on a pu, aux moments critiques de l'histoire de la Franche-Comté, parer aux dépenses extraordinaires que nécessitait la défense du pays. C'est grâce aux sauneries que les Comtois ont pu se faire des alliés de leurs dangereux voisins, les Suisses.

Les Français comprenaient si bien les avantages que le comté de Bourgogne pouvait tirer de ses salines, que, à chaque invasion, ils se sont efforcés de les détruire, tant qu'ils n'ont pu espérer les conserver. Richelieu écrivait à Longueville, après l'invasion de 1637 : « Si vous aviez pu prendre les salines de Bourgogne, c'eût été une bonne affaire ; mais ce qui ne peut se faire une fois se fera une autre » (1). Trente-sept ans plus tard, Louis XIV devait mettre cette menace à exécution.

---

(1) *Lettres de Richelieu*, t. V, p. 1049.

PIÈCES JUSTIFICATIVES

Amodiation de la saline de Grozon à Hugues Frumiet, d'Arbois.
(Octobre 1255.)

Lettre de une amodiation dou puis de Groison du temps passez :

A tous ceux qui ces presentes lettres, je Hugues Frumiet, d'Arbois, fais savoir que j'ay achetez de noble prince Hugues, comte palazin de Bourgoingne, et aulte dame madame Aalis, comtesse palatine de Bourgoingne, sa fome, pour moy et pour ceux que je y voudrai acompaignier, lo puis de Groison et lour muire, tant comme il en y hont et comme je et mon commandement, ou mi compaignons, en hy pourrons trover, pour sis ans prochainement et continuelment avenir, dès ceste prochaine Nativité N. S. qui vient en lay, et lour maix et lour bernes et lour prevosté de Columpne, et lour chastel de Groison, mil livres d'estevenans, en tel manière que je, ne mon commandement ne pouhons prandre en la ditte prevosté plus ault que x sols d'une amende, ne ne pouhons les gens de la dite prevosté efforcier mais que selon lour droit usaige. Et est assavoir que les dites M livres, je dois paier a dit conte et contesse chascon an à IIII termes : à la XV^{ne} de Pasques, II^c et L livres, et à la foire de Chestel CC et L livres, à la Saint Andrey CC et L livres, à la Chandeleur, CC et L livres, et enssi chascon an tant que li siex ans soient acompliz. Et ceste vendue, si come il est devant escrite, promettent il à moy et à mes compaignons à garder et deffendre vers toutes genz; et vuellent et outroient que nous prennons et haiens un tel usaige en lour bois come cilz de Groison en ont pris en çay en arriers pour les affaire du pois et des bernes. Et pour ce que je ne soie deffaillans de payer les dites M livres par les IIII termes qui sont nommez, je lour abandons et outroy qu'il puissent prandre tout quanque j'ay et que je pourrai havoir en meubles et en non meubles, pour vendre et pour despandre et faire toute lour voluntez, tant qu'il haient tout lour paiement entièrement des dites M livres, enssi comme il est divisez par les termes escripts. Et promet ensor que tout par la foy de mon corps donée, à tenir ostaiges à Dole et à faire tenir à mon filz avec moy, tanque li paiement de M livres soient acompliz, si come je le promet en ces escript. Et en tesmoingnaige de ceste chouse, ay je ceste lettre fait seeler du seel le priour d'Arbois et du seal monsignour Guillame de Changins, et si ay mis le mien seel avec. Ce fut fait l'an de l'Incarnation Jhesu Christ qui court par mil CC et LV, ou mois de octembre.

(Arch. du Doubs, B 1, fol. 6. Cartulaire du comté de Bourgogne. Copie de 1318.)

Règlement concernant les offices de la Saunerie de Salins.
(Deuxième moitié du XIVe siècle.)

Pour le fait de la Saulnerie de Salins.

C'est l'office du clerc de la Table de la Saulnerie, ouquel il sont trois.

Il doit mettre en escript touz les noms des marchans qui paient saul en la Saulnerie, par le rapport des recepveurs, et du consentement du marchant qui paie, ne les poulains ne doivent apporter le sel aux marchans se n'est par son commandement. Item, il doit garder son roolle que les recepveurs n'y haient povoir. Item, il doit escripre les delivrances et faire bien et loiaulment au temps qu'elles doivent estre delivrées. Item, il doit garder que selon la vente qui courra, que amas de sel ne se face en la ville. Item, doit faire les escrocs des benaistiers, fèvres, manouvriers et doit recevoir le roolle des buillons des clers des saulx. Item, doit mettre en escript au roolle la cedule du clerc des chemins, du maistre charpentier, du maistre fèvre et de la mission de la porte de la Saulnerie et de touz autres menuz ouvraiges, et faire le compte de la Saulnerie chascune sepmaine.

C'est l'office des clers des saulx.

Ils doivent estre deux et doivent delivrer la meilleur saul pour les marchans et la plus viez pour les delivrances, et doivent recevoir chascun mardi matin leurs tailles des benaistiers, et doivent veoir et savoir que li benaistier ne leur tolloient fors ce qu'il auront lié, ne que il auront eu de saul en chascun buillon, et doivent compter le saul sus les bans ainçois que on la delivroit, et savoir combien il leur en demorra chascun jour là où en l'aura prise la journée du jour passé, et garder que il n'ait point de saul es ouvrours demorez au temps que l'on fait les buillons volauges, ne ne doivent pranre leur demorance de la journée ou livre de la Table, mais le doivent savoir à ce que il compteront sus les bans et par les ouvrours. Et doivent veoir le charroy des delivrances au plus adroit que il pouront, senz pranre loier, et doivent tenir le sal en fermure, si que li ungs des benaistiers ne l'ambloit à l'autre, et veoir que les saulx soient bien loiées et de bon harnois, et faire estuier les saulx quant mestier sera. Et doivent escripre les sommes, les vendues et les delivrances et apporter à compte. Et doivent tousjours recourre au registre pour savoir liquelx en doit mener à son chair, liquelx non, et quel lieu et en quel manière, ou en salignon ou en saultrie.

C'est l'office du clerc portier, autrement delivrerre.

Il doit delivrer ce que il trouvera sus les bans escript es livres du clerc de la Table soit pour marchans ou delivrances, et doit tenir moult près les lieux, et, quant il veult delivrer, il doit appeler une gaite pour garder la saul sus les bans, et puis conter bien et deligenment, et se il li trouve chose qui ne soit certaine, il le doit monstrer au portier, et le portier doit savoir que il doit faire selon le meffait. La saul comptée et trouvée à point, il doit rapporter au portier pour la laisser aler dehors, et ne doit pas attendre que li bans soient plains, ains doit delivrer souvent. Item, doit faire les menuz deniers et les sommes des saulx d'Aval et d'Amont, de la porte et de la maison, chascun jour, et doit mettre en escript au chief de la sepmaine : « Tant à l'on vendu de saul en ceste sepmaine ». Item, doit mettre en escript les fers viez par le commandement au maistre fèvre qui le voit et doit savoir que il soit paiez à la Table, et dire à la porte que l'on le laisse aler. Item, ne doit compter la saul ne delivrer jusques li clers des saulx l'aient compléé. Item, doit mettre en escript le fer viez, les chanciz, les sièges, les salogres, les chauchepiez et les enches, quant l'on les vent, et mettre en escript les ploiges, et ne doit mettre nulz en escript pour ploiges si ne le voit devant li et que il ne li demandoit de bouche, et ne doit prandre loier, et ne doit touchier au livre du clerc de la Table, se n'est en sa presence. Item, ne doit pas prandre VI deniers, qui souloit prandre pour les delivrances. Item, se les chauderettes boullent, il doit mettre en escript les vendues et les delivrances, et doit venir au compte et apporter ses livres au clerc de la Table.

C'est l'office du puis d'Amont.

Il doit lever le dymanche matin et au point du jour et doit savoir que il li est demorez en bez moillié, c'est assavoir es cuves des barnes, le soir devant, et ne s'en doit pas fier aux manovriers, mais doit aler par les barnes et giter ses randes, et doit aloier ses barnes, et ne doit laissier aler muire fors que à la mesure, et doit faire plus boullir la bonne barne que la mauvaise, et ne doit aloier par son serement les boullons volauges à la meilleur barne ne à la pieur, et ne doit faire giter la rende à autrui, mais la doit giter de sa main et especialment des boullons volauges, et veoir sa rande au commancement et, quant l'on aura adessez, aussi aler veoir sa rande que on li ait bien laissié son seal et sa muire. Item, se doit donner garde à delivrer la muire de la Chauderete et appeler une gaite pour veoir la mesure de la muire, et fermer le rouaige jusques la dite muire soit courrue, et, ce fait, le mercenier doit oster le chevillon et porter en chex le portier. Item, doit aloier ses barnes en tel manière que il puisse paier le venredi et le samedi la Chauderette ou le dymenche matin, et que en demorront à paier, ne ne doit emprunter ne prester à la Chauderette, ne paier fors que à ces III jours, et doit avoir sa taille contre celli à la gaite, et ne doit prandre nul loier par son serement de l'aloiement que il face, et doit garder que le puis ne montoit par deffaut de manouvriers, et les doit esvoillier de nuit, et doit savoir quant le puis croist et descroist et pourquoy, et doit aloier ses barnes par les moustiers. Item, doit gesir tous les soirs en la Saulnerie et doit rendre, le mardi matin, le git du puis, c'est assavoir les boullons, à cellui qui fait le roolle des boullons, c'est assavoir aux clers des saulx, et demorer tant que il soit fait.

C'est l'office du puis d'Aval.

Il se doit lever le dymenche matin au point du jour et doit aler veoir ses randes et que il li demore em bez moillié, et mettre en ses tables la demorance, et doit aloier ses barnes, celles que il verra par ses tailles devant soient mieux alloiéez. Le lundi, il doit aler giter ses randes et doit avoir les noms des barnes en ses tables et mettre quand il les a gitez la rande le boullon en ses tables en escript, et, quant l'on a dessez, il doit aler veoir ses seaulx, et se doit il faire de jour en jour, et ne se doit pas fier à cellui qui trait la muire, mais baillier à mesure, et doit savoir que sa muire aille bien et que sa rande s'acorde aux noz. Et doit aler veoir touz les jours ou puis aval veoir ses muires et essaier, et veoir que le puis ne montoit par deffaute de traite. Et doit rendre à cellui qui fait le roolle des buillons le git de son puis le mardi matin, et demorer tant que le roolle soit fait. Et doit aler par les moutiers et doit gesir touz les soirs en la Saulnerie senz nul deffaut. Item, doit avoir une clefs en la ferreterie et doit mettre en escript en papier ce que on li baillera de fer nuef et combien il en demorra en la dite ferreterie, et doit apporter à compte ce que en demorra et ce que il recepvra. Item, doit garder que l'aigue s'espuisoit en la manière qu'elle se doit espuisier, et que elle s'en aille par chenaulz que elle doit, et que elle ne se mesloit en la muire.

C'est l'office du maistre des chemins.

Il doit ouvrer de sa main et doit aler veoir chascun jour par les puis les muires qu'elles soient bonnes et qui n'y ait nul mesain, et essaier et veoir les chenaulx et les rigoles, et veoir le puis, et doit aler par les lavoz de xv^{ne} en xv^{ne}, et nettoier se mestier est, en tel manière que la muire n'y ait dommaige se crue vient, que l'aigue ne surmontoit, et, se grant pluye venoit de nuit, il doit venir à la porte et la faire ouvrir à toutes les heures pour l'y faire avoir son cours. Et se doit donner garde de faire hoster la terre pardevant les barnes, quant mestier est, et la doit aidier apporter. Item, ne doit donner taiche ne faire à faire autres euvres, se n'est pas le conseil du portier ou du clerc de la Table ou d'autre clerc avec l'un de ces deux. Item, doit vesiter les chemins et rapporter le deffaut que y est au portier et aux clercs de la Table et y ouvrer à l'advis d'iceulx, etc.

C'est l'office de celluy qui paie le bois à la porte.

Il doit paier ce que li ventiers haisme, et se il voit que li ventiers die trop ou pou, pour quoy il s'en donnoit garde, il le doit blasmer. Item, ne doit paier ne recevoir nulz deniers à la Table pour le bois se par le clerc non. Item, il ne doit donner denier à forestier, ne à gaites, ne à nulz autres, et doit venir au point du jour en la vente et ne s'en doit partir se n'est à mengier ou pour aler sus les, et doit giter sa journée touz les matins, et doit toujours fermer son haimaire quant il se part de la vente, et se li hesmeur haisme la cherrée de ung gentilhomme ou de ung bourgeois de II deniers ou de III plus que à ung de la montaingne, il le doit paier.

C'est l'office du clerc de la vente.

Il doit mettre en escript touz les noms de ceulx qui amènent le bois à bestes en la Saulnerie à l'esme et les villes dont il sont, et le nombre de l'argent qu'il emportent, ne ne doit mettre en escript deniers que le paieur paioit, se il ne le trouve au proffit des seigneurs. Et se li paierres le baillie, il ne le doit pas souffrir, mais le doit dire aux gouverneurs. Item, doit demorer autant à la porte comme li paierres fait. Item, doit veoir toute la demorance de l'argent du soir et mettre en escript. Item, doit compter touz les deniers que l'on paie pour les bois mener. Item, ne doit souffrir à prester nulz deniers de la bourse, et se il avient que li comptes ne se preigne bien par raison, et il avient plusieurs foiz, il le doit dire aux gouverneurs et au portier. Et ne doivent faire houle à la porte, et doit tousjours fermer son hamiaire quant il se part de la vente. Item, doit faire chascun jour sa somme et sa recepte, et au chiez de la sepmaine apporter à compte.

C'est l'office du ventier

Il doit ainsin continuelment demorer à la porte comme li

paierres et le clerc, et baismer bien et loiaulment si hault que li paierres et li clers le puissent oir, et regarder les charrées de bois d'une part d'autre. Item, il ne doit compter, ne giter, ne estre près de la bourse. Item, il ne doit pranre ne faire pranre loier. Et souloit avoir avec lui ung autre pour bien aviser et garder, et ne doit estre acoustumier de mengier à la porte, et se il a nulz entour soy que li nuise riens, il le doit dire et faire departir, et s'il ne veult, il le doit dire au portier ou aux gaites. Et ne doit avoir chairs menent bois, ne ne doit recevoir denier de sa main à paier. Item, puet bien besmer le chair de ung gentil homme ou de ung bourgeois du Vaulx II deniers ou III plus.

C'est l'office des gaites

Il se doivent couchier li deux quant l'on est couchiez par la Saulnerie, et les autres deux doivent aler par les barnes et par les ouvrours et regarder que les ouvriers facent bien leur devoir. Et quant se vient à la mienuit, il se doivent aler par les barnes aval comme ceulx de devant, et de jours aussi comme de nuit, ne ne doivent point avoir de mesgnie à la porte, ne femmes ne enffans, ne faire mengier gens estranges, ne aler au moustier, ne passer la porte se n'est par le congié du portier. Et ne doivent riens demander ne estraire aux gens que ont rente en la Saulnerie, ne des manouvriers aussi, ne des moutiers, et doivent il, ou li moutier, taillier le charbon au commandement du portier, et estre si près du mesureur que l'on n'y puisse riens meffaire, et doivent garder le charbon par les ouvrours que on n'y face forfait. Et doivent garder que li chanciz soit bien deliz. Et ne doivent laissier la porte, ne ne doivent jouer en la Saulnerie aux dez, ne laissier la porte pour acheter viandes pour eulx ne pour autres. Et doivent tousjours entendre à garder leur porte, ne ne doivent, especialment à la porte, de nuit ne de jours, jouer à nulz jeuf à plus d'une chausne de vin, ne ne doivent ferir manouvriers ne manouvrières de la Saulnerie, ne malicieusement ceux qui amènent le bois.

C'est l'office du maistre fèvre.

Il doit vendre le fer yiez en sa bonne loiaulté par son serement, au proffit des seigneurs. Item, il doit faire à ses fèvres comment les chaudières soient bien ramandées en temps et à lieu qu'elles le doivent estre, et cerchier aussi, et se il trouve deffaut aux fèvres, que il ne vuillent ou puissent faire, il le doit faire à faire par sus leur paiement. Item, il doit venir en la Saulnerie après mengier devers le soir, de nuit, et doit aler par les barnes et demorer tant que à creuveffeu pour savoir se il a deffaute pour fèvres. Item, doit garder que on ne ramande de fer nuef. Item, doit faire que on descuille les chaudières quant il verra qui sera de faire pour ramander. Es vendues des fers que il fera, ce doit estre par l'ordonnance du portier, le clerc de la Table, et doit paier ses fèvres en la Saulnerie. Item, il doit faire que li fèvres ouvrent chascun jour de leurs mains, et que il soient garniz de cuvre à son povoir Item, se doit donner garde que les pillons soient bien coilliz. Item, doit apporter tous les soirs par escript ce que chacun des fèvres aura fait la journée, tant de clos comme d'autres choses en la dite Saulnerie.

C'est l'office du receveur de la Table.

Il doit recevoir bien et loiaulment des marchans, et doit savoir les missions que l'on fait, et doit baillier aux seigneurs la monnoie que il prent, ainsin comme il la prent à la Table et pour tel pris, et se il trouve moins des deniers des marchans la première foiz, il les doit reconter. Et ne doit acheter sal pour faire amas, ne faire à faire à autrui, ne faire acheter, ne estre compains. Item, doit soustenir la porte de tout l'argent que y faut, jà soit ce que vendues ne se facent, et pour ceste cause prant il au roolle, en despense, cent livres de pension chascun an, en oultre les gaiges ordinaires.

C'est l'office du clerc qui porte le seel.

Il doit mettre touz les matins en escript touz les noms des ouvriers mis pour descombrer les chemins en la Saulnerie, et ce que en leur donne; et doit garder qu'il ouvrient bien touz jours et que il ne partent point senz congié. Et doit demorer en la Saulnerie tant que li marchans soient delivrez, et faire les lettres des marchans et seeller ce qui passe par la porte d'Amont, et toutes autres lettres qui se doivent seeller du seel de la Saulnerie.

C'est l'office des moutiers.

Il doivent gesir touz les soirs en la Saulnerie que les barnes bouldront, senz chambre, se n'est pas essoigne de maladie ou par le congié du portier, et doivent baillier aux faceriz des ouvrours ung salignon loial et souffisant, et faire à faire la sal à ce fuer, ne trop grant ne trop petite. Et doivent veoir chascun jour une foiz ou plus que les saulx soient egaulx, et doivent apporter chascune sepmaine de chascun ouvrour deux salignons à la porte pour savoir c'elles sont egaulx et convenables, ne ne doivent pranre loier des manouvriers ne riens des boulles nuefves, ne de touldre le bel. Il doivent savoir quant l'on alloue les boullons volauges, et que on n'y mette point de cueille, et doivent reverchier les lomps, et doivent veoir que li saulx des boullons volauges soient egaulx à celle des seigneurs. Et doivent estre à baillier le charbon, par l'ordonnance du portier, et estre si près de la boille que l'on n'y puisse riens meffaire. Item, doivent savoir que li saulx de la porte et les salignons soient egaulx à celle des seigneurs. Item, doivent aler chascun soir esvoillier les merceniers des puis qui ne montoient trop. Et doivent estre à giter les menues mises et faire à paier les remandures, les vielles et les nouvelles, ainsin comme il est acoustumez; ne ne doivent estre procureur ne facteur de nulz qui ait rente en la Saulnerie. Item, doivent estre à lever et à couchier les chaudières, et appeller les manouvriers, et doivent estre à rendre les tailles aux benaistiers, aux clercs des saulx et faire les boullons au roolle du clerc de la Table, et faire à mettre ou roolle la raison du deffaut de la sal, pour quoy il a moins au boullon qui ne doit avoir. Et doivent faire qui n'y ait la sepmaine plus de III remendues ou de IIII, et se ce se doit faire et accorder par les clercs du Puis et par les moutiers.

Et doivent compter la sal des boullons en la tire et mettre en taille, et savoir combien il aura de sal en chascun boullon. Item, doivent bien garder que aucun buillon ne se perde par deffaut des manouvriers de la barne, et aussi pour deffaut de muire faire venir en sa barne, et, se deffaut y a, il le doivent rapporter au portier. Item, quant la muire entre, que la chaudière rebuille tousjours. Item, quant la brèse est faicte dessoubz la chaudière, que elle soit traite avant qu'elle soit consumée et gastée. Item, que elle soit estaincte par l'esteguerry, affin qu'elle ne se perde, et, incontinent, soit portée en l'ouvrour pour faire la tire de la saul. Item, que les estolez soient bien mehuz et traiz à point. Item, que se il y vient aucuns coliz en la chaudière, que il soit hastivement succourruz, affin que plus grant inconvénient n'en vienne. Item, que la saul soit portée quant temps est, affin qu'elle ne pesoit trop sur la chaudière et que elle ne ce secche trop sur ycelle. Item, que incontinent qu'elle est portée, que les facerriz soient prestes pour faire le sel, et les secherriz pour la sechier, et les benaistiers pour la lier. Item, que touz les jours il doit venir veoir en sa barne pour veoir se il fault aucune chose en sa barne, qu'il le face faire, et savoir l'estat de ses ouvriers et ouvrières, afin que se il en y a aucuns ou aucunes malades, qu'il y pourvoie d'autres. Et aussi doit vesiter l'ouvrour de sa barne, faire recueillir et amasser le fraschon et veoir les soilles, que la muire salée ne se perde par deffaut.

L'euvre de cellui qui met les ouvriers pour porter et redrecier le bois par la Saulnerie.

Il doit savoir quantes barnes bourront le jour, et le très bon matin, au point du jour, doit estre en la place de la vente, pour prendre les ouvriers qui seront necessaires pour la journée en la Saulnerie, selon les barnes qui burront, et les pranre au meilleur marchié qui pourra, et les tenir près que il ouvrient tout le jour, et que les diz ouvriers ne facent courvée pour aucuns fors pour la Saulnerie; et doit taillier chascun jour, devers le matin, les ouvriers et les vesiter par sa taille III ou IIII foiz le jour, et les doit faire escripre par le clerc du seel qu'il n'en doit pranre aucun salaire; et doivent estre paiez le samedi au soir à la porte en la presence du portier.

C'est l'office du maistre moustier.

Il se doit prandre garde sur touz les moustiers, manouvriers et manouvrières de toute la Saulnerie, que I chascun face bien son office, et se deffaut y voit, il le doit corrigier à son povoir, et se non, il doit rapporter au portier le deffaut, et sur qui, pour en faire la raison.

C'est l'office de cellui qui mesure le charbon.

Il doit estre à mesurer le charbon en la charbonnerie et non ailleurs, avec lui I moutier et une gaite qu'il doit appeler; et doit estre si près que il ait la main sur la boille, affin que cellui qui mesure ou le charbonnier ne face faulse mesure et qu'il n'y mette fors que bon charbon. Et doit rapporter à la porte par taille, combien chascun charbonnier aura rendu de charbon.

Et doit chascun des diz officiers faire residence en la ville de Salins, ne n'en doit partir senz le congié des seigneurs ou du portier, et que il soit pourveu à leur office jusques à leur retour sur peine de l'amande et du dommaige.

L'euvre du maistre polain.

Il doit faire porter toute la sal que l'on vent et delivre en la Saulnerie, par les poulains, et en doit rapporter le compte de ses prises es clers des saulx par ses tailles et là où il l'a prise, ou en ouvrour ou en estouaille; et se doit pranre garde qui ne face porter sur les bans ne en Rosère benaste XIe ne XIIIe.

L'office du portier.

Il doit demorer à la porte et doit commander aux gaites de la dite porte ce qu'il doivent faire, et doit aler par la Saulnerie chascun jour II foiz ou III, et le soir avant qui se couchoit. Se aucun meffait en la Saulnerie, il doit faire ou commander à ses gaites la justice telle comme il appartient, et doit blasmer et corriger les officiers, se il ne font bien leurs offices selon leurs instructions, et doit veoir ou faire veoir chascune sepmaine l'aisement des barnes, devant lui, à la porte, et veoir que riens n'y faille, et ce riens y faut, il le doit faire amender, et doit savoir que la Saulnerie soit garnie de soillons et de gruaulx et qu'il ait tousjours de l'aigue sur les murs, et faire gaitier sur les murs, et faire venir les benaistiers et les poulains gesir en la Saulnerie pour faire gait par grans oraiges et par grans pluyes, se mestier est. Il ne doit souffrir que nulz traye riens de la Saulnerie, ne antroit après creuvefeu sonnant, se estrange n'estoit, et ne doit souffrir que nulz mengoit avec les gaites, ne femme, ne enffans; et doit veoir payer les ouvriers; et generalement se doit donner garde sur tout le fait de la Saulnerie.

(*Au dos.*) C'est le fait touchant la Saulnerie de Salins pour bailler à monseigneur le chancelier et au tresorier.

(Arch. du Pas-de-Calais, A 115. Ecriture XIVe siècle, pet in-f^o, 12 ff. papier.)

Bail de la saunerie de Grozon, passé par **Marguerite de France,** comtesse de Bourgogne, au profit de plusieurs particuliers de Poligny. (3 avril 1366/7.)

Donnez par copie soubz le seel duquel l'on use en la court de Poloigny, le vint et septime jour du mois de juillet, l'an de grâce mil ccc sexante sept : Marguerite, fille de roy de France, comtesse de Flandres, d'Artois et de Bourgoigne palatine et dame de Salins, faisons savoir à touz que nous avons veues les lettres de noz amez et feauls chevaliers et conseilliers messire Jehan, sire de Montmartin, bailli en nostre contée de Bourgoigne, messire Thiebaut, sire de Rye, nostre chastellain de Bracon et de messire Eude de Quingey; contenans la forme qui s'ensuit : Nous Jehans, sire de Montmartin, chevaliers, bailli en Bourgoigne, Thiebaut, sire de Rye, chevaliers, chastellain de Bracon et Eudes de Quingey, chevalier, conseilliers de madame la contesse de Flandres, d'Artois et de Bourgoigne, faisons savoir à touz que comme la saunerie de Groson vauquast et fut fors de ferme d'amodiation, pour le terme des admoisonneurs de Salins qui la tenoient, qui estoit fait et acompli, nous, par l'ordonnance et comandement à nous fait par monseigneur de Blanmont, gardien de la ditte contée de Bourgoigne, et par le conseil et consentement de Aubriet de Plaigne, clerc, conseillier de ma ditte dame, et de Perrenat de Lavans, tresorier de Dole, avons fait crier solempnelment es villes de Salins, d'Arbois, de Dole et de Poloigny, que qui vourroit admoissonner la ditte saunerie, si se trahit pardevers nous ou le dit tresorier, laquelle criée at durez l'espace de quinze jours et plus, par lequel terme nul n'est venuz ne comparuz ou dit admoisonnement qui riens en ait offert ne presenté, fors que Jehans Baubet, Huguenin Fevrier, Joceran de Chamole, Guillemin Bovial, Perrin Bublant et Thiebaut Vincent, de Poloigny; nous, considerans que la ditte saunerie vauquoit au dogmaige de ma ditte dame, pour l'evident prouffit de ley, du comandement du dit monseigneur le gardiain et par le conseil des diz (*sic*) Aubriet de Plaigne et du dit tresorier, avons laissié et admoisonez, laissons et admoisonnons par ces presentes lettres aus dessus nommez Jehan Baubet, Huguenin Fevrier, Joceran de Chamole, Guillemin Bovial, Perrin Bublant et Thiebaut Vincent, de Poloigny, par l'espace et terme de six ans entiers prochainement venanz, començans le jour de la daute de ces presentes lettres et fenissant continuelment ensuguant, la ditte saunerie de Groson, emsamble la prevosté du dit lieu avec le prez es Dames, chascun an pour le pris et somme de sept cens florins de Florence à paier et rendre chascun an, l'an acompli et revoluz à ma ditte dame, son tresorier ou son certein comandement; et seront tenuz les diz admoissonneurs de paier les rentes et charges annuelles que la ditte saunerie doit, et ce que elles monteront leur sera rabatu de la ferme de leur dit admoisonnement, chascun an, en telx manière et condiction que, le dit terme durant, nule sel ne sera faite en deux lieues environ Groson, supposez que muire il fut trouvée fors que à Groson. Et est assavoir que ma ditte dame, ses hoirs ou ceuls qui de li auront cause garderont et seront tenus de garder les diz admoisonneurs d'ovelle, de deffaut de muyre, de guerre et de feu, par lesquels, se il avenoient les deux ou l'un d'iceuls, que Dieu ne vuille, et la ditte saunerie cessat d'ouvrer et de faire sel par ces deffauz, se n'estoit à la couppe des diz admoisonneurs, en celli an ou telle où elle avenroit, madame leur devra rabatre, senz plus attendre, de leur admoisonnement, sens ce qu'il soient en riens contreint à paier pour celui an, jusques à tant qu'il leur soit desduit pour ce cessement ce que raison sera, et, par expecial, au fait de la muyre, par tout le temps qu'il n'en vanroit point au lieu, le cros et puis de la ditte saunerie bien maintenus et vuidiez. Et fera garder et avoir madame à sel de Groson et qui sera fait au lieu, le court que elle doit avoir et que elle at eu ça en arriers par le pais; et s'il avenoit que ledit sel fut pris ne arrestez là où elle a eut et doit avoir son court d'antiquitez, madame sera tenue de faire delivrer le dit sel et ceuls qui le manroient; et les missions et pardes que les diz admoisonneurs feront pour ce, rasonablement, leur seront desduites et rabatues de leur dit admoisonnement; et se autre sel que de Groson estoit trouvez par les diz admoisonneurs ou leur comandement dedanz les mettes où le sel de Groson at son court, tant seullement, le dit

sel leur sera acquis, mais madame y aura la moitié pour ley et
à son singulier profit. Item, porront les diz admoisonneurs
prendre bois en la forest de Vevre soubz Poloigny, en la Maingete et autre part es bois de madame pour les amoisonnemens,
engins, chenaulx, maintenemenz et ouvraiges neccessaires à la
dite saunerie par la main du gruyer ou de son lieutenant. Item,
se, le dit terme durant, les diz admoisonneurs, acun ou pluseurs
d'iceuls, leurs biens familiaires estoient pour quelcunque cause
que ce fust en besoignant pour le fait de la dite saunerie, pour
le fait de madame ou du seigneur, madame les fera delivrer à sa
mission et gardera de tous dogmaiges, ainssi comme elle feroit
ou devroit faire se il la tenoient et gouvernoient à gaiges ou
chiez et ou nom de madame. Item, se les diz admoisonneurs
faisoient venir de Lombardie ou d'autre part fer neccessaire pour
la dite saunerie, madame leur fera passer à sa conduite par tous
les peaiges de sa souverainneté, comme elle feroit le sien, se
elle le faisoit venir ne porter pour sa besoigne ne pour ses ouvraiges ; les diz admoisonneurs le paieront ainssi comme elle
feroit ; et se li dit fer estoit pris ne arrestez par les gens de madame, les autres seigneurs et gens de la Saunerie de Salins ou
d'autre part, es lieux de la souverainneté de madame, elle le
fera délivrer à plain es diz admoisonneurs, à sa mission. Et se
ainssi estoit que, par la prise et arrest du dit fert, la dite saunerie cessast de cuire, la vacation cherra sur madame, en rabatant de la ferme de leur dit amoisonnement. Et quant leur
fert seroit à chemin, il le feroient savoir au tresorier de Dole ou
à son lieutenant et quelle quantité il en feroient venir necessaire
pour la dite saunerie. Item, le dit terme durant, nuls officiers ne
seront mis en la dite saunerie forsque par les diz admoisonneurs.
Et en la fin de leur dit admoisonnement, madame prendra
toutes garnisons et aisement de saunerie neccessaires que
les diz admoisonneurs auront et qui surmonteront l'inventoire
qui leur en sera bailliez à tauxation de prodommes et d'ouvriers, en rabatant de la ditte ferme de leur dit admoisonnement.
Et auront puissance les diz admoisonneurs de gouverner par
le dit terme la dite prevosté de Groson par personne ydone et
suffisant, et celui que mis y sera oster toutes fois que bon leur
semblera. Et porront lassier emplir le cros de la dite saunerie

par le dit térme, touteffois qu'il leur plerat sans estre pris à achoison, mais par ce terme que il le lasseront emplir, il n'an porront ne devront demander ovelle à madame. Et, par ce terme, les chers et chevauls des diz admoisonneurs, les bestes qu'il bailleront es gens du pays pour faire charroy, ne autres bestes charrians, alant ne retournant en la dite saunerie, ne aussi les biens des serviteurs de la dite salnerie ne seront prises ne arrestées par nule personne ainssi come il est acostumez anciainement en gardant le proffit de madame et les privilèges et drois de la dite salnerie ; et aura li maistres de la dite saunerie par le dit terme cognoissance sur les serviteurs de la ditte saunerie et sur touz autres faiz tuchanz le fait de la ditte salnerie, exceptez de cas qui requèrent pugnition de corps, qui venra à la cognoissance du bailli. Et prieront et requerront madame et ses gens les fèvres de son Bourt de Salins qui font chaudières, que touteffois que mestier sera, à la mission des diz admoisonneurs f[acent] et ouvrent es ouvraiges de la ditte saunerie. Item, feront les diz admoisonneurs reparer et mettre en estat les angins, chenauls et moisonnemenz neccessaires à reparer et mettre en estat present en la ditte saunerie, et aussi la citerne ; et, la mission que il feront pour ce, veue et examinée par le tresorier de Dole, leur sera comptée et rabatue sur leur premier paiement qu'il feront de leur dit admoisonnement. Et ce lais et admoisonnement par la manière ci-dessus contenue, nous, en nom de ma ditte dame, leur avons bailliez et delivrer et, ou nom que dessus, leur avons promis tenir et garder fermement par le dit terme, et supplions par ces presentes ma ditte dame que le dit lais et admoisonnement en la forme et manière ci-dessus declairiez, vuille confermer, ratifier et approuver par ces lettres. En tesmoing de veritez, nous avons mis houz seels pendanz à ces presentes lettres données le XIII jour du mois de janvier l'an de grace mil ccc sexante-six. — Lesquelles lettres et le bail et admoisonnement, avecques les promesses, conditions et toutes autres choses contenues en icelles, nous, pour nous, nos hoirs et successeurs, loons, greons, approuvons et confermons et voulons estre de telle force et value comme se par nostre parsonne avoient esté faites, et les promettons en bonne foy tenir, garder et acomplir entièrement senz corrumpre, senz faire ne soffrir à faire le contraire, mandans à touz nos officiers qui ores sont et seront et à chascun d'eulx comme à luy appartenra, que les choses contenues en ces lettres gardent et acomplissent dilijaument de point en point, sens autres lettres ou mandement avoir ne attendre ; et voulons et ordonnons que la coppie de ces lettres faite soubz seel auttentique vaille et à icelle soit creu et adjousté foy comme au propre original. En tesmoing de ce, nous avons fait mettre nostre seel à ces lettres données à Arraz le tiers jour d'avril l'an de grâce mil ccc sexante-six. Et sont ainssi signées : Par madame, à la relation du Conseil ouquel estoient messire de Saint-Valier, vous, messire Humbert de la Platière, J d'Esparnay, Th. Vincent.

(Arch. du Doubs, B 308. Copie du 27 juillet 1367.)

Ratification, par Marguerite de France, comtesse de Bourgogne, du traité passé entre ses procureurs et les parçonniers de la Saunerie de Salins, au sujet de la destruction de la saline de Grozon. (26 juin 1369.)

Marguerite, fille de roy de France, contesse de Flandres, d'Artois et de Bourgoigne palatine et dame de Salins, savoir faisons à tous presens et advenir que pour le grant et evidant prouffit de nous et de noz hoirs et successeurs et de nostre Saulnerie de Salins et pour multipliement et accroissance d'icelle et aussi de nostre conté de Bourgoigne, a esté par nostre volonté et commandement, traictié, accordez, convenancé et ordonné par noz amez et fealx chevaliers et conseillers messire Charles de Poitiers, seigneur de Saint-Vualier, nostre cousin le seigneur de Ray, gardien de nostre dit conté, messire Anxel de Salins, seigneur de Montferrant, messire Thiebault de Rie, nostre chastellain de Bracon, messire Eude de Quingey, maistre Jehan Viset et plusieurs autres de nostre conseil de Bourgoigne, pour nous et en nostre nom, d'une part. et nostre amé cousin messire Hugue de Chalon, sire d'Arlay, pour lui, ses hoirs et successeurs, et pour et en nom de Jehan et Henry de Chalon, ses nepveurs, enffans de feu messire Loys de Chalon, pour lesquelx, leurs hoirs successeurs et les aians cause d'eulx, le dit messire Hugue s'est fait fort, feu messire Tristien de Chalon, nostre cousin naguères trespassés, seigneur d'Orgelet et de Chastelbellin à son vivant, pour lui ses hoirs et successeurs ou les ayans cause de lui, et pour et au nom de messire Brun de Ribaupiere et de madame Jehanne de Blantmont sa femme, pour lesquelx le dit messire Tristien se fait fort, et aussi pour tous les partaiges Voignouri qui meuvent de sa partie, pour tant comme à chascun touche et peust touchier, d'autre part, les choses que cy après s'ensuivent : Premièrement que nostre saulnerie de Groson, à nous appartenant seule et pour le tout, sera doresenavant deserte et mise à neant du tout en tout, sans ce que jamais elle soit puisse ne doige estre reffaitte ne remise en estat, ne que l'en en peust user, ne que en icelle ne ou terretoire de Groson, nous, ne noz successeurs puissions panre ou faire cuire sel par quelque manière que ce soit. Et pour recompensation et destruction d'icelle saulnerie et des prouffis et emolumens que nous en avions et delaissons, nous, nos hoirs et successeurs prendrons, aurons et recevrons à tous jours en heritaige perpetuel sur les prouffis, issus et emolumens de la Saulnerie du Bourg communal de Salins, chascun an doresenavant, trois cens livres de bons estevenans de rente à rendre et paier à nous et à noz successeurs, c'est assavoir la moitié la sepmainne de la Magdelenne, et l'autre moitié la sepmainne de la Saint-Andrieu, lesquelles III^c livres seront mises et ordonnées au roole de la ditte Saulnerie du Bourg communal au prouffit de nous et de noz hoirs ou aians cause de nous, comme nostre propre heritaige sel, comme il est accoustumé de mettre pour les autres rentiers tenans et prenans rentes sur les seigneurs de la saulnerie du dit Bourg communal. Item, en recompensation et pour la dite cause, nous, pour nous, nos hoirs et successeurs et aians cause de nous, aurons prendrons et percevrons chascun an sur les rentes, yssues et revenues de la Chauderette de Salins appellée de Rosières, cent livres de bons estevenans, à nous rendre et paier, chascun an perpetuelment, au terme des vins jours de Noël, lesquelx c livres, les seigneurs et rentiers qui ont et preignent rentes et muyres sur la dite Chauderette, nous assignerons et asserront bien et souffisamment et par bonnes lettres, pour iceulx c livres panre et avoir aux termes dessur diz, et en cas que nous deffauldroient de paiement c livres, nous [noz] hoirs et successeurs ou ayans cause de nous, ne les autres seigneurs de la dite Saulnerie du Bourg communal ne leurs delivreront ne feront delivrer muyres en l'an ou es ans après ce que le dit deffault y seroit, jusques à tant que satisfaction nous seroit faitte entièrement de la dite somme et de ce que à ceste cause nous seroit deu des termes passés. Item, pour semblable cause et raison, aurons et prenrons pour nous, noz hoirs et successeurs ou ayans de nous cause, comme de nostre propre heritaige, chascun an perpetuelment à tousjours, sur les rentes, prouffis et emolumens de la muyre du puis de la saulnerie de nostre Bourg Dessoubz, deux cens livres estevenans qui seront rendues et paiés à nous et à noz hoirs et successeurs ou ayans cause de nous, chascun an perpetuel, aux vins jours d'après Noël, lesquelx II^c livres, les seigneurs et rentiers de la dite muyre et puis de nostre dit Bourg nous doivent assigné bien et souffisamment et par bonnes lettres, pour les nous paiez et rendre au terme dessus dit. Item, nous et noz hoirs, le dit messire Hugue, ses parçonniers et leurs hoirs, et les hoirs du dit messire Tristian, leurs parsonniers et leurs hoirs laisseront vendre et avoir cours à tous les sels des salneries de Salins quelx qu'ils soient par toute nostre conté de Bourgoigne, en tous lieux où le sel de Groson avoit cours; et pourront tous marchans venans acheter sel à Salins, acheter tel sel qu'il leur plaira en la dite ville, sans contredit. Item, sera crier de part nous et nos diz cousins de Chalon, et les hoirs du dit messire Tristian, et autres seigneurs de la Saulnerie du dit Bourg communal, que sel de mer n'a cours en arcevesché de Besançon sur peinne de la perdre et de paier sexante solz estevenans de emende par le vendeur et atant par l'achetteur, et de estre le dit sel vendu et emendés acquis au seigneur justicier sur cuil la chose sera faitte. Item, messire Jehan le bastard de Chalon a promis de faire et procurer que nostre cousine madame Marguerite de Vienne, dame de Saint-Laurent, au nom de Jehan et Henry, ses enffans dessus nommez, et comme tuteresse et ayant le gouvernement d'iceulx, lourra et ratiffiera, aprouvera pour ses diz enffans, que ilz, ou temps advenir, yront ne venront au contraire des choses dessus dittes, mais tanront fermement à tousjours, sans corrumpre. Item, messire Outhe de Salins, chevalier, procureur du dit messire Brun, a promis de faire en effect que la dite madame Jehanne de Blanmont, femme du dit messire Brun, se consentira à ces choses et les promettra à tenir sans aler au contraire, et aussi le fera faire ainsin du dit messire Brun, lui estant hors de prison. Lesquelx traicliers, accors, convenances, ordonnances et toutes les choses dessus dittes, nous, pour nous, noz hoirs, successeurs et les ayans cause de nous, avons agreable et iceulx avons promis et promettons en bonne foy, en tant comme en nous est et peut touchier, tenir, garder, entretenir et acomplir entièrement à nostre dit cousin de Chalon, aux hoirs du dit feu messire Tristian, et aux autres seigneurs de la ditte Chauderette de Rosières, et aussi aux seigneurs et rentiers des muyres et sel de nostre Bourg [Dessoubz] et leurs hoirs perpetuelment, et à tous autres à qui les dittes choses pourront touchier et appartenir, sans ce que jamais puissions aler ne venir à contraire, cellement ne en appert. Et quant à ce, obligeons nous et noz hoirs et successeurs et tous noz biens et les leurs presens et advenir ou cas que deffault auroit par nous et nos diz hoirs et successeurs en acomplir ce que nous peut touchier es choses dessus dittes. Et que ce soit ferme et estauble à tousjours, nous avons fait mettre nostre seel en ces lettres faittes et données à Gand le vint cinquiesme jour de juing l'an de grâce mil IIIe soixante neuf. Par madame la contesse, en son conseil ou estoient mes diz seigneurs de Saint-Vallier, de Ray, de Monferrant, maistre Pierre Perier et messire Humbert de la Platière et autres, J. d'Esparnay.

(Arch. du Doubs, B 308. Orig.)

Règlement de l'administration de la Saunerie de Salins, établi
sous le gouvernement du duc Jean sans Peur.
(Entre 1412 et 1419.)

Premièrement, le pardessus fera continuelle residence en la Saunerie, et au lieu d'icelle sera chef et principal de tous les officiers, et aura regard sur tous les officiers d'icelle, tellement que un chacun officier fasse deuement son devoir, en corrigeant les transgresseurs de cette presente ordonnance, par l'avis et deliberation des gens du conseil de la dite Saunerie.

Le portier de la dite Saunerie doit et devra demeurer au plus près de la grande porte d'icelle Saunerie, et avoir les clefs de toutes les portes d'icelle, contraires et differentes de celles des gaites, et les garder de nuit en sa chambre, après ce qu'il aura fait fermer la dite porte, et devra venir sentir tous les soirs qu'elle soit fermée de sa clef, et bien matin se devra lever pour faire ouvrir la dite porte et voir que l'on ne tire aucune chose de la dite Saunerie qui n'en soit à tirer.

Item, doit fermer la porte à heure de couvrefeu et non la souffrir ouverte, si ce n'est en cas de necessité comme pour gens estrangers, par orvale ou autre cas semblable.

Item, devra aller plusieurs fois le jour par la dite Saunerie, specialement le matin, pour sçavoir que un chacun des ouvriers fasse et ait bien fait ce qu'il doit faire, et aussi devers le soir, après couvrefeu pour sçavoir que un chacun des ouvriers et ouvrières qui doivent gesir en la dite Saunerie, y soit, et aussy les moutiers.

Item, ne devra souffrir que aucune personne tire aucune chose de la dite Saunerie, pour quelconque personne que ce soit, si ce n'est pour l'évident profit et utilité de la dite Saunerie.

Item, ne pourra donner congé aux moutiers ny autres officiers, manouvriers, manouvrières qui doivent gesir en la dite Saunerie, d'aller dehors icelle, si ce n'est par grand et evident necessaire.

Item, ne pourra delivrer prisonniers pris en la Saunerie pour sel ou autre chose emblée ou pour autrement avoir meffait en icelle, si ce n'est par l'ordonnance du pardessus et du conseil de la ditte Saulnerie.

Item, ne pourra mettre ne changer benaistiers, fèvres, manouvriers ne manouvrières, sans appeler ceux auxquels il appartient selon leurs œuvres, et sans le consentement du pardessus et du conseil d'icelle Saulnerie.

Item, devra garder le chaveillon de la Chauderette et la clef du rouaige du Grand Puis pour faire fermer le dit rouaige toutefois que l'on delivrera la muyre à la ditte Chauderette, et le devra tenir tellement enfermé qu'il ne soit pas en la puissance de ses maignies ne d'autres.

Item, doit estre à mettre argent à la porte, et l'un des clercs des roolles avec luy, et le veoir compter et escrire la somme au livre de nous et de nos parçonniers, et veoir faire le compte chacun matin de la journée precedente.

Item, en faisant son tour, devra veoir les ouvriers qui redressent le bois, qu'ils le fassent bien et à point, et devra estre present à les payer à la porte, afin que l'on ne paye rien sans cause

Item, devra demander les benaistiers pour veiller en la Saulnerie toutefois qu'il fera grans orages de vens, tonnerres et tempestes, pour doubte du feu.

Item, devra faire fermer la porte de la Saulnerie à heure de disner et de soupper.

Item, ne pourra laisser traigier aucuns estrangers de nuyct en la ditte Saulnerie, et si aucuns il ou autre d'icelle Saulnerie y en veuillent mettre aucuns à l'entrée de la nuyct, si l'y fasse gesir, afin que la porte ne soit pas si souvent ouverte.

Item, pour ce que le portier doit garder le cheveillon pour delivrer muyre en la Chauderette, et ne devra mettre en la puissance de ses maignies ne autre, comme dessus est dit, le dit portier, quand il sera absent de la ditte Saulnerie, sera tenu de le bailler pendant son absence au pardessus, lequel sera tenu de le garder comme dit est du portier, durant l'absence d'iceluy portier.

Item, se devra lever le dit portier, un chacun matin à l'aube du jour, ou aucune seure personne pour luy, pour faire ouvrir la porte et estre à icelle, jusques à ce que les autres officiers seront en la ditte Saulnerie, afin que, pour sa presence, l'on se gardat de meffaire à la ditte porte, et qu'il puisse veoir et compter le nombre de tous ouvriers que l'on mettra en la ditte Saulnerie, tant de ceux qui relevent et apportent le bois devant les barnes, comme de ceux qui jettent hors les terres et ordures de la ditte Saulnerie.

Item, sera tenu d'apporter le samedy au conseil les fautes que par luy seront trouvées afin que, par le conseil, elles soient reparées, et fasse veoir le bois et apporter de chacune barne, chacune semaine deux ou trois fois, des salignons que l'on fera es ouvriers d'icelle, et les mettre en lieu publique, afin que l'on fasse le sel pareil.

Item, que à compter le dit argent à la ditte porte et mettre en la ditte armaire, soient presens le dit pardessus ou portier, l'un des clercs des rooles, payeur et clerc ventier.

Item, afin de bien aviser que à faire les ferues, l'on ne enchée en faute de payement ou en erreur de gets, les dits pardessus et portier, ou l'un d'eux, à tout le moins, soient presens à une chacune ferue qui se fera à la ditte porte.

Item, quand le dit compte sera aussi fait et clos au dit papier en la fin d'une chacune sepmaine, le dit clerc ventier transcrira en son autre grand papier, presens les dessus dits, le dit compte en la manière accoustumée, et d'iceluy sera faitte collation par le dit clerc ventier, d'une part, et les dits pardessus et portier, ou l'un d'eux en l'absence de l'autre; et retiendront par devers eux les dits pardessus et portier le dit petit livre pour le garder en la manière qu'il appartiendra, afin que la raison des bois des seigneurs soit gardée, et la despense de la porte plus veriffiée.

Item, que, en outre les deux clefs diverses qui desja sont en la ditte armaire, où l'on met l'argent de la porte, soit faite encore une autre clef tierce, diverse et despareille des autres, laquelle garderont les dits pardessus et portier, ou l'un d'eux en l'absence de l'autre, lesquels, comme dit est, seront presens à faire les receptes, despence et compte de la porte.

Item, que les estouuailles où l'on met le sel, soient fermées à deux clefs différentes l'une de l'autre dont le portier en gardera l'une et les clercs des sels l'autre, et seront tenus les dits clercs des sels et aussy les moutiers, chacun en droit soy, de rapporter au pardessus et au portier les deffauts qu'ils trouveront es dits ouvreurs et estuailles, pour iceux faire corriger par la manière qu'il appartiendra.

Item, que aucuns estrangers ou estrangères ne aillent es dits ouvreurs sans licence pour prendre cendre ne autre chose.

Item, que à recevoir les bois des buillons volauges, à mettre les différences et à compter la demeurance d'iceux bois, soient presens le portier et le maistre moutier.

Item, que l'on ne fasse formes d'escuelles à faire sel fors que pour la Saulnerie; et que l'on en fasse trois patrons de chacune forme, dont l'un sera en la chambre des roolles, l'autre aura le portier et le tiers le mottier gardera.

Item, que à compter la demeurance du bois des buillons volauges, soient presens le portier, le clerc ventier et le tauxeur de bois à la porte.

Item, que tous labons, soilles, griaulx, baisives et autres utenses de bois qui entreront en la ditte Saulnerie soient veus et comptés en entrant à la ditte Saulnerie par le portier et ceux de la porte et mis en escrit à la ditte porte et tauxez par le tauxeur, presens les dessus dits.

Item, et par les dernières ordonnances de monseigneur et par ses lettres données le xiiie jour d'avril après Pasques l'an mil quatre cens et douze, le dit portier doit et est tenu de veoir et visiter avec les clercs des rooles, tous les ouvrages qui se feront en la ditte Saulnerie pour les certifier en la manière qu'il appartiendra et devra estre present à les compter et fera diligence de faire ouvrer les ouvriers de la ditte Saulnerie.

Le tresorier ou receveur de la ditte Saulnerie devra recevoir l'argent des marchans venans acheter sel en la ditte Saulnerie, et se devra payer loyalement et compter l'argent des dits marchands deux fois et si hault que ceux qui sont à la Table le puissent ouyr, et estre d'accord avec les dits marchans tellement qu'ils puissent trouver bien leur compte.

Item, devra escrire en son livre le nom d'un chacun des dits marchands, à la ville dont il est, et monstrer son livre au clerc de la Table pour en autant escrire au livre de monseigneur et de ses parchonniers.

Item, ne devra mettre en escrit aucun marchand s'il n'a payé, et devra prendre en luy payant, moitié or et moitié monnoye pour faire les missions de la ditte Saulnerie.

Item, devra avoir sur toutes autres choses dilligence que l'on ne faille point à argent à la porte, pourquoy le bois demeuroit dehors ou retardoit à venir.

Item, devra payer toutes les semaines les escroes aux ouvriers et ouvrières de la dite Saulnerie, et payer toutes les missions qui se compteront au roolle et par cedule des clercs des roolles.

Item, ne pourra ne devra vendre aux manouvriers et manouvrières de la ditte Saulnerie quelconques danrées à creance, parquoy il leur convienne retenir leur paye par les dittes escroes ne autrement.

Item, ne pourra acheter sel en la ditte Saulnerie ne ailleurs pour en faire grenier ou amas en la ville ne autre part, fors que seulement pour son usage.

Item, que chacun lundi au matin, les tresoriers ou receveurs de la ditte Saulnerie mettent en l'armaire où l'on met l'argent de la porte la somme de trois cens livres estevenans, ou celle somme que par advis la semaine ensuivant pourra monter, pour faire le payement des bois, charbon et autres missions de la ditte porte.

Item, que doresnavent ne soit payée aucune chose à la charge de mon dit seigneur et de ces dits parchonniers pour achapt ou change de monnoye d'or ou d'argent; car les receveurs reçoivent et doivent recevoir en or, blans et engroignes, pour le proffit de leurs recettes, et doivent fournir les deniers qui se despensent à la porte pour achapt de bois, charbon et autres choses, parmi leur retenue et gages.

Les clercs des roolles seront tenus de mettre en escrit les noms et surnoms des marchans et les villes où ils demeurent, venans achetter sel en la Saulnerie, quand ils ont payé le receveur, au livre des venducs des sels, qui est le livre de mon dit seigneur et de ses dits parçonniers, c'est à scavoir les marchans d'Amont, d'Aval et de Bouchet.

Item, devront escrire au dit livre le sel de porte que l'on doibt delivrer pour vendre en menu à la Porte Oudin par le rapport du poulin qui portera le dit sel.

Item, devront escrire au dit livre de mon dit seigneur et de ses parsonniers le nombre de tout le sel plaine et de grenier que l'on porte un chacun jour es chambres des Rosières, tant pour les marchans d'Aval que pour les greniers du duché de Bourgoigne, par le rapport du maistre poulain, lequel au departir du dit Rosières, après ce que l'on y a aporté sel, avant toute œuvre, doit faire son rapport aus dits clercs des roolles, et à ce doit estre juré.

Item, seront tenus d'escrire les delivrances aux rentiers prenans rentes un chacun an sur le commun de la ditte Saulnerie, en sel, toutes les fois qu'ils en seront requis, et le terme soit passé sans fraude, et aussy devront escrire les buillons volauges que l'on fera en la ditte Saulnerie par le rapport du benastier de la barne en laquelle l'on fera les dits buillons volauges.

Item, devront recevoir le compte des clercs des sels, des buillons et des sels faits en la ditte Saulnerie chacune semaine, et faire l'estat d'iceux sels, et devront estre le dit portier et eux à recevoir l'argent à la porte et escrire en leur livre.

Item, devront veoir la recette et despense de la porte pour les mettre es roolles, et aussy toutes autres missions quelconques qui se feront des deniers communs de la ditte Saulnerie, et faire les comptes de toutes les recettes et mises d'icelle Saulnerie chacun samedy pour la semaine devant.

Item, ne pourront recevoir aucun argent à la porte pour eux ne pour autres officiers, manouvriers ou autres, pour quelconques payemens qui soient à faire.

Item, ne pourront faire aucuns payemens en sel ou en deniers à quelconque personne que ce soit, tant pour ouvrages et autres choses semblables, si ce n'est par l'ordonnance du pardessus et du conseil.

Item, que nulles cedules ne partent de leurs mains, passant soixante sols, jusques à ce que le pardessus et le conseil les ayent veues, et toutes cedules passant soixante sols soient signées à tout le moins de deux clercs des roolles.

Item, ne devront faire aucunes delivrances de sel pour les femmes gyssans, malades, enterremens d'officiers et manouvriers, pour les dons et aumosnes que l'on fait aux menus ouvriers de quatre temps, si ce n'est par ordonnance du pardessus et du conseil, mais seront tenus de controoller celuy qui voudra faire les donations et despens, et, s'ils voyent qu'elles ne soient passables ny raisonnables, ils ne les doivent point escrire, et pour toutes les missions dessus dites seront escrits les noms des femmes gisans et autres ouvriers pour qui on fera les dittes missions et les causes pourquoy : soit pour enfourmes (1), maladies, enterremens ou autrement ; et seront escripts les noms de ceux par qui elles seront passées.

Item, que les maistres des œuvres, charpenterie et de ferreterie, ne autres quelsconques ne laissent ou baillent aucunes œuvres en tasche, ne mettent ouvriers en œuvre, si ce n'est par l'advis du conseil ou aucuns d'eux, et ne soient par les clercs des roolles passées aucunes cedules totales jusques à ce que les ouvrages soient parfaits et accomplis et les ditte cedules verifiées par le dit conseil et signées par le pardessus ou portier, lesquelles cedules ainsy verifiées et signées seront gardées par les clercs des roolles pour en rendre compte si mestier est, et là où il appartiendra.

Item, que toutes et quantefois que les pardessus, portier, clercs des roolles ou autres gouverneurs de la ditte Saline recevront aucuns mandemens de monseigneur ou d'aucuns des gens ayans à ce puissance, pour les employer au gouvernement d'icelle Saulnerie tant pour intituler aucun au roolle, comme autrement, les dits clercs des roolles les enfilleront en une liace et les garderont en la chambre des dits roolles pour les exiber quand mestier sera, et au commencement d'icelle lyace, sera escrit en une cedulle de parchemin depuis quel jour jusques à quel jour il y aura des lettres en icelle lyace.

Item, par les dernières ordonnances de monsieur, et par ses lettres données le XIIIe jour d'avril après Pasques l'an quatre cens et douze, iceux clercs de roolles doivent et sont tenus de veoir et sçavoir si les ouvrages de la ditte Saulnerie, tant les tasches de terres, masonnemens, que autres quelsconques seront entièrement parfaits et assimez, devant que les dits ouvrages se comptent par les dits roolles, et n'en feront aucune cedule jusques à ce que iceux ouvrages soient bien et deuement

---

(1) Le manuscrit de Sali.s porte : « Aumônes ».

accomplis et mesurez comme il appartiendra, escriront les ouvriers que l'on mettra en œuvre un chacun jour en la ditte Saulnerie, pour en savoir le compte au juste.

Le clerc ventier devra faire continuelle residence à la porte, le jour, comme le payeur, et devra avoir clef contraire à celle du payeur, et fermer tous les soirs à sa clef l'armaire de l'argent et le sien.

Item, devra regarder et veoir diligemment l'argent que le payeur recevra et qui le comptoit loyalement, et le nombre de l'argent qu'il aura compté, mette en escript en son papier.

Item, devra jetter bien et diligemment ce que le tauxeur tauxera et que le payeur payera, et chacun bois bannal par soy, et après escrire en son livre chacun ferue et chacun bois par soy, et aussy le charbon et toutes autres qui se payeront à la porte, et accordera son get de bois à l'argent.

Item, ne devra souffrir donner argent à quelconque personne que ce soit, si ce n'est par l'ordonnance du conseil, et si ce n'est aux ouvriers qui redressent bois ou aydes pour la ditte Saulnerie par le rapport de ceux à quis il appartient pour lesquels il ne devra souffrir payer denier si l'ouvrier n'est present; et si le payeur en donne autrement que dit est, il ne le jettera point, ny mettra en somme.

Item, ne devra souffrir que l'on paye aucune chose si ce n'est pour bois, charbons, aisemens de bois et autres choses necessaires pour les barnes et ouvreurs de la ditte Saulnerie.

Item, devra faire chacun lundy matin les sommes totales des bois bannals de la semaine precedente et escrire en un papier, et faire en la fin de l'an des rolles et certifications aux receveurs des dits bois, pour compter là où il appartiendra.

Item, se devra prendre garde sur les fasseures des bois bannals et les aller visiter souvent avec le tauxeur des dits bois.

Item, devra sçavoir la provision du bois et du charbon qui sera en la dite Saunerie et, selon ce et veu le temps, devra faire prendre competent marché du bois et du charbon par telle manière que l'on n'y faille en la Saunerie.

Item, que en la fin de chacune ferue, le papier du clerc ventier sera mis en l'aumoire où l'on met l'argent de la dite porte, lequel papier le dit clerc ventier ne tiendra fors qu'en faisant les dites ferues, et pour faire le compte d'un chacun jour en la fin d'une chacune semaine, presens les dessus dits, fera le dit clerc ventier le compte des recetes et despenses faites à la dite porte pour achat de bois et autres choses, et aussy le compte des bois des seigneurs.

Item, quand le dit compte sera ainsy fait et clos au dit papier en la fin d'une chacune semaine, le dit clerc ventier transcrira en son autre grand papier, presens les dessus dits, le dit compte en la manière accoutumée, et en sera faite collation par le dit clerc ventier, d'une part, et le dit pardessus et portier, ou l'un d'eux en l'absence de l'autre, d'autre part, et retiendront par devers eux les dits pardessus et portier le dit petit livret, pour le garder en la manière qu'il appartiendra, afin que la raison des bois des seigneurs soit gardée et la despense de la porte plus verifiée.

Le payeur des bois à la porte devra faire de jour continuelle residence à la dite porte, tous les jours que le bois viendra en la dite Saunerie, si ce n'est à heure de disner et de souper, et devra avoir clef dispareille et contraire des armoires de la porte d'icelles du clerc ventier, pour fermer à sa clef chacun soir l'armoire du susdit clerc ventier.

Item, ne pourra recevoir argent pour la porte si ce n'est des receveurs, et quand le receveur y mettra argent, le payeur luy devra demander haultement le nombre de ce qu'il baillera, et après le devra compter si haut que le receveur, le clerc ventier et autres qui seront presens, le puissent ouyr, et s'il ne trouve bien le compte, il le devra recompter, et, le compte trouvé, devra mettre en escrit en son livre la somme qu'il aura receue.

Item, devra payer tout ce que le tauxeur tauxe et non autre chose, et ne pourra payer denier pour bois trop ou peu, il le devra monstrer au clerc ventier, et devra estre reparé.

Item, quand l'on fera ferue et il paye le bois de monseigneur et de ses dits parsonniers, avant qu'il mette l'argent es coffres, il devra mettre à part sur le comptoir l'argent d'un chacun bois, et après la ferue compter iceluy argent pour accorder au papier de clerc ventier.

Item, ne pourra recevoir ne payer denier à la porte ne ouvrir l'armaire de l'argent si le clerc ventier n'est present qui en devra avoir une autre clef, et ne pourra donner argent à aucune personne soit forestier, guette ou autre, si ce n'est par l'ordonnance du conseil de la Saulnerie, ou le pourra donner aux gens qui secourent en la ditte Saulnerie à grande necessité et par l'ordonnance de ceux à quis il appartient, pour lesquels il ne devra payer denier, si l'ouvrier n'est present.

Item, ne pourra payer aucuns deniers pour quelconque chose extraordinaire que ce soit, fors tant seulement pour bois, charbon, anxelles, lattes, lahons, grialx, basives et autres choses necessaires pour les barnes de la ditte Saulnerie, si ce n'est par l'ordonnance du conseil.

Item, devra ayder chacun matin au clerc ventier à faire les sommes de la despence de la journée preditte, pour veoir si la demeurance de son argent s'accorde au papier du dit clerc ventier.

Item, devra prendre bon marché de bois et de charbon selon que le temps le requerrera, et tellement que l'on n'y faille en la Saulnerie, et ne pourra payer à autre que à celuy à quis sera le dit bois et charbon.

Item, que l'on n'ouvroit point l'armaire de l'argent estant à la porte, devant ce que le tauxeur du bois soit venu et prest en son lieu pour tauxer.

Item, que es trois coffres estans à la ditte porte esquels l'on met les deniers des bois des seigneurs, soient faittes trois clefs diverses l'une de l'autre qui sont mises en l'armaire de l'argent de la ditte porte, et n'en seront ostées jusques à ce que le compte de la semaine soit fait et clos, comme dit est dessus, et lors seront ouverts les dits coffres, presens les pardessus et portier, ou l'un d'eux en l'absence de l'autre, les tresorier, payeur et clerc ventier, et les deniers qui trouvez y seront bailler et delivrer realement et de fait au dit tresorier et receveur et à un chacun d'eux sa portion, et aura chacun tresorier ou receveur une clef de son coffre differente des autres.

Le tauxeur des bois à la porte devra estre continuellement à la ditte porte, de jour, et bien diligemment regarder et visiter les charges du bois que l'on y amennera, et icelle taxer en conscience bien et loyalement et si haut que le payeur et clerc ventier le puissent ouyr, sans rapport d'autres.

Item, devra faire mettre le bois matin et souvent et, selon le temps que besoin sera, au conseil des payeur et clerc ventier, monter ou avaler le prix du dit bois, et en prendra marché convenable.

Item, devra veoir et visiter souvent les fasseures des bois bannaux de mon dit seigneur et de ses parsonniers, et taxer un chacun des dits bois bannaux selon ce qu'il vaudra.

Item, devra veoir et visiter les griaux et baisives et autres aisemens de bois que l'on achettera pour la necessité de la ditte Saulnerie et les taxer loyalement ce qu'ils vaudront.

Item, devra compter la demeurance du bois des buillons volauges et la taxer selon qu'elle vaut et aussi tous autres bois comme gros bois esquarrez, chevrons, lahons et autres choses.

Item, quand les fasseures des bois de mon dit seigneur et de ses dits parsonniers ne seront suffisans, il les devra aller veoir au bois, et mener avec luy au dit bois le tresorier et le clerc ventier et aucuns des manouvriers de la ditte Saulnerie, et si la fasseure n'est bonne, il devra faire detrancher les chevasses et sy devra prendre garde que les dites chevasses soient faites selon le mole de la ditte Saulnerie.

Item, devra souvent aller par la ditte Saulnerie pour savoir quelle provision de bois et de charbon y pourra estre et, selon qu'il verra, pourra, à conseil de ceux à qui il appartiendra, hausser ou avaler le prix du bois et du charbon, et tellement qu'il n'y ait faute en la ditte Saulnerie.

Item, que doresnavant les fassures des bois bannaux de mon dit seigneur et de ses dits parsonniers soient taxez et prisez loyalement ce que chacune vaudra et non pas à un prix comme a esté fait ça en arrier, si elles ne sont toutes pareilles en qualité et quantité.

Item, que l'on n'amene ne souffre amener en la ditte Saulnerie aucuns bois appartenans à quelques officiers d'icelle, soit de vieilles maisons ou autre quelconque, et si aucun y en estoit amené, qu'il ne leur en soit rien payé.

Item par les dernières ordonnances de monseigneur et par ses lettres données le XIIIe jour d'avril après Pasques M. IIII^c

et xii, après ce que les ferues seront faites, de visiter les fasseurs et tout le bois que l'on amène en la ditte Saulnerie pour en rapporter les fautes aux pardessus et officiers d'icelle Saulnerie qu'il appartiendra, et sera aussy tenu de visiter les ouvriers des barnes qui portent le bois pour les faire ouvrer diligemment.

Les clercs des sels seront tenus de tenir et garder le compte des sels de tous les ouvreurs et estuailles de la Saulnerie et recevoir chacun mardy, ou quand le sel sera lié, les tailles des benaistiers et voir les comptes qu'ils auront faits par les ouvreurs, pour sçavoir que les dits benaistiers fassent juste rapport, et devront les moutiers estre presens, et ne devront pas croire les benaistiers, mais les devront eux-mesmes aller compter.

Item, seront tenus de mettre en escrit au papier des sels, les buillons et le nombre du sel de chacun buillon que l'on aura fait en chacune berne, et devront raporter le defaut s'il y en a qui leur doit estre rapporté par le moutier, et devront signer au dit papier des sels les remandures, le sel de porte et les chauderettes neuves, et ne pourront rien prester aux benaistiers.

Item, devront ordonner chacun jour au maistre poulain en quel lieu il devra prendre sel, afin qu'il delivre le sel qui est plus necessaire à délivrer, et que l'on vuide les ouvreurs plus empeschez.

Item, devront compter tout le sel portés sur les bans en Rousières et autre part avant ce que l'on delivre iceluy, et mettre en escrit en leur papier des prises, sans veoir le livre de mon dit seigneur et de ses parsonniers, ny celuy au delivreur, jusques au compte du roolle.

Item, devront faire mettre en lieu seur le sel et le faire tenir en fermeté, afin que les manouvriers et benaistiers n'y puissent entrer l'un sans l'autre, et faire mettre en lieu seur le meilleur sel et le plus gros, et delivrer chacun jour le plus vieux, excepté en la morte saison, et seront tenus de compter premièrement le sel de l'ouvreur auquel l'on le prendra, quand on le mettra au lieu seur, comme dit est.

Item, devront veoir, en comptant par les ouvreurs, que le sel soit bien lié et de harnois et qu'il ne soit trop gros ny trop petit.

Item, devront faire les cedules au poulains portans sel en Rousières et es estouailles pour faire les quartemps aux femmes des ouvreurs le plus justement qu'ils pourront, et faire rappareiller les pièces et faire les bullettes de buillons de Balerne pour passer à la Porte Oudin.

Item, devront porter les fraichons des estouailles par les ouvreurs de quinzaine en quinzaine, au plus tard de mois en mois, et iceux rappareiller et les rabatre aux manouvriers ainsy qu'il appartient.

Item, devront toutes fois que l'on fera chaudières neuves faire vuider pour delivrer sur les bans en Rousières ou es estouailles, et aussy que l'on laissera à faire sel de Bouchet en un ouvreur, devront faire en lieu sauf le sel de Bouchet et pareillement le sel moitenal.

Item, que les estouailles où l'on met le sel soient fermées à deux clefs differentes l'une de l'autre, dont le portier gardera l'une et les clercs de sel l'autre, et seront tenus les dits clercs des sels et aussy les moutiers, chacun en droit soy, de rapporter au pardessus ou au portier les deffauts qu'ils trouveront estre es dits ouvreurs et estouailles, pour iceux faire corriger par la manière qu'il appartiendra.

Item, par les dernières ordonnances de monseigneur et par ses lettres données le XIIIe jour d'avril après Pasques M. IIII^c XII, doivent et sont tenus de faire chacune semaine les arrests des sels de la dite Saulnerie, pour en sçavoir l'estat au juste.

Le clerc portier qui delivre le sel devra escrire en son livre tout ce qu'il trouvera escrit es livres des clercs de la Table, soit pour marchands ou pour autres delivrances de rentiers, et delivrer le dit sel et non autrement, et se devra prendre garde que il ne delivre rien deux fois, et sera tenu de fermer les portes et fenestres des chambres de Rousières et de garder les clefs par devers luy.

Item, ne devra tenir par devers luy aucuns des livres de mon dit seigneur et de ses dits parsonniers, mais devra escrire en son livre, avant qu'il delivre aucun sel, tout le sel qu'il devra delivrer, et aussy ne devra laisser son livre en la main d'aucuns, s'il n'est present.

Item, devra chacune semaine le vendredy ou samedy aller au roolle porter son livre pour faire approuver et accorder ses sommes des vendues avec les clercs des roolles.

Item, ne pourra delivrer aucuns sels si les clercs des sels ne l'ont premier compté.

Item, quand il devra delivrer aucun sel, il devra appeller un gaite pour garder sur le bans, et compter bien et loyalment chacun monceau, et dire à haute voix par son livre le nom du marchand et la quantité de sel que le dit marchand aura payé, et voir tout ce qu'il aura delivré, et devra commander aux gaites qui seront à la porte que ils laissent aller ce qu'il aura delivré.

Item, devra faire ses delivrances souvent et tost, afin qu'il n'y ait trop grande presse et qu'il ne faille porter dehors le sel trop tard et de nuit.

Item, devra faire le roolle des menus deniers chacun an, et les cedules au maistre fevre des missions qui se fónt d'ouvrages de forge aux journées de monseigneur et de ses parsonniers.

Item, quand l'on voudra porter en Rousières, il devra voir si l'on a apporté les clefs de la chambre où l'on aura vendu, et aller voir le refus, et mener avec luy l'une des gaites, et visiter les refus qu'il soit loyalment fait, et iceluy compter afin que l'on y porte autant de bon sel et qu'on rapporte le dit refus en la Saulnerie.

Item, quand les poulains auront porté en Rousières ce qui se pourra ou devra porter, les clercs des sels y devront aller compter et veoir que le nombre soit juste et, ce fait, le delivreur devra mener la gaite qui aura esté au porter et devra compter le dit sel et voir que le nombre du refus que l'on avoit rapporté y soit, et iceluy sel delivrer et escrire en son livre.

Item, que s'il peut appercevoir que aucuns des officiers de la Saulnerie ait payé (1) aux buillons volauges, il ne leur pourra ne devra delivrer la ditte part sans ordonnance des pardessus, portier et autres officiers.

Item, ne pourra ny devra delivrer sel sur les bans jusques à ce qu'il soit bien reloyé et retenu et changé le refus du sel, et

---

(1) Lire : *part*.

que à faire le dit refus, et aussy à changer iceluy, soit toujours une des gaites.

Item, que toutes et quantes fois que le dit delivreur ira delivrer sel, que le dit clerc soit present et aussy le pardessus ou portier ou l'un des clercs des roolles, et que le dit delivreur ait une clef du dit sel, et quand il aura delivré le dit sel, qu'il ferme la porte, tellement que nul n'y puisse entrer sans son congé.

Item, devra estre à delivrer la muyre des buillons volauges et mettre en escrit par devers luy ce qu'il en sera delivré.

Item, ne pourra delivrer sel si ce n'est à telle heure que l'on le puisse jetter hors de la ditte Saulnerie de jour.

Item, si le clerc des delivrances apperçoit que aucuns des dits officiers fasse le contraire de l'article precedent, qu'il ne delivre point de buillons volauges ou autres rentes en sels aux dits officiers, ains le rapporte au pardessus, portier et gens du conseil pour le punir selon le contenu precedent.

Item, que la ditte delivrance soit faitte de telle heure que tout le sel puisse estre mis hors de la ditte Saulnerie de beau jour.

Item, que quand le delivreur ira delivrer sel en Rousières, l'un des clercs des sels et une gaite soient presens avec luy, et en ait une clef le dit delivreur, afin que sans son congé l'on n'y puisse entrer.

Item, que le dit delivreur des sels et aussy le maistre poulain rapportent aux clercs des roolles, toutes les fois qu'il aura delivré en Rousières, la quantité de sel qu'il delivrera, afin que iceux clercs des roolles l'escrivent incontinent au livre communal des seigneurs, et pareillement du sel de porte.

Item, que le dit delivreur soit present à delivrer la muyre des buillons volauges, et fera registre par devers luy de ce qui sera delivré.

Item, et par les dernières ordonnances de mon dit seigneur et par ses lettres données le XIIIe jour d'avril après Pasques M. IIII^c XII, le dit delivreur doit et est tenu de non faire aucune delivrance aux rentiers prenant rentes en la ditte Saulnerie des rentes en sels et buillons volauges, jusques à ce que les dits rentiers ayent juré premièrement, par devant les clercs des roolles, de faire mener vendre leur dit sel de Salins où il appartiendra; et fera le dit delivreur un livre où seront escrittes toutes les delivrances que l'on fera en la ditte Saulnerie, et semblablement que les dittes delivrances seront escrittes au livre des seigneurs.

Le clerc du sel devra faire les bullettes aux marchands d'Amont et d'Aval et de Bouchet qui auront payé et qui seront escrits au livre de mon dit seigneur et de ses parsonniers et non autrement, et devra faire à un chacun marchand sa bullette par soy, tant pour la Porte Oudin comme par Chalamont, et la devra seeller du seel de mon dit seigneur et tellement que l'on voye l'empreinte du seel.

Item, ne pourra faire bullettes d'aucun sel de delivrance pour eviter les fraudes, si ce n'est des delivrances qui se payent en sel de marchand et qui d'ancienneté ont accoustumé de passer au pays d'Amont.

Item, devra mettre et escrire les menus ouvriers qui redressent, enchaulent et deschaulent bois par la Saulnerie chacune semaine, et voir que les ouvriers qu'il escrira soient presens et non autrement.

Item, doit et devra faire toutes les rescriptions que l'on envoyera hors de la Saulnerie, et toutes autres escritures qui se feront extraordinaires en la ditte Saulnerie, comme lettres missives, responses et autres.

Item, par les dernières ordonnances de mon dit seigneur et par ses lettres données le XIIIe jour d'avril après Pasques mille quatre cens et douze, doit et est tenu de signer de sa main toutes les cedules qu'il fera pour les ouvriers de la ditte Saulnerie.

Le clerc du Grand Puis devra gesir en la Saulnerie et, chacun jour, ordonner ses barnes à boullir, et faire comme le clerc du Puis à Grez, c'est à sçavoir aller, chacun jour, par les barnes voir laquelle est plus prompte à boullir, et icelle avancer la première.

Item, devra livrer muyre à juste mesure et jetter ses randes afin que l'on ne vuide trop ou peu.

Item, selon que le Puis jettera muyre, il devra ordonner ses barnes, afin que l'on ne mette pas le feu pour un seul bouillon et, quand il aura assez muyre, il devra premier delivrer à la barne qui a remandure ou qui a chaudière vieille.

Item, devra faire traire la muire aux merceniers de jour et de nuit, tellement qu'elle ne se perde ou mesle avec l'eau douce.

Item, devra souvent visiter le congroi, les rigles et les conduits, et qu'ils soient tellement descombrez que empeschement ne vienne à la muyre.

Item, devra alloer les buillons volauges en lieu et en temps convenable, et le dire au pardessus, au portier ou au maistre moutier, afin de voir les lombées qu'elles soient faites convenablement.

Item, devra livrer muyre aux dits buillons volauges par mesures, et faire lignier la tourneure et jetter le matin sa rende et emporter le chaveillon ; et le soir, quand le buillon sera adressé, il devra voir sa demeurance et son sel; s'il y a deffaut, il devra faire punir et amender par ceux à qui il appartiendra (1).

Item, devra faire payer chacune semaine le samedy, le dimanche, les six nolz IIII^{xx} et XIIII celles de muyre que l'on doit aux rentiers de la Chauderette, et les mettre en taille par devers luy, et ne les devra on prester ny emprunter.

Item, que les clercs des puis fassent et rendent chacun samedy le compte de la muyre que un chacun puis aura jettée la semaine precedente.

Item, par les dernières ordonnances de mon dit seigneur et par ses lettres données le XIIIe jour d'avril après Pasques, M. IIII^c et XII, les deux clercs des puys sont tenus de garder la clef du fer de la dite Saulnerie toutes et quantes fois que mestier sera, tiendront le compte d'iceluy chacune semaine pour le bailler en la chambre des rolles, compteront les happes et rivez, cullettes et grands fons des chaudières de la dite Saulnerie, et mettront tout par escrit pour sçavoir la despense de tout le dit fer, et aussy feront apourter en la ferretterie tout le vieux fer des chaudières pour le livrer aux fèvres quand besoin sera ; et sy tiendront le compte des muyres des dits deux puis, selon et par la manière que contenu est es ordonnances de la ditte Saulnerie.

Le clerc du Puis à Grez devra gesir en la Saulnerie et, chacun matin, aller par ses barnes pour sçavoir laquelle est plus

---

(1) En marge de cet article, le manuscrit de Salins porte : « Il delivroit la muyre pour bouillons volauges et, après avoir rendé, le matin, la cuve, il voyoit, le soir, si on l'avoit trompé, et faisoit chastier ceux qui avoient meffait. »

prompte et necessaire à bouillir et livrer à icelle muyre premièrement que faire plus souvent bouillir la bonne que la mauvaise.

Item, devra delivrer muyre pour les bernes à droitte mesure telle qu'il connoisse que les manouvriers boullent les muyres qu'ils doivent bouillir, et aussi qu'ils ne boullent si ce n'est à grande necessité et par commandement, et jetter ses randes et voir leur demeurance chacun jour.

Item, selon que les puis jetteront de muyre, il devra ordonner ses barnes à bouillir, et ne devra souffrir que l'on mette le feu pour faire un buillon et reposer le lendemain, s'il n'y a cause raisonnable.

Item, quand il aura assez de muyre pour satisfaire à toutes ses barnes, il devra premier livrer muyre à la barne qui aura ramendure et qui aura chaudière vieille.

Item, se devra prendre garde que ses manouvriers trayent la muyre de jour et de nuit, tellement qu'elle ne monte trop haut, pourquoy elle se puisse espancher, et devra souvent aller visiter les doix de la muyre et de l'eau douce, afin que l'une ne se mesle avec l'autre, et que les eschenalz d'icelle soient bien ligniez et appareillez.

Item, devra garder une clef de la ferreterie où l'on met le fer, contraire à celle du maistre fèvre, et escrire devers luy toute la despense de fer de la Saulnerie, et chacun an faire le compte et apporter au rolle quand l'on clot les arrestz.

Item, que le fer de la ditte Saulnerie soit despensé par compte par le clerc du Puis à Grez et le maistre fèvre qui ont les clefs, et soit verifié par les fèvres ou gouverneurs des bernes ausquelles sera mis et employé le dit fer, et aussy le vieux fer soit baillé par poids aux fevres de la ditte Saulnerie, afin que l'on sçache combien ils doivent rendre de chayennes, de clous et de crochets pour un cent de fer vieux, deduite la descheance raisonnable, et seront rendues les dittes chayennes, clous et crochetz par les maistres fèvres ou autres pour en rendre compte, et que l'on ne distribue aucun fer si ce n'est pour le fait de la ditte Saulnerie.

Item, que les clercs des puis fassent et rendent, chacun samedy, compte de la muyre que un chacun puis aura jettée la semaine precedente.

Item, que le maistre fèvre et le clerc du Puis à Grez rendent, chacun samedy, compte au rolle du fer qui sera despendu es ouvrages d'icelle Saulnerie, et qu'ils n'en livrent point pour autre chose.

Item, et par les dernières ordonnances de mon dit seigneur et par ses lettres données le XIII° jour d'avril, après Pasques M. IIII° et XII, les deux clercs des puis sont tenus de garder la clef du fer de la ditte Saulnerie pour le delivrer aux fèvres d'icelle Saulnerie, tiendront le compte chacune semaine pour le bailler en la chambre des roolles, compteront les happes et rivez, cullettes et grands fons des chaudières de la ditte Saulnerie, et mettront tout par escrit pour sçavoir la despense de tout le dit fer, et aussy feront mettre à point en la ferreterie tout le vieux fer des chaudières pour le livrer aux fèvres, quand besoin sera, et sy tiendront le compte des muyres des dits deux puis, selon et par la manière que contenu est es ordonnances de la ditte Saulnerie.

Le maistre moutier devra faire l'office des moutiers, et aura une chambre en la Saulnerie pour gesir toutes les fois que l'on y voudra et non autrement, et fera son tour par la Saulnerie plusieurs fois le jour, et specialement le matin et le soir, pour sçavoir que un chacun d'iceux qui y doivent gesir y gisent, et que chacun fasse bien ce qu'il doit faire.

Item, devra sçavoir de quel sel on a plus grande necessité en la Saulnerie, et faire faire iceluy, et devra proportionner ses ouvreurs et livrer ses formes à sel, selon que le temps et le cas le requerront.

Item, ne devra souffrir que l'on fasse en nul ouvreur que d'un sel la semaine, si ce n'est en cas de necessité, et tellement proportionner ses barnes du sel de Bouchet et du sel plaine, que les manouvriers ayent leur quartemps egaux, au plus près que faire se pourra.

Item, devra estre garny de batteurs et d'escuelles à faire sel et icelles faire rappareiller quand besoin sera, et soy prendre garde qu'elles soient egales, selon les formes et patrons ordonnez, et non souffrir qu'elles soient plus grandes ny plus petites.

Item, devra avoir la garde du suif et des chandelles que l'on délivre par la Saulnerie, et les delivre bien et loyalement chacun soir aux ouvriers qui boudront les muyres, selon ce que besoin sera, et d'autre part où il appartiendra, et prendra les dits suifs et chandelles au poids, et les distribuera au dit poids.

Item, devra sçavoir quand le clerc du Puis alloe les buillons volauges pour ordonner aux manouvriers de faire descombrer la place pour mettre le bois, et pour voir faire les lombées, afin que l'on n'y fasse faute.

Item, devra sçavoir et apporter les grosses remandures des barnes et les nons des ouvriers et manouvriers malades, et en faire cedule et apporter au rolle, et voir chacune chaudière neuve si les oules sont outillées et bien levées.

Item, devra recevoir et despendre par compte les grials et baisives que l'on achette en la Saulnerie, et seront contez les dis greaux et basives à la porte, et des dis greaux et basives et chandelles ne donnera aucunement.

Item, que le pois à peser suif en la dite Saunerie soit remis à point, et que à iceluy poids le suif qui doresnavant sera receu et despensé par le maistre moutier et soit pesé quand il le recevra au dit poids; et fera recepte de ce qu'il recevra et despense de ce qu'il despensera en chandelles et autrement, afin d'en sçavoir le compte au bout de l'an, et ne delivrera aucunes chandelles à ceux qui en sont recompensés en suif ou en argent.

Les moutiers devront estre bien matin en la Saulnerie pour veoir que leurs chaudières soient bien ramendées, affectiées et engeniées et promptes pour bouillir, et voir que les lombées soient bien faites, et les longs plains.

Item, se devront prendre garde que en adressant le buillon, que la gaite fasse bon feu si diligemment que la chaudière bouille toujours, et que les estoiles soient poins et naves en temps deu bien et diligemment, et la chaudière espoingiée, et que la vaite les traye eux presens et quand temps sera.

Item, devront estre presens à embraser afin que l'on ne mette en la presse du gros bois plusieurs sappeaux, grosses billes, ou gros chaillons ronds.

Item devront estre presens à embraiser quand les chaudières bouilliront et quand la presse en gros bois sera faillie, ils devront esveiller la have pour jetter aval menu bois et prendre garde que laditte have fasse feu convenable, et qu'il ne fasse trop gros rettel de bois menu pour luy reposer, et esveiller les femmes pour tirer le feu quand besoin sera.

Item, se devront prendre garde quand temps sera de faire la première traite, et devra esveiller la garde, la desserre et les ouvriers de la ditte barne pour traire le sel, et adoncques se pourront aller dormir et reposer jusques à ce que le premier sel sera porté en l'ouvreur, et adoncques ils devront esveiller les femmes de l'ouvreur.

Item, se devront prendre garde, quand le premier sel est prest, que la have ne s'endorme, mais luy fasse faire feu convenable pour essuyer la derrière, lequel il doit faire prendre tendre et moite afin que la chaudière demeure couverte de muyre, et faire porter le sel apartement afin que la chaudière ne demeure trop chargée.

Item, devront aller de jour le plus en l'ouvreur et voir que l'on ne fasse trop gros sel ny trop petit, et devront compter le sel sur le feu et en faire une taille, pour sçavoir combien de charges l'on fera à chacun buillon, et se il se porte mal, sçavoir et rapporter le deffaut, rendre les tailles, et non souffrir que les femmes qui sechent le sel mettent derrière en la tryée plus de deux ou trois salignons.

Item, devront avoir diligence de faire lier le sel et que second buillon ne trouve le tier, et le defaut des benaistiers devront rapporter au portier (1).

Item, devront estre presens à mesurer le charbon et sy près, que l'on n'y meffasse, toutesfois que commandé leur sera par le pardessus ou le portier.

Item, devront faire rappareiller les pièces et les fraichons du buillon en buillon, afin que l'ouvreur soit net et les cuves et les aises decombrées, et faire tourner aux secheresses leurs chanteaux, et estre à rendre les tailles, afin que les benaistiers ne rapportent que ce qu'ils lient.

Item, que tous les ouvreurs de la ditte Saulnerie soient fermez à clef, laquelle portera chacun moutier de l'ouvreur de sa barne pour le fermer et garder le sel qui sera au dit ouvreur, toutes

---

(1) Note du manuscrit de Salins : « Le sel devoit estre lié par cuitte et les benastiers defaillans rapportés ».

fois et quantes que les ouvriers ou ouvrières n'y seront, et que de ce faire le moutier ait bonne diligence.

Item, que quand l'on fera buillons volauges, que le moutier de la barne où on les fera apporte à la porte des salignons du dit buillon, pour voir que le dit sel soit pareil au sel de mon dit seigneur et de ses dits parsonniers.

Le maistre des œuvres devra aller chacun jour par la Saulnerie pour voir s'il y a rien à faire de charpenterie, de gisserie ou de maçonnerie, et incontinent devra mander des ouvriers et le faire rappareiller tant es rouaiges, barnes, ouvreurs que autre part, et devra estre tout le jour devant ses ouvriers.

Item, devra aviser, quand l'on aura à faire grands ouvrages, si l'on les fera en tâche ou à journée, et duquel l'on aura meilleur marché.

Item, devra mesurer tous les ouvrages de massonnerie et de gisserie que l'on fera en la Saulnerie et appeller ceux qui seront à appeller.

Item, devra prendre garde que les barnes, ouvreurs et estuailles de la ditte Saulnerie soient tellement maintenus qu'il n'en avienne dommage, et que les barnes et ouvreurs soient clos et garnis de portes et de fenestres à l'entrée de l'hiver.

Item, devra estre garni de courbes de rouages, de tous arbres et autres bois necessaires pour les rouages, de fuz, de manielles, de plumaz, d'estallons et autres choses.

Item, ne pourra faire à faire ouvrages en la ditte Saulnerie pour le commun ny pour personne quelconque demeurante en icelle, s'il n'est bien necessaire.

Item, ne devra souffrir partir les ouvriers de l'œuvre par tout le jour, si ce n'est au disner, et ne leur devra souffrir faire aucune courvée ou aucun ouvrage pour quelconque personne, soit officier ou autre.

Item, devra faire à faire la cedule des journées de ses ouvriers chacune semaine, et porter au rolle.

Item, ne devra par soy donner tâche, mais en devra aller parler au rolle, et aussi ne devra estre compagnon de tâche quelconque que l'on baille à ouvrer.

Item, que nuls des ouvrages de la ditte Saulnerie ne seront baillez en tâche par quelconques personnes que ce soit, si ce n'est par l'ordonnance du pardessus, du conseil et par l'avis du dit maistre des œuvres.

Item, sera tenu de compter, present le portier ou autre que l'on y commettra, les ouvriers qu'il mettra, à l'entrer qu'ils feront en la ditte Saulnerie, ou au departir d'icelle, afin que l'on voye quels ouvriers ce sont et quelles journées ils peuvent gaigner, et si ainsy ne le fait, l'on ne luy passera point sa cedule.

Item, pour ce que l'on depend en la ditte Saulnerie grande somme d'argent en bois esquarrés et en lahons, le dit bois sera mis et receu par compte par le dit maistre, lequel sera tenu d'en rendre compte chacun mois, ou ainsy qu'il sera avisé et verifié, etc. et aussy ne pourra faire le dit maistre aucunes missions fors que des rouages des puis, sans licence du pardessus et du conseil, et seront comptez à la porte les dits lahons.

Item, devra chacun jour venir en la ditte Saulnerie pour sçavoir s'il y a rien à faire de son mestier, et devra souvent visiter les puis et faire nettoyer et appareiller les rigolles, conduits et eschenalx des muyres et des eaux douces, afin qu'elles ne se meslent l'une avec l'autre.

Item, se devra prendre garde qu'il n'y ait trop de terre en la ditte Saline, et quand temps sera, devra mettre des ouvriers, par le conseil de ceux à qui il appartiendra, et devra estre tout le jour devant ses ouvriers, sans avoir besangeur (sic) ou autres qui n'ouvrent diligemment.

Item, devra appeller une gaite qui gardera à la poterne toutes fois que l'on jettera terre en la rivière, et ne devra souffrir jetter grosses moutes salées en la rivière, si ce n'est par grandes eaux et qu'elles soient mises par menues pièces.

Item, devra chacune quinzaine visiter les leivons qu'ils ne soient encomprez, et visiter les chemins d'Amont, et s'il y a aucune chose à faire, le devra venir dire au rolle pour en ordonner.

Item, ne pourra prendre et estre compagnon de tâche que l'on donnoit sur son office.

Item, devra apporter au rolle, la semaine qu'il aura ouvriers pour la ditte Saulnerie, la cedule d'iceux ouvriers, le nom d'un chacun et ce que l'on leur donnera par journée, et ne devra donner à ouvrier plus de douze deniers estevenans par jour, si ce n'est par deliberation du conseil.

Item, ne devra souffrir les courvées ou ouvrages quelconques par ses ouvriers pour quelconque personne que ce soit, officier ou autre, et ne pourra ny devra rapporter journée d'ouvriers quelconques qui ne l'aura bien et loyalment employée au proffit de mon dit seigneur et de ses dits parsonniers.

Item, ne pourra acheter bois pour les chemins si le taxeur n'est present et que ceux à qui sera le bois se viennent payer à la porte.

Item, ne pourra donner aucune tâche d'ouvrages, si ce n'est en la présence de ceux à qui il appartiendra.

Item, devra estre pourveu d'ouvriers qui ouvrent continuellement en la dite Saulnerie, et devra estre continuellement de jour en icelle, et aller de barne en barne visitant ses ouvriers.

Item, ne devra portionner ses ouvriers devant chacune barne selon que besoin sera, et ne pourra donner aux ouvriers plus de douze deniers par jour, comme dit est cy-devant, sinon par l'ordonnance de ceux à qui il appartiendra.

Item, se devra prendre garde que les manouvriers des barnes fendent les gros bois pour chacun buillon ainsy qu'il appartient, ou autrement l'on ne leur devra point payer les douze deniers que l'on leur paye du bois fendu par sa cédule.

Item, devra, sur toutes autres choses, avoir certains ouvriers pour soyer bois chacun jour, pour amasser menu bois et pourmener le raithel par la ditte Saulnerie.

Item, ne devra faire enchauler ny deschauler menu bois, fors que au plus tard qu'il pourra, et par le conseil de ceux de la porte.

Item, devra estre garny de sie, de raitheaux, de coins et de maillets, et en avoir la garde.

Item, ne devra mettre en œuvre valetz, servants ny servantes d'officiers de la Saulnerie.

Item, ne devra souffrir à ouvriers de la ditte Saulnerie qui soient aux journées de mon dit seigneur et de ses dits parsonniers, pour faire courvée ou aucun ouvrage, soit pour officier de la ditte Saulnerie ou autre.

Item, devra faire aller le bois aval de la Saulnerie à chacune ferue et le faire descharger au plus près des barnes et des feurtoires.

Item, ne devra souffrir que aucun de ses ouvriers ne fasse œuvre en barne pour quelconque manouvrier de la ditte Saulnerie, comme de addresser muyre, jetter aval, traire ou porter sel ou autrement, si ce n'est en cas de grande necessité et par deliberation de ceux à qui il appartiendra.

Item, que doresnavant les manouvriers des barnes fendent le gros bois ainsy que faire le doivent, parmy payant douze deniers par chacun buillon outre leurs gages ordinaires, et si ainsy ne le font ils ne leurs seront point payez et si l'amenderont selon l'ordonnance des pardessus, portier et conseil, en defendant au maître des œuvres qu'il ne les mette pas en sa cedule s'ils n'ont fendu le dit bois, à peine que dessus.

Item, que les dits ouvriers de barnes soient contraints de porter les terres salées des barnes derrier les murs de la Saulnerie par la manière qu'ils le doivent faire pour le proffit de la ditte Saulnerie, et s'ils ne le font, qu'ils ne soient point payez de ce que l'on leur a accoustumé de payer pour celle cause et si l'amenderont comme dessus.

Item, que le maistre des œuvres fasse compte du bois esquarré et des lahons qui entreront en la ditte Saulnerie, et que iceluy compte rendu à la fin de chacune semaine au rolle, et ne fasse doresnavant le dit maistre des œuvres aucunnes missions fors que des rouages des puis sans licence et ordonnance qui luy sera faite le samedy par le conseil pour la semaine à venir.

Item, et par les ordonnances de mon dit seigneur et par ses lettres données le XIIIe jour d'avril après Pasques M IIII^c XII, le dit maistre des œuvres doit et est tenu de faire continuelle residence en la dite Saulnerie de jour, voir et continuer les ouvrages d'icelle.

Le maistre charbonnier devra toujours estre prest toutes les fois qu'il vient et viendra charbon en la Saulnerie pour le mesurer, et ne devra mesurer charbon si l'un des moutiers et l'une des gaites ne sont presens.

Item, ne devra mesurer charbon fors que en la charbonerie ou es forges, si ce n'est en cas de necessité et par conseil, et devra voir le charbon qu'il n'y ait nuls mouchons, et s'il y en a, il les devra faire oster, et s'il voit que le charbon ne soit suffisant, il l'en devra faire porter à la porte pour y ordonner l'esprise ainsy qu'il appartiendra.

Item, devra estre de costé la boulle pour voir que l'on n'y fasse barat de paille, de bois ou autrement, et qu'elle soit bien comble, et à chacune boulle que l'on vuidera, crier à haute voix le nombre des boulles qu'il aura mesurées pour chacun charbonnier, et allier en un baston et en bailler une taille au dit charbonnier et apporter le tronc à la porte.

Item, selon ce qu'il verra la provision de charbon en la Saulnerie, il devra aviser ceux de la porte pour hausser ou abaisser le prix selon que le cas le requerra.

Les clercs des puis (1) devront tenir le lieu le plus près et chacun jour faire son tour au matin et visiter les chaudières, s'il y a quelque chose à faire, ils devront mander aux forges les fevres pour les rappareiller, et ainsy le devront faire après disner et le soir.

Item, devront chacun lundy matin ou aux autres jours que l'on essue aucune chaudière, visiter les chaudières et ordonner par le conseil des fevres ce qu'il y faut, et le faire brievement, et devra sçavoir huict ou quinze jours devant, à laquelle chaudière conviendra faire grosse remendure.

Item, devront avoir une clef de la ferreterie en laquelle l'on met en garde le fer, et devront livrer fer pour les chaudières neuves quinze jours devant que l'on tranchoit la vieille chaudière, et aussy le fer des fons et grosses remendures huict jours ou quinze jours avant la remandure, selon qu'elle est grosse.

Item, quand l'on fera chaudière neuve ou fondz ou cullettes, ils devront livrer le fer par compte et, l'ouvrage fait, devront recompter afin que tout le fer qu'ils auront baillé soit bien employé, et s'il en demeure, ils le devront remettre dans la ferreterie et rapporter leur despence au rolle chacune semaine.

Item, quand l'on mettra ou amenera fer en la ditte Saulnerie,

---

(1) Le manuscrit de Salins porte : « Les clercs des puyz sont tenus et devront faire les articles cy après escritz, lesquels le maistre fèvre souloit faire. »

ils devront mander des plus suffisans fevres d'icelle et lyre le dit fer bien et loyalement, qu'il soit bon et convenable ainsy qu'il appartient, et mettre le refus à part.

Item, devront faire à faire tous ouvrages de forges necessaires du commun de la ditte Saulnerie, comme les appresls pour les baissives, ferremens de rouages et autres, et faire faire la cedule aux ouvriers par le clerc portier du rolle.

Item, ne pourront faire faire aisemens de fer pour les hostels de la Saulnerie s'ils ne voyent premièrement les vieux, si ce n'estoit par ordonnance du conseil, et aussy ne pourront faire ny souffrir faire aucuns ouvrages pour personne quelconque, si ce n'est pour ceux qui demeurent en la ditte Saulnerie, et par la manière que dit est.

Item, devront visiter les fevres aux forges et sçavoir ce qu'ils font chacun jour, et qu'ils soient bien garnis de verges, de clous et de tout ce qui leur est necessaire.

Les gaites devront estre quatre qui ne se devront partir de la Saulnerie sans congé, et devront tousjours estre les deux à la porte et les autres par la Saulnerie comme en Rousières, sur les bans et es poternes quand l'on jette terre en la rivière, ou en la charbonnière à mesurer le charbon.

Item, doivent avoir clefs de toutes les portes de la Saulnerie contraires et despareilles à celles du portier, et chacun soir fermer de leur mains toutes les portes et poternes d'icelle Saulnerie, et sçavoir quantes barnes bouillent et les rapporter, et crier haut : « Il bout tant de barnes », et les nommer.

Item devront gesir tous les quatre en la ditte Saulnerie et devront les deux veiller en icelle jusques à minuit, et les deux autres jusques au jour, pourvoir que dommage n'avienne du feu, que l'on ne meffassse aucunement, et que ceux qui bouillent fassent bien leurs œuvres.

Item, devront estre à delivrer la muyre du grand puis aux rentiers de la Chauderette, et fermer le rouage à la clef que le portier garde jusques à ce que la ditte muyre soit tournée, et après faire rapporter le chevillon chez le portier et ouvrir le rouage, et crier à la porte: « L'on a delivré tant à la Chauderette. »

Item, devra estre l'un d'eux à mesurer le charbon en la charbonnière, et estre si près de la bouille que l'on ne puisse meffaire, et voir le compte des bouilles et faire une contre-taille et apporter à la porte, et devront estre aussy au compte et apporter le sel es Rousières, et garder sur les bans quand on a delivré aux marchands.

Item, ne devront laisser partir de la dite Saulnerie ouvriers, ouvrières ny autres qu'ils ne reccerchent, et s'ils trouvent que aucuns emportoient sel, fer ou autre semblable chose, ils le devront arrester et mettre en prison, et ne le pourront delivrer par commandement ou ordonnance de quelque personne que ce soit, si ce n'est par ceux à qui il appartiendra.

Item, ne devront laisser partir de la ditte Saulnerie aucune chose pour quelconque personne que ce soit ny pour quelconque commandement ou ordonnance, si ce n'est par le commandement du pardessus et du conseil.

Item ne devront laisser faire buée en la ditte Saulnerie pour quelconques personnes que ce soit demeurans hors de la ditte Saulnerie, si ce n'est pour les manouvriers ou manouvrières qui la feront à la vetaille de la barne et autre part non, et qu'ils l'emportent hors de la ditte Saulnerie sur leur cols, sans grial (1).

Item, devront aller avec le delivreur en Rouzières et compter le refus du sel au dit delivreur et ouvrir et fermer les portes ainsy qu'il appartient.

Le maistre poulain devra tenir le lieu mout près et devra estre pourveu de poulains qui toujours soient prests à porter sel toutes fois que besoin sera.

Item, devront tailler en sa taille les marchands qui auront payé par le livre de monseigneur et de messeigneurs ses parsonniers, et aussy les delivrances aux rentiers et non par autre, et faire apporter sur les bans les sels des dits marchands ou delivrance et le descharger ou faire descharger en sa presence, et compter chacune benaiste que la douzaine des salignons y soit et non plus.

Item, quand le delivreur aura compté en Rousières, il devra faire porter le sel et mener une des gaittes et compter bien et

---

(1) En marge du manuscrit de Salins : « Lessives ne se pouvoient faire aux Saulneries sinon pour manouvriers qui l'emportoient sur leurs cols, sans seaux. »

loyalment les benaistes et empiler si loing des murs que le delivreur puisse aller par devant et derrier.

Item, devra faire changer le refus et rapporter icelluy en l'ouvreur ou estouaille où il aura esté pris, et au partir de Rousières devra rapporter aux clercs des sels le nombre du sel porté pour l'escrire au livre de mon dit seigneur et de ses dits parsonniers.

Item, ne pourra prendre sel en ouvreur ny en estouaille si ce n'est de commandement des clercs des sels, et ne devra point attendre que trop grande quantité de marchands soient venus, mais devra faire apporter sel souvent.

Item, devra faire porter le sel aux marchands hors de la Saulnerie quand il est delivré et faire changer le refus et rapporter en l'ouvreur ou en l'estouaille où on l'aura pris, comme dit est, et devra aussy aller livrer les bullettes aux marchands et sçavoir que un chacun ait bien son compte.

Item, ne devra souffrir que aucun relye ou fasse le refus aux marchands, sinon les poulains qui ont le serment à mon dit seigneur et à ses dits parsonniers.

Item, devra rapporter un chacun jour ses prises aux clercs des sels à sa table de tout le sel porté sur les bans en Rousières ou autre part que es estouailles, et dire combien il a pris en chacun des dits ouvreurs ou estouailles.

(Bibl. de Salins, M 128, ff. 1-44, copie du commencement du XVIIe siècle. B. N. Colbert-Flandres 1, ff. 378-404 v°, copie de 1675.)

Réforme du personnel de la Saunerie de Salins, par le duc Jean sans Peur. (13 avril 1412.)

Jehan duc de Bourgoigne, conte de Flandre, d'Artois et de Bourgoigne palatin, seigneur de Salins et de Malines, à tous ceux qui ces lettres verront, salut. Comme par le rapport de nostre amé et feal conseiller Jehan Chousat, pardessus des offices de nostre Saunerie de Salins, et de Jehan Carondelet, son lieutenant en la dite Saunerie, nous aions entendu que plusieurs officiers d'icelle Saunerie, sous umbre et pour occasion de ce qu'ils ont maintenu au temps passé et encore font chacun jour, avoir si petits gaiges d'iceux offices qu'ils n'en peuvent vivre, les aucuns d'iceux ont fait et pourté à leur proufit et au dommage de nous et de nos personniers en la dite Saunerie plusieurs larrecins tant en sel que en autres choses, et les autres ont delaissé les dis offices et y renoncé, mesmement qu'à ceste cause l'on n'a peu ni peut treuver gens si notables et expers pour les dis offices exercer et gouverner comme necessité seroit pour le bien commun de nostre dite Saunerie, jasoit ce que plusieurs officiers de nostre dite Saunerie aient accoutumé de prendre et avoir par an, en outre leurs gaiges ordinaires, plusieurs drois et proufits tant en sel, draps pour robes, chandelles, chandeliers, lanternes, comme en autres menues choses revenans par an à grandes sommes de deniers, et si n'en sont iceux officiers autrement contents, et aussy qu'en la dite Saunerie a huit mottiers et autres officiers à grande charge pour le commun d'icelle, et suffiroit bien d'y en avoir plus petit nombre que fussent bien prins et eleus, et que les gaiges d'iceux mottiers et autres officiers qui seront oster, ensemble la valeur des droits et proufits avant dits, fussent mis et convertis en l'accreue des gaiges des autres officiers qui demeureront en la dite Saunerie, afin de les mieux contenter et qu'ils n'aient cause, au temps avenir, sous umbre de petits gaiges, de faire aucune faute en icelle Saunerie ny de delaisser ou refuser les dis offices ou pour ce demander aucunes recompensations, et pour pervenir sur ces choses, aient esté faitz et à nous baillé par declaration certains avis par les dis pardessus et son lieutenant avec aucuns autres des principaux officiers d'icelle Saunerie, lesquels avis, afin de y mieux et plus seurement pourvoir, nous aions envoiez à nos amés et feaux les gens de noz comptes à Dijon, en leur mandant que, appellés par devant eux et ouis le dit Jehan Carondelet, lieutenant du dit pardessus, et cinq ou six des plus notables d'iceux officiers de nostre dite Saunerie, ils, par bonne et meure deliberation, avisassent sur tout ce que nous y avions et devions faire pour le meilleur, et le nous representassent pour y ordonner et estre fait au surplus ce qu'il appartiendroit, pour lequel nostre mandement accomplir, aient iceux gens de noz comtes mandez et soient venus pardevers eux le dit Jehan Carondelet, lieutenant du dit pardessus, Gile de Laule, portier, Huguenin Passart, tresorier, Guyon de Montaigu, naguères et par lon temps receveur du partage d'Auxerre, Pierre de Ban, clerc des roules, Estevenin Lanternier, clerc ventier, Huguenin Bauleret, maistre mothier, et Nicolas de Bleigny, clerc portier et delivreur de nostre dite Saunerie, avec lesquels officiers d'icelle nostre Saunerie, les dis gens de noz contes aient sur les choses dessus dites avisé et deliberé par la manière que rescrit nous ont, et leurs dis avis et deliberation aions fait voir par plusieurs des gens de nostre conseil estant par deça, l'opinion et advis desquels aussy nous ait esté rapporté, sçavoir faisons que eue consideration aux choses dessus dites et sur icelles oui les dis avis et deliberations, desirans pourvoir au bon gouvernement de nostre dite Saunerie pour le bien et proufit de nous et de nos dis personniers et de tout le peuple prenans et usans du sel d'icelle, et afin de augmenter et accroitre le revenu de la dite Saunerie qui pour occasion des defaux et negligences d'aucuns officiers qui au temps passé y ont esté, lesquels n'ont pas voulu prendre telles et si grandes charges et diligence qu'ils y devoient et que mestier y estoit, sous umbre de petits gaiges qu'ils avoient, n'a pas esté de si grande valeur comme elle deust avoir esté et comme elle pourra estre par le moyen de noz ordonnances cy après declairées, nous, par les avis et deliberations que dessus, avons ordonné et ordonnons par ces presentes que les dis officiers de nostre dite Saunerie cy après nommez et ceux qui après eux seront instituez et ordonnez en iceux offices, auront les gaiges et proufits et feront et porteront en leurs personnes les services et charges et par la manière qu'ils seront tenus de faire par les ordonnances autreffois faites ou dit gouvernement d'icelle nostre Saunerie par feu nostre très cher seigneur et père dont Dieu ait l'ame, lesquelles ordonnances nous voulons au surplus demeurer en leur forme et vertu et icelles entre entretenues et accomplies, ajouté en ce le contenu de ces presentes selon leur forme et teneur. Et premièrement, le portier qui prenait de gaiges environ quarante quatre livres huit sols estevenans, aura et luy ordonnons prendre et avoir doresenavant soixante livres estevenans de gaiges par an, parmy lesquels gaiges, il n'aura et ne voulons qu'il ait doresenavant aucuns autres drois, proufits et emolumens qu'il avoit et prenoit ou temps passé à cause de son dit office, et sans ce qu'il puisse ou doive ou temps avenir demander ou avoir aucunes recompensations outre ses dis gaiges pour quelconque chose qu'il face de service ou charge pour le bien d'icelle nostre Saunerie, et pour les dis gaiges, devra et est tenu de faire les services et charges, et par la manière declairée es dites ordonnances de feu nostre dit seigneur. Et avec ce, devra et sera tenu de voir et visiter avec les clercs des rooles tous les ouvraiges que se feront en la dite Saunerie pour les certifier en la manière qu'il appartiendra, et devra estre present à les conter et mesurer, et fera diligence de faire ouvrer les ouvriers de la dite Saunerie. — Les trois clercs des rooles qui prenoient de gaiges pour chacun d'eux environ trante livres estevenans, aurons et leur ordonnons prendre et avoir doresenavant cinquante livres estevenans par an pour chacun d'eux, qui font pour les dis trois clercs, cent cinquante livres estevenans. Lesquels trois clercs des rooles, avec les services et charges que par les ordonnances de feu nostre dit sieur, ils sont tenus de faire et porter, devront et seront, parmy les dis gaiges, tenus de voir et sçavoir si les ouvraiges de la dite Saunerie, tant les taches des terres, maisonnemens comme autres quelconques seront entièrement parfaits et assouvis devant ce que les dis ouvraiges se content par les dis rooles, et n'en feront aucunes schedules jusques à ce que iceux ouvraiges soient bien et deuement accomplis et mesurez comme il appartiendra, escriront les ouvrages que l'on mettra en œuvre en la dite Saunerie pour en sçavoir le conte au juste. — Le clerc ventier, qui prenoit de gaiges vingt sept livres quatre sols, aura et luy ordonnons prendre et avoir doresenavant cinquante cinq livres estevenans de gaiges par an, pour lesquels gaiges il devra et sera tenu de bien et diligemment operer son dit office en sa personne et faire et porter tous les services et charges et par la manière declairée es dites ordonnances de feu nostre dit sieur, sans y faire aucun defaut. — Le payeur du bois de la porte qui prenoit de gaiges trante quatre livres, aura et luy ordonnons prendre et avoir doresenavant cinquante cinq livres estevenans de gaiges par an, lesquels gaiges il devra et sera tenu de bien et diligemment operer son dit office en sa personne, et faire et porter tous les services et charges et par la manière declairée es dites ordonnances de feu nostre dit seigneur sans y faire aucun defaut. — Le tauxeur des bois à la porte qui prenoit de gaiges vint trois livres quatre sols, aura et luy ordonnons prendre et avoir par an doresenavant quarante cinq livres estevenans de gaiges, pour lesquels il devra et sera tenu de faire et supporter les charges et services et par la manière contenue es dites ordonnances de feu nostre dit sieur, et avec ce est et sera tenu après ce que les ferues seront faites, de visiter les fassures et tout le bois que l'on ameine en la dite Saunerie pour en rapporter les fautes aux pardessus et officiers d'icelle Saunerie qu'il appartiendra, et sera aussy tenu de visiter les ouvriers des bernes qui portent bois pour les faire ouvrer diligemment. — Les deux clercs des deux puys à sel qui avoient de gaige, c'est à sçavoir : le clerc du grand puys d'Amont vint sept livres quatre sols, et le clerc du puys à Gré vint deux livres quatre sols, auront et leur ordonnons prendre et avoir doresenavant pour chacun d'eux trante livres, que font pour les dis deux clercs soixante livres, pour lesquels gaiges, iceux deux clercs, en outre les services et charges qu'ils doivent faire et porter selon les ordonnances de feu nostre dit sieur, seront tenus de garder la clef du fer de la dite Saunerie pour la delivrer aux fèvres d'icelle Saunerie, rendront le compte d'icelluy chacune semaine pour le bailler en la chambre des rooles, conteront les sappes (1) et rivez, cueillettes et grands fonds des chaudières de la dite Saunerie et mettront tout par escrit pour savoir la despense de tout le dit fait, et aussy feront mettre à point en la ferretière tout le vieil fer des chaudières pour le livrer aux fèvres quand besoin sera, et si tiendront le compte des muires des dis deux puys selon et par la manière que contenu est es ordonnances de la dite Saunerie. — Les deux clercs des sels qui prenoient chacun vint deux livres quatre sols de gaiges, auront et leur ordonnons doresenavant pour chacun d'eux trante livres, que font pour les dis deux clercs soixante livres estevenans par an, pour lesquels gaiges, avec ce qu'ils doivent faire et supporter par les ordonnances de feu

---

(1) Lisez : *happes,* c'est-à-dire crochets.

nostre dit sieur, ils seront tenus de faire chacune semaine les arrests des sels de la dite Saunerie pour en savoir l'estat au juste. — Le clerc portier, delivreur en la dite Saunerie qui prenoit vint sept livres quatre sols, aura et luy ordonnons prendre et avoir, doresenavant quarante cinq livres estevenans de gaiges par an, et pour ce sera tenu faire les choses et par la manière contenue es ordonnances dessus dites, et avec ce, sera tenu de non faire aucune delivrance aux rentiers prenant rentes en la dite Saunerie des rentes en sel et bouillons volages, jusques à ce que les dis rentiers aient juré premièrement par devant les clercs des rooles de mener et vendre leur dit sel hors de Salins où il appartiendra, et fera le dit delivreur un livre ou seront escrites toutes les delivrances que s'en fera en la dite Saunerie, semblablement que les dites delivrances seront escrites au livre des seigneurs. — Le clerc du seel, qui fait et signe les bullettes du seel es marchans, aura les gaiges qu'il a accoutumé prendre et avoir, que sont de vint sept livres quatre sols estevenans par an, pour lesquels gaiges, il sera tenu faire et porter les services et charges appartenans à son dit office et par la manière contenue es dites ordonnances, et en outre, sera tenu de signer de sa main toutes les schedules qu'il fera pour les ouvriers de la dite Saunerie. — Item, avons ordonné, voulons et ordonnons par ces presentes qu'en nostre dite Saunerie ait doresenavant quatre mottiers seulement, c'est à sçavoir : le maistre mottier et trois autres qui auront et leur ordonnons prendre et avoir de gaiges doresenavant pour chacun cinquante livres estevenans, qui font pour les dis quatre mottiers deux cents livres estevenans par an, pour lesquels gaiges iceux quatre mottiers seront tenus de faire et porter bien et diligemment tous les services et charges que devoient et estoient tenus de faire et porter les huit mottiers qui paravant ceste presente ordonnance y estoient et tout par la manière declairée es ordonnances de feu nostre dit sieur, sans y faire aucun defaut. — Le clerc de la porte Oudin qui vend le sel en destail qui se vend illec, et qui reçoit les bullettes du sel qui passe par la dite porte, prendra et aura les gaiges qui sont de dix sept livres et dix huit sols quatre deniers estevenans qu'il a accoutumé prendre et avoir, et pour iceux gaiges, sera tenu de faire et porter bien et diligemment les services et charges que par les ordonnances de la dite Saunerie, il est tenu de faire et porter sans y faire faute.— Item, en tant que touche le maistre des chemins, le maistre des œuvres et le maistre couvreur qui prenoient de gaiges environ vint deux livres quatre sols pour chacun d'eux, font pour les dis trois officiers soixante six livres douze sols estevenans par an, nous avons ordonné, voulons et ordonnons prendre et avoir trante six livres estevenans de gaiges par an, pour lesquels gaiges il sera tenu faire et porter entièrement tous les services et charges que les dis trois maistres devoient et estoient tenus de faire et porter selon les ordonnances de nostre dite Saunerie, en laquelle il sera tenu de faire residence continuelle. Et au cas qu'il ne feroit bonne diligence au dit office, et qu'il y feroit aucun defaut, nous voulons et ordonnons que le pardessus ou son lieutenant, le portier et autres officiers de nostre dite Saunerie y puissent pourvoir d'un autre suffisant pour exercer le dit office.— Les quatre sergens et gardes à la porte de nostre Saunerie qui prenoient chacun environ seize livres huit sols quatre deniers estevenans, qui font pour les quatre soixante cinq livres treize sols quatre deniers estevenans par an, auront et leur ordonnons prendre et avoir pour chacun d'eux vint cinq livres estevenans, que font pour les dis quatre sergens cent livres estevenans de gaiges par an, pour lesquels gaiges, ils seront tenus faire et supporter bien et diligemment tous les services et charges et par la manière declairée es dites ordonnances de nostre dite Saunerie, sans y faire aucun defaut. — Le receveur de la gabelle demeurera en son office aux gaiges qu'il a coutume prendre et avoir que sont de vint cinq livres estevenans par an, pour lesquels gaiges, il sera tenu de faire et porter bien et diligemment les services et charges appartenans à son dit office, sans y faire faute. — Item que, ouis les bons rapports et tesmoignages à nous faitz de la suffisance des personnes cy après nommées qui par les avis et deliberations que dessus ont esté treuver estre expers et suffisans et idoines pour demeurer es offices dessus dis, nous avons ordonné, voulons et ordonnons par ces presentes que ils demeurent en iceux offices aux gaiges et charges que dessus, c'est à sçavoir : Gile de Laule, portier, Jehan de Traves, Nicolas Oiselet et Pierre Lebau, clerc des rooles, maistre Pierre

Arbalestier, payeur à la porte, Estévenin Lanternier, clerc ventier à la porte, Guillemin Martine, tauxeur à la porte. Jehan d'Orbe, clerc du grand puys, Guillemin le Bauleret, clerc du puys à Gré, Guillaume Robert et Renau Macle, clercs des sels, Nicolas de Bleigny, delivreur, autrement clerc portier, Huguenin de Poupet, clerc du seau, Huguenin Bauleret, maistre mottier, Thomas de Seurre, Estienne de la Perrière et Guillemin de Maxilly, mottiers, Bien-Aventureux, clerc de la porte Oudin, Jehan Vincent, receveur de la gabelle, Nicolas de Gray, première garde à la porte, et les second, tier, quart gardes que y sont, ou cas que à ce seront suffisans. Et quant au dit maistre des chemins, des œuvres et recouvreurs, nous voulons que maistre Pierre de Villers demeure es dis offices, s'il en veut prendre la charge de les deservir par la manière qu'il appartiendra, et s'il ne le veut ainsy faire, nous voulons y estre avisé et pourveu d'une autre suffisant par les dis pardessus ou son lieutenant, le portier et autres officiers de nostre dite Saunerie. Et voulons et ordonnons par ces presentes, s'il avenoit et toutes fois que le cas y aviendra que aucuns des officiers dessus nommez ne voulussent prendre la charge des dis offices ou que aucuns d'eux y fissent defaut ou negligence, que les dis pardessus ou son lieutenant, appellé à ce, si mestier est, le portier et autres officiers de nostre dite Saunerie, y peussent pourvoir et ordonner autres suffisantes personnes, pour les dis offices exercer, et faire et porter les services et charges à ce appartenans jusques à ce que par nous y fust autrement ordonné. Item, et pour les causes et considerations dessus dites, avons mis et mettons par ces presentes du tout à neant les offices qui s'ensuivent, desquels les gaiges seront et voulons estre convertis en l'accreüe des officiers dessus declairez, c'est à sçavoir : cinq mottiers, deux offices de maistres chappuis et de recouvreur, le contrerooleur, le maistre charbonnier, la contre-clef de la porte et le maistre fèvre. Item, et aussy avons mis et mettons par ces presentes à neant les robes de gris que paravant ceste presente ordonnance l'on avait accoutumé donner aux officiers de nostre dite Saunerie, au terme de Noël, que pouvoient couter par an soixante et dix livres, les lanternes, chandelles et couvercles que l'on a accoustumé faire du fer dont on fait les chaudières qui pouvoient couter environ cinquante six livres par an, les guettes des deux poternes dessus la rivière qui pouvoient couter par an environ sept livres dix sols, le salage des dis officiers qu'ils prenoient chacun dimanche de l'an, et tous autres drois de sel et toutes recompensations quelconques que souloient prendre et avoir ordinairement et autrement les dis officiers d'icelle Saunerie, et tous autres drois quels qu'ils soient, que iceux officiers ou les aucuns d'eux avoient accoutumé prendre et avoir à cause et pour occasion de leurs dis offices, de tous lesquels drois ils ne pourront ou devront doresenavant aucune chose avoir ou demander en outre et pardessus leurs gaiges dessus declairez. Et au demeurant du gouvernement de nostre dite Saunerie, voulons les ordonnances de feu nostre dit sieur dont dessus est faite mention, estre entretenues et accomplies et demeurer en leur force et vertu selon leur forme et teneur. Si donnons en mandement aux dis gens de nos contes, aux dis pardessus ou son lieutenant et à tous les autres officiers de nostre dite Saunerie et à chacun d'eux, si comme à lui appartiendra, que le contenu en ces presentes garde entièrement et accomplissent et facent garder entièrement et accomplir, chacun en droit soy et pour tant que à luy pourra toucher et appartenir, sans aucunement enfreindre; et afin que aucuns des dis officiers ou autres ne les puissent ou doivent ignorer, faites les publier en nostre dite Saunerie, et la copie d'icelles collationner par les dis clers des rooles, mettre et clouer près de la porte d'icelle Saunerie, avec et emprès la copie que là y est mise et clouée des ordonnances de feu nostre dit seigneur. En tesmoin de ce, nous avons fait mettre nostre seel à ces presentes lettres. Donné à Paris, le treiziesme jour d'avril l'an de grâce mil quatre cents et douze après Pasques. Signées : par monsieur le duc, de Saux, et seellées d'un seel en cire rouge,

(Bibl. de Salins, M 128. ff 62 v°-71, copie du commencement du XVII° siècle.)

Règlement de l'administration de la Saunerie de Salins, établi par les commissaires députés à cet effet par l'empereur Charles V. (26 février 1537/8.)

Hugues Marmier, chevalier, seigneur de Gastel, Moisséy, etc., président de Bourgoigne, Jean Thomassin, seigneur de Cendrecourt, et Henry Colin, docteurs ès droitz, conseillers de l'Empereur, duc et conte de Bourgogne, nostre souverain seigneur, en sa cour souveraine de Parlement à Dole, commissaires députez en cette partie par autorité et lettres de Sa Majesté, à tous ceux qui ces presentes verront, salut. Comme Sa dite Majesté ayant entendu que plusieurs abus avoient esté commis et faits et encore journellement se faisoient par aucuns officiers en la ditte Saulnerie de Salins, tant à la distribution des sels, payement des deniers, despences extraordinaires, inobservance des ordonnances d'icelle Saulnerie que autrement, au très grand prejudice et dommage de Sa ditte Majesté et aussy de ses parsonniers en icelle Saulnerie, et pour y obvier et pourveoir, desirans sçavoir et entendre la verité d'où procèdent les dits abus par bonnes et amples informations que seroient prises à charge et à descharge, et proceder contre ceux qui seroient trouvez capables selon que les cas le requerroient, icelle Majesté, par ses lettres patentes données en sa cité de Palerme le XIIII jour d'octobre M V^c XXXV, nous commit et députa, et aussy messire François Bonvallot, commendataire de Saint Vincent de Besançon, son conseiller et maistre aux requestes ordinaire de son hostel, et Jean de Saint Mauries, aussi docteur es droits, conseiller de Sa ditte Majesté en la ditte cour de Parlement, les cinq, quatre ou trois de nous, avec ordonnance et expresse injonction que, appelé avec nous maistre Philippe Vaulchier, greffier de la ditte cour de Parlement, pour scribe, nous fissions mettre en nos mains toutes informations et enseignemens que les advocats fiscaux et procureur general en la ditte cour de Parlement, procureur en la ditte Saulnerie et autres officiers de Sa ditte Majesté avoient deja prises sur ce fait et qui estoient rière eux, et incontinent nous deussions transporter en cette ville de Salins et sur ce que dessus et autres articles et memoires que par les dits advocats et procureurs tant de la part de Sa ditte Majesté que de ses dits parsonniers seroient delivrées commissions à nous informer bien diligemment, secrètement et par escrit, tant par tesmoins que pour ce ferons venir et appeller devant nous, vision des registres, papiers, rolles, controlles, actes, munimens que autres enseignemens que pourrions trouver en la dite Saulnerie et ailleurs, et autrement deuement, et, nostre information ainsy faitte avec le[s] extraitz et coppies que prandrions servans à la preuve des dits abus, et autres choses que trouverrions et connoistrons pour l'avenir estre requises à l'ordre et bonne conduite de la ditte Saulnerie, fussent renvoyées à Sa ditte Majesté, signez de nos seings manuels avec nos advis sur ce clos et scellez, ensemble les descharges et responces des dits officiers, le tout plainement et sans figure de procès, pour, après le tout veu, pourveoir et ordonner sur les dits abus si aucuns s'en trouvoient, fut par deportement, suspension d'officiers, ou autrement, ainsy que Sa ditte Majesté trouveroit estre à faire par raison, et aussy pour donner ordre en la ditte Saulnerie, pour l'avenir, tel qu'il conviendroit, mandant aux lieutenant, portier, clers des roolles et autres officiers de la ditte Saulnerie et à chacun d'eux, tant en commun que particulier que en ce faisant fut par eux obey entièrement et respondissent pardevant nous par foy et serment si mestier estoit, de et sur les interrogatz que par nous leur seroient faits, aussy nous eussent à moustrer et communiquer tous les dits registres, papiers, rolles, controlles, munimens et tous autres enseignemens dont ils seroient par nous requis, pour les veoir et d'iceux faire extraitz et coppies si besoin estoit, et, pour ce faire, nous fissent ouverture de la chambre des rolles et de tous autres lieux de la ditte Saulnerie dont les requerons, et, en cas de refus ou delay, que à ce fussent contraints les refusans ou dylayans, reallement et de fait, par mulctes et peines, prises de leurs biens et arrestz de leurs personnes, et ce nonobstant opposition ou appellation et sans prejudice d'icelles, ordonnant en outres aus dits advocats fiscaux et procureurs mettre à la fin que dessus et nos mains toutes informations et pièces à ce servans qu'ils pouvoient avoir, nonobstant que desjà iceux officiers de la ditte Saulnerie fussent esté attirez en cause en la ditte cour de Parlement pour les dits pretendus abuz et y ussent respondu, voulant la ditte commission pour bonnes considerations et en ensuivant ce que par avant Sa ditte Majesté en avoit escrit à la ditte cour, sortist son plain et entier effect, et donnant aux cinq, quatre ou trois de nous pouvoir, puissance, authorité et mandement especial de ce faire les circonstances et deppendances, lesquelles lettres patentes receues, et pour les mettre à execution, après avoir communiqué icelles au procureur general de Sa Majesté qui, obeissant à l'ordonnance d'icelle, met es mains de nous les dits president, Thomassin, et aussy des dits s^r de Saint Vincent et Saint Mauris, les informations faittes par commission et ordonnance de la ditte cour de Parlement par messires Jacques Boutechou et Jean le Moinne, advocatz fiscaux en icelle, et le dit procureur general, avec memoires des delitz et abbus que le dit procureur maintenoit avoir esté commis en la ditte Saulnerie, nous transportames au dit lieu de Salins le premier jour de janvier au dit an mil cinq cens trente cinq, et le lendemain, second jour du dit mois, comparurent et se presentèrent devant nous les dits messire Jacques Botechou, premier advocat, et maistre Marin Benoit, procureur general de Sa ditte Majesté, et aussy y comparurent maistre Guillaume Amyot, lieutenant en la ditte Saulnerie, Jean Udressier, Jean Amyot et Jean Pommereux, clercs des rolles, maistre Girard Vernerot, tresorier, Jehan Guillemain, maistre mouthier, et Pierre Trousset, receveur du partage de Vignory en la ditte Saulnerie, Jean Dalonval, procureur de Sa ditte Majesté en icelle Saulnerie, et plusieurs autres officiers d'icelle, ausquels officiers fut declarée la charge et commission avant ditte, et que estions illec venus pour vacquer et entendre à icelle; lesquels officiers requirent avoir vision des dittes lettres patentes, que leur fut octroyées, auquel Jean Dalonval, procureur que dessus, furent montrées les dittes lettres patentes contenans nostre commission, luy ordonnant nous bailler tous advertissemens, memoires et instructions servans à l'effect que dessus. Tost après les dits officiers ayant veu icelles lettres, declarèrent qu'ils offroient nous communiquer et delivrer toutes pièces estans en leur pouvoir servans à l'effect des dittes lettres presentes. Ce fait, et afin de plus facilement sçavoir et entendre la verité des faits contenuz es memoires et articles du dit procureur general fut ordonné aus dits officiers delivrer et communiquer les ordonnances de la ditte Saulnerie, les registres, livres de marchands, quahiers, registres de delivrances, cedules, papiers et controlles des clers ventier, clerc payeur, clerc delivreur, clerc des sels et des clercs des puys de la ditte Saulnerie, ensemble de tous autres papiers et munimens desquels l'on se aydoit en la ditte Saulnerie et servans tant à la recette que despense d'icelle, ordinaire et extraordinaire, à quoy les dits officiers satisfeirent. Puis après le dit jour, les dittes ordonnances furent veues, aussy les dits memoires et article du dit procureur general, informations de sa part faites, ensemble les responces d'aucuns des dits officiers pardevant commis de la ditte cour de parlement, et le lendemain, tier jour du dit mois, nous les dits president et Thomassin, avec les dits de Saint-Vincent et Saint-Mauris, nous transportames en la ditte Saulnerie, en laquelle, en presence de la plus part de tous les dits officiers, furent veues et visitées les sources d'icelle, la manière que la muyre des dittes sources des puis d'icelle Saulnerie estoit conduite et envoyée aux bernes, comme et par quel moyen elles estoient distribuées et cuyte, aussy que le sel estoit formé, la façon comme il se distribuoit, fust de sel formé ou de sel tryé. Aussy furent veues et visitées les estuailles et ouvreurs et fut entendue la charge d'un chacun officier et le lieu par lequel l'on envoye la muyre d'une chacune semaine en la Chauderette; aussy la manière que les fèvres, mouthiers, manouvriers et autres officiers besoignoient en icelle Saulnerie, chacun en son endroit. Pareillement en nostre presence fut faitte une ferue de bois en la ditte Saulnerie, pour sçavoir la manière comme le dit bois est taxé et payé, et nous sommes enquis sy au payement d'iceluy et autres missions qui se faisoient à la porte de la ditte Saulnerie, controlleurs et officiers ayant de ce charge faisoient leurs devoirs, et, finalement, toutes visitations, inquisitions et autres choses qui semblerent estre necessaires pour bien entendre et comprendre les affaires de la ditte Saulnerie, furent, le dit jour et autres subsecutifs, faites et sur ce eux plusieurs propos et communications avec les dits officiers. Et le lendemain quart jour du dit mois et successivement jusque le douziesme jour du dit mois, continuellement fut vacqué et procedé tant à examen de tesmoins par nous fait que à veoir et visiter les dits quahiers, controlles et autres papiers d'icelle Saulnerie mis en nos mains, comme dit est, par les dits officiers ausquels et à chacun d'eux respectivement fut ordonné bailler par escript ce que pouvoit servir à se descharger de ce dont ledit procureur general les chargeoit, et ce qu'il sembloit servir à la reformation en icelle Saulnerie pour le bien de Sa Majesté et de ses dits personniers, à quoi ils satisfirent. Toutes lesquelles pièces, ensemble nos advis, envoyames à Sa ditte Majesté suivant la forme et teneur des dittes lettres patentes, sur quoy son bon plaisir a esté depescher de rechef et nous adresser autres lettres patentes desquelles la teneur s'ensuit :

Charles, par la divine clemence empereur des Romains toujours auguste, roy de Germanie, de Castille, de Leon, de Grenade, d'Aragon, de Navarre, de Cecile, de Maillorque, de Sardennes, des isles Indes et terres-fermes de la mer Oceane, archiduc d'Autriche, duc de Bourgogne, de Lothier, de Brabant, de Lembourch, de Luxembourgh et de Geldres, comte de Flandres, d'Artois, de Bourgogne palatin, de Haynau, de Hollande et Zellande, de Ferrette, de Namur et de Zutphen, prince de Suabe, marquis du Saint Empire, seigneur de Frize, de Salins, de Malines, et dominateur en Asie et en Afrique, à nos très chers et feaux conseillers messire Hugues Marmier, chevalier, seigneur de Gastel, president, reverend père en Dieu messire François Bonvallot, commandateur de Saint-Vincent, messires Jean Thomassin, Henry Colin et Jean de Saint-Moris, assistans en nostre souveraine cour de parlement en Bourgogne, les cinq, quatre ou trois de vous, salut. Comme par nos lettres patentes données en nostre cité de Palarme, au royaume de Cecile, le quatorziesme jour d'octobre l'an mil cinq cens trente cinq, vous ayons commis pour vous informer bien diligemment, secrettement et par escrit, tant par tesmoins, visions des registres, papiers, rolles, controlles, actes, munimens et autres enseignemens de plusieurs abus qu'avons entendu avoir esté faiz et commis, et se faisoient encore journellement par nos officiers en nostre

Saulnerie de Salins tant en distribution des selz, payemens des deniers, despence extraordinaire que autrement, à nostre tres grand prejudice et dommage et aussi de nos personniers en icelle Saulnerie, selon et à la fin contenue en nos dites lettres, et nous advertir de ce que trouveriez estre requis à l'ordre et bonne conduitte pour l'avenir de la ditte Saulnerie, et il soit que vous ayez envoyé relation par escrit de vostre besogne, ensemble vostre advis clos et scellé, suivant lequel soit requis ordonner promptement et pour veoir aucune chose grandement requises à la bonne conduitte de la ditte Saulnerie, pendant que l'on examinera plus amplement vostre ditte besogne et l'exigence de l'affaire, et en outre faire proceder à verification et vuidange par justice des dits abuz, fautes et indeues vexations, imputées et pretendues contre les dits officiers, nous, pour ces causes et autres, justes, raisonnables, vous donnons et octroyons, et aux cinq, quatre ou trois de vous, plein pouvoir et authorité par cettes, et vous mandons et enchargeons que, le plustost que convenablement faire pourrez, procedez à ordonner, par manière de provision, ce que selon vostre ditte information et besogne, et au surplus comme verrez estre à faire et convenir pour la bonne conduitte de la ditte Saulnerie, et faire observer ce que par vous sera ordonné reclement et precisement, nonobstant oppositions ou appellations faites ou à faire quelconques jusques autrement par vous y soit pourveu, et en outre, considerant que vous estes continuellement empeschez à raison de vos estats et offices en la ditte cour de parlement, et que avec vostre ditte information, besogne et presentes, les charges et culpes qui se imputent aux officiers de la ditte Saulnerie se pourront plus convenablement et briefvement decider et connoistre en la ditte cour, et aussi ayant regard que nostre tres cher et feal premier conseiller d'estat, maistres aux requestes, garde des sceaux et pardessus de nostre Saulnerie, le sieur de Grantvelle est personnellement et necessairement empesché à nostre service, nous voulons et entendons que la ditte provision faite, vous renvoyez et remettez les dits officiers à nostre ditte cour, soit generallement et particulièrement et en leurs exprez et privez noms, selon que verrez l'exigence, leur assignant jour certain et competant, pour respondre sur les dits pretendus abuz, fautes et indeues versations et aux conclusions que voudra contre eux et chacun d'eux choisir nostre procureur general en la ditte cour, conferant à icelle et à nostre dit procureur respectivement vostre besogne de l'effet susdit; à laquelle nostre ditte cour mandons faire et administrer, parties ouyes, bonne et brieve justice, car ainsy nous plaist-il Donné en nostre ville de Monson le vingtiesme jour de septembre l'an de grâce mil cinq cens trente sept et de nos règnes, à sçavoir du Saint Empire le dix-huitiesme, et des Espaignes, des deux Ceciles et autres le vingtroiziesme. Ainsy signé : Par l'Empereur, roy, duc et comte de Bourgogne, J. Bave, et seellées du grand seel de Sa Majesté en cire vermeille à simple queue de parchemin pendent. Lesquelles lettres patentes dessus transcrittes, par nous en toute humilité receues et veues avec les dits sieurs de Saint Vincent et de Saint Moris presentement occupez, nous les dits president Thomassin et Collin, appellé avec nous le dit greffier pour scribe, nous sommes transportez en la ville de Salins, le jeudy le vingtuniesme jour de fevrier quinze cens trente sept, et illec par maistre Adam Jacques, secretaire de Sa Majesté et par elle substitué son procureur en ses pays et parlement de Bourgogne, par la voix de messire Jacques Botechou, docteur es droitz, seigneur de Batterans, conseiller de Sa ditte Majesté et son premier advocat fiscal en la ditte cour, avons de rechef esté requis proceder à nostre dite commission et charge, et en rendre provision necessaire et la faire executer realment selon que Sa ditte Majesté veut et mande, veues lesquelles lettres monstrées et communiquées à aucuns des principaux officiers de Sa ditte Majesté en icelle Saulnerie, par lesquels nous sommes certiorez, enquis et d'eux pris leurs advis particuliers secrettement de ce que a chacun d'eux pouvoit sembler devoir estre refformé au bien et proffit de Sa ditte Majesté et de ses dits personniers en icelle Saulnerie, et pareillement le dit advis par nous rendu à Sa ditte Majesté et nostre besogne, et entendu tout ce que par les dits officiers nous a esté declaré, le tout à bonne et meure deliberation, sçavoir faisons que, en vertu de nostre dit pouvoir, avons ordonné et ordonnons par manière de provision, sous le bon vouloir et plaisir de sa ditte Majesté et jusques autrement par elle en soit ordonné, que les points et articles cy après declarez seront doresnavant par les dits officiers gardez, entretenuz, observez et par chacun d'eux en son droit accompliz :

Du conseil de la Saulnerie.

Premier, que les pardessus, lieutenant, portier, tresorier, receveurs, clercs des rolles et autres officiers ayans accoustumé estre du conseil d'icelle Saulnerie, s'assembleront chacun lundy en la chambre des rolles, à sept heures du matin, sans y faillir à peine d'estre privez de leurs gaiges, pour toute la semaine, sinon en cas de maladie, absence pour les affaires d'icelle Saulnerie, ou que pour autre urgente cause eussent congé du dit pardessus, et en non absence des lieutenant et conseil; lesquels officiers et chacun d'eux opineront liberalement et declareront ce qu'ils connoistront servir au bien de la ditte Saulnerie et reboutement de tous fraiz non necessaires ; seront escripts les advis d'un chacun par les dits clercs des rolles, et toutes deliberations promptement enregistrées à ce qu'elles soient executées sans dissimulation ; et si les dittes deliberations touchent ou concernent iceux clercs des rolles, elles seront escrittes par le clerc des seaux.

II. Lesquelles deliberations seront en premier lieu leutes au conseil subsecutif, afin que chacun connoisse si les dittes deliberations prises au conseil precedent seront deuement effectuées, et si en ce l'on trouve faute ou negligence imputable à aucun des dits officiers, il en sera punny et corrigé à l'arbitrage du dit pardessus ou son lieutenant, par l'advis du dit conseil.

III. Et seront les dittes deliberations non executées, de rechef escrittes au papier d'icelles deliberations avec celles qui seront prises au dit conseil subsecutif à ce qu'elles ne soient oubliées ou dissimulées.

IV. Lequel livre de deliberations et tous autres livres servans à icelle Saulnerie seront mis en volume relief et les feuillets d'un chacun livre cottez en nombre ; un chacun desquels livres sera intitulé de l'affaire à quoy il devra servir, et y sera inscript le jour qu'il aura commencé et le nombre des feuilletz qu'il contiendra, lequel escrit sera chiffré par le dit pardessus et, en son absence, par le dit lieutenant, ce à peine, si les clercs des rolles et autres officiers de la ditte Saulnerie font le contraire, d'estre privez de leurs gages pour un an.

v. Item, prohibons et deffendons que les dits livres et tous autres papiers concernans l'affaire de la ditte Saulnerie soient tirez ne transportez hors d'icelle Saulnerie, et ce à peine à ceux qui seront trouvez transgresseurs, d'en estre punis et chastiez arbitrairement.

vi. Le dit pardessus et, en son absence, le dit conseil deputera chacun jour de lundy trois ou quatre des dits officiers par ordre, pour, en sortant du dit conseil, aller voir et visiter les doix des puys, mercenaires, provisions de la maison, les officiers, manouvriers et tous autres, pour mieux entendre comme ils auront fait leurs devoirs, chacun en leur charge, et s'ils y trouvent faute ou desordre, en feront leur rapport au conseil subsecutif, qui sera registré pour en faire correction et y donner l'ordre necessaire.

vii. Et à ce que tous affaires de la ditte Saulnerie soient mieux conneus et entendeuz par les dits officiers estans du dit conseil, et que chacun des dits officiers sache et entende ce que tombe à sa charge, ordonnons que la chambre des rolles sera ouverte chacun jour deux heures du matin et autant après disné aus dits officiers qui voudront en icelle veoir les ordonnances, deliberations et autres papiers d'icelle Saulnerie, pendant lequel temps l'un des dits clercs des rolles sera tenu assister et demeurer en la ditte chambre.

viii. Item, si aucuns affaires concernans la ditte Saulnerie surviennent es autres jours de la semaine que le dit lundy, pour lesquels soit necessaire assembler le dit conseil, le dit pardessus y pourvoyra et, en son absence, le dit lieutenant, et en absence du dit lieutenant, le portier, y faisant appeler ceux du conseil sans lesquels, du moins les deux parties, ne pourra estre prise conclusion ; et seront les deliberations prises audit conseil extraordinaire enregistrées au livre des deliberations selon et par la maniere cy dessus declarée.

ix. Ordonnons en outre que tous marchez quels qu'ils soient et de quelque marchandise que ce soit, concernant les affaires de la ditte Saulnerie, se fassent doresnavant au dit conseil, au veu et sceu de tous les assistans, interdisant à tous particuliers faire les dits marchez, et aux clercs des rolles d'en depescher aucunes cedulles, et aux tresorier et receveurs d'en faire aucun payement, si les dits marchez ne sont faits par le dit conseil, à peine arbitraire.

x. Ceux du dit conseil restraindront les fraiz superfluz de voyages pour affaires de la ditte Saulnerie, et n'en permettront aucuns qu'ils ne connoissent necessaires, pour lesquels commettront personnages selon l'exigence d'iceux, ausquels ils feront taux moderé et raisonnable, ayant regard aux qualitez des personnes commises aux dits voyages, et seront registrées les deliberations des dits voyagiers et les taxes qui en seront faittes.

xi. Et si ceux du dit Conseil prétendent en commun aucune récompense le dit Conseil n'y pourra aucune chose ordonner, ains en demeureront au bon plaisir de Sa Majesté.

xii. L'évaluation du revenu de la ditte Saulnerie, toute despense deduitte, sera faitte par le dit conseil, chacun jour de lundy de la semaine precedente, et signée par les quatre principaux officiers qui auront assisté le dit jour au dit Conseil et par l'un des clercs des rolles, sans obmettre les demeurances qui seront registrées au cahier, et au dit conseil sera determiné le sel que la semaine suivante devra estre fait et formé, ayant entendu sur ce le rapport du maistre mouttier, lequel fera executer la deliberation que sur ce sera prise, par le dit conseil et de trois mois en trois mois, à la fin de la ditte année sera faitte, la ditte evaluation par tout le dit conseil.

xiii. Et pour mieux entendre la ditte évaluation, seront escrits es cahiers la quantité de muyre que jettent chacun jour les puys de la ditte Saulnerie, et le nombre et quantité des sels formez, triez et salez et les barnes où ils seront pris et levez, faisant distinction des pris du dit sel, lesquels salez seront faits et delivrez par compte et aussy leur registreront les clercs des sels, et la delivrance d'iceux sera aussy escritte par le maistre mouttier, et les noms en particulier de ceux ausquels iceux salez ont esté delivrez.

xiiii. Item, que pour fournir sel à ceux qui ont charge de charoyer et obvier qu'ils ne sejournent comme ils ont souvent fait du passé, à leur grande jacture, le dit conseil pourvoyra que l'on ayt en la ditte Saulnerie du sel en espargne, à tout le moins d'une semaine.

xv. Item, que le compte de la gabelle de la ditte Saulnerie sera ouy, clos et arresté au conseil de la ditte Saulnerie et signé par les dits quatre et clercs des rolles assistans au dit conseil, interdisant au receveur de la ditte gabelle ne recevoir deniers provenant de la ditte Saulnerie autres que d'icelle gabelle, et aussy qu'il ne fasse payemens des dits deniers, sinon par les affaires d'icelle gabelle, et ne luy sera délivré aucun sel pour les dits payemens, lesquels se feront par mandement et cedules signées selon les dittes ordonnances, le tout à paine de privation d'office et d'amende arbitraire.

xvi. Le dit conseil advisera pour l'utilité de la ditte Saulnerie, quand besoin sera retenir les muyres deues à la Chauderette, et en usera selon les dittes anciennes ordonnances et exigence des affaires et necessitez que l'on pourroit avoir du dit sel.

xvii. Et surtout feront prendre garde que les clercs du grand puys et portier observent bien et diligemment la ditte ancienne ordonnance sur l'envoy des dittes muyres à la ditte Chauderette, à ce que la juste quantité y deue soit seulement envoyée, et rien autre.

xviii. Par nostre besogne appert que plusieurs officiers prennent residence et tiennent leurs mesnages en la ditte Saulnerie, y confinnent grande quantitez de bois, charbons, chandoilles et ustencilles à la grande charge de la ditte Saulnerie soubz couleur que par les dittes ordonnances doivent avoir en icelle une chambre seulement pour gesir, contrevenant par ce à la ditte ordonnance, à préjudice de Sa ditte Majesté et de ses dits personniers; à cette cause, prohibons et deffendons aus dits officiers tenir mesnage en la ditte Saulnerie si par les dittes anciennes ordonnances ne leur est permis, sans y comprandre la residence et mesnage du lieutenant du dit pardessus que remettons au bon plaisir de Sa ditte Majesté, et ordonnons au dit conseil promptement effectuer cette ditte ordonnance, faisant vuider tous mesnages qui ne doivent estre receuz en la ditte Saulnerie par les dittes anciennes ordonnances.

xix Ceux du dit conseil entendront loyallement sans faveur

s'il y a en icelle Saulnerie aucuns officiers non capables à exercer leurs offices, et s'ils en trouvent aucuns, feront exercer iceux offices par autres idoines et capables, et en advertiront Sa ditte Majesté, un mois après, pour y pourveoir à son bon plaisir.

XX. Semblablement, si aucuns des dits officiers ne font leur devoir à l'exercice d'iceux, les dits du conseil les y contraindront par communication, multes de peines, suspension de leurs offices, et ce que par negligence d'aucuns les affaires de la ditte Saulnerye ne soient ou demeurent en arrière, au prejudice de Sa ditte Majesté et de ses dits personniers.

Pardessus.

XXI. Le pardessus, comme chef et principal officier en icelle Saulnerie, exercera son office et estat ainsy qu'il est contenu es anciennes ordonnances, et ne jouyra des gages, authorithez et prerogatives y declarées s'il n'exerce son dit office en personne, ou qu'il soit actuellement servant emprès la personne de Sa Majesté, ou absent pour les affaires de la ditte Saulnerie.

Lieutenant.

XXII. Jaçoit que par les dittes anciennes ordonnances ne soit fait mention de lieutenant de pardessus en la ditte Saulnerye, ains seulement par autres subsecutives, declarons que iceluy lieutenant jusques autrement par Sa ditte Majesté en soit ordonné, fera, exercera et executera leallement et diligemment en absence du dit pardessus, toutes choses concernans l'office et estat du dit pardessus, et corrigera les transgresseurs des dittes ordonnances et de cette nostre provision, par advis et deliberation des gens du conseil de la ditte Saulnerie.

Portier.

XXXIII. Le dit portier gardera et observera toutes choses descrittes et contenues es dittes anciennes ordonnances concernans son estat et office, et en outre, pour bonnes considerations, ordonnons que es portes d'un chacun ouvreur des bernes de la ditte Saulnerie esquels l'on fait et forme toutes manières de sel, soient mises deux serrures fermans à diverses clefs, le dit portier en aura l'une et les clercs des sels l'autre, lesquels feront barrer de fer toutes fenestres des dits ouvreurs et tiendront les dits ouvreurs fermez es jour des festes et autres es quels l'on n'a affaire en iceux ouvreurs.

xxiiii. Et s'il avenoit que es cas permis par les dittes ordonnances, le dit portier absentast la ditte Saulnerie, il ne pourra à l'avenir faire exercer son dit estat par aucun des clercs payeur et clerc ventier qui sont offices qui doivent estre par le dit portier controllés, ausquels clercs prohibons en prendre ny accepter charge, à peine aus dits portier et clercs d'estre privez de leurs dittes charges et offices, ains y sera pourveu d'autre ydoine par advis du pardessus, en son absence de son lieutenant et conseil.

Les tresoriers et receveurs.

xxv. Par nostre besogne trouvons que l'ancienne ordonnance concernant la reception des deniers de la ditte Saulnerye et inscription des marchands fournissans les dits deniers pour les selz à eux delivrez en la ditte Saulnerie, n'a esté observé en ce que les dits marchans et autres levans sel en la ditte Saulnerye doivent avant toute œuvre venir presenter leurs deniers aus dits tresorier et receveurs sur les bans d'icelle Saulnerye, lesquels tresorier et receveurs les doivent compter au dit lieu par deux fois à haute et intelligible voix, prenant leur payement moitié or et monnoye, et faire qu'ils demeurent d'accord par ensemble. Ce fait, doivent iceux tresorier et receveurs escrire les noms et surnoms des dits marchans et leur livre monstrer à l'un des clercs des rolles pour en autant escrire au livre appellé le livre de monseigneur et de ses personniers. Ains de longtemps, les dits clercs des rolles se sont ingerez escrire les dits marchans au dit papier et faire delivrer le dit sel avant que jugement en fust fait aus dits tresorier et receveur, contre la forme des dittes ordonnances dont iceux tresorier et receveurs ont supporté interestz et dommages au prejudice de Sa Majesté et de ses dits personniers ; pour à quoy pourveoir, declarons que la ditte ancienne ordonnance sur ce que dessus sera doresnavant gardée et observée, interdisant aus dits clercs des rolles faire aucune inscription au dit livre de monseigneur des dits marchans levant sel, que prealablement les deniers ne soient delivrez aus dits tresorier et receveurs et inscriptz en leur livre ou de l'un d'eux, gardant l'ordre inscritte au dit livre du dit tresorier ou receveur, afin que la delivrance du dit sel soit conforme au dit payement, et que ceux qui auront payé les premiers soient preferez à la delivrance du dit sel ; enjoignant expressement aus dits clercs des rolles qu'ils, ou l'un d'eux, ne faillent eux trouver es dits bans au temps que les dits marchans levans sel feront les dits payemens, pour incontinent et sans retardement faire la ditte inscription au dit livre de monseigneur, et que la delivrance du dit sel ne soit retardée à l'interest des dits marchans, à peine d'en estre punis à la manière cy après declarée et de payer aus dits marchans tous interestz et dommages.

XXXVI. Les dits tresorier et receveurs s'acquitteront loyallement en ce que dessus, et y garderont les dittes ordonnances sans prendre exiger ny recevoir des dits marchans et autres levans le dit sel aucune chose outre le prix d'iceluy, ny semblablement les dits clercs des rolles pour les escrire au dit livre de monseigneur, à peine de l'amender arbitrairement.

Les clercs des rolles.

XXXVII. Les dits clercs des rolles ne feront les inscriptions des marchans et autres levans sel en la ditte Saulnerie sinon en la manière sus escritte en l'estat des tresorier et receveurs, conforme aus dittes anciennes ordonnances, aux peines y contenues, selon lesquelles anciennes ordonnances les dits clercs depescheront les cedules et non autrement.

XXXVIII. Item, interdisons aus dits clercs des rolles faire et depescher aucunes cedules pour payer en sel les aumosnes et rentes de fied, ains seront payées en argent sinon qu'il fust par les dits pardessus et conseil de la ditte Saulnerie pour bonnes considerations autrement deliberé, sans aucunement en abuser, ayant regard à l'abondance ou diminution des jettées des muyres, pour, selon que le dit conseil connoistra, ordonner faire le dit payement.

XXXIX. Prohibons en outre aus dits clercs des rolles depescher aucunes cedules excedant soixante sols, jusques à ce que par les dits pardessus et conseil elles soient veues et ordonnées, en quoy et toutes autres choses, garderont les anciennes ordonnances, aux peines cy après declarées.

xxx. Avec ce, ordonnons que les dits clercs des rolles seront tenuz d'escrire et enregistrer les absences non permises des officiers de la ditte Saulnerie, en un petit livre que pour ce ils feront.

Clerc ventier et payeur.

xxxi. Par aucuns articles des dittes anciennes ordonnances, es chapitres des dits clercs ventier et payeur, est contenu que es trois coffres estans à la porte ou l'on met les deniers des bois des seigneurs, doivent estre trois clefs diverses l'une de l'autre et mises en l'armoire de l'argent de la ditte porte, que ne doivent estre ostées jusques à ce que le compte de la despense soit fait et clos, et lors doivent estre ouverts les dits coffres presens les dits pardessus et portier, ou l'un d'eux, les tresorier, payeur et clerc ventier, et les deniers qui trouvez y sont, doivent estre baillez et delivrez aus dits tresorier et receveurs et à chacun d'eux sa portion, et doit avoir chacun tresorier et receveurs une clef differente aux autres; lequel article n'a de longtemps esté observé pour ce que les dits officiers disent que faire payement à chacune ferue ne seroit profitable et y pourroit avoir mescompte en comptant les dits deniers qu'il convient compter par plusieurs fois, et les cherretiers amenans le bois grandement travaillez en attendant leur payement, pour le soulagement desquels a esté de pieça advisé et aussy s'est observé que a chacune ferue le clerc payeur jette en gros tout le bois venant des bois de Bourgogne en un jet, et en un autre jet, celuy de Chalon, et le semblable, celui de Vignorry, et que sont les trois partages, et le dit clerc ventier jette particulièrement chacun bois à par soy de toutes les fasseures tant de Bourgogne, Chalon que Vignorry et advisent par ensemble si les dits bois particuliers reviennent au jet et controlle que le dit payeur a jetté, et, après, le clerc ventier escript en son livre les quantitez de bois et fasseures l'une après l'autre, nom par nom, et le dit clerc payeur les escrit en une somme totale en gros sur chacune partaige qui revient aux sommes particulières que le dit clerc ventier a escrit, lesquelles sommes les tailleurs regardent quand il leur plaist pour veoir si elles reviennent à leurs tailles en bois, et le semblable font les tresorier et receveurs, lesquels à la fin d'une chacune semaine, se trouvent avec les officiers de la porte et illec font le compte de la valeur des dits bois, de manière que un chacun connoist ce que affiert à sa charge, qu'ils delivrent aux dits tailleurs, chacun respectement, pour payer les dits charretiers selon leurs controlles que neanmoins ils ne delaissent de payer les dits cherretiers de jour à autre, selon qu'ils se retrouvent en necessité, car les dits tresorier et receveurs leur delivrent argent pour ce faire dont ils tiennent compte, le dit jour de samedy et met le dit clerc payeur son controlle en une armaire près la ditte porte, laquelle ferme à trois clefs dont le portier a l'une, le dit clerc ventier une autre et le clerc payeur l'autre, en laquelle armaire l'on met seulement la somme de trente, quarante ou cinquante livres estevenans par semaine, pour payer les bois de vente que sont les extraordinaires, les bois greusez que sont ceux que le taxeur ne trouve suffisans, les greaux et autres choses necessaires achettées à la ditte porte ; et le dit clerc ventier enferme son gros livre en une armaire de laquelle il a la clef seul qu'ils disent estre moyen plus convenable que d'ensuivre les dittes ordonnances, et ainsy par eux, d'un commun advis, nous a esté relaté. A cette cause, declarons que ce que dessus sera pour l'avenir observé ainsy et par la manière que dit est, nonobstant les dittes anciennes ordonnances, lesquelles quant à ce reformons pour cette nostre ditte provision.

XXXII. Avec ce, ordonnons que à tous payemens qui se feront à la ditte porte tant de bois de vente, bois greusez, greaux que toutes autres choses quelles qu'elles soient, seront presens avec les dits clercs ventier et payeur, le pardessus, son lieutenant, le portier et l'un des clercs des roiles ou, pour le moins, les deux d'iceux avec iceux clercs ventier et payeur, tous lesquels par ensemble accorderont lesdits jets et signeront et certifieront en mesme instant, chacun jour, de leurs noms et seings manuels, les sommes tant de bois que autres choses pour le dit jour, passées et missionnées à la ditte porte, et seront portez les dits livres au conseil, illecq veuz et certiorez, calculez particulièrement, presens les dits pardessus, lieutenant et portier ou du moins ceux qui auront esté presens, pour connoistre si à leur certiffication aura esté aucune chose adjoustée paravant que d'estre inscript aux quahiers d'icelle Saulnerie, et que iceux portier et clercq payeur ayent aussy chacun une clef de l'armaire du dit clerc ventier; lesquels clercs des rolles, après les dittes certifications et verifications telles que dessus et qui seront faittes au dit conseil, inscriront particulièrement es quahiers d'icelle Saulnerie tout ce que aura esté despensé à la ditte porte, afin que tous à qui il appartiendra puissent facilement connoistre quelles quantitez de bois et autres choses auront esté passées et achettées à la ditte porte, et signeront la ditte despense de chacune semaine les dits clercs des rolles ou celuy qui l'aura veue, afin qu'il soit conneu celuy qui mieux s'acquitera en sa charge.

XXXIII. Et si aucuns des dits clercs ventier et payeur se trouvent malades ou absens, ne pourroit subroger l'un l'autre, comme cy devant a esté dit de l'office de portier, ainsy sera pourveu par le pardessus et, en son absence, par son dit lieutenant et conseil.

Le tauxeur.

XXXIIII. Pour ce que le dit taxeur n'a gardé les anciennes ordonnances, trouvons, tant par informations que evidament de fait, Sa ditte Majesté et personniers grandement interessez à cette cause, luy ordonnons bien expressement les observer et garder et que à l'avenir il ayt soigneux regard en tous bois qui entreront en la ditte Saulnerie, pour greuser ceux qu'il connoistra non recevables, et qu'il ne fasse aucune taxe d'iceux bois sinon es ferues ou en presence des lieutenant, portier, clerc ventier, payeur ou les deux d'iceux, que es dittes ferues soient continuellement les dits clercs ventier payeur avec lesquels se trouvera le dit lieutenant et portier, du moins l'un d'eux, et que chacun d'eux ayt loyal (et) regard sur le dit bois qui entrera, à ce que s'ils connoissent le dit taxeur en faute ou negligence, ils le declarent ouvertement et pourvoyent promptement sans dissimulation.

XXXV. Et s'ils trouvent que iceluy taxeur ne fasse devoir par faveur ou autrement à taxer le dit bois et rebouter celuy qui ne se tróuvera recevable, ou persevere en sa ditte negligence, en fassent rapport au dit pardessus ou son dit lieutenant et conseil, auquel enjoignons bien à certes le punir et corriger selon l'exigence du cas.

XXXVI. Avec ce, pour tant mieux entendre les fautes du dit taxeur et garder l'ordre à la taxe du dit bois, ordonnons que les maistre du bois et compteurs se trouvent à toutes les dittes ferues et entrées de bois en la ditte Saulnerie, et outre les dittes fernes comptent le dit bois et visitent bien et diligemment et, sy en ce trouvent faute, en fassent promptement rapports aus dits lieutenant, portier, clerc ventier et payeur ou aux trois d'iceux afin que l'on y pourvoye de manière que autre ne se avance faire fraude es dits bois.

Les clercs des sels.

XXXVII. L'on ne mettra hors des ouvreurs et estuailles de la ditte Saulnerye aucune quantitez de sel en manière que ce soit, et du dit sel ne sera faitte distribution jusques à ce que les dits clercs des sels les ayent visité, compté et mis en escript en un papier.

XXXVIII. Et pour rendre la quantité de sel tryé qui se cuyt en la ditte Saulnerye, ordonnons, suivant ce que cy devant desjà en a esté dit, que iceluy sel tryé soit compté en le portant aux estuailles en presence de l'un des dits clercs des sels, lequel en fera description en son papier telle que du sel formé, present le maistre poulain, et que pour ce faire les dits clercs des sels exercent leurs offices en personne sans prendre charge d'autres officiers singulièrement du maistre poulain comme ils ont fait du passé, sans avoir esgard que iceluy maistre poullain doit estre controllé par eux.

XXXIX. En outre, iceux clercs des sels signeront promptement les descriptions qu'ils feront d'iceux sels, et garderont leurs papiers rière eux, sans les communiquer aus dits clercs des rolles, delivreur ne autre, selon les dittes ordonnances.

XL. Item, que les dits clercs des sels voient doresnavant en personne compter les sels es dits ouvreurs chacun jour incontinent après que les buillons seront liez par les benaistiers, et rapporte sur leurs livres à la verité le nombre des sels que l'on fera en chacun buillon à la forme dont il sera, afin d'en mieux tenir le compte et que les ouvriers n'ayent occasion dire que l'on fasse ny plus ny moins de sel au buillon que ce qui sera descript par le dit clerc des sels, et pour obvier aux murmures que iceux ouvriers et ouvrières ont fait par cy devant, soyent payez par leurs escroes de la vraye quantité de sel que l'on fera selon le livre du dit clerc, sans soy arrester au rapport des dits benaistiers.

XLI. Les dits clercs des sels enregistreront en leurs livres les salez que l'on fait pour les officiers, manouvriers et manouvrières, pour mieux en sçavoir le compte et la berne où ils seront faits, et au surplus seront par les dits clercs des sels gardées et observées les dittes anciennes ordonnances en ce qui concerne leurs estats et offices.

Clerc delivreur.

XLII. Pour mieux garder et observer l'ordre à la delivrance du dit sel, interdisons au dit clerc delivreur, autrement appellé portier, tenir par devers luy aucuns des livres des clercs des rolles, ains luy ordonnons escrire en son livre tout le sel qu'il veut faire delivrer, avant la delivrance d'iceluy, gardera son livre sans le laisser à autruy et chacune semaine le vendredy ou samedy, ira en la chambre des rolles, y portera son dit livre pour approuver les sommes des vendues avec les clercs des dits rolles, ne delivrera aucun sel que les clercs des sels ne l'ayent premièrement compté, en delivrant appellent une guette pour regarder sur les bans, compter bien et loyallement chacun monceau, dira à haute voix selon son dit livre les noms des marchans et la quantité des sels qu'ils auront payé.

XLIII. Avec ce, fera le rolle des menuz deniers et les cedulles au maistre febvre des missions qui se font d'ouvrages de febvres, et quand il delivrera le dit sel, le pardessus, le portier ou l'un des clercs des rolles seront presens et verront semblablement delivrer la muyre des buillons volauges et observera au surplus les dites anciennes ordonnances.

Les clercs des puys.

XLIII. Les dits clercs des dits puys, selon qu'avons trouvé par nostre ditte besogne, n'observent les ordonnances ny plusieurs choses dont ils sont chargez, tant sur le fait de rendre compte des muyres et gettes d'iceux puits, delivrances de fer que autrement et mesmement que le tout par eux doit estre mis en escrit, ce qu'ils n'ont fait, pour ce qu'ils n'ont esté receus en leur estat, combien que aucuns d'eux ne sçavent escrire, declarons que à l'avenir personne ne sera admis et receus aus dits estats de clerc des puys s'il ne sçayt escrire ou que par Sa Majesté advertie de la verité en fust expressement dispensé.

XLV. Et ne pourroient à l'advenir les dits clercs des puys vendre les vieux chappeaux et autres vieux fers sinon au pois et sur la deliberation que sur le dit vendage sera faite par le conseil, qui sera enregistrée et le pris du dit vendage qui en sera fait; et au surplus observeront les dits clercs des puys les dittes anciennes ordonnances es choses qui concernent leur estat et office.

Le maistre mouthier.

XLVI. Le dit maistre mouthier aura en la ditte Saulnerie une chambre pour en user selon la forme des dites anciennes ordonnances, et pour autant se contentera sans ce qu'il puisse à l'advenir tenir mesnage en icelle Saulnerye.

XLVII. Les salez que le dit maistre mouthier a coustume delivrer aux officiers, manouvriers et ouvrières de la ditte Saulnerie seront escrits par le dit maistre mouthier pour en tenir compte au conseil chacune semaine.

XLVIII. Item, recevra et delivrera le dit maistre mouthier les suifs et chandoilles au pois, selon qu'il est contenu es dittes anciennes ordonnances, et en rendra compte chacune semaine au jour et en la manière des autres despenses de la ditte Saulnerye; ne pourra le dit maistre mouthier eschantiller et estalonner les escuelles à former sel sans la presence du portier et de l'un des clercs des rolles, un chacun desquels aura un estallon des dites escuelles suivant les anciennes ordonnances.

XLIX. Le dit maistre mouthier ne baillera aucun congé aux autres mouthiers ny manouvriers à peine d'en estre puny, ains observera en tout et par tout les dittes ordonnances concernant son estat.

Les mouthiers.

L. Les dits mouthiers feront leur acquit selon les anciennes ordonnances lesquelles l'on leur ordonne observer de point en point tellement que leur faute n'advienne dommage, et avec ce solliciteront que sel de la ditte Saulnerie sera seché de charbon et chanchy qui se fait en icelle et qui se trouvera propre et duisant, et ce pour obvier aux fraiz superfluz que l'on fait pour achat d'autre charbon pour ayder à secher le dit sel.

Les maistres des œuvres, febvres, charbonniers et benaistiers.

LI. Les dits maistres des œuvres, maistre febvre et maistre charbonnier et benaistiers observeront en tout et partout les dittes anciennes ordonnances concernant leur estat et charges, et ordonnons expressement au dit maistre febvre depescher les ouvrages de la ditte Saulnerye dependans de sa ditte charge sans les commettre ou faire à faire par ses serviteurs ny autres non ayans l'experience et industrie du dit maistre.

Les guettes.

LII. Les dittes guettes observeront semblablement les dittes ordonnances et surtout seront vigilans à la porte pour non souffrir en sortir aucune chose prohibée et deffendue, et ne tiendront les dittes guettes ny aucuns d'eux armaires en la ditte Saulnerye.

Le maistre poulain.

LIII. Le dit maistre poulain en cas d'absence tolerable, ne pourra subroger en son lieu pour l'exercice de sa charge et office aucun des clercs des sels par lesquels doit estre controllé, ains au dit cas y sera pourveu par l'advis du dit pardessus et en son absence des dit lieutenant et conseil; gardera en outre le dit maistre poulain les dittes anciennes ordonnances en tout ce que concerne sa charge et estat.

Le procureur.

LIIII. Le dit procureur fera devoir et deue diligence pour sçavoir et entendre si aucuns des dits officiers seront transgresseurs des dittes anciennes ordonnances et ce que dessus à ce que par luy soit faitte poursuitte contre les dits transgresseurs.

LV. Aussy procurera que les limittes ordonnées pour la distribution du dit sel soient inviolablement gardées et s'ils trouvent que aucuns en abusent, en fera diligente poursuitte à la cohertion d'iceux, sans aucune dissimulation.

LVI. Prendra garde que les chemins estans à la charge de la ditte Saulnerye soient deuement reparez, et que ceux qui ont charge de ce faire ne commettent abuz aux deniers dessus ordonnez.

LVII. Sollicitera diligemment le vidange et expedition des causes que par luy seront dressées devant le dit pardessus ou son lieutenant, et si d'icelles entrevient appellation, envoyra incontinent au procureur general de la cour de parlement toutes pièces et advertissemens servans à ce.

LVIII. Et, pour bonnes considerations, prohibons et deffendons à tous officiers en la ditte Saulnerye que par eux ou personne interposite, directement ou indirectement, ils ne prennent ny acceptent charge de qui que ce soit pour prandre et lever rentes deues en la ditte Saulnerie soit en sel, argent ou autres choses, ains s'entremettent iceux officiers à bien et diligemment exercer les charges et offices qu'ils ont chacun d'eux respectivement en icelle.

LIX. Les dits officiers ne feront dont ou prest de son argent provenant de la ditte Saulnerye l'un à l'autre, en quelque façon que ce soit, à peine d'en estre corrigez et punis.

LX. Et afin que les dittes anciennes ordonnances soient en tout et partout observées, reservé en ce que par cettes a esté reformé, semblablement ce que presentement par nous est ordonné en vertu de nostre dit pouvoir, declarons que les contrevenans en ce seront punis pour la première fois de la privation de leurs gaiges pour trois mois, pour la seconde d'un an, et pour la tierce de la privation de leur office, et à ce que d'icelles ordonnances et que par nous est presentement ordonné, ils ne aucuns d'eux ne puissent pretendre cause d'ignorance, ordonnons que icelles anciennes ordonnances et ces presentes soient publiées en la chambre des rolles chacun an au premier conseil d'octobre, et que chacun des dits officiers en ayt coppie qui avoir la voudra, mesmement des articles concernans sa charge, ausquels officiers prohibons et deffendons changer ou insinuer les dittes ordonnances sans l'exprès commandement de Sa ditte Majesté, à peine d'en estre punis selon l'exigence du cas.

Et quant aux abuz pretenduz par le dit procureur general contre aucuns particuliers des dits officiers, et recouvrement des interestz tant de Sa ditte Majesté que de ses dits personniers, suivant sur ce le bon plaisir de Sa ditte Majesté, en renvoyons et remettons la connoissance et decision à la ditte cour de parlement, ordonnant au dit procureur general veoir à diligence toutes informations et autres pièces servans à l'affaire, pour incontinant, par advis des advocats fiscaulx en la ditte cour, y faire et redresser poursuytte contre les dits officiers et autres qui se trouveront coupables des dits abuz.

Et pour l'ordre requis aux fasseurs des bois, moles et prix d'iceux et autres choses concernans les affaires de la ditte Saulnerye, non comprises en ces presentes, nous reservons y pourveoir au plus brief et convenablement que faire se pourra.

Donné et prononcé en la ditte Saulnerye le mardy xxvi⁰ jour du mois de fevrier l'an mil cinq cens xxxvii, es presences des dits sieurs de Batter[a]ns, premier advocat, maistre Adam Jacques, procureur substitué de Sa ditte Majesté, nous ayant de ce requis et aussy es presences des dits officiers d'icelle Saulnerie cy après nommez, assavoir des dits maistre Guillaume Amyot, lieutenant, maistre Ferry Lombart, portier, Gerard Vernerot, tresorier, maistre Jean Boutechou, receveur du partage de Chalon, Pierre Trousset, receveur du partage de Vignory, Jean Hudressier, Jean de Pommereux, Jean Amyot, clercs des rolles, Michel Grand, clerc ventier, Guillaume Alepy, clerc payeur, Guillemin Guillaume, delivreur, Charles Faroz, maistre poulain, Jean Dalonval, le jeune, procureur, Guillaume Viron, Guillaume Loriol, clercs des sels, Pierre Fobert, taxeur, Estienne Grand, maistre des œuvres, Claude Belin, clerc ventier de la porte Oudin, Gaspard Sage, Pierre Girardot, mothiers, Antoine Coquelin, aussy mothier, Theveneaul Liénard, Jacques Fiacre, Jacques de Brie, Guygonnet Bault, guettes, Regnauld de la Duché, commis maistre du bois, Guillaume Guignoirre, Jacquot Godard, Jean Bonjour, Moingin Fruictier, Claude Thomas, compteurs du bois, et plusieurs autres en grand nombre. Ainsy signé : Marmier, Thomassin, Colin et Vaulchier.

(Bibl. de Salins, M 128, ff. 71 v°-99 v°. Copie du commencement du xvii° siècle. — B. N. Colbert-Flandres 1, ff. 420-441. Copie de 1675.)

Réformes apportées par Marguerite d'Autriche, duchesse de Parme, dans l'administration de la Saunerie de Salins.
(26 janvier 1565/6.)

Sur ce que le roy nostre sire auroit par ses lettres patentes commis et député Mes Jean de Brune, conseiller et procureur general en Flandres, Adrien Clements aussy conseiller et maistre en sa chambre des comptes à Lille, et Zeger Vincent, auditeur en la ditte chambre, pour eux transporter au pays et conté de Bourgogne et entre autres leurs charges, eux diligemment enquerir comme la Saulnerie de Salins avoit par le passé et estoit encore presentement administrée et ce qui en dependoit, la duchesse de Parme, Plaisance etc., regente et gouvernante pour Sa Majesté es pays d'Embas et du dit Bourgogne, [par l'advis] des dits commissaires sur le fait de la dite Saunerie et le tout veu et meurement pesé et examiné tant es consaux d'estat que des finances, a ordonné et ordonne par cettes ce que s'ensuit, assavoir :

Premiers, que doresnavant les anciennes ordonnances avec celles faites par les commissaires à ce deputez par feue Sa Majesté imperialle en l'année mil cinq cens trente sept, ensemble les points et articles compris es ordonnances generalles du dit pays et conté de Bourgogne si avant qu'elles touchent et concernent le fait de la ditte Saunerie, soient inviolablement observées et entretenues, et à ce que chacun soit mieux informé du contenu es dittes ordonnances et n'en pretendre à l'avenir aucune cause d'ignorance, que presentement en soit faite publication et icelle renouvellée et continuée par chacun an au commencement du mois d'octobre.

Item, afin que les sujets du dit pays et conté soient fournis par chacune semaine de leur ordinaire de sel, l'on tiendra toujours en espargne, selon les anciennes ordonnances, mil charges de sel, et celuy qui restera outre et pardessus la ditte espargne, — estans les sujets, ceux des Lighes et autres ayans octroy de Sa Majesté fournis, — sera vendu en la ditte Saulnerie au plus offrant et dernier rencherisseur; bien entendu que le pardessus ou son lieutenant aura authorité d'accorder aux gentilshommes du dit pays et principaux officiers de Sa ditte Majesté quelque quantité de sel extraordinaire à l'avenant de leur train, estat et necessité, à condition qu'ils seront tenus de faire faire lever par leurs domestiques et non par autres, lesquels seront tenus prendre billets en la ditte Saulnerie pour le convoy d'iceluy et envoyer certification de la reception contenant ce estre pour l'usage de leur mesnage et non autrement, à peine de confiscation du dit sel et d'amende arbitraire, lequel accord touttefois ne se pourra faire sinon après les dits sujets et autres dessus mentionnez fournis en faisant notte et chappitre à part au livre des vendues, sans le mesler avec l'ordinaire et ce seulement par forme d'essay pour trois ans.

Item, pour obvier aux plaintes et doleances qui se font par les dits sujets de ce que les gens de loy d'aucunes villes et villages baillent en admodiation au plus offrant la distribution de leur sel pour le plus grand proffit des dittes villes et villages, sera par les gens de la court de parlement à Dole escrit, mandé et ordonné aux magistrats, prudhommes et gens de loy des dits lieux y pourveoir et faire faire la distribution du dit sel par un d'entre eux à prix raisonnable et selon la necessité d'un chacun, ou autrement y pourveoir selon qu'ils trouveront convenir.

Item, ne sera à l'avenir plus usé d'une forme de sel appellé Pleine Rousière, ains pour bonnes considerations à iceluy est aboly et dont lettres patentes seront depeschées comme a esté fait pour l'abolition du sel Bouché. Et pour ce que le vieux fer s'est toujours vendu et ne se vend encore presentement que quinze sols estevenans le cent, sans prendre regard à ce que le nouveau couste six livres dix-huit sols le cent ou plus, sera doresnavant vendu le dit vieux fer publiquement et au plus offrant sans aucune faveur, et ne sera permis à aucuns officiers de la ditte Saulnerie en pouvoir faire aucun achapt en façon et manière que ce soit.

Item, la bouille des menus charbons se vendra à l'avenir au prix de douze deniers estevenans, et en seront accomodez les pauvres gens, manans et autres habitans de la ditte ville, au lieu que l'on a trouvé le dit charbon avoir esté du passé distribué à aucuns favorisez.

Et comme les officiers de la ditte Saulnerie ayans demeure en icelle, usent et font faire et renouveller à leur plaisir toutes sortes de lictz de champs, couches, tables, scabeaux, bancs et autres ustensiles de bois aux fraiz et depens du communal de la ditte Saunerie, sans faire renseing au proffit des vieilles ustensiles, a esté ordonné que les dits meubles et ustensiles y estans à present seront inventoriez par commis de la chambre des comptes à Dole et, à la venue de chacun nouveau officier ayant demeurance en icelle Saulnerie, delivrez par inventaire et recepisse pour après les ainsy rendre, à chacune fois que changement d'officiers interviendra ; et à cette fin, sera le double du dit inventaire gardé en la ditte chambre des comptes.

Item, que les lieutenant et maistre moutier de la ditte Saulnerie auront leur demeurance en icelle selon qu'ils ont eu du passé et tant que autrement en soit ordonné.

Item, que les jours de plaix de la ditte Saulnerie se tiendront de quinzaine en quinzaine et que, du moins, y devront toujours estre presens le pardessus ou son lieutenant, l'un des clercs des roolles et autres officiers qui presens y doivent estre, afin que la justice y soit mieux observée que du passé.

Et pour ce que les officiers de la ditte Saulnerie ayant authorité d'y commettre les ouvriers et ouvrières, pourvoyent des dittes charges bien souvent leurs serviteurs, servantes ou norices, lesquels, pour encore estre retenus aux services de leurs maistres et maistresses, font desservir leurs dittes charges et manœuvres par quelques pauvres gens prenans d'eux un pot de vin ou portion de leurs petits gages, que peut causer qu'ils ne versent fidellement en leurs dittes charges, Sa dite Altesse veut et ordonne que tous ceux qui auront charge de manœuvre en la ditte Saulnerie seront tenus de desservir en personne sans pouvoir commettre autruy en leurs lieux à peine d'en estre privé.

Et combien que par les ordonnances de la ditte Saulnerie, mesmes par celles du dit an xv^c trente sept, les officiers d'icelle sont tenus eux trouver chacun lundy de l'an en la ditte chambre des roolles, ce que touttefois se delaisse sans avoir juste ou urgente cause, est ordonné que tous les dits officiers tant de Sa Majesté que des seigneurs partaigiers, seront tenus eux trouver à toutes assemblées des conseils de la ditte Saulnerie, tant ordinaires que extraordinaires, afin que toutes deliberations et conclusions soient conneues tant à l'un qu'à l'autre des dits officiers.

Item, que les dits officiers adviseront faire faire une ou deux cuves outre celles qui y sont pour eviter tous espanchemens des muyres.

Item, pour ce que les dits officiers de la Saulnerie, nonobstant le xme article des ordonnances de l'an xv^{c}xxxvii, commettent bien souvent deux, trois ou quatre d'entre eux pour faire voyages de petite importance, si comme d'aller vers ceux de la court de parlement à Dole, pour faire quelques remonstrances de bouche ou par escrit, ou bien pour consulter quelque matière touchant le fait de la Saulnerie aux advocats et procureur pensionnez d'icelles residens au dit Dole, aussi pour aller vers le pardessus ou son lieutenant, quand ils sont absens de la ditte Saulnerie, pour leur faire rapport de quelques lettres ou autrement, comme il appert en plusieurs lieux par les livres des cedulles des roolles, et que pour achapts des bois, visitation des chemins, bois, fasseures et ouvrages, se commettent aucune fois quatre, cinq ou six d'entre eux.

Pour à quoy remedier et eviter semblable despense superflue, seront à l'avenir par eux commis pour faire les visitations des dits chemins, aussy pour le fait des fasscures, menus ouvrages et reparations, le procureur et maistre des œuvres de la ditte Saulnerie comme dependant de leurs offices, et pour la visitte et achapt des bois et notables ouvrages, le tresorier ou l'un des clercs des roolles et le dit maistre des œuvres, sans plus, lesquels outre leurs vacations et journées, ne pourront prandre fraiz extraordinaires comme ils ont fait du passé, à peine de radiation, suivant quoy les auditeurs des comptes auront à se regler et conduire.

Et pour à l'avenir, mieux et plus clairement veoir et connoistre le fait, administration et conduite de la ditte Saulnerie, les clercs des roolles, outre le compte que rend annuellement en la Chambre des comptes à Dole le tresorier d'icelle Saulnerie, seront aussy tenus par chacun an, si comme en fin du mois de janvier, rendre un compte en sommaire et par forme de renseing en un quayer en papier assez en conformité des deux quayers servans pour une année entière que tiennent à present les dits clercs des roolles, par devant un maistre et auditeur de la ditte Chambre des comptes, en la presence du pardessus ou de son lieutenant, portier et autres officiers de la ditte Saulnerie, et les principaux officiers des dits seigneurs partaigiers, tels que à ce ils voudront denommer et commettre, lequel compte sera bien particulièrement et exactement examiné en justice, tant en recette que despense, par les livres des clercs des muyres, ceux des clercs des sels, livre des vendues, nommé le livre de monseigneur, de celuy des delivrances, compte de la gabelle, le livre des deliberations, celuy des cedulles des roolles, le livre de la porte, le livre du maistre mouthier, le livre des escroues, le compte du tailleur des bois et autres que l'on trouvera convenir, en y passant et allouant les partyes justes et raisonnables, royant et moderant celles qu'ils trouveront superflues et deraisonnables, comme ils font es comptes des tresoriers et receveurs du domaine de Sa ditte Majesté, et en cas que les auditeurs du dit compte y trovvent quelques difficultez notables, les renvoyeront au college de la ditte Chambre des comptes, pour par eux le tresorier et l'un des clercs des roolles de la ditte Saulnerie ou l'un d'eux presens, estre decidées et vuydées comme ils verront en leurs consciences estre à faire, duquel compte un cahier aussi veu examiné, justifié, arresté et clos par et en la presence des dessus nommez, sera fait un double deument veriffié et signé des dits commis de la chambre des comptes, du pardessus ou son lieutenant et de l'un des dits clercs des roolles qui se raportera par chacun an par ledit tresorier à la reddition de ses comptes au dit Dole, au lieu de l'extrait de la valleur tant sommer qu'il est accoustumé rendre pour justification des recette et despense de ses dits comptes qui se dresse et signe par les dits clercs des roolles; et davantage pour tant mieux connoistre la valleur et revenu de la ditte Saulnerie, iceux clercs des roolles feront et dresseront chacun quart d'an, un estat entier et au juste tant en recette que despense d'icelle Saulnerie, dont ils envoyeront un double signé et veriffié en la ditte chambre des comptes à Dole, pour eux en ayder à la justification du susdit compte qui se rendra par chacun an au dit Salins, comme dit est.

Tous lesquels points et articles, mesme les anciennes ordonnances, celles du dit an mil cinq cens trente sept et tout ce que touche le fait de la ditte Saunerie contenu es dittes ordonnances generalles du dit pays, Sa ditte Altesse veut, declare et ordonne par cettes inviolablement et bien estroitement estre observez et entretenus, ordonnant aux gens de la court de parlement et des comptes au dit Dole, les faire garder et observer sans par les dits officiers de la Saulnerie directement ou indirectement y contrevenir, aux peines contenues es precedentes ordonnances.

Ainsy fait à Bruxelles le vintsixieme jour du mois de janvier quinze cens soixante et cinq. Signé : Margarita, et plus bas : Bave (1).

(Bibl. de Salins, M 128, ff. 100-105 v°. Copie du commencement du XVII° siècle. — B. N. Colbert-Flandres 1, ff. 372-377.)

---

(1) Cette date se trouve dans le manuscrit de Salins, non dans celui de la Bibliothèque Nationale.

ADDITIONS ET CORRECTIONS

Page 41, ligne 7, au lieu de *Henri II*, lire *Henri III*.

Page 57, ligne 1, au lieu de *Jacques*, lire *Josserand*.

Page 112, ligne 11, après *réclamations*, ajouter : *renforcées par l'intervention personnelle de l'empereur*.

Page 119, ligne 20, au lieu de *Philippe II*, lire *Philippe IV*.

Page 142, lignes 6-7, supprimer : *italiens comme Jérôme de Lisola (1609)*.

Page 162, ligne 3, ajouter : *Toutefois quelques vestiges de chapiteaux et de moulures que l'on y rencontre, pourraient remonter au* XIIIe *siècle*.

Page 195, note 2, supprimer : *sire de Bourbon et de Salins*.

Page 202, *in fine* ajouter en note : *Voir* Les Ouvriers des anciennes Salines franc-comtoises, *dans les* Annales franc-comtoises, 1897, p. 271.

TABLE ALPHABÉTIQUE

Achey (Jean d'), bailli d'Auxois (Alsace), 105, n. 4.
Acosta (Jean d'), contrôleur des salines, 186.
Adrien Ier, pape. — Bulle, 27.
Agaune (Abbaye de Saint-Maurice d'), 19, 25-28, 51, 56, 161.
Agnès de Bourgogne, comtesse de Montbéliard, 76.
Agnès de Vellechevreux, femme de Jean de Montby. 17, n. 4, 75, n. 1.
Aides, ouvriers des salines, 196.
Aiglepierre (Jura). — Chemin, 236. — Mine de houille, 186.
Aiglepierre (Le sieur d'). V. Gilley (Claude de).
Albe (Le duc d'). — Acquisitions dans les sauneries, 115, n. 1, 117, 118. — Appointements des officiers des sauneries, 201.
Albert, archiduc d'Autriche. — Acquisitions de droits sur les sauneries, 84, 117. — Droits à Montmorot, 110. — Gouvernement, 108. — Ordonnances, 144, 181.
Alepy (Guillaume), clerc-payeur à la Grande-Saunerie, 332.
Alexandre III, pape. — Bulles, 17, n. 3, 41, 43.
Alexandre Farnèse, prince de Parme, gouverneur des Pays-Bas. — Administration des salines, 100, 117, 145, 245.
Alix de Méranie, comtesse de Bourgogne. — Acquisitions à Grozon, 157. — Amodiation de Grozon, 254. — Charte, 55, n. 3. — Droits à Lons-le-Saunier, 68, n. 3. — Mariage avec Hugues de Chalon, 58.
Alix de Dreux. — Donations à l'abbaye de Cherlieu, 76, n. 5, 167, 173, n 1. — Droits à Scey-sur-Saône et à Salins, 27, 77.
Alix de Granges, prétendue femme de Richard de Montfaucon, 76.
Alix, femme d'Etevenon de Salins, 125.
Alix (Philippe), co-prévôt du Puits-à-Muire, 153.
Amboise (Jean d'), gouverneur du comté de Bourgogne, 110, 221.
Amé de Montfaucon. — Chaudière à Lons-le-Saunier, 69. — Vente de Châtillon, 45, n 3.
Amiet de Choye, pardessus de Besançon, 125, n. 3.
Amont (Bailliage d'), 205. — Bailli, 107, 128, n. 2.
Amont (Bois d'), 181.
Amont (Pays d'), 192, 205, 207, 210, 216, 288.
Amyot (Guillaume), lieutenant du pardessus de la Grande-Saunerie, 312, 332.
Amyot (Jean) clerc des rôles à la Grande-Saunerie, 312, 332.
Anatoile (Saint). — Reliques, 163.
Anegray (Haute-Saône). — Monastère, 28.

Ansel de Salins, seigneur de Montferrand, 123, n. 5, 269.
Antigny (Maison d'). — Droits à Lons-le-Saunier, 67, 70.
Arbalestier (Pierre), payeur à la Grande-Saunerie, 308.
Arbois (Jura). — Chapitre de Notre-Dame, 99, n. 2. — Doyen de l'église, 106. — Ville, 206, 265
Arbois (Guyon d'), portier de la Grande-Saunerie, 216, n. 2.
Arc-sous-Montenot (Doubs). — Cours du sel de Porte, 208.
Archives des Sauneries, 198.
Arduicus, archevêque de Besançon, 38.
Arlay (Jura). — Ressort, 206.
Armenier (Guy), pardessus de la Grande-Saunerie, 134, n. 3, 135.
Armenier (Pierre), abbé de Saint-Vincent de Besançon, 149.
Arnay-le-Duc (Côte-d'Or). — Grenier à sel, 222.
Arnoul, chancelier de Louis l'Aveugle, 35.
Arrondissement forestier de Salins, 182.
Arthur de Bretagne, comte de Richemont et de Tonnerre, 223.
Asiniers (Famille des). — Construction des sauneries de Salins, 19, 161.
Assommeurs de la Chauderette de Rosières, 154.
Assommeurs du Puits-à-Muire, 150.
Aubépin (L') (Jura). — Chemin saunier, 235.
Aubry, comte en Bourgogne. — Postérité, 27, 51, 161.
Aulps (Abbaye d'). — Donations de Jean de Chalon, 157, 171.
Aumont (Jura). — Chemin saunier, 236.
Aurea-Vallis. — Saline, 41, 42.
Authey (Portion d'), à la Grande-Saunerie, 114.
Autun (Saône-et-Loire). — Chapitre de Notre-Dame, 153. — Grenier à sel, 222.
Auxerre (Yonne). — Reliques de saint Urbain, 37.
Auxerre (Partage d'), à la Grande-Saunerie, 113-115, 303.
Auxois ou Alsace. — Bailli, 105, n. 4.
Auxonne (Côte-d'Or). — Transit du sel de Salins, 222.
Auxonne (Terre ou vicomté d'). — Echange contre Salins, 56. — Fourniture de sel, 219-221, 224, 225.
Aval (Bailliage d'), 111, 205. — Bailli, 109, 128, n. 2. — Lieutenant, 148. — Procureur ducal, 148.
Aval (Bois d'), 181.
Aval (Pays d'), 192, 205, 210, 216, 288.
Avallon (Yonne). — Chartreux, 214, n. 2. — Grenier à sel, 222.
Avanches (Antoine d'), gouverneur de Vaud, 229.
Avanne (Doubs). — Source salée, 14.
Avocat fiscal des sauneries, 130, n. 4, 143, 144.

Bale (Suisse). — Evêque, 119.
Balerne (Abbaye de). — Droits à Grozon, 48, 71. — Droits à Salins, 85, n. 3, 195, n. 2, 214, n. 2, 215.
Ban (Pierre de), clerc des rôles à la Grande-Saunerie, 303.

Bannans (Doubs). — Cours du sel de Salins, 208.
Basan (Girard), pardessus de la Grande-Saunerie, 134, n. 3.
Battant (Abbaye de). V. Besançon.
Baubet (Jean), amodiateur de la saline de Grozon, 265, 266.
Bauffremont (Liébaud de). — Acquisition de Scey-sur-Saône, 77.
Bauleret (Guillemin), clerc du Puits-à-Grés, 308.
Bauleret (Huguenin), maître-moutier à la Grande-Saunerie, 303, 308.
Bault (Guigonnet), guette à la Grande-Saunerie, 332.
Baume-les-Dames (Doubs). — Abbaye, 41.
Baume-les-Moines (Jura). — Abbaye, 35.
Béatrix, comtesse de Bourgogne impératrice. — Diplôme en faveur du prieuré de Vaux-sur-Poligny, 53.
Béatrix de Bourgogne, dame de Marnay, 87, n. 1.
Béatrix de Vienne. — Droits sur Lons-le-Saunier, 67.
Beaune (Côte-d'Or). — Grenier à sel, 222.
Bédian (Vincent). — Inventions, 170.
Beire (Nicolas de), co-seigneur de Saulnot, 17, n. 6.
Belin (Claude), clerc de la Porte-Oudin, 332.
Bellevaux (Abbaye de). — Droits à Lons-le-Saunier, 91, n. 2. — Droits à Salins, 167, 195, n. 5, 214, 234, n. 2.
Bellevesvre (Saône-et-Loire). — Chemin, 236. — Cours du sel, 217, 220, n. 2.
Belmont (Doubs). — Chemin, 206.
Benates, paniers, 85, 188, 300.
Benatiers de la Grande-Saunerie. — Nomination, 198. — Office, 127, 255, 256, 262, 264, 274, 278, 284, 293, 330.
Benatiers du Puits-à-Muire. — Prévôté, 154.
Benoit (Marin), procureur général au parlement de Dole, 312.
Berdot (Léopold-Emmanuel), physicien, 13, 45.
Bérbur (Nicolas), moutier au Puits-à-Muire, 148, n. 4.
Bermont (Doubs). — Chemin saunier, 206.
Berne (Suisse). — Avoyers, 232, 233. — Bourgeoisie, 105. — Cours du sel, 219, n. 1, 230-233.
Berne (La), lieu-dit, à Montmorot, 18, 44, 70.
Berne (Château de la), lieu-dit du territoire des Nans, 18.
Bernes des salines, 18, 48, 62, 77, 80, 81, 156, 157, 159, 172, 179, 184.
Bernois. — Entreprises contre les salines franc-comtoises, 105, 106.
Bernon (Saint), abbé de Cluny. — Testament, 39.
Besançon (Doubs). — Abbaye de Battant, 250, n. 6. — Abbaye de Saint-Paul, 52, 78, n. 2, 79, n. 1. — Abbaye de Saint-Vincent, 149, 310 — Archevêques, 38, 40, 41, 57, 96, 213. — Cathédrale Saint-Etienne, 78, n. 2, 81, n. 3. — Cathédrale Saint-Jean, 53. — Chapitre, 117. — Diocèse, 102. — Garnison, 245, 248. — Hôpital de Saint-Jacques d'Arènes, 189, n. 4. — Hôpital du Saint-Esprit, 55, n. 5. — Official, 87, n. 1. — Pardessus, 125, n. 3. — Sel, 207. — Voie romaine, 239.

Besançon de Rothonay. officier à la Grande-Saunerie, 140, n. 3.
Besard (Jean), receveur de Jonvelle, 209, n. 1.
Bichot, mesure de sel, 85.
Bidault (Gilles), maître des comptes à Lille. — Acquisitions au Puits-à-Muire, 118.
Bien-Aventureux, clerc de la Porte-Oudin, 308.
Bienne (Suisse). — Cours du sel, 219, n. 1, 221.
Binans (Jura), domaine de Renaud de Bourgogne, 68, n. 4.
Blamont (Maison de) — Possession du partage de Vignory, 114.
Blandans (Jura). — Cours du sel de la Grande-Saunerie, 206.
Blegny (Jura). — Chemin, 235.
Blegny (Nicolas de), délivreur à la Grande-Saunerie, 303, 308.
Boban (Jean), notaire. — Déposition, 152, n. 2.
Bois affecté à l'évaporation des eaux salées, 43, 179-185. — Achats, 336. — Choix, 325, 326. — Emploi, 292, 293. — Payement, 259, 275, 277, 280-284. — Prix, 245, 283, 324, 325. — Provisions, 263, 274, 282, 283, 288, 296, 297. — Transport aux salines, 313, 324, 326, 327. V. Fasseurs, Fassures, Forêts.
Boissard (Guillaume), amodiateur du puits de Soulce, 107, n. 5.
Bolandoz (Doubs). — Chemin saunier, 206.
Bonjour (Jean), compteur de bois à la Grande-Saunerie, 332.
Bonlieu (Prieuré de), 112.
Bonne (Jura). — Usage du sel de la Grande-Saunerie, 206.
Bonvalot (François), abbé de Saint-Vincent de Besançon, 310-316.
Bonvalot (Jeannette), veuve de Ferry de Falletans, 148, n. 4.
Bosses, tonneaux de sel, 185, 196.
Bossiers, tonneliers, 196.
Bouchu (Richard), régisseur de la saline de Saulnot, 141, n. 3.
Bouillons ou cuites d'eau salée, 80, 84, 175.
Bouillons volages, rentes en eau salée, 80, 164, n. 1, 262, 276, 278, 283, 286, 287, 289, 294, 306.
Boujailles (Doubs), 215. — Chemin, 37.
Bourbon-Lancy (Saône-et-Loire). — Grenier à sel, 222.
Bourgeau (Le) (Jura). — Cours du sel de la Grande-Saunerie, 206.
Bourgogne (Bois de), réservés à la Grande-Saunerie, 324.
Bourgogne (Comtes de). — Droits à Lons-le-Saulnier, 66 ; — à Salins, 51, 116. V. : Alix, Aubry, Béatrix, Etienne, Guillaume, Hugues, Jean de Chalon, Jeanne, Liétaud, Marguerite, Otte-Guillaume, Otton IV, Raimond, Renaud.
Bourgogne (Duché de). — Fourniture de sel, 221-225.
Bourgogne (Ducs de) — V. : Charles-le-Téméraire, Eudes IV, Hugues IV, Jean-sans-Peur, Marie, Philippe de Rouvre, Philippe le Hardi, Philippe le Bon.
Bourgogne (Maison de). — Droits à Lons-le-Saulnier, 66-68. — Droits à Montmorot, 108.
Boutechoux (Jacques), avocat fiscal au Parlement, 312, 316, 332.

Boutechoux (Jean), receveur du partage de Chalon, 332.
Bouton (Emard), pardessus de la Grande-Saunerie, 134, n. 3, 135.
Bouton (Philippe). — Revenus sur la Grande-Saunerie, 136, n. 1.
Bouvart (Huguenin), notaire. — Déposition, 148, n. 2
Bracon (Jura) — Château, 26, 27, 51, 56. — Châtelain, 85, n. 1, 121, 122, 124, 129, 131, 140, 265, 269. — Domaine d'Otton IV, 58. — Hôpital, 97. — Receveur, 97.
Brainans (Jura). — Chemin saunier, 236. — Source salée, 12, 15, n. 10.
Brandon (Antonio), fermier des salines, 142
Brans (Jura). — Chemin, 236.
Bresse. — Cours du sel de Salins, 227, 228.
Bretenois (Pierre), moutier du Puits-à-Muire, 148, n. 4.
Brie (Jacques de), guette à la Grande-Saunerie, 332.
Broers (Jean), entrepreneur, 186.
Broissia (Jean Froissard de). — Correspondance avec le cardinal de Granvelle, 243.
Bruges (Belgique). — Atelier de tapisserie, 163, n. 4.
Brun de Ribeaupierre. — Droits sur les sauneries, 270-272.
Brun (Antoine) procureur général au Parlement, 118.
Brune (Jean de), procureur général en Flandre, 333.
Buillon (Abbaye de). — Guillaume, abbé, 50. — Rentes sur la Grande-Saunerie, 121.
Burchard, abbé de Saint-Maurice-en-Valais, 27.

Calixte II, pape. — Bulles, 53, 173, n. 2.
Cambrai (Traité de), 225.
Caramtocus, abbé, 28.
Carondelet (Claude), bailli d'Amont, 107.
Carondelet (Claude), moutière du Puits-à-Muire, 148, n. 4.
Carondelet (Jean), lieutenant du pardessus, 137, n. 5, 138, n. 3, 301-303.
Cesancey (Jura). — Chemin saunier, 236.
Chaffoy (Jura). — Cours du sel de Porte, 208
Chainin (Pétremand), receveur de la saline de Saulnot, 141, n. 4.
Chalamont (Jura), passage, 288.
Chalon (Saône-et-Loire). — Grenier à sel, 222.
Chalon (Comté de) — Echange contre la seigneurie de Salins, 56.
Chalon (Maison de). — Acquisitions à Salins, 116. — V. : Etienne, Henri, Hugues, Jean, Louis, Perrin, Philibert, Tristan.
Chalon (Partage de), 115, 116. — Bois, 324. — Receveur, 332. — Réunion au domaine, 115.
Chambellan (David), commissaire du roi de France, 226, n. 4.
Chambier (Famille). — Prévôté du Puits-à-Muire, 152-154.
Chambre des comptes de Dole. — Autorité sur les salines, 124, 125, 130, 336, 337.
Chambre des rôles de la Grande-Saunerie, 140.
Champlitte (Comtes de). V. Vergy.

CHAMPROUGIER (Jura). — Chemin, 236.

CHANCI, ou braise, 188, 257, 260.

CHANTEMERLE (Louis de), pardessus de la Grande-Saunerie, 134, n° 3, 135.

CHAPELLE (LA) (Jura). — Chemin, 235, 236.

CHAPELLE-VOLAND (LA) (Jura) — Cours du sel de la Grande-Saunerie, 206.

CHARBON employé à la Grande-Saunerie, 134, 188, 257, 260, 262, 263, 277, 281, 282, 283, 297-290, 330, 335.

CHARBONNIER (Pierre), moutier du Puits-à-Muire, 148.

CHARBONNIERS de la Grande-Saunerie. — Emploi, 263, 298.

CHARGES de sel, 85, 189, 234.

CHARITÉ (Abbaye de la). — Droits à Salins, 213.

CHARLES-QUINT, empereur — Lettres, 126, n. 1, 2, 180, 181, n. 3, 225, n. 4, 232, n. 3, 245, 310.

CHARLES VIII, roi de France. — Lettres, 199, n. 2, 221, n. 3, 224, 232, 239, n. 1.

CHARLES LE TÉMÉRAIRE, duc de Bourgogne. — Lettres, 154, n. 3, 220, 227, 243, 244.

CHARLES DE POITIERS, seigneur de Saint-Vallier, 269.

CHAROLLAIS. — Cours du sel de Salins, 221.

CHAROLLAIS (Philippe, comte de). — Apanage, 113.

CHAROLLES (Saône-et-Loire). — Grenier à sel, 222.

CHARRETIERS de sel, 129.

CHASES (Jura). — Usage du sel de la Grande-Saunerie, 206.

CHASSAGNE (Ottenin de). — Testament, 136, n. 3.

CHASSAGNE (LA) (Jura). — Chemin, 236.

CHASSAIGNE (Abbaye de la). — Exemption de péages, 227.

CHATEAU-CHALON (Abbaye de). — Guillemette, abbesse, 78, n. 3.

CHATEAU-ROUILLAUD (Le seigneur de), V. MOUCHET.

CHATEAU-SUR-SALINS (Prieuré de), 28.

CHATEL (Anatoile) — Gravures, 166, 174.

CHATELAINE (LA) (Jura) — Usage du sel de Porte, 208.

CHATEL-BELIN (Château de), 205, n. 1. — Châtelain, 122, 124, 130. — Seigneurie, 58.

CHATEL-GUYON (Seigneurie de), 58, 115 — Châtelain, 122, 124, 130, 140, 201.

CHATILLON-LE-DUC (Doubs). — Source salée, 14.

CHATILLON-SUR-SEINE (Côte-d'Or). — Grenier à sel, 222.

CHAUDERETTE DE ROSIÈRES. — Administration, 154. — Cours du sel, 120, 204, 207, 220, n. 2. — Muire, 133, 139, 257, 274, 289, 299, 313, 320. — Officiers. V. : ASSOMMEURS, RECEVEURS. — Prix du sel, 100, 239. — Rentes, 84, 88, 227, 270, 271. — Rentiers, 49, n. 2, 83, 93, 120, 243. — Répons, 54, — Réunion au domaine, 84, 88, 117-120, 154.

CHAUDIÈRES à faire évaporer le sel, 42, 43, 52, 53, 77, 156. — Construction, 172-179, 289-291. — Entretien, 261-263, 292, 298.

Chauvirey (Jean de). — Mission en Flandre, 220.
Chay (Le seigneur de) co-prévôt du Puits-à-Muire, 152
Chemins entretenus par la Grande-Saunerie, 158, 235, 295, 331, 336.
Chemins saulnots, ou des sauniers, 205, 206, 235, 236.
Chenebier (Haute-Saône). — Source salée, 13.
Chenecey (Doubs). — Chemin, 236.
Cherlieu (Abbaye de). — Droits à Lons-le-Saunier, 68, n. 3. — Droits à Scey-sur-Saône, 43, 76, n. 5, 77. n. 1, 167, n. 3.
Chilly (Jura). — Usage du sel de Porte, 208.
Chousat (Jean), pardessus de la Grande-Saunerie, 132, n. 2, 133, n. 3, 134, n. 3, 135, 139, 301.
Chronique de Saint-Claude, 36, 37.
Cicon (Doubs). — Officiers du prince d'Orange, 217.
Citeaux (Abbaye de). — Abbé, 220. — Possessions à Salins, 82, 83, n. 1, 119, n. 1, 120, n. 4.
Clairefontaine (Abbaye de). — Droits à Scey-sur-Saône, 43.
Clément VIII, pape. — Enquête sur le Puits-à-Muire, 119.
Cléments (Adam), conseiller à la chambre des Comptes de Lille, 333.
Clémont (Doubs). — Châtellenie, 107, n. 5.
Clerc-délivreur à la Grande-Saunerie — Office, 237, 238, 328.
Clerc des chemins à la Grande-Saunerie. — Office, 255.
Clerc des sels au Puits-à-Muire, 151, n. 1.
Clerc du puits au Puits-à-Muire, 151, n. 1.
Clerc du sceau à la Grande-Saunerie. — Office, 198, 237, 261, 263, 288, 306, 308.
Clerc-payeur à la Grande-Saunerie. — Office, 198, 275, 322, 324-326. — Titulaire, 332.
Clerc-portier à la Grande-Saunerie. — Office, 188, n. 4, 198, 237, 256 285-288, 299, 303, 306, 320, 328. — Titulaire, 308.
Clerc-vendeur de sel à la Porte-Oudin. — Gages, 199, 306. — Titulaires, 308, 332.
Clerc-ventier à la Grande-Saunerie. — Office, 128, 183, 198, 259, 275, 280, 281, 283, 303, 304, 308, 322, 324, 325. — Titulaire, 332.
Clercs de la Grande-Saunerie, 197, 198.
Clercs de la table à la Grande-Saunerie. — Office, 198, 251, 255-257, 259, 262, 276, 285.
Clercs des puits, à la Grande-Saunerie. — Noms, 308. — Office, 170, 197, 262, 288-292, 298, 299, 305, 320, 328, 329, 337.
Clercs des roles, à la Grande-Saunerie. — Noms, 97, n. 3, 198, n. 6, 303, 307, 312, 332. — Office, 124, n. 1, 126, 128, 130, 140, 198, 210, 237, 251, 274-276, 278, 279, 286, 287, 304, 309, 311, 312, 317, 318-320, 322-325, 327-329, 336-338.
Clercs des sels, à la Grande-Saunerie. — Noms, 308, 332. — Office, 197, 237, 255-258, 263, 264, 275, 276, 278, 284-287, 301, 305, 306, 317, 319, 322, 327, 328, 330, 337.
Closier (Bertrand), moutier de la Grande-Saunerie, 231.

CLUNY (Abbaye de). — Abbé, 39, 40. — Droits à Lons-le-Saunier, 78, n. 3. — Droits à Salins, 85, n. 4, 173, n. 2, 203, n. 2, 214, 235, n. 1.
CŒUR (Jacques), visiteur général des gabelles, 225.
COLIN (Henri), conseiller au parlement de Dole, 310, 314, 316.
COLOMBAN (Saint). — Séjour à Anegray, 28.
COLONNE (Jura). — Chemin, 236. — Prévôté, 254.
COMMERCE DU SEL en Franche-Comté, 203-253.
COMMIS-MAITRE DU BOIS à la Grande-Saunerie, 332.
COMMUNAUTÉS de Franche-Comté. — Approvisionnements de sel, 211, 212, 239.
COMPTEURS DE BOIS, à la Grande-Saunerie. — Nomination, 127, 198. — Noms, 332, 333.
CONDATISCO. — Monastère, 22-24.
CONFLANS (Haute-Saône). — Usage du sel trié, 209.
CONSEIL de la Grande-Saunerie. — Attributions, 139, 224, 227, 228, 273, 274, 278-280, 295, 297, 317-321, 323, 326, 330. — Local, 158. — Réunions, 165, 336. — Secrétaires, 198.
CONSEIL du duc de Bourgogne. — Appels de la justice du pardessus, 130.
CONTREBANDE du sel, 217, 218.
CONTRE-CLEF de la porte, à la Grande-Saunerie. — Office, 197, 308.
CONTRE-GARDIER du Puits-à-Muire, 151, n. 1, 154.
CONTROLEUR de la Grande-Saunerie. — Office, 197, 308.
COQUELIN (Antoine), moutier de la Grande-Saunerie, 332.
CORCELLES (Haute-Saône). — Houille, 185.
CORCELLES (Jura) — Cours du sel de la Grande-Saunerie, 206.
COSGES (Jura). — Cours du sel de la Grande-Saunerie, 206.
COUILLIER (Jean), doyen de la Sainte-Chapelle de Dijon, 210.
COURBOUZON (Jura). — Chemin, 70, n. 2.
COURS du sel de Salins, 203-253, 331.
COURTEFONTAINE (Prieuré de). — Droits à Salins, 189.
COURTINE. (Jura), 32.
COUTHENANS (Haute-Saône). — Source salée, 13, 15, n. 10, 45.
CROTENAY (Jura), 32.
CUILLIER (Jacques), moutier du Puits-à-Muire, 148, n. 4.
CUITE du sel, 174-186.
CURSIACUM, localité mentionnée dans un diplôme de Lothaire I*r*, 32.
CUSSEMENET (Nicolas), moutier au Puits-à-Muire, 148, n. 4.

DAGAY (Jean), moutier au Puits-à-Muire, 148, n. 4.
DALONVAL (Jean), moutier à la Grande-Saunerie, 312, 332.
DAMBELIN (Doubs). — Chemin, 206.
DAMPRICHARD (Doubs). — Maire, 104.
DAVID (Claude), moutier au Puits-à-Muire, 148, 149.
DÉLIVREUR à la Grande-Saunerie. — Office, 126, n. 5, 198, 256, 285-288, 300, 303, 306, 308, 332.
DES MOULINS (Odot). — Ambassade à Berne, 106.

Desserre, ouvrier des sauneries. — Emploi, 171, 172, 176, 177, 293.
Devoir (Sel de), 240.
Dijon (Côte-d'Or). — Abbaye de Saint-Bénigne, 52. — Bailli, 95. — Chambre des comptes, 220. — Grenier à sel, 222. — Sainte-Chapelle, 210.
Directeurs des salines, 143.
Dole (Jura). — Bailli, 128, n. 2. — Garnison, 245, 246, 248. — Hôpital du Saint-Esprit, 92. — Trésorier, 265. — Université, 114, n. 6, 243. — Ville, 265.
Doye, partie inférieure du puits, 127, 160.
Druet (Jean), marchand de sel, 226 n. 2, 228.
Dufourg (Guillaume), moutier au Puits-à-Muire, 148, n. 4.
Duhel (La), source salée à Scey-sur-Saône, 76, 77.
Du Prel (Pierre), officier à la Grande-Saunerie, 118.

Eberhard de Wurtemberg, comte de Montbéliard, 102.
Emonin d'Orgelet. — Droits à Lons-le-Saunier, 91, n. 3.
Epi, pelle à feu, 179.
Epoisses (Abbaye d'). — Droits à Salins, 177.
Etats de Franche-Comté — Intervention dans les affaires des sauneries, 66, n. 2, 244, 246-248.
Eteignari, ouvrière des sauneries, 179, 262.
Eternoz (Jura). — Chemin saunier, 206.
Etevenon, fils de Pichot de Salins, 125.
Etienne, comte de Bourgogne, 66.
Etienne de Bourgogne, seigneur de Traves. — Droits à Lons-le-Saunier, 67, 68 ; — à Scey-sur-Saône, 43, 76, 77, n. 1, 167.
Etienne de Bourgogne. — Donations aux monastères, 84, n. 2, 195, n. 4, 214. — Droits à Lons-le-Saunier, 67, 68.
Etienne de Chalon, seigneur de Vignory, 57, 58, 89, 114.
Etienne d'Oiselay. — Droits à Lons-le-Saunier, 91, n. 2.
Etienne de Montfaucon, comte de Montbéliard, 75, n. 1.
Etienne Morelet, dit Chambier, prévôt du Puits-à-Muire, 152-154.
Etroitefontaine (Haute-Saône). — Source salée, 13.
Etuaille, magasin à sel, 172, 188.
Eudes IV, duc de Bourgogne, 108, 250, n. 6.
Eudes d'Eternoz. — Droits à Salins, 87, n. 2.
Eudes de Quingey, conseiller de la comtesse de Bourgogne, 265, 269.
Eugène III, pape. — Bulle, 167.
Eugène IV, pape. — Bulle, 65, n. 3.
Extraordinaire (Sel d'), ou de vente, 213.

Fabrication du sel, 156-202.
Fallerans (Doubs). — Chemin saunier, 206.
Fallerans (Le sieur de), co-prévôt du Puits-à-Muire, 153.

Falletans (Etevenin de), moutier au Puits-à-Muire, 148.
Falletans (Moroux de), prévôt du Bourg-le-Comte à Salins, 81, n. 4.
Fallon (Haute-Saône). — Source salée, 13.
Faroz (Charles), maître-poulain à la Grande-Saunerie, 332.
Fassari, ouvrière des salines, 187, 190, 262. 263
Fasseur, chef des coupeurs de bois, 181, 332.
Fassures, quartiers de forêts, 181, 182, 283, 305, 336.
Fatio (François), fermier des salines, 142.
Faucogney (Haute-Saône). — Cours du sel, 218, n. 4.
Faucogney (Maison de), 74.
Faux-sauniers. — Répression, 217, 218.
Fermes générales de France, 142.
Fermiers des salines, 110. 140-151, 185, 186, 197, 233.
Ferrant (Jean). — Déposition, 248, n. 6.
Ferreterie, magasin de fer, 279, 289, 291, 298, 305.
Férue, apport du bois à la saunerie, 183.
Fèvres des sauneries. — Office, 127, 154, 176, 178, 198, 255, 260, 261, 268, 274. 289, 291, 298, 299, 305, 328.
Fiacre (Jacques), guette à la Grande-Saunerie, 332.
Flavigny (Abbaye de). — Abbé, 30, 31. — Droits à Salins, 52, 78, n. 1.
Fobert (Pierre), taxeur à la Grande-Saunerie, 332.
Fontain (Doubs). — Chemin saunier, 236.
Fontaine-Salée (La), nom de lieux-dits, 15, n. 10.
Forest.ers des sauneries. — Attributions, 130, 131, 140, 181, 217, 218, 236, 259, 282.
Forêts réservées aux sauneries, 144, 180-184, 267 280, 324.
Fourneau servant à faire évaporer la muire, 173, 174.
Fouvent (Portion de), à la Grande-Saunerie, 114.
Fouvent (Seigneurs de), propriétaires de salines, 94, n. 3, 114.
Fraisans (Jura). — Chemin saunier, 236.
Franc-salé (Droit de), 94.
François de Sales (Saint), évêque de Genève, 119.
François Ier, roi de France. — Lettres, 225.
Frédéric Barberousse, empereur. — Acquisition du comté de Bourgogne, 59.
Frédéric de Wurtemberg, comte de Montbéliard, 12, 13, 185
Fribourg (Suisse). — Cours du sel de Salins, 230-233.
Froideville (Jura). — Cours du sel de la Grande-Saunerie, 206.
Frontenay (Jura). — Cours du sel de la Grande-Saunerie, 206.
Fruictier (Moingin), compteur de bois à la Grande-Saunerie, 332.
Furieuse (La), rivière, 158, 163.

Gabelles de Bourgogne, 222 ; — de Franche-Comté, 157, 239-244, 247, 337. — Receveurs, 162, 198, n. 6. 199, n. 2, 307, 308, 310.
Gardes, ouvriers des sauneries, 176, 299.
Gardes de la porte, à la Grande-Saunerie, 307, 308.

— 351 —

Gardiens du Puits-à-Muire 125, 151 n. 1, 154.
Garnier (Michel), secrétaire du duc de Bourgogne, 97, n. 3, 98, n. 2.
Gaucher de Commercy. — Droits à Salins, 56.
Gaucher II, sire de Salins, 60, 65, 78. n. 2. 85, n. 4, 235. n. 1, 2.
Gaucher III. sire de Salins, 27, 60, 65, 81, n. 2, 146, 195, n 2, 213.
Gaucher IV, sire de Salins et de Bourbon. 27, 56, 62, n. 3, 77, 85, n. 3, 195, n. 2, 214.
Grlenier (Guy), conseiller du duc de Bourgogne, 95, 98.
Gemmingen (Le baron de), gouverneur du comté de Montbéliard, 13.
Genève (Suisse). - Cours du sel, 228. — Evêques, 119, 228.
Germigney (Jean de), moutier au Puits-à-Muire, 98, 148.
Gevresin (Jura). — Usage du sel de Porte, 208.
Gigny (Abbés de). — Bernon, 39. — Guy, 40 n. 4
Gilles de Montaigu ou de Montagny, pardessus de la Grande-Saunerie, 123, 134, n. 3. 140, n. 3.
Gilley (Doubs). — Chemin saunier, 206.
Gilley (Claude de), seigneur d'Aiglepierre, co-prévôt du Puits-à-Muire, 153, n. 5, 154, n. 1 ; — lieutenant de la Grande-Saunerie, 117 ; — pardessus, 134, n. 3, 230, n. 1.
Gilley (Guillaume de), moutier au Puits-à-Muire, 148, n. 4.
Gilley (Jean de), moutier au Puits-à-Muire, 148, n. 4. 149, n. 1.
Gilley (Nicolas de), moutier au Puits-à-Muire, 144, n. 6, 148, n. 4.
Gipperius, abbé de Saint-Oyan, 36.
Girard de Bourgogne, comte de Vienne et de Mâcon, seigneur de Salins 56, 67, 68, 81. n. 3, 227.
Girard d'Arguel, tuteur de Jean de Champvans, 215, n. 6.
Girard de Dole, pardessus de la Grande-Saunerie, 123.
Girard de Lay, 121.
Girard de Montjustin. — Donation à l'abbaye de Lieucroissant, 18, n. 5, 43.
Girard (Otton), chanoine de Saint-Anatoile de Salins, 56, n 2.
Girardot (Guyenet), co-prévôt du Puits-à-Muire, 153.
Girardot (Pierre) moutier à la Grande-Saunerie, 332.
Goailles (Abbaye de). — Droits à Salins, 56, n. 1.
Godard (Jacquot), compteur de bois à la Grande-Saunerie, 332.
Gollut (Claude), moutier au Puits-à-Muire, 148, n. 4.
Gorrevod (Laurent de), pardessus de la Grande-Saunerie, 134, n. 3, 136.
Gouhenans (Haute-Saône). — Seigneur, 17, n. 4. — Source salée, 13.
Grand (Étienne), maître des œuvres à la Grande-Saunerie, 332.
Grand (Michel), clerc ventier à la Grande-Saunerie, 332.
Grande-Saunerie de Salins. — Amodiation, 140-143, 197. — Bâtiments, 157-159, 242. — Bernes, 80, 82, 157. — Canaux, 163, 171. — Charpenterie, 279. — Comptes, 337. — Cours du sel, 203-234. — Défense, 241. — Enceinte, 156, 157. — Fer, 334, 335. — Fournet (Le), 183. — Gouverneurs, 210. — Incendies, 157, 158. — Justice, 128. — Missions et députations, 336. — Noms divers, 53-56. — Officiers, 101, 118, 121-140,

197-201, 239, 251, 252, n. 5, 255, 301 309, 331. 332. *V.* : AVOCAT FISCAL, BENATIERS, CLERC-DÉLIVREUR, CLERC DES CHEMINS, CLERC DU SCEAU, CLERC-PAYEUR, CLERC-PORTIER, CLERC-VENDEUR DE SEL A LA PORTE OUDIN, CLERC-VENTIER, CLERCS DE LA GRANDE-SAUNERIE, CLERCS DE LA TABLE, CLERCS DES PUITS, CLERCS DES ROLES, CLERCS DES SELS, COMMIS-MAITRE DU BOIS, COMPTEURS DE BOIS, CONTRE-CLÉ DE LA PORTE, CONTROLEUR, DÉLIVREUR, FÈVRES, FORESTIERS, GARDES DE LA PORTE, GUETTES, LIEUTENANT, MAITRE CHARPENTIER, MAITRE CHARBONNIER, MAITRE COUVREUR, MAITRE DE LA DOYE DU GRAND PUITS, MAITRE DES CHEMINS, MAITRE DES ŒUVRES, MAITRE FÈVRE, MAITRE FORESTIER, MAITRE MOUTIER, MAITRE POULAIN, MOUTIERS, PARDESSUS, PAYEUR DU BOIS, PORTIER, PROCUREUR, RECEVEUR, SERGENTS, TAILLEUR DE BOIS, TAXEUR DES BOIS, TRÉSORIER VENTIER. — Ouvriers. 127-129, 199, n. 4, 223, n. 4, 251, 252, n. 5, 273, 274, 277-281, 283, 288, 291, 294 296, 300, 305, 306. 318, 329, 335. *V.* : AIDES, DESSEURE, ETEIGNARI, FASSARI, GARDE, HAVE, MARCENIER, METTARI, POULAINS, SÈCHARI, TIRARI. — Parçonniers, 58, 83, 89, 93, 112, 113, 219, 241, 250, 269-272. — Production annuelle, 250. — Propriété, 48. — Puits, 158, 289, 318, 319, 329. — Puits d'Amont ou Grand-Puits, 54, 83, 127, 160, 170, 171, 257, 288, 305, 308. — Puits d'Aval ou Puits-à-Grés, 54, 55, 160, 170, 258, 288-291, 305 308. — Réglements généraux, 273-338. — Rentes, fiefs et aumônes. 87, 90, 120, 251,270, 278, 323, 331. — Rentiers, 285, 287, 306. — Rôle des sels, 203. — Rosières, lieu-dit, 237 — Sources salées, 162-165. — Table, 237, 251. — Vente du sel, 236-239. — *V* : BOIS. CHARBON, CHEMINS, CONSEIL, FERRETERIE, MARCHANDS DE SEL, PARTAGE, SIXTE.

GRANDES COMPAGNIES, 241.

GRANGE-DES-NANS (LA) (Jura) — Chemin saunier, 236.

GRANGES-LE-BOURG (Haute-Saône) — Châtellenie, 75, n. 2. 141. — Procureur fiscal, 141, n 2 — Seigneurie, 12, 17, n. 6, 76, 102.

GRANT (Jean), fermier des salines de Salins, 142.

GRANVELLE (Antoine PERRENOT. cardinal de). — Correspondance, 246.

GRANVELLE (Nicolas PERRENOT DE), pardessus de la Grande-Saunerie, 134, n. 3, 136, 137, 315.

GRAY (Haute-Saône). — Garnison, 245, 246, 248.

GRAY (Nicolas de), garde de la porte, à la Grande-Saunerie, 308.

GREALIERS, tonneliers, 196.

GREFFIER du tribunal des sauneries, 143.

GRENIERS A SEL de Bourgogne, 188, n. 7, 192, 222-225, 243. 278.

GRIAU, seau à puiser la muire, 165-168.

GROZON, (Jura). — Antiquités, 21, 22. — Château, 254. — Prévôté, 266, 247. — Voies romaines, 235.

GROZON (Saline de). — Ancienneté. 30. — Baux, 140, 143, 204, 254, 265. — Bernes, 80. — Bois, 197, n. 1, 267. — Chappuis, 197, n. 1. — Clerc, 197, n. 1. — Cours du sel, 204, 220, 266. — Destruction, 86, 92, 93, 98, 102, 204, 216, 241, n. 2, 269-272. — Enceinte, 157. — Justice, 259. — Portier, 197, n. 1. — Propriété, 48, 70, 71. — Receveur, 197, n. 1. —

Rentes, 91, n. 5. — Source salée. 12, 70. — Taxeur des bois, 197, n. 1.
GRUERIE du comté de Bourgogne. — Tribunaux, 144, 181.
GUETTES ou vaites. — Noms, 332. — Office, 127, 130, 131, 133, 140, 143, 158, 176, 198, 237, 238, 256, 257, 259, 260, 264, 273, 282, 286, 287, 295, 297, 299-301, 309. 330.
GUIBOURG, veuve de Pierre d'Usier. — Biens à Grozon, 157.
GUIERCHE (Guyon, Jacques et Philippe), moutiers au Puits-à-Muire, 148, n. 4.
GUIGNOIRRE (Guillaume), compteur du bois à la Grande-Saunerie, 332.
GUILLAUME, comte de Bourgogne, 59, 60, 70, 167.
GUILLAUME DE BOURGOGNE, comte de Mâcon et de Vienne, 66, 67, 78, n. 3.
GUILLAUME, comte de Mâcon et de Vienne, 189, 195, n. 4.
GUILLAUME, comte de Vienne, 67.
GUILLAUME DE NASSAU, prince d'Orange, 115.
GUILLAUME DE GRAMMONT. — Dénombrement, 17, n. 4.
GUILLAUME DE LAY, châtelain de Bracon, 121.
GUILLAUME DE MAXILLY, portier de la Grande-Saunerie, 201.
GUILLAUME DE SABRAN, comte de Forcalquier, 56, 57.
GUILLAUME DE SAINTE-CROIX, 219.
GUILLAUME DE SALINS, 82, n. 1, 83, n. 1.
GUILLAUME D'ESTAVAYER. — Droits à Salins, 83, n. 1.
GUILLAUME DE VIENNE. — Aliénation de Montmorot, 108.
GUILLAUME MILLET. — Donation à Saint-Anatoile de Salins, 49, n. 2.
GUILLAUME (Guillemin), délivreur à la Grande-Saunerie, 332.
GUILLEMETTE, abbesse de Château-Châlon, 78, n. 3.
GUILLEMIN (Jacques), lieutenant du pardessus, 221.
GUILLEMIN (Jean), maître-moutier à la Grande-Saunerie, 312.
GUNTHER, abbé de Saint-Maurice d'Agaune, 27.
GURNEL (Claude), amodiateur de Saulnot, 185.
GUY, abbé de Gigny, 40, n. 4
GUYOT DE GRAMMONT. — Dénombrement, 17, n. 4.
GUYOT DE NAVILLEY. — Biens à Molprey, 45 n. 2.

HALM (Achs), bernois, 233.
HANTEMAN DE SCEY, dit Lochard. — Droits à Scey-sur-Saône, 77.
HASSELET (Catherine), tapissière, 163, n. 4.
HAUSSEMENTS du prix du sel, 100, 239-248.
HAUTEVELLE (Haute-Saône). — Usage du sel trié, 209.
HAVE, ouvrier des sauneries. — Fonctions, 176, 292, 293.
HÉLIE (Pierre), moutier à la Grande-Saunerie, 176.
HENRI III, empereur. — Diplômes en faveur de l'église de Besançon, 41, 52, 78, n. 2.
HENRI, comte de la Roche, 74.
HENRI DE BOURGOGNE. — Droits à Salins, 86, n. 5.
HENRI DE CHALON. — Droits sur les sauneries de Salins, 270-272.
HENRI DE VIENNE. — Droits à Lons-le-Saunier, 67.

— 354 —

Henriette de Montfaucon, comtesse de Montbéliard. — Dénombrement, 75, n. 2 — Salines, 76, 94, n. 3, 102.
Henicus moine. — Vie de saint Urbain, 37.
Herienses, peuple, 22-24.
Hongrie. — Guerre, 73, 74.
Houille (Mines de). — Exploitation, 185, 186.
Hugonet le Fèvre, bourgeois de Salins, 157.
Huguenin Fevrier, fermier de la saline de Grozon, 265, 266.
Hugues, comte d'Arles, puis roi de Provence, 35.
Hugues IV, duc de Bourgogne. — Acquisition de la terre de Salins, 56.
Hugues, comte de Bourgogne, 45, n. 3, 55, n. 3, 57, 58, 68, 70, 71 157, 254.
Hugues de Bourgogne. — Droits à Salins, 64, n. 2.
Hugues de Salins, archevêque de Besançon, 41, 52, 78, n. 2, 79, n. 1, 173, n. 2.
Hugues de Bourgogne, archevêque de Besançon, 59.
Hugues de Chalon, archevêque de Besançon, 57.
Hugues d'Argençay. — Donation à l'abbaye de Saint-Paul de Besançon, 79, n. 1.
Hugues de Chalon, seigneur d'Arlay, 49, n. 2, 83, 192, 269-272.
Hugues de Chalon, seigneur de Châtel-Guyon, 113, 230, n. 1.
Hugues de Flavigny. — Chronique, 29.
Hugues de Fouvent, official de Besançon, 87, n. 2.
Hugues de Granges. — Donations au prieuré de Lanthenans, 42, 43.
Hugues des Champs, châtelain de Châtel-Guyon, 140, n. 3.
Hugues de Vienne-Antigny. — Droits à Lons-le-Saunier, 67, 68, 215, n. 2.
Hugues de Vienne, co-seigneur de Lons-le-Saunier, 67-69, 91, n. 2, 3.
Hugues de Vienne, seigneur de Pagny, 241, n. 2.
Hugues Frumiet, amodiateur de Grozon, 254.
Humbert, archevêque de Besançon. — Charte en faveur de l'abbaye de Baume-les-Dames, 41; — du prieuré de Lanthenans, 42.
Humbert, comte de la Roche, 74.
Humbert de Granges. — Donation au prieuré de Lanthenans, 42, 43, n. 1.
Humbert, fils du comte Aubry, 27.
Humbert le Renforcé. — Donation à l'abbaye de Buillon, 121.

Isabeau de Ribeaupierre, femme de Guillaume de Vergy, 114.
Isabeau de Saint-Dizier, dame de Blamont, 114, n. 4.
Isabelle de Courtenay, femme de Jean de Chalon, 37.
Isabelle de France, dauphine de Viennois, 108.
Isabelle-Claire-Eugénie, archiduchesse d'Autriche, gouvernante des Pays-Bas. — Acquisitions à la Chauderette de Rosières, 84; — au Puits-à-Muire, 117. — Ordonnances, 144, 181, 246.
Iverdon (Suisse). — Cours du sel de Salins, 228.
Ivory (Jura). — Cours du sel de Porte 208.

Jacquelin (Eliot), bailli de Jonvelle, 209, n. 1.
Jacquelin (Jean), commissaire du duc de Bourgogne à Salins, 204, 205, n. 1, 206, n. 3, 210.
Jacquemart (Le), cheval qui fait mouvoir la *signole*, 169.
Jacquemet (Bonnet), trésorier de la Grande-Saunerie, 117.
Jacques (Adam), procureur général au Parlement, 316, 332.
Jacquinot (Jean-Claude), receveur général en Bourgogne, 252, n. 7.
Jacquinot (Vincent), administrateur de la Grande-Saunerie, 186.
Jacquottin (Nicolas), amodiateur de Saulnot, 76, n. 1.
Jaquelin (Jean), lieutenant du pardessus de la Grande-Saunerie, 139.
Jaquot (Jean), marchand de sel, 225, n. 3.
Jean X, pape — Bulle, 40.
Jean sans Peur, duc de Bourgogne. — Confiscations, 113, 115. — Gabelle, 157, 162. — Lettres, 126, n. 5, 197, 199, 200, 204, n. 4, 218, n. 4, 222, 235, 242, 273, 301.
Jean de Bourgogne. — Droits à Salins, 86, n. 5.
Jean de Chalon, comte de Bourgogne. — Acquisitions à Jougne, 45, n. 1 ; — à Montmahoux, 44 ; — à Salins 27, n. 8, 56, 57, 82. — Affranchissement du Bourg-Dessus de Salins, 128, 156. — Différend avec l'abbaye de Château-Chalon, 78, n. 3. — Donations, 85, n. 1, 2, 5, 86, 87, 91, n. 2, 156, 157, 177, 189, n. 3, 4, 191, 195, n. 2, 203, 213, 215, 250, n. 6, 253. — Droits à Grozon, 71 ; — à Lons-le-Saunier, 68, 67 ; — sur la Grande-Saunerie, 54, 55. — Hommage à l'abbaye d'Agaune, 27. — Postérité, 114, n. 4. — Succession, 49, 57, 67, 86, 87, 122. — Sa mort, 38. — Vente de Scey-sur-Saône, 77.
Jean de Chalon, comte d'Auxerre, 57, 58, 89.
Jean de Chalon, seigneur d'Arlay, fils du comte Jean de Chalon, 49, n. 2, 55, n. 5, 57, 58, 82, n. 1, 89, 197, n. 6, 215, n. 6.
Jean de Chalon, seigneur d'Arlay, puis prince d'Orange, 115, 270, 272.
Jean de Chalon, prince d'Orange, 113, 114.
Jean, batard de Chalon-Arlay, 271.
Jean de Chalon, seigneur de Châtel-Belin, 122, n. 4.
Jean de Champvans, 215.
Jean de Gray, officier à la Grande-Saunerie, 140, n. 3.
Jean de Montmartin, bailli de Bourgogne, 265.
Jean de Ray, gardien du comté de Bourgogne, 269.
Jean de Salins, seigneur de Poupet, 140.
Jean de Saulnot, chanoine de Montbéliard, 75, n. 1.
Jean de Scey. — Droits à Salins, 83, n. 1.
Jean d'Estavayer. — Droits à Salins, 83, n. 1.
Jean de Trichatel. — Hommage envers Jean de Chalon, 55.
Jean d'Orgelet. — Droits à Lons-le-Saunier, 91, n. 3.
Jean Février. — Droits à Salins, 64, n 2.
Jean Morelat de Cheveney. — Dénombrement, 17, n. 4, 75, n. 1.
Jean Porcelet. — Droits à Salins, 83, n. 1.
Jean Viset, conseiller de la comtesse de Bourgogne, 269.

JEAN-FRÉDÉRIC DE WURTEMBERG, comte de Montbéliard, 75, n. 6, 103, 141, n. 3,
JEANNE DE BOURGOGNE, reine de France, 28, 64, n. 2, 88, 108.
JEANNE DE FRANCE, comtesse de Bourgogne, 250, n. 6.
JEANNE DE BLAMONT, dame de Ribeaupierre, 114, n 4, 270, 272.
JEANNEAL (Jean), valet de chambre de Marguerite d'Autriche, 109.
JONVELLE (Haute-Saône). — Usage du sel de la Grande-Saunerie, 195, 209, 216, 218, n. 4.
JOSSERAND DE BRANCION, seigneur de Salins, 56, 85, n. 2.
JOSSERAND DE CHAMOLE, fermier de la saline de Grozon, 265, 266.
JOUARD (Jean), président du parlement de Bourgogne, 220, 228, 244.
JOUSSEAUX (Jura). — Usage du sel de la Grande-Saunerie, 206.
JUGE des salines. — Attributions, 143.
JUSSEY (Haute-Saône). — Prohibition du sel de Lorraine, 218, n. 4.
JUSTICE du Puits-à-Muire, 151-154.
JUSTICE des salines, 128, 143, 151-154, 259, 335.

KAISER (Jean), bernois, marchand de sel, 233.

LA DUCHE (Renaud de), commis-maître du bois à la Grande-Saunerie, 332.
LA JAISSE (Jacques-Paris de), bailli de Dijon, 210.
LALLIER (Guyon de), moutier au Puits-à-Muire, 148, n. 4.
LALLIER (Jeannin de). — Mission à Paris, 226, n. 4.
LANGEOLET (Guillaume), fermier des greniers à sel de Bourgogne, 243, n. 2.
LANGRES (Haute-Marne). — Chapitre, 240, n. 1. — Evêque, 221 — Voie romaine, 239.
LANTERNIER (Etevenin), clerc ventier à la Grande-Saunerie, 303, 308.
LANTHENANS (Prieuré de). — Possessions à Saulnot, 17, n. 3, 42, 43.
LA PALUD-VARAMBON (Claude de), comte de la Roche, 105-107.
LA PERRIÈRE (Etienne de), moutier à la Grande-Saunerie, 308. — Réparations aux caveaux de la Saunerie, 162, n. 1, 163, n. 2
LARDERET (LE) (Jura). — Usage du sel de Porte, 208.
LA ROCHE-EN-MONTAGNE (Comté de). — Comtes, 71, 74, 94, n. 3, 104-108. V.: HENRI, HUMBERT, LA PALUD-VARAMBON, RYE. — Salines, 41, 42, 48. — Sources salées, 13.
LA THOUVIÈRE (Jean de), pardessus de la Grande-Saunerie, 134, n.3, 137, n. 3.
LAULE (Gilles de), portier de la Grande-Saunerie, 303, 307.
LAULE (Jean de), lieutenant du pardessus, 136, 228.
LAULE (Perrin de), officier à la Grande-Saunerie, 140, n. 3, 242, n. 1.
LAURE DE COMMERCY, femme de Jean de Chalon, 57, 83, n. 1, 215.
LAUSANNE (Suisse). — Cours du sel de Salins, 228, 229. — Evêque, 228.
LA VERNE (Antide de). — Lettre au chancelier de Montbéliard, 104, n. 1.
LA VERNE (Le sieur de). — Rentes à Saulnot, 103.

— 357 —

La Viéville (Jacques de), bailli de Dijon, 95, 97-99, 154, n. 2.
Lebau (Pierre), clerc de rôles à la Grande-Saunerie, 307.
Le Moine (Jean), avocat fiscal au Parlement, 312.
Léon IX, pape. — Bulles, 41, 78, n. 2.
Liénard (Theveneau), guette à la Grande-Saunerie, 332.
Liétaud, comte en Bourgogne, 27.
Lieuchoissant (Abbaye de). — Possessions à Saulnot, 17, n. 5.
Lieutenant du pardessus. — Office, 111, n. 3, 116, 129, n. 1, 137, 138, 140, 308, 309, 311, 312, 317, 318, 321, 322, 325, 327, 330, 331, 334-337. — Titulaires, 106, 138, 139, 221, 228, 301, 312, 332.
Ligue héréditaire entre les Suisses et la Franche-Comté, 230.
Lisola (Jérôme de), officier à la Grande-Saunerie, 118.
Lombard (Ferry), portier de la Grande-Saunerie, 133, n. 1, 332.
Lombard (Jean), moutier au Puits-à-Muire, 149.
Lombardie. — Fer, 267.
Longepierre (Saône-et-Loire). — Cours du sel de Salins, 219.
Longueville (Le duc de). — Campagne en Franche-Comté, 253.
Longs ou lons, auges à muire, 84, 170, 171.
Lons-le-Saunier (Jura). — Abbaye de Sainte-Claire, 69. — Antiquités, 21, 22. — Bernes, 18, 80, 81. — Bourgeois, 69. — Bourgs, 67. — Frères mineurs, 91, n. 2. — Montées, 84. — Nom, 14, 15. — Pré de Chaudon, 69. — Rue des Bernes, 18. — Saline, 1, 2, 23, n. 2, 38-40, 48, 67-69, 89-92, 216. - Seigneuries, 66-68. Sources salées, 12, 66. — Ville, 89, n. 2. — Voies romaines, 235.
Loriol (Guillaume), clerc des sels à la Grande-Saunerie, 332.
Lorraine. — Sel, 128, n. 2, 208, 218.
Losne (Abbaye de). — Abbé, 195, n. 3. — Droits à Salins, 189.
Lothaire Ier, empereur. — Diplôme en faveur de l'abbaye de Saint-Oyan, 32-34.
Lothaire II. — Diplôme en faveur de Saint-Étienne de Besançon, 38.
Louhans (Saône-et-Loire). — Chémin, 236. — Cours du sel, 219, 220, n. 2.
Louis l'Aveugle, empereur. — Diplôme en faveur de Saint-Oyan, 34-37.
Louis d'Outremer, roi de France. — Possessions, 34-36.
Louis XI, roi de France. — Captivité à Péronne, 227. — Conquête de la Franche-Comté, 113, 221. — Guerres de Bourgogne, 136, 224. — Lettres, 200, n. 5.
Louis XII, roi de France. — Cours du sel de Salins en Bourgogne, 224.
Louis XIV, roi de France. — Conquête de la Franche-Comté, 120, 248, 252, 253. — Haussement du prix du sel, 248.
Louis XV, roi de France. — Haussement du prix du sel, 248.
Louis de Chalon, comte de Tonnerre, 113, 114.
Louis de Chalon, sire d'Arguel. — Héritage, 270.
Louis de Chalon, prince d'Orange, 94, n. 3.
Louvet (Famille). — Droits sur la prévôté du Puits-à-Muire, 152, n. 1.
Loyte (Gérard), 136, n. 3.

Loyte (Philippe), pardessus de la Grande-Saunerie, 126, 134, n. 3, 136.
Luc (Jacques), trésorier de la Grande-Saunerie, 225, n. 2.
Lucelle (Abbaye de), — Droits sur les salines du comté de la Roche, 41.
Lugny (Abbaye de). — Possessions à Salins, 85, n. 5.
Luxeuil (Haute-Saône). — Source salée, 14, 15. — Usage du sel de Salins, 209.

Machy (Raoul de), trésorier de la Grande Saunerie, 97, 154, n. 2.
Macle (Renaud), clerc des sels de la Grande-Saunerie, 308.
Macon (Saône-et-Loire) — Bailliage, 131, n. 2, 155. — Comtes, 67, 68, 189. — Cours du sel de Salins, 227.
Maconnais. — Cours du sel de Salins, 225, 228.
Magnin (Christin), amodiateur de Saulnot, 76. n. 1.
Mahaut d'Artois, comtesse de Bourgogne. — Bailli, 152, n. 2. — Douaire, 28, 64. — Revenus à Salins, 250, n. 5.
Mahaut de Bourgogne, femme de Jean de Chalon, 57.
Maire (Jean), délivreur à la Grande-Saunerie, 126, n. 5.
Maitre-charbonnier à la Grande Saunerie. — Office, 127, 188, 197, 202, 263, 297, 298, 308, 330.
Maitre-charpentier à la Grande-Saunerie — Office, 197, 253, 308.
Maitre-couvreur à la Grande-Saunerie. — Office, 158, 197, 305, 308.
Maitre de la doye du Grand-Puits. — Nomination, 127.
Maitre des chemins de la Grande-Saunerie, 158, 235, 258, 307, 308.
Maitre des œuvres de la Grande-Saunerie. — Office, 158, 197, 235, 279, 294, 297, 307, 308, 330, 336. — Titulaires, 308, 332.
Maitre-fèvre à la Grande-Saunerie. — Office, 197, 255, 256, 260, 286, 290, 291, 308, 328, 330.
Maitre-forestier à la Grande-Saunerie. — Nomination, 127.
Maitre-moutier à la Grande-Saunerie. — Office, 126-128, 139, n. 1, 177, 191, 199, n. 2, 263, 289, 291, 292, 319, 329, 335, 337. — Titulaires, 303, 308, 312.
Maitre-moutier au Puits-à-Muire, 151, n. 1.
Maitre-poulain à la Grande-Saunerie. — Office, 196, 197, 198, n. 6, 237, 264, 284, 287, 300, 327, 330. — Titulaires, 198, n. 6, 332.
Mangeroz (Michel), seigneur de la Bruyère, 232.
Mannon, prévôt de Saint-Oyan, 37.
Marcenier, ouvrier des puits salés. — Charge, 170, 257, 262, 288, 318.
Marchand (Enguerrand, Guillaume, Hugues, Jacques et Simon), moutiers au Puits-à-Muire, 148, n. 4.
Marchands de sel, 129, 276-278, 285, 286, 288, 300, 301, 322, 323; — d'Aval, 203, n. 2; — de Savoie, 138; — de Suisse, 233.
Mareschal (Drève), maitre des Comptes de Bourgogne, 95, 99.
Marguerite d'Autriche, fille de Maximilien. — Lettres, 101, 105, n. 2, 128, n. 2, 224. — Restauration de la saline de Montmorot, 108-110. — Traité avec les Suisses, 230. — Travaux à Tourmont, 111, 112.

Marguerite d'Autriche, duchesse de Parme. — Administration des sauneries, 108, 133. — Lettres, 130, n. 3, 141, 193, 200, 245, 333.
Marguerite de Bavière, duchesse de Bourgogne, 197, n. 2.
Marguerite de Bourgogne, comtesse de Tonnerre, 223.
Marguerite de Choiseul, dame de Scey-sur-Saône, 77.
Marguerite de France, comtesse de Bourgogne. — Bail de Grozon, 204, 265. — Destruction de la saline de Grozon, 93, 94, 269. — Lettres, 65, n. 5, 192, 205, n. 1, 206, n. 1, 210. — Rachat de rentes, 88.
Marguerite de Salins, dame de Salins, 56, 57, 77, n. 4.
Marguerite de Vienne, dame de Saint-Laurent, 271.
Marie de Bourgogne, femme de Maximilien d'Autriche, 69.
Marmier (Hugues), président du parlement de Dole, 310, 312-314, 316.
Marnans (Saône-et-Loire). — Cours du sel, 219.
Marnay (Saône-et-Loire). — Transit du sel de Salins, 222.
Marnix (Jean de), lieutenant du pardessus, 139.
Marnoz (Le sieur de), prévôt du Puits-à-Muire, 153.
Martine (Guillemin), taxeur de bois à la Grande-Saunerie, 308.
Maurette de Salins, comtesse de Vienne et de Mâcon, 56, 189.
Maxilly (Guillemin de), moutier à la Grande-Saunerie, 308.
Maximilien d'Autriche, empereur. — Lettres, 126, 221, 233.
Meix des sauneries, 48, 77, 172; — du Puits-à-Muire, 62, 64, 65. V. Bernes.
Melecey (Haute-Saône). — Source salée, 13.
Ménétru (Jura). — Cours du sel, 206.
Ménier, prévôt de Saint-Maurice d'Agaune. — Charte de précaire, 27, 51.
Merceret (Nicolas), moutier au Puits-à-Muire, 148, n. 4.
Merceret (Philippe), conseiller au parlement, co-prévôt du Puits-à-Muire, 153.
Mesnay (Renobert de), conseiller à la chambre des Comptes, 117.
Mesnay (Jura). — Prévôt, 217.
Mettari, ouvrière des salines, 187.
Miches, bâtiments des salines, 53, 59, 78.
Migette (Jura). — Usage du sel de Porte, 208.
Migette (Val de). — Droits de l'abbaye de Buillon, 49, n. 2.
Miroir (Abbaye du). — Possessions à Lons-le-Saunier, 91, n. 2.
Miserey (Doubs). — Source salée, 14.
Molain (Jura). — Usage du sel de Porte, 208.
Monopole de la fabrication du sel, 89-120.
Monrost (Philibert de), co-seigneur de Saulnot, 17.
Montagna-le-Reconduit (Jura). — Chemin saunier, 236.
Montagne palatine, 12, 205.
Montaigu (Guigonnet de), moutier au Puits-à-Muire, 148.
Montaigu (Guyon de), receveur du partage d'Auxerre, 303.
Montaigu (Jean de), assommeur de la Chauderette, 154, n. 2.
Montbard (Côte-d'Or). — Grenier à sel, 222.

Montbéliard (Doubs). — Cours du sel de Salins, 207, 227.
Montbéliard (Comté de), 102-104. — Chancelier, 103, 104, n. 1. — Comtes, 76, 104, V.: Eberhard de Wurtemberg, Etienne de Montfaucon, Frédéric de Wurtemberg, Henriette de Montfaucon, Jean-Frédéric de Wurtemberg, Renaud de Bourgogne, Richard de Montfaucon, Ulrich de Wurtemberg. — Gouverneur, 13.
Montbenoit (Doubs). — Cours du sel, 193.
Montby (Jean de). — Contrat de mariage, 17, n. 4, 75, n. 1.
Montée, mesure d'eau salée, 84.
Montfleur, (Jura). — Domaine de Renaud de Bourgogne, 63, n. 4.
Montfort (Doubs). — Chemin saunier, 236
Montjay (Jura). — Usage du sel de Porte, 209.
Montmahoux (Doubs). — Cours du sel de Salins, 205, n. 1, 208. — « Puy » ou montagne, 44, 45.
Montmorot (Jura). — Antiquités, 21, — « Berne », 18, 70. — Saline, 43, 44, 69, 70, 80, 108-111. — Source salée, 12. — Terre, 108.
Montrond (Doubs). — Seigneurie, 236.
Montrond (Jura). — Cours du sel de Salins, 219.
Mont-Saint-Vincent (Saône-et-Loire). — Grenier à sel, 222.
Morat (Suisse). — Cours du sel de Salins, 219, n. 1, 231.
Moreau (Famille), de Salins, 152, n. 1.
Morges (Suisse). — Fourniture de sel, 111, 112, 228.
Mouchet (Guyon), seigneur de Château-Rouillaud, lieutenant du pardessus, 138, 139.
Mouthe (Doubs). — Prieuré, 85, n. 2, 112, n. 2.
Mouthier-Hautepierre (Doubs). — Cours du sel, 205, n. 1.
Moutiers de la Grande-Saunerie. — Noms, 231, 308, 332. — Office, 176, 177, 191, 197, 260-262, 273, 275, 284, 291-294, 297, 302. 306, 308, 329, 330.
Moutiers du Puits-à-Muire. — Amodiations, 63, 65, 145-151, 177, — Noms, 148, n. 4. — Procès, 96-99.
Muire ou eau salée. — Evaporation, 172, 186. — Extraction, 164-172. — Rachat, 120.
Muire (La) (Jura). — Etymologie du nom, 15. — Source salée, 12.

Nance (Jura). — Cours du sel de la Grande-Saunerie, 206.
Nancray (Le sieur de). — Amodiation des sauneries de Salins, 142.
Nans (Les) (Jura). — Château de la Berne, 18. — Source salée, 14, 18.
Nans-sous-Sainte-Anne (Doubs). — Chemin, 206.
Nant (Jean de), évêque de Paris, 96.
Nanthelme, abbé de Saint-Maurice d'Agaune, 27.
Naulot (Pierre), commissaire du duc de Bourgogne, 204, 205, n. 1, 206, n. 3, 210.
Neuchatel (Suisse). — Cours du sel de Salins, 228.
Nods, ou auges, 172.
Noiseux (Bernard). — Dépositions, 97, n. 3, 152, n. 2, 154, n. 1.

Normand (Antoine), moutier au Puits-à-Muire, 148, n. 4.
Nozeroy (Humbelin de), moutier au Puits-à-Muire, 148, n. 4.
Nuits (Côte-d'Or), — Grenier à sel, 222.

Odat de Velle le-Chatel. — Dénombrement, 17, n. 4.
Ogier Villain, lieutenant du châtelain de Châtel-Belin, 122; — officier à la Grande-Saunerie, 140, n. 3.
Ogny (Jean et Girard), gardes de la source de Tourmont, 111, n. 4.
Oiselay (Antoine d'), pardessus des sauneries, 134, n. 3, 136.
Oiselet (Nicolas). clerc des rôles à la Grande-Saunerie, 307.
Olivier de Jussey. — Possessions à Salins, 87, n. 2.
Orange (Princes d'), 114-116, 138, 224 — V.: Jean de Chalon, Guillaume de Nassau, Louis de Chalon, Philibert de Chalon, Philippe-Guillaume de Nassau, René de Nassau.
Orange (Receveur général d'), 106.
Orbe (Suisse). — Chemin, 37.
Orbe (Jean d'), clerc du Grand-Puits, 308.
Orbe (Jean d'), lieutenant du pardessus.— Ambassade à Berne, 106
Ordinaire (Sel d') ou de Distribution, 120, 203, 334.
Ornans (Doubs). — Fourniture de sel, 207, n. 4.
Orsans (Doubs). — Chemin saunier, 206.
Otte de Salins, 140, 272.
Otte-Guillaume, comte de Bourgogne. — Donations aux églises, 52, 58.
Otton III de Méranie, comte de Bourgogne. — Succession, 58.
Otton IV, comte de Bourgogne. — Acquisitions au Puits-à-Muire, 89. — Donations, 68, n. 3, 152, 154. — Droits sur Lons-le-Saunier, 68. — Droits sur Salins, 58. — Hommage à l'abbaye de Saint-Maurice en Valais. 28. — Rachat de rentes sur les sauneries, 88. — Revenus, 252.
Ouvriers des salines. V : Grande-Saunerie, Puits-a-Muire.
Ouvroir, atelier où sont formés les pains de sel, 187, 275.
Oyan (Saint), abbé de Condatisco. — Sa vie, 22.

Pagnoz (Jura) — Chemin saunier 235.
Palouset (Ottenin), moutier au Puits-à-Muire, 149.
Pannessières (Jura). — Cours du sel de la Grande-Saunerie, 206.
Paray-le-Monial (Saône-et-Loire). — Grenier à sel, 222.
Parçonners de la Grande-Saunerie. V. Grande-Saunerie.
Pardessus (Famille), 125, n. 2.
Pardessus de la Grande Saunerie.— Noms, 134-138, 3'1. — Office, 114, n. 5, 123-134, 140, 143, 151, 158, 198, 273-275, 278, 279, 281, 282, 284, 286, 287, 289, 293, 295, 297, 308, 309, 317, 318, 321, 323-328, 330, 331, 334 337.
Paris (Evêque de). — Jean de Nant, 93.
Paris (Traité de), — Cours du sel de Salins, 225.
Parlement de Franche-Comté. — Appels du tribunal du pardessus, 130, 331.

Parme (La duchesse de), *V.* Marguerite d'Autriche.
Parme (Le prince de), *V.* Alexandre Farnèse.
Partages de la Grande-Saunerie, 87, 113-116, 250, *V.:* Autrey, Auxerre, Chalon, Vignory.
Passart (Huguenin), trésorier de la Grande-Saunerie, 303.
Passavant (Doubs). — Contrebande du sel, 217.
Patornay (Pierre), député de la Grande-Saunerie au pays de Vaud, 228.
Paul V, pape. — Enquête sur le Puits-à-Muire, 119.
Payeur du bois, à la Grande-Saunerie — Office, 183, 259, 280-282, 304. — Titulaires, 308.
Perche, appareil élévatoire. 167, 168.
Perrenet de Lavans, trésorier de Dole, 265.
Perrenin Fèvre. — Droits à Lons-le-Saunier, 91, n. 2.
Perrenot de Chantonnay (Thomas), pardessus de la Grande-Saunerie, 133, n. 3, 134, n. 3, 136-138.
Perrenot de Granvelle, *V.* Granvelle.
Perrin, sire de Vaumarcus. — Vente de Jougne, 45, n. 1.
Perrin Bublant, fermier de Grozon, 265, 266.
Perrin de Boujailles, portier de la Grande-Saunerie, 140, n. 3, 242, n. 1.
Perrin de Chalon, dit le Bouvier, 57, 58.
Perrin le Bourguignon. — Inventions, 165.
Petite-Saline de Salins, *V.* Puits-a-Muire.
Philibert de Chalon, prince d'Orange. — Acquisition du partage d'Auxerre, 114.
Philippe II, roi d'Espagne. — Acquisitions dans les sauneries, 84, 117. — Lettres, 126, n. 1, 128, n. 2, 145, 180, 188, 193, 200, n. 5, 245.
Philippe IV, roi d'Espagne. — Acquisitions dans les sauneries, 84. — Lettre au parlement, 66, n. 2.
Philippe de Rouvre, duc de Bourgogne, 124.
Philippe le Hardi, duc de Bourgogne. — Institution du pardessus, 123, 124. — Lettres, 122, 124, n. 1, 139, n. 1, 192, 199, 200, 206, n. 2, 210, 218, n. 4.
Philippe le Bon, duc de Bourgogne. — Apanage, 113 — Commissaires, 204, 210. — Lettres, 44, n. 1, 103, n. 2, 110, 111, n. 3, 114, n. 5, 128, n. 2, 137, n. 3, 188, n. 7, 204, n. 4, 218, 220, 222, n. 5, 223, 226, 228, 231, 243, 250, n. 2, 252, n. 5.
Philippe de France, comte de Poitiers. — Mariage avec Jeanne de Bourgogne, 28.
Philippe de Scey. — Biens à Montmahoux, 44.
Philippe de Vienne. — Droits sur Lons-le-Saunier, 67.
Philippe-Guillaume de Nassau, prince d'Orange, 115.
Pierre de Faverney, châtelain de Châtel-Belin, 122, n. 3.
Pierrette, femme de Hugues d'Usier — Biens à Grozon, 157.
Pilon (Le sieur), procureur fiscal à Granges, 141, n. 2.
Pimentel (Sébastien Henriquez), fermier des salines, 142.

Pimorin (Jura). — Domaine de Renaud de Bourgogne, 68, n. 4.
Pin (Le) (Jura). — Domaine de Renaud de Bourgogne, 68, n. 4.
Plaine (Aubriet de), conseiller de Marguerite de France, 265.
Plaine (Humbert de), marchand de sel, 222, n. 5; — pardessus de la Grande-Saunerie. 134, n. 3, 135.
Plainoiseau (Jura). — Chemin saunier, 236.
Plaisance (Italie). — Monastère de femmes, 35.
Pleurre (Huguenin), prévôt du Bourg-Dessous, 153, n. 4.
Pleurre (Pierre), clerc des rôles à la Grande-Saunerie, 97, n. 3.
Poêles, ou chaudières à sel, 173.
Poinsot (Jean), procureur général au bailliage d'Amont, 209, n. 1.
Poligny (Jura). — Chemin saunier, 206. — Cours du sel, 217. — Saline, 12. — Seigneurie, 70.
Pommereux (Claude de), officier à la Grande-Saunerie, 198, n. 6.
Pommereux (Jean de), clerc des rôles à la Grande Saunerie, 312, 332.
Poncette de Traves, comtesse de Bourgogne, 77.
Pontailler (Côte d'Or). — Grenier à sel, 222.
Pontailler (Claudine, Philibert et Thomas de). — Droits sur le partage de Vignory, 115 n.1.
Pontailler (Henri de), mari d'Antoinette de Vergy, 114.
Pontailler (Maison de) — Droits sur les sauneries de Salins, 114-115.
Pontarlier (Doubs). — Chemin, 37. — Fourniture de sel, 207, n. 4, 208.
Pont-de-Roide (Doubs). — Chemin saunier, 206.
Pont-d'Héry (Jura). — Nom, 24.
Porte-Oudin, à Salins. — Clerc, 308. — Vente de sel, 277.
Portier de la Grande-Saunerie. — Office, 124-126, 132, 133, 139, 140, 199, 256, 259-262, 264, 273-275, 278, 279, 281, 282, 285-287, 289, 293, 297, 303, 304, 308, 311, 317, 318, 321, 323-326, 328. — Titulaires, 133, n. 1, 140, n 3, 201, 216, n 2, 303, 307, 332.
Pouilly-en-Auxois (Côte-d'Or) — Grenier à sel, 222.
Poulains, ouvriers des salines. — Emploi, 196, 237, 255, 264, 285, 286, 300, 301.
Poupet (Guillaume de), pardessus de la Grande-Saunerie, 133, n. 3, 134, n. 3, 135.
Poupet (Huguenin de), clerc du sceau, 308.
Pretin (Jura). — Cours du sel de Porte, 208.
Pretin (Jean de), marchand de sel, 219, n. 1; — trésorier de la Grande-Saunerie, 231.
Prévot des maréchaux. — Gages, 246.
Prévots du Puits-à-Muire, 125, 152-154.
Prévotet (Pierre), moutier au Puits-à-Muire, 148, n. 4, 149.
Prix du sel, 238-249.
Procureur près le tribunal de la Grande-Saunerie, 130, n. 4, 143, 218, 330-332, 336.
Propriété des salines, 47, 48, 58-66, 95-101, 210, 238.
Puits-a-Muire ou Petite-Saline de Salins. — Acquisitions des souve-

rains, 89, 116-120. — Amodiations, 141, 144-151. — Bâtiments, 159. — Bernes, 80, 81, 150. — Bois, 184. — Canaux, 171. — Caveaux, 160. — Conseil d'administration, 150, 151. — Cours du sel, 203-228, 236 — Formes des pains de sel, 194. — Fourniture de sel à la Grande-Saunerie, 139. — Justice, 151-154. — Meix, 65, 116, 167, 168. — Noms, 53, 54, 59, 60. — Officiers, 150, 151, 201, 202, V. : Assommeurs, Benatiers, Clerc du puits, Clerc des sels, Contregardien, Fèvres, Forestiers, Gardier, Guettes, Maître-moutier, Moutiers, Prévots, Vendeurs. — Ouvriers, V. : Desserre, Marcenier. — Perches, 167, 168. — Prévôtés, 152-154. — Prix du sel, 238, 239. — Projets de destruction, 94, 101. — Propriété, 48, 58-66, 95-101, 210, 238. — Quartiers, V. : Quartiers. — Rentiers, 60-66, 93, 95-101, 113, 117, 144-154, 159, 210, 220, 228, 238, 239, 243. — Répons, 131, n. 2, 144, 145. — Revenus, 271. — Rôle des sels, 203. — Sixte de la Demaine, 116. — Sources salées, 163, 164.

Puits-Salé, à Lons-le-Saunier, 66, 69.
Protonacum, possession de l'abbaye de Saint-Oyan, 32.
Pupillin (Jura). — Chemin saunier, 206.

Quartiers de la Chauderette de Rosières, 49, n. 2, 82, 88, 117-120 ; — du Puits-à-Muire, 63, 82, 88, 117-120, 145.
Quelto, abbé de Saint-Oyan, 37.

Raine (Philippe de), châtelain de Saint-Laurent-lès-Chalon, 226, n. 4.
Ramandure ou remandure, série de cuites de sel, 175, 260-262.
Ramel (Michel), moutier au Puits-à-Muire, 118, n. 4.
Ramerupt (Perrin de) — Déposition, 118, n. 3, 149, n. 2, 239, n. 3.
Raoul de Monnet, physicien de Jean de Chalon, 87, n. 2.
Rasier, mesure, 85.
Raimond, fils du comte Renaud de Bourgogne, 59.
Raut de Scey. — Donations au prieuré de Lanthenans, 17, n. 2, 42, 43, n. 4.
Receveur de la Chauderette, 82, n. 3.
Receveur des cautions — Emploi, 238.
Receveurs à la Grande-Saunerie. — Noms, 332. — Office, 236, n. 4, 237, 250, 255, 261, 276, 277, 281, 303, 312, 317, 322-325, 332.
Régaliens (Droits) sur les salines, 47, n. 1, 94, 101, 102.
Regnault (Mahieu), pardessus de la Grande-Saunerie, 133, n. 3, 134, n. 3, 134, n. 3, 137, n. 3.
Relans (Jura). — Cours du sel de la Grande-Saunerie, 206.
Remandures, V. Ramandures.
Remeton (Jura). — Chemin, 235.
Renard de Choiseul, seigneur de Salins, 27, 77.
Renaud I, comte de Bourgogne. — Donations aux églises, 52, 58, 78, n. 1, 79, n. 1, 173, n. 2.
Renaud III, comte de Bourgogne, 66. — Donations aux monastères, 53, 59, 70, 167.

Renaud de Bourgogne, comte de Montbéliard. — Codicile, 91, n. 3. — Donations, 91, n. 2. — Droits à Lons-le-Saunier, 68, 91, n. 2, 92.
Renaud de Jussey, châtelain de Bracon, 122.
René de Nassau, prince d'Orange, 114.
Renédale (Jean de), abbé de Saint-Vincent de Besançon, 149.
Rentiers des sauneries, *V.*: Chauderette, Grande-Saunerie, Puits-a-Muire.
Répons, *V.*: Chauderette, Puits-a-Muire.
Revermont (Pays de). — Cours du sel. 192, 208.
Ribeaupierre (Maison de). — Droits sur la Grande-Saunerie, 114, 270-272, *V.*: Brun, Isabeau.
Richard (Nicolas), peintre. — Vue de Salins, 158.
Richard de Montfaucon, comte de Montbéliard. — Son mariage, 76.
Richelieu (Le cardinal de). — Lettre au duc de Longueville, 253.
Richemont (Arthur de), comte de Tonnerre, 223.
Rink von Baldenstein (Guillaume), évêque de Bâle, 119.
Robert (Guillaume), clerc des sels à la Grande-Saunerie, 308.
Rochebaron (Antoine de), pardessus de la Grande-Saunerie, 134, n. 3, 133.
Rodolphe Ier, roi de Bourgogne. — Domination en Franche-Comté, 36.
Rodolphe III, roi de Bourgogne. — Diplômes, 41. 52, 79, n. 1, 173, n. 2,
Romain-Motier (Prieuré de). — Possessions à Salins, 78, n. 2, 189.
Rosières (Abbaye de). — Droits à Grozon, 48, 71 ; — à Lons-le-Saunier, 91, n. 2 ; — à Salins, 78, n. 2, 80, n. 1, 81, n. 2, 82, 146, 189, 213, 214. — Traité avec l'abbaye de Citeaux, 82, n. 2 ; — avec le monastère de Losne, 195, n. 3.
Rotalier (Jura). — Chemin saunier, 236.
Rougemont (Thiébaud de), archevêque de Besançon, 96.
Ruffey (Jura). — Cours du sel de la Grande-Saunerie, 206.
Rye (Christophe de), marquis de Varambon, comte de la Roche, 107, n. 3.
Rye (Henri de). — Revenus sur la Grande-Saunerie, 136, n. 1.
Rye (Simon de). — Ambassade à Berne, 106.

Sage (Gaspard), moutier à la Grande-Saunerie, 332.
Saiget (Claudine Carondelet, veuve de Jean), moutière au Puits-à-Muire, 148, n. 4.
Saiget (Huguenin), moutier au Puits-à-Muire, 148, n. 4. — Ambassade en Flandre, 220.
Saint-Claude (Abbaye de). — Chronique, 36, 37. — Fondation, 22-24. — Diplômes, 31-37.
Saint-Dizier (Maison de). — Droits sur les sauneries, 114.
Saint-Germain-du-Bois (Saône-et-Loire). — Chemin saunier, 236.
Saint-Hippolyte-lès-Durnes (Doubs). — Chemin saunier, 206.
Saint-Hippolyte-sur-le-Doubs (Doubs). — Procureur fiscal, 104. — Saline, 1, 41, 42, 71. — Source salée, 13. — Terre, 41, 107.

Saint-Jean-de-Losne (Côte-d'Or). — Grenier à sel, 222.
Saint-Julien (Côte-d'Or). — Grenier à sel, 222, n. 2.
Saint-Laurent-lès-Chalon (Saône-et-Loire). — Châtelain, 226, n. 4. — Cours du sel, 219-221, 224, 236.
Saint-Lothain (Jura). — Source salée, 12.
Saint-Maurice-en-Valais (Abbaye de). *V*. Agaune.
Saint-Mauris (Antoine de), seigneur de Lemuy. — Droits sur le partage de Vignory, 115, n. 1.
Saint-Mauris (Jean de), conseiller au parlement de Dole, 310, 312-314.
Saint-Oyan-de-Joux (Abbaye de). *V*. Saint-Claude.
Saint-Pient (Monastère de), au territoire de Moyenvic (Alsace-Lorraine), 28, n. 7.
Saint-Thiébaud (Jura). — Chemin saunier, 235.
Sainte-Anne (Doubs). — Cours du sel, 205, n. 1. 208.
Sainte-Croix (Saône-et-Loire). — Cours du sel de Salins, 219.
Saizenay (Jura). — Chemin saunier, 206.
Salaisons des Séquanes, 20.
Salègres, déchets de sel, 178.
Sales (François de), évêque de Genève, *V*. François de Sales (Saint).
Salignons ou pains de sel. — Formation, 187, 189, 190. — Moules, 276, 291, 329. — Transport, 85, 188, 234, 300. — Variétés, 177, 190-194, 207, 262, 275, 285, 293, 294, 334.
Saline (La), lieu dit du territoire de Luxeuil, 15.
Salinage, phase de la fabrication du sel, 177.
Salins (Jura). — Antiquités, 21. — Arrondissement forestier, 182. — Bourg-Dessous, Bourg-le-Comte ou Bourg-l'Empereur, 49, 50, 53, 58-66, 81, n. 4, 125. — Bourg-Dessus, Bourg-le-Sire ou Bourg communal, 29, 47, 50, 53, 121, 128, 156. — Chapitre de Saint-Michel, 148, n. 1. — Châtelains, 121-125, 129. — Eglise Notre-Dame, 154. — Eglise et chapitre de Saint-Anatoile, 49, n. 2, 52, 56, n. 2, 80, n. 1, 83, n. 1, 161, n. 6, 163, 168, 169, n. 2, 173, n. 2, 214. — Eglise Saint-Jean-Baptiste, 37. — Entre-deux-bourgs, 161. — Fourniture de sel, 207, n. 4, 208, 216. — Franchises, 128, 156. — Maison du Temple, 64, n. 2. — Mons Aureus, 18, n. 3. — Musée, 163. — Nom, 16, 24, n. 1, 25. — Occupation par les Français, 126. — Porte de Chambenot, 206. — Porte-Oudin, 216, 277, 285, 288, 308. — Prévôts, 49, n. 2, 81, n. 4, 128. — Salines 1, 2, 19, 23, 30, 38, 48-66, 91, n. 5, 109-111, 156, 159-162. *V*.: Chauderette de Rosières, Grande-Saunerie, Puits-a-Muire. — Salle des seigneurs de Chalon, 83. — Seigneuries, 51, 121, *V*.: Bracon, Chatel-Belin, Chatel-Guyon. — Seigneurs, 27, 28, 56-58. — Sources salées, 12, 48. — Voies romaines, 235. — Vues cavalières, 158.
Salins (Guillaume de), portier de la Grande-Saunerie, 201.
Salins (Maison de). — *V*: Ansel, Gaucher, Hugues, Jean, Marguerite, Maurette, Otte.
Saone (La), rivière, 205, n. 1, 218, n. 4, 220, n. 2, 240, n. 1.
Saulieu (Côte-d'Or). — Grenier à sel, 222, n. 2.

Saulnier (Joseph), évêque d'Andreville, 190, n. 6.
Saulnot (Haute-Saône). — Forêt, 43. — Nom. 16, 17.
Saulnot (Saline de), 12, 74-76, 102-104, 108, 121, 207. — Amodiations, 141, 185, 186 — Ancienneté, 42, 43. — Bernes, 80, 81. — Cuite de la muire, 185. — Dévastation par les Guises, 75. — Propriété, 48. — Puits, 74-76. — Régie, 141-143. — Sel trié, 195.
Saulnot (Simon de). — Biens à Saulnot, 17, n. 6.
Saulnot (Simonette de), femme de Simon de Saulnot, 17, n. 6.
Saulx (Haute-Saône). — Monastère, 28, n. 7.
Saulx-le-Duc (Côte-d'Or). — Grenier à sel, 222.
Saunerie (La), nom de lieux dits à Grozon et à Soulce, 17, 18.
Sauvigney (Guyon Mouchet, seigneur de), lieutenant du pardessus, 138.
Savoie. — Cours du sel de Salins, 193, 227-229.
Sceau de la Grande-Saunerie, 198, 288.
Scey-sur-Saone (Haute-Saône). — Sources salées, 14, 76, 77.
Scey-sur-Saone (Saline de). — Ancienneté, 43. — Bernes, 80. — Moulées, 84. — Propriété, 48 — Puits, 76, 77.
Scharnachthal (Jean-Rodolphe de), avoyer de Berne, 232.
Schlottage, phase de la fabrication du sel, 177, 178.
Séchari, ouvrière des salines, 187, 263.
Seille (La), rivière, 206.
Seille, mesure de capacité, 61.
Sel trié, ou en grains, 85, 195, 209, 327.
Sellières (Jura). — Domaine de Renaud de Bourgogne, 68, n. 4. — Fourniture de sel, 207, n. 4.
Semur en Auxois (Côte-d'Or). — Grenier à sel, 222.
Senlis (Paix de), 224.
Sergents de la Grande-Saunerie, 307.
Seurre (Côte-d'Or). — Cours du sel, 220, n. 2.
Seurre (Thomas de), moutier à la Grande-Saunerie, 308.
Sibylle, abbesse de Baume-les-Dames, 41.
Signole, appareil élévatoire, 168-170, 185.
Simonnet de la Perrière, officier de la Grande-Saunerie, 140, n. 3.
Sixt (Abbaye de Notre-Dame de). — Rentes sur les sauneries, 215.
Sixtes ou partages d'Auxerre et de Vignory. V.: Auxerre, Vignory.
Soleure (Suisse). — Cours du sel de Salins, 230, n. 4.
Sonnerie (La), lieu dit du territoire de Soulce, 18.
Soulce (Doubs). — Etymologie du nom, 16. — Lieu dit *la Saunerie*, 18. — Source salée, 13.
Soulce (Saline de), 41, 42, 71-74, 80, 104-108, 156. — Amodiation, 141. — Chaudière, 174. — Entreprises des Suisses, 229. — Sel trié, 195.
Sources salées du comté de Bourgogne, 12-18.
Steenhuyse (Le sieur de). — Règlement concernant les forêts, 144.
Suisse. — Cours du sel de Salins, 229-234, 334.
Suisses. — Entreprises sur la saline de Soulce, 105-107.

Supt (Jura). — Cours du sel de Porte, 209.
Surintendants des salines, 143.

Tailleur des bois, à la Grande-Saunerie, 337.
Tapisseries de Saint-Anatoile de Salins, 163, 168, 169, n. 2.
Tart (Abbaye de). — Droits à Salins, 195, n. 4.
Taxeur des bois, à la Grande-Saunerie. — Office, 183, 197, n. 1, 280-284. — Titulaires, 308.
Thiébaud de Blamont, gardien du comté de Bourgogne, 265.
Thiébaud de Rye, châtelain de Bracon, pardessus de la Grande-Saunerie, 122-124, 140, n. 3, 265, 269.
Thiébaud Vincent, amodiateur de la saline de Grozon, 265, 266.
Thomas (Claude), compteur du bois à la Grande-Saunerie, 332.
Thomassin (Adrien) président du parlement de Dole, 110.
Thomassin (Jean), conseiller au parlement de Dole, 310, 312, 313, 316.
Tilger (Louis), bernois. — Concession de sel, 233.
Tilleret (Le) (Jura). — Cours du sel de Porte, 208.
Tiraris de feu, ouvrières des sauneries, 179, 293.
Tiraris de sel, ouvrières des sauneries, 178.
Tonnerre (Comté de). — Bailli, 223, 240, n. 1. — Comtes, *V.* : Louis de Chalon, Marguerite de Bourgogne, Richemont. — Cours du sel de Salins, 223, 240, n. 1.
Toscans. — Importation de l'industrie du sel dans le Jura, 19.
Tourmont (Jura). — Saline, 43, 44, 80, 108, 110-112. — Source salée, 12, 55, n. 1, 164, n. 2.
Tournedoz (Doubs). — Chemin saunier, 206.
Tramelay (Jura). — Domaine de Renaud de Bourgogne, 68, n. 4.
Transport du sel, 85, 189, 234-238.
Traves (Haute-Saône). — Seigneurie, 77.
Traves (Jean de), clerc des rôles, à la Grande-Saunerie, 307.
Trésorier de la Grande-Saunerie. — Office, 145, 236, n 4, 237, 250, 251, 276, 277, 282, 283, 303, 317, 322-325, 336, 337.
Tristan de Chalon, seigneur de Châtel-Belin, 270, 272.
Trousset (Jean et Louis), moutiers au Puits-à-Muire, 148, n. 4.
Trousset (Pierre), receveur du partage de Vignory, 312, 332.

Udressier (Jean), clerc des rôles à la Grande-Saunerie, 312, 332.
Udressier (Philippe), co-prévôt du Puits-à-Muire, 153, 172, n. 2.
Ulrich de Wurtemberg, comte de Montbéliard. — Dénombrement, 75, n. 3.
Urbain III, pape. — Bulle, 81, n. 3.

Vadiers du Puits-à-Muire. *V.* Gardiers.
Vaite *V.* Guette.
Valdahon (Le) (Doubs). — Chemin saunier, 208. — Cours du sel, 217.
Valempoulières (Jura). — Cours du sel de Porte, 208.

— 369 —

Vallière (La), rivière, 70, n. 2.
Valoreille (Doubs). — Saline, 42, 46. — Source salée, 13, 46.
Varambon (Seigneurs de), comtes de La Roche, 73, 74, 104-107.
Vauchard (Jeanne, veuve de Jean), moutière au Puits-à-Muire, 148, n. 4.
Vaud (Pays de) — Cours du sel de Salins, 193, 228, 229.
Vaudrey (Philibert de), bailli de Tonnerre, 223, 240, n. 1.
Vaugrenant (Le baron de), fermier des salines, 143, n. 3, 150; — régisseur des sauneries, 142.
Vaulchier (Philippe), greffier au parlement de Dole, 310.
Vautiier de Gouhenans. — Dénombrement, 17, n. 4.
Vautiier de Montfaucon. — Possessions à Goumoens, 45, n. 4.
Vaux-sur-Poligny (Jura). — Prieuré, 53, 59, 70, n. 6, 173, n. 2.
Veillet (Guillaume), scelleur de Besançon, 73, 74.
Vellevans (Doubs). — Chemin saunier, 206.
Vendeurs du Puits-à-Muire. 150, 151.
Vente (Sel de) ou d'extraordinaire, 213.
Ventier à la Grande-Saunerie — Office, 259.
Verdun-sur-Saone (Saône-et-Loire). — Cours du sel de Salins, 220, n. 2.
Vergy (Antoinette de), femme de Henri de Pontailler, 114, 115.
Vergy (Claude de), seigneur de Champlitte, 114.
Vergy (François de), comte de Champlitte, gouverneur du comté de Bourgogne, 114.
Vergy (Guillaume de). — Acquisition du sixte de Vignory, 114.
Vergy (Guillaume de), baron d'Autrey, 114.
Vergy (Jean de). — Différends avec le duc de Bourgogne, 114, 239.
Vernerot (Girard) trésorier de la Grande-Saunerie, 312, 332.
Vernois (Les) (Jura). — Cours du sel de la Grande-Saunerie, 206.
Verrières (Les). — Officiers du comte de Neuchâtel, 218.
Vers (Nicolas de), moutier au Puits-à-Muire, 148, n. 4, 172, n. 2.
Vie des Sauniers, nom de lieux dits, 236.
Vienne (Maison de). — Droits à Lons-le-Saunier, 67-69, 92; — à Montmorot, 70, 108. — V. : Girard, Guillaume, Henri, Hugues, Marguerite, Philippe.
Vignory (Partage de), 114, 115, 270. — Bois, 324. — Réunion au Domaine, 117.
Vignory (Seigneurs de.) — Droits sur les sauneries, 114.
Vigoureux (Jean). — Vente d'une berne du Puits-à-Muire, 172, n. 2.
Vigoureux (Simon), co-prévôt du Puits-à-Muire, 153, 172, n. 2.
Villedieu (La) (Doubs). — Chemin saunier, 206.
Villeneuve d'Amont (Doubs). — Chemin, 235. — Cours du sel de Porte, 208.
Villers (Pierre de), maître des œuvres de la Grande-Saunerie, 308.
Villers-sous-Chalamont (Doubs). — Chemin, 235.
Villersexel (Maison de), 74.
Vincent (Jura). — Cours du sel de la Grande-Saunerie, 206.
Vincent (Jean), receveur de la gabelle, 308.

Vincent (Thiébaud). — Déposition, 146, n. 2, 3. 147, n. 1, 153, n. 4, 154, n. 1.
Vincent (Zeger), auditeur des Comptes à Lille, 333.
Vion le Fèvre, bourgeois de Salins, 157.
Vinieu (Amé de), chambellan du duc de Savoie, 228.
Vinon (Guillaume), clerc des sels, 332.
Visemal (Les sieurs de). — Vente d'un meix du Puits-à-Muire, 172, n. 2.
Visent (Jura). — Cours du sel de la Grande-Saunerie, 206.
Visin de Montaigu, pardessus des sauneries, 123.
Voies romaines, aux alentours des centres sauniers, 21, 235.
Voirix (Le sieur), procureur à l'Isle-sur-le-Doubs, 103.
Voiteur (Jura). — Cours du sel, 206.
Vuillafans (Doubs). — Chemin saunier, 206. — Contrebande du sel, 217.
Vurny (Jacques). — Mission en France, 224.

Watteville (Gérard de), gentilhomme de la maison de l'Empereur, 233.
Watteville (Jean-Jacques de), avoyer de Berne, 233.
Weiler (Gaspard). — Concession de sel, 233.
Widradus, abbé de Flavigny, 29, 30.
Wurtemberg (Ducs de), comtes de Montbéliard. V. Eberhard, Frédéric, Jean-Frédéric, Ulrich.

TABLE DES CHAPITRES

	Pages
INTRODUCTION.	1

PREMIÈRE PARTIE

Histoire

CHAPITRE Ier. — Origines.	12
CHAPITRE II. — Libre exploitation des salines.	47
CHAPITRE III. — Monopole du sel.	89

DEUXIÈME PARTIE

Exploitation

CHAPITRE Ier. — Administration.	121
CHAPITRE II. — Fabrication du sel.	156
CHAPITRE III. — Commerce du sel.	203
PIÈCES JUSTIFICATIVES.	254
ADDITIONS ET CORRECTIONS.	339
TABLE ALPHABÉTIQUE.	341

BESANÇON. — IMP. ET LITH. DODIVERS.